Bernhard Badura
Thomas Hehlmann

Betriebliche Gesundheitspolitik

Der Weg zur gesunden Organisation

Mit Beiträgen von:
Anette Baumeister, Fritz Bindzius, Henning Erfkamp, Michael Finke, Gesine Grande, Michael Kentner, Eleftheria Lehmann, Anja Leppin, Brigitte Müller, Eckhard Münch, Alfred Oppolzer, Heinz Otten, Holger Pfaff, Frank Pühlhofer, Gottfried Richenhagen, Gregor Richter, Bettina Schmidt, Peter-Ernst Schnabel, Thomas Schott, Wolfgang Slesina, Ulla Vogt, Uta Walter, Herbert Weisbrod-Frey, Ute Westerhoff, Erika Zoike

Mit 31 Abbildungen und 21 Tabellen

Springer

Professor Dr. Bernhard Badura
Universität Bielefeld
Fakultät Gesundheitswissenschaften
Universitätsstraße 25
33615 Bielefeld
bernhard.badura@uni-bielefeld.de

Thomas Hehlmann
Zum Heimelberg 1
27711 Osterholz-Scharmbeck
hehlmann@t-online.de

Gefördert durch:
Hans-Böckler-Stiftung und Bertelsmann Stiftung

ISBN 3-540-00110-7 Springer-Verlag Berlin Heidelberg New York

Bibliografische Information Der Deutschen Bibliothek
Die Deutsche Bibliothek verzeichnet diese Publikation in der Deutschen Nationalbibliografie; detaillierte bibliografische Daten sind im Internet über <http://dnb.ddb.de> abrufbar.

Springer-Verlag Berlin Heidelberg New York
ein Unternehmen der Springer Science+Business Media

http://www.springer.de

Printed in Germany

Umschlaggestaltung: Erich Kirchner, Heidelberg

SPIN 11317593 42/3111-5 4 3 2 1 – Gedruckt auf säurefreiem Papier

Betriebliche Gesundheitspolitik

Springer
Berlin
Heidelberg
New York
Hongkong
London
Mailand
Paris
Tokio

Vorwort der Hans-Böckler-Stiftung und der Bertelsmann Stiftung

„Betriebliche Gesundheitspolitik" und die „Gesunde Organisation" sind die Schlagwörter im Titel dieses Buches. Das Ziel ist genannt. Den Weg dorthin soll dem Leser auf den folgenden Seiten gezeigt werden. Als Leitfaden, Lehr- und Lernbuch konzipiert, legen die Autoren viel Wert darauf, nicht lediglich eine neue theoretische Grundlage zu vermitteln, sondern das Instrumentarium zur Zielerreichung ebenfalls zur Verfügung zu stellen. Dabei lenkt der Inhalt den Blick des Lesern nicht auf einzelne Ausschnitte des betriebliche Geschehens wie die technischen Gegebenheiten oder die persönlichen Ressourcen der Mitarbeiter. Im Mittelpunkt steht eine bisher vernachlässigte Komponente in Unternehmen und Verwaltungen: das „soziale Kapital" einer Organisation. Die Autoren plädieren für eine integrative Verankerung eines Gesundheitsmanagement in der Organisation, in der Unternehmenskultur.

Betriebliches Gesundheitsmanagement bedeutet nicht ausschließlich technische und psychomentale Belastungen zu analysieren und zu senken. Es soll den Blick auch auf gesundheitsfördernde Potentiale lenken, zu denen es nach dem bisherigen Stand der Forschung in der Arbeitswelt gehört, Unter- und Überforderung zu vermeiden, für Handlungsspielräume und Transparenz zu sorgen, gute soziale Beziehungen und die Qualifikation der Beschäftigten zu fördern.

Dieses Buch in damit die konsequente Fortsetzung der Bemühungen der Hans-Böckler-Stiftung sowie der Bertelsmann Stiftung die Chancen und Möglichkeiten des Betriebliches Gesundheitsmanagement darzustellen und sich für dessen Verbesserung und Verbreitung zu engagieren.

Im Zentrum der durch die Hans-Böckler-Stiftung in diesem Themenfeld geförderten Expertisen, Projekte, Workshops, Veranstaltungen und Veröffentlichungen standen Analysen über Reformbedarfe, Veränderungsimpulse und -prozesse. Der Schwerpunkt lag bei der Unterstützung von Interventionen und bei Evaluationsvorhaben.

Erste Ideen einen Leitfaden bzw. ein Handbuch für die Praktiker in den Unternehmen zu entwickeln, entstanden während der Arbeit an einer Sammlung von Beispielen aus Unternehmen, die als „models of good practice" Anregungen dafür geben sollten, wie Betriebliches Gesundheitsmanagement aussehen kann. Ergebnis ist die von der Hans-Böckler-Stiftung und der Bertelsmann

Stiftung gemeinsam veröffentlichte Beispielsammlung „Erfolgreich durch Gesundheitsmanagement“.

Ein durch die Bertelsmann Stiftung betreutes internationales Netzwerk („Enterprise for Health“) ermöglicht heute interessierten Unternehmen, sich über ihre Erfahrungen im Gesundheitsmanagement auszutauschen.

Zurzeit berät eine von beiden Stiftungen in Leben gerufene Expertenkommission vor dem Hintergrund der wachsenden Anforderungen an eine betriebliche Gesundheitspolitik über Konsequenzen und eine zukünftige Ausrichtung.

Dieses Buch zeichnet sich aus durch Praxisnähe und umsetzungsorientierte Empfehlungen. Es ist sowohl für Führungskräfte und MitarbeiterInnen gedacht, als auch für die zuständigen ExpertInnen im Arbeitsschutz, für Personal- und Organisationsentwickler und für die zahlreichen überbetrieblichen, in den Berufsgenossenschaften, den Krankenkassen und in der Ärzteschaft für Gesundheitsförderung verantwortlichen AkteurInnen.

Wir danken den beiden Autoren Herrn Badura und Herrn Hehlmann sowie den Mitautoren. Deren Erfahrungen und Wissen bilden die Substanz dieses Buches. Die Mitglieder des Beirats haben ihrerseits ihre Gedanken und ihre Kritik in den Inhalt dieses Buches einfließen lassen. Dafür möchten wir uns besonders bedanken.

Düsseldorf und Gütersloh im November 2002

Hans Böckler Stiftung

Bertelsmann Stiftung

Vorwort

Wertschöpfung in der Wissens- und Dienstleistungsgesellschaft hängt ab von Kompetenz, Motivation und Verhalten der Beschäftigten in ihrem Umgang mit Technik, Menschen und Informationen. Wohlbefinden und Gesundheit bilden dafür essentielle Voraussetzungen, die es zu pflegen und zu fördern und deren mögliche Beeinträchtigungen es zu verhindern gilt.

Dieses Buch will der betrieblichen Personal- und Gesundheitspolitik eine wissenschaftlich fundierte Neuausrichtung geben: durch Anwendung und Weiterentwicklung des Sozialkapitalansatzes, durch eine systemische Betrachtungs- und eine systematische Vorgehensweise in der Unternehmenspraxis. Die gesunde Organisation wird zur Vision betrieblicher Personal- und Gesundheitspolitik, auch der überbetrieblichen Akteure: der Gewerkschaften, Arbeitgeber, Berufsgenossenschaften und Krankenkassen.

Sach- und Humankapital sind mittlerweile geläufige Begriffe und beziehen sich auf die technische Ausstattung der Unternehmen und die Qualifikation ihrer Beschäftigten. Was aber ist Sozialkapital? Und warum ist es gleichermaßen bedeutsam für die Leistungsfähigkeit von Organisationen wie für das Wohlbefinden ihrer Mitglieder? Der Sozialkapitalansatz fügt dem Sach- und Humankapitalansatz eine auf das soziale System eines Unternehmens gerichtete Sichtweise hinzu. Erst dadurch wird das lebendige, prozesshafte und ergebnisorientierte Zusammenwirken von Menschen und Technik vollends transparent und im mitarbeiterorientierten Sinne gestaltbar. Kooperatives und zur Verfolgung gemeinsamer Ziele koordiniertes Handeln erfordert mehr als fachliche Kompetenz und hochentwickelte Technik. Es erfordert soziale Vernetzung, vertrauensvolle Zusammenarbeit und die Identifikation mit gemeinsamen Überzeugungen, Werten und Regeln, m.a.W. Merkmale einer Organisation, die, wie wir heute wissen, in gleichem Maße dem unternehmerischen Erfolg wie dem Wohlbefinden und der Gesundheit der Mitarbeiter dienen.

Die betriebliche Gesundheitspolitik geht herkömmlicherweise von der Annahme aus, dass Unternehmen, Verwaltungen und Dienstleistungsorganisationen die Gesundheit der Beschäftigten potenziell bedrohen, woraus sich die Notwendigkeit der Festlegung von Regeln und Mindestnormen sowie ihrer externen Überwachung und Prüfung ergibt. Im Folgenden wird ein gänzlich anderer Ansatz vorgeschlagen. Unternehmen, Verwaltungen und Dienstleistungseinrichtungen werden als potenziell förderlich für die Gesundheit der Beschäftigten erachtet: weil wohlverstandene Verfolgung wirtschaftlicher Ziele ohne wohlverstandene Verfolgung mitarbeiterorientierter Ziele auf Dauer nicht gelingen kann, und der wirtschaftliche Erfolg in der Wissens- und Dienstleistungsgesellschaft mehr noch als in der Industriegesellschaft eine professionelle Verfolgung mitarbeiterorientierter Ziele erzwingt.

Mitarbeiterorientierte Ziele lassen sich durch unverbundene Maßnahmen oder einzelne Projekte nur sehr ineffizient erreichen. Wir befürworten statt dessen die Verankerung von Strukturen und Prozessen eines lernenden Systems. Betriebliche Personal- und Gesundheitspolitik muss systematisch betrieben werden: durch zyklische Abfolge von Diagnose, Planung, Intervention, Evaluation und ihre kontinuierliche Verbesserung.

Das Buch gliedert sich in vier Hauptkapitel. Das erste Kapitel enthält die theoretische Begründung und die empirische Wissensbasis unserer Vision einer gesunden Organisation. Das zweite Kapitel beschreibt Verfahren und Vorgehensweisen zur praktischen Verfolgung dieser Vision: eine die gesamte Organisation einbeziehende Betriebliche Gesundheitspolitik. Das dritte Kapitel enthält Kurzessays zu ausgewählten, in den Unternehmen, Verwaltungen und Dienstleistungsorganisationen aktuell bedeutsamen Problemstellungen. Das vierte Kapitel stellt zentrale Instrumente des Betrieblichen Gesundheitsmanagements vor.

Die Vorarbeiten zu diesem Buch reichen viele Jahre zurück, und dementsprechend zahlreich sind die Personen und Institutionen, denen wir zu Dank verpflichtet sind. Unser Dank gilt zuallererst der Hans-Böckler-Stiftung und der Bertelsmann Stiftung, ohne deren nachhaltige Unterstützung weder die umfangreichen Vorarbeiten noch das vorliegende Werk selbst hätten zustande kommen können. Persönlich zu danken haben wir Frau Dr. Erika Mezger, Herrn Martin Spilker, Frau Ulrike Craes und Herrn Detlef Hollmann.

Unser Dank gilt ferner dem Beirat, der die Entstehung dieses Buchs kritisch konstruktiv begleitet hat. Danken möchten wir den zahlreichen Unternehmen und Dienstleistungsorganisationen für die Möglichkeit, unsere Ideen und Instrumente einer praktischen Prüfung zu unterziehen. Dank gilt dem Kompetenznetzwerk unserer Koautoren, ohne deren Mitarbeit die Komplexität der Materie nicht hätte in dieser Form zugleich reduziert und erhalten werden können. Dieses Buch beschäftigt sich mit Sozialkapital und ist zugleich ein Produkt desselben. Beiträge der Koautoren sind entsprechend mit ihrer Autorenschaft ausgewiesen. Alle übrigen Beiträge wurden von den beiden Hauptautoren verfasst.

Besonderer Dank gilt schließlich Erika Nagel und Marlies Wolters für Ihre hochkompetente Unterstützung bei der Herstellung des Manuskripts.

Bielefeld, im September 2002

Bernhard Badura

Thomas Hehlmann

Inhalt

1 Theorie

1.1 Globalisierung, Arbeit und Gesundheit

Fortschreitende internationale Verflechtung unserer Wirtschaft erhöht den Druck auf die Anpassungsfähigkeit von Unternehmen, Verwaltungen und Verbänden. Neue Produkte und Dienstleistungen müssen immer rascher auf den Markt und zu den Kunden gebracht werden. Dabei gilt es, ständig die Kosten zu senken, die Qualität zu verbessern und Strukturen und Prozesse so auszurichten, dass kurzfristige Ziele effizient erreicht werden können, ohne zugleich die längerfristigen Entwicklungsmöglichkeiten eines Unternehmens zu beeinträchtigen oder sein dauerhaftes Überleben zu gefährden.

Der Zwang zu erhöhter Anpassungsfähigkeit und Kreativität erfasst dabei alle Unternehmensbereiche. Gefragt sind nicht nur neue technische Lösungen und Organisationsformen. Auch die betriebliche Personal- und Gesundheitspolitik muss in Zeiten zunehmender Unsicherheit, Virtualität und Eigenverantwortung neue Wege gehen und die dafür zuständigen Akteure entsprechend neu qualifizieren.

Immer mehr Unternehmen und Dienstleistungsorganisationen erkennen die damit verbundenen Herausforderungen und reagieren mit innovativen Personal- und Gesundheitskonzepten und der Implementierung und Systematisierung eines modernen Gesundheitsmanagements.

Auch die staatliche Arbeitsschutzgesetzgebung hat sich den gewandelten Markt- und Produktionsbedingungen angepasst. Mit der Gefährdungsanalyse ist die datengestützte Diagnose zur Pflichtaufgabe geworden. Den gewandelten Anforderungen in Arbeit und Organisation wird durch zunehmende Anerkennung sozialer, mentaler und emotionaler Belastungen Rechnung getragen. Die Arbeitsschutzverwaltungen der Länder entwickeln sich von primär überwachenden Behörden zu primär informierenden und beratenden Dienstleistungseinrichtungen. Die Berufsgenossenschaften haben mittlerweile den gesetzlichen Auftrag zur Verhütung „arbeitsbedingter Gesundheitsgefahren". Der Gesetzgeber hat zudem der gesetzlichen Krankenversicherung die Option eingeräumt, die Unternehmen und Dienstleistungsorganisationen bei der betrieblichen Gesundheitsförderung durch finanzielle Mittel und externe Expertise zu unterstützen.

Neue wissenschaftliche Erkenntnisse tragen dazu bei, dass die traditionelle Grundannahme der Gesundheitsexperten: „Arbeit macht krank" um die Maxime ergänzt werden muss: „Gesundheit fördert Arbeit". Nicht mehr nur einzelne Arbeitsbedingungen und Verhaltensweisen geraten dabei in den Blick, sondern die gesamte Organisation mit ihren Risiken und Gesundheitspotenzialen. Wirtschaftsorganisationen werden als soziale Systeme begriffen, deren Merkmale sich außerordentlich förderlich auf Wohlbefinden und Arbeitsleistung ihrer Mitglieder auswirken können, die aber ebenso auch ihre Gesundheit erheblich zu beeinträchtigen vermögen und damit dem eigenen Erfolg im Wege stehen.

Innovationskraft und Wettbewerbsfähigkeit von Unternehmen und Dienstleistungsorganisationen hängen von Motivation und Leistungsfähigkeit ihrer Beschäftigten ab, deren Denken, Fühlen und Handeln maßgeblich von ihrem Wohlbefinden und ihrer Gesundheit beeinflusst werden. Wir plädieren dafür, das Arbeitsverhalten als Ausdruck des ganzen Menschen zu betrachten. Arbeit ist mehr als der Einsatz physischer Kräfte oder kognitiver Fähigkeiten. Basisemotionen wie Angst oder Freude, Hilflosigkeit oder Wut werden durch unsere alltäglichen Erlebnisse in Arbeit, Familie, Freizeit ausgelöst und wirken ihrerseits zurück auf unser Arbeits- und Sozialverhalten. Wie Menschen ihre Arbeit erleben, was sie dabei denken und fühlen und das daraus resultierende Handeln bedingen einander wechselseitig.

Für die „wissenschaftliche Betriebsführung", die während der Industrialisierung viele Jahrzehnte lang das Handeln der betrieblichen Praxis prägte und es teilweise bis heute noch tut, ist Arbeit ein im Wesentlichen physisches Geschehen. Es waren die Hände und Muskelkräfte der Beschäftigten, denen man primär wertschöpfende Bedeutung beimaß. Managern und Ingenieuren oblag es, Produkte zu entwickeln, Arbeitsprozesse zu gestalten, Routinen und Standards festzulegen und ihre Einhaltung zu kontrollieren.

Zur Realisierung wertschöpfender Prozesse benötigte man zwar neben Maschinen auch Arbeitskräfte. Der Wert einer Fabrik wurde allerdings in ihrem Anlagenkapital gesehen und nicht in der Belegschaft. Leitbild der Arbeits- und Organisationsgestaltung war eine wohldurchdachte und reibungslos funktionierende Maschine, in die der „Faktor Arbeit" durch materielle Anreize (Lohngestaltung) und regelmäßige Kontrollen (Überwachung) eingespannt war.

Der wissenschaftlichen Betriebsführung folgten weitere Ansätze wie der Organisationsentwicklungs- und der Humanressourcenansatz. Als zentrales Problem der Steuerung menschlichen Handelns in Organisationen wurde hier nicht wie in der wissenschaftlichen Betriebsführung die Erzeugung von Regelgehorsam gesehen, sondern die Qualifizierung und Steigerung der Arbeitsmotivation, die Entwicklung von Eigeninitiative und die Identifikation mit Auftrag und Zielen der Organisation.

Die Autoren dieses Buchs verfolgen einen interdisziplinären, auch gesundheitswissenschaftliche und humanbiologische Erkenntnisse berücksichtigenden Ansatz, in dem das soziale System eines Unternehmens wesentlichen Einfluss nimmt auf Wohlbefinden und Gesundheit der Beschäftigten. Wohlbefinden und Gesundheit sind ihrerseits wiederum wesentliche Voraussetzungen für Motivation, Arbeitsleistung und Betriebsergebnis.

Der menschlichen Arbeit kommt in der Wissens- und Dienstleistungsgesellschaft eine noch größere Bedeutung für die Wertschöpfung zu als in der Vergangenheit und damit auch dem Bedürfnis der Beschäftigten nach gegenseitiger Unterstützung, Anerkennung, Selbstentfaltung und seelischem Wohlbefinden.

Im Folgenden unterbreiten wir einen Vorschlag zur Institutionalisierung und Systematisierung Betrieblichen Gesundheitsmanagements. Von seiner ersten Fassung (Badura, Ritter, Scherf 1999) unterscheidet sich diese zweite völlig neu bearbeitete Version durch eine breitere konzeptionelle Fundierung, einen stärkeren Anwendungsbezug und die Weiterentwicklung des dort erstmals dargestellten Regelwerkes.

Wozu Betriebliche Gesundheitspolitik?

Mitarbeiterinnen und Mitarbeiter sind die wichtigste Ressource. Für die kommende Wissens- und Dienstleistungsgesellschaft gilt dies noch weit mehr als für das vergehende Industriezeitalter. Deutschland ist eine wirtschaftliche Hochleistungsgesellschaft. Dauerhaft hohe und höchste Leistungen lassen sich ohne Schaden für Wohlbefinden und Gesundheit der Beschäftigten nur durch mitarbeiterorientiertes Handeln erbringen, d.h. bei entsprechender Förderung ihres Sozial- und Humankapitals. Dies erfordert eine integrierte Personal- und Gesundheitspolitik, in der Betriebliches Gesundheitsmanagement zu einer wichtigen Führungsaufgabe wird. Unser Hauptinteresse gilt dabei im Folgenden der nutzenstiftenden Betrachtung des Betrieblichen Gesundheitsmanagements. In den Unternehmen überwiegt gegenwärtig allerdings das Interesse, Betriebliches Gesundheitsmanagement für kostensenkende Ziele einzusetzen. Folgende Ziele lassen sich im Einzelnen unterscheiden:

1. Nutzen stiften, Zukunftsfähigkeit steigern

Durch verbreitetes Auftreten von Hilflosigkeit und innerer Kündigung, von Ängsten, Burnout und Mobbing entgehen den Unternehmen jährlich bedeutende Wettbewerbsvorteile und namhafte Erträge. Professionelles Gesundheitsmanagement mobilisiert bisher unerschlossene Leistungspotenziale zum Wohle beider, der Beschäftigten und der Unternehmen:

- Wohlbefinden und Gesundheit fördern Motivation und Leistungsfähigkeit, m.a.W. Qualität und Produktivität. Hilflosigkeit, Ängste und mangelhafte Bindung an Arbeit und Organisation beeinträchtigen dagegen Leistungskraft und Leistungsbereitschaft.
- Die demographische Entwicklung führt dazu, dass in wenigen Jahren das Potenzial an Arbeitskräften deutlich absinken wird, was Unternehmen dazu zwingt, dafür zu sorgen, dass ihre Beschäftigten gesünder älter werden und der Zufluss an jungen Talenten anhält.
- Globalisierung, Wettbewerbsdruck und sozialer Wandel machen es insbesondere Frauen immer schwerer, sowohl den Erwartungen ihrer Familien als auch ihrer beruflichen Karriere gerecht zu werden. Betriebliches Gesundheitsmanagement kann Vereinbarkeit von Arbeit und Privatleben („work-life-balance") erleichtern.

2. Kosten senken

Fehlzeiten sind ein kostentreibender Faktor. Unternehmensbeispiele zeigen, dass der Gewinn, den Unternehmen durch die Reduzierung von Fehlzeiten erwirtschaften, in der Regel weit über den Investitionen eines systematisch betriebenen Gesundheitsmanagements liegt. Kosten durch unterlassenes Betriebliches Gesundheitsmanagement entstehen den Betrieben nicht nur direkt durch entgangene Wertschöpfung, sondern auch indirekt durch steigende Beiträge zur Kranken- und Rentenversicherung. Diese indirekten Kosten werden bei einer betriebswirtschaftlichen Betrachtung der Situation eines einzelnen Unternehmens meist übersehen, bereiten volkswirtschaftlich betracht allerdings - wie die chronischen Finanzierungsprobleme der Kranken- und Rentenversicherung zeigen - erhebliche Schwierigkeiten. Beschäftigte, die gesünder älter werden, nützen den Betrieben durch ihre lange Berufserfahrung, den Krankenkassen durch sinkende Nachfrage nach Behandlungskosten und der Rentenversicherungen als Beitragszahler (statt Leistungsempfänger).

Die Bundesanstalt für Arbeitsschutz und Arbeitsmedizin schätzt die durch Arbeitsunfähigkeit bedingten Produktionsausfallkosten für das Jahr 2000 auf 72,3 Mrd. DM (vgl. Tab. 1). Diese Zahl ergibt sich aus 34 Millionen Arbeitnehmern mit einem durchschnittlichen Jahreseinkommen von 61.400 DM und 12,4 Tagen Arbeitsunfähigkeit pro Jahr. Darin nicht enthalten sind die den Unternehmen und der Volkswirtschaft durch vermeidbare Krankenversorgung und Frühberentung entstehenden Kosten und die bereits erwähnten entgangenen Wettbewerbsvorteile und Erträge, bedingt durch Motivationsverluste, innere Kündigung, Mobbing und Burnout. Entgangener Nutzen ist sehr viel schwerer zu quantifizieren, wiegt aber ökonomisch sicherlich ebenso viel, wenn nicht noch sehr viel mehr als nicht vermiedene Kosten.

Tabelle 1 Verteilung der volkswirtschaftlichen Ausfälle nach Diagnosegruppen 2000

			Produktionsausfall [a]		Ausfall an Bruttowertschöpfung	
Diagnosegruppen	Arbeitsunfähigkeitstage in Mio.	Arbeitsunfähigkeitstage in v. H.	in Mrd. DM	Anteil am Bruttonationaleinkommen in v.H. [b]	in Mrd. DM	Anteil am Bruttonationaleinkommen in v. H [c]
Krankheiten des Skeletts, der Muskeln und des Bindegewebes	116,8	27,14	19,66	0,50	31,86	0,81
Sonstige Krankheiten	94,8	22,02	15,95	0,40	25,85	0,65
Verletzungen und Vergiftungen (Unfälle)	73,1	16,97	12,30	0,31	19,93	0,50
Krankheiten der Atmungsorgane	69,5	16,15	11,70	0,30	18,96	0,48
Krankheiten der Verdauungsorgane	29,8	6,93	5,02	0,13	8,13	0,21
Krankheiten des Kreislaufsystems	23,7	5,51	3,99	0,10	6,47	0,16
Psychiatrische Erkrankungen	22,8	5,29	3,83	0,10	6,21	0,16
Gesamt	430,5	100,00	72,45	1,84	117,41	2,97

[a] Quelle: Bundesanstalt für Arbeitsschutz und Arbeitsmedizin (BAuA) (2002): Schätzung der volkswirtschaftlichen Produktionsausfälle und der ausgefallenen Bruttowertschöpfung durch Arbeitsunfähigkeit 2000: 34,72 Mio. Arbeitnehmer x 12,4 Arbeitsunfähigkeitstage = 430,5 Mio. Arbeitsunfähigkeitstage = 1,18 Mio. ausgefallene Erwerbsjahre.
[b] Schätzung der Produktionsausfallkosten anhand der Lohnkosten (Produktionsausfall): 1,18 Mio. ausgefallene Erwerbsjahre x 61.400 DM durchschnittliches Arbeitnehmerentgelt = ausgefallene Produktion durch Arbeitsunfähigkeit = 72,45 Mrd. DM = Anteil am Bruttonationaleinkommen = 1,84 %.
[c] Schätzung des Verlustes an Arbeitsproduktivität (Ausfall an Bruttowertschöpftung): 1,18 Mio. ausgefallene Erwerbsjahre x 99.500 DM durchschnittliche Bruttowertschöpfung = Anteil am Bruttonationaleinkommen = 2,97 %.

Ebenso wenig, wie sich Arbeitsunfähigkeit völlig vermeiden lässt, ist jeder mögliche Nutzen realisierbar. Allein die Größenordnung der angesprochenen Beträge und die - wie wir heute wissen - durch professionelles Betriebliches Gesundheitsmanagement erzielbaren Kostensenkungen und Nutzensteigerungen signalisieren klaren Handlungsbedarf innerhalb der Unternehmen, aber auch bei den überbetrieblichen Akteuren (Berufsgenossenschaften, Krankenversicherung, Rentenversicherung, Gewerkschaften, Arbeitgebern, Staat).

Staatlicherseits sollte erwogen werden, wegen dem hier bestehenden öffentlichen Interesse, Investitionen in das Betriebliche Gesundheitsmanagement durch Steuererleichterungen anzureizen. Steuererleichterungen sollten jedoch nur dann gewährt werden, wenn die eingesetzten Mittel nachweislich das Sozial- und Humankapital erhöhen, d.h. den Beschäftigten zugute kommen. Hieraus ergäbe sich zwingend die Notwendigkeit zur Qualitätsprüfung steuerlich geförderter Interventionen. Mit dem Thema Erfolgsfaktoren und Qualität Betrieblichen Gesundheitsmanagements beschäftigt sich ein Hauptteil dieser Publikation. Auch die von einer großen deutschen Krankenkasse entwickelte Idee, bei entsprechenden Investitionen der Unternehmen eine Beitragsreduzierung zu gewähren, sollte u.E. weiter verfolgt werden.

3. Den Arbeits- und Gesundheitsschutz neu ausrichten

Die angesprochenen Gründe erhöhen die Nachfrage nach mitarbeiterorientierter, und das heißt im Folgenden insbesondere auf das Wohlbefinden und die Gesundheit zielender Interventionen. Gesundheitsexperten beobachten seit geraumer Zeit eine zunehmende Diskrepanz zwischen den durch Globalisierung und Wettbewerbsdruck von den Beschäftigten erwarteten Leistungen und der Fähigkeit von Unternehmen, darauf mitarbeiterorientiert zu reagieren. Die in den Betrieben und Organisationen bestehenden Möglichkeiten des Gesundheits- und Arbeitsschutzes müssen neu ausgerichtet und die Experten entsprechend weitergebildet werden. Während im klassischen Verständnis die Zuständigkeit für Arbeitssicherheit oder für Krankheit an eine einzelne Berufsgruppen gekoppelt war, realisiert sich Betriebliches Gesundheitsmanagements in interdisziplinärer Teamarbeit.

> Vision der betrieblichen Gesundheitspolitik ist die gesunde Organisation. Der Weg dahin ist das Betriebliche Gesundheitsmanagement: das systematische und nachhaltige Bemühen um die gesundheitsförderliche Gestaltung von Strukturen und Prozessen und um die gesundheitsförderliche Befähigung der Beschäftigten. Führung und Mitarbeitervertretung müssen dabei partnerschaftlich zusammenarbeiten.

Gesundheitsmanagement - eine Investition in das betriebliche Sozialkapital

Gesundheitsmanagement dient den Mitarbeitern eines Unternehmens. Damit konkurriert es auf den ersten Blick mit scheinbar sehr viel naheliegenderen Unternehmenszielen, z.B. möglichst schnell neue Produkte auf den Markt zu bringen, die Kundenorientierung zu verbessern oder die Aktienkurse zu pflegen. Tatsächlich aber ist Gesundheitsmanagement ein immer wichtiger werdendes Instrument zur Verfolgung eben dieser Ziele. Es dient der Zukunftsfähigkeit eines Unternehmens durch Investitionen in sein Sozialkapital. Da dieser Begriff wenig bekannt, für das Verständnis modernen Gesundheitsmanagements aber von grundlegender Bedeutung ist, soll er zu Beginn vorgestellt werden.

In Volks- und Betriebswirtschaftslehre geläufiger ist der Begriff „Humankapital". In einem vielbeachteten Buch des Club of Rome „Wie wir arbeiten werden" heißt es dazu:

»In unserer geldzentrierten Wirtschaft ist das Kapital, im klassischen Sinne, nichts weiter als ein Instrument, um menschliche Tätigkeit und Unternehmergeist anzuregen. Doch es ist nicht das einzige Instrument, denn die Mobilisierung von Humankapital, das für die Produktion so entscheidend ist, hängt auch von vielen anderen Faktoren ab. Die meisten von ihnen sind „weicher" Natur, etwa Motivation und Leistungsbereitschaft ... Den Wohlstand der Nationen zu mehren heißt auch, diese weichen Faktoren fruchtbar zu machen. Leider gewinnt man den Eindruck, dass unsere moderne Gesellschaft dieses Ziel nur in wenigen Fällen erreicht und unsere Wirtschaft daher deutlich unterhalb ihres Leistungsoptimums bleibt« (Giarini u. Liedtke 1998, S. 27 f.).

Investitionen in das Humankapital sind nach diesem Verständnis Investitionen in die „weichen Faktoren" unternehmerischen Erfolgs, deren volle Mobilisierung für Unternehmensziele nach Auffassung der Autoren weithin „unterhalb des Leistungsoptimums" bleibt.

In einem ebenfalls vielbeachteten Buch eines ehemals leitenden Managers des Shell-Konzerns - einem der weltweit größten Wirtschaftsunternehmen - heißt es:

»Als Produzenten materiellen Wohlstandes waren Unternehmen ungeheuer erfolgreich. Wenn man sie jedoch im Licht ihrer Möglichkeiten betrachtet, sind die meisten Unternehmen absolute Versager - oder bestenfalls Dilettanten, die ihr Potential nicht ausschöpfen. Sie stehen auf einer primitiven Stufe der Evolution; sie entwickeln und nutzen nur einen Bruchteil ihrer Möglichkeiten. Der beste Beweis ist ihre hohe Sterblichkeit« (de Geus 1998, S. 17).

Wir sind überzeugt davon, dass Investitionen in das Sozialkapital von Unternehmen in Form eines systematisch betriebenen Gesundheitsmanagements einen wichtigen Beitrag leisten zur besseren Nutzung ihrer Möglichkeiten, zur Steigerung ihrer Wettbewerbsfähigkeit und zur Verhinderung von Siechtum und vorzeitigem Tod einer Organisation.

Unter Sozialkapital verstehen wir, in Weiterführung der unten zitierten Konzepte, Merkmale sozialer Systeme, die sich gleichermaßen positiv auf ihre kollektive Leistungsfähigkeit wie auf das Wohlbefinden ihrer Mitglieder auswirken und sich in ihren Wirkungen dabei wechselseitig verstärken.

Investitionen in das Sozialkapital sind Investitionen in das soziale System eines Unternehmens, einer Dienstleistungseinrichtung oder einer Verwaltung. Sie sind damit wohl zu unterscheiden von Investitionen in das Sachkapital (z.B. neue Technologien) oder von herkömmlichen Investitionen in das Humankapital (z.B. fachliche Qualifikation). Investitionen in das Sozialkapital tragen der Erkenntnis Rechnung, dass Merkmale sozialer Systeme wesentlichen Einfluss nehmen auf Wohlbefinden und Gesundheit ihrer Mitglieder und damit auf ihre eigene Leistungsfähigkeit.

Was ist Sozialkapital?

» ... Regeln und soziale Beziehungen als Elemente einer sozialen Struktur, die Menschen befähigen, ihre Handlungen zu koordinieren und gemeinsame Ziele zu verfolgen ... « (Narayan 1999, S. 6).

» ... Merkmale sozialer Organisationen wie Netzwerke, Regeln und gegenseitiges Vertrauen, die Koordination und Kooperation zum gemeinsamen Nutzen erleichtern ... « (Putnam 1995, S. 67).

»Sozialkapital besteht aus aktiven Verbindungen zwischen Menschen: Vertrauen, gegenseitiges Verständnis, gemeinsame Werte und Verhaltensweisen, die Mitglieder sozialer Netzwerke und Gemeinschaften verbinden und kooperatives Handeln ermöglichen.« (Cohen u. Prusak 2001, S. 4).

Hohe Fehlzeiten sind Symptome für die Erkrankung einer Organisation. Fehlzeiten bilden so etwas wie ein „Fieberthermometer", an dessen Werten sich ablesen lässt, wie es um ihren Gesundheitszustand bestellt ist, wo Handlungsbedarf besteht und wo nicht. Allerdings: Erst eine sorgfältige Diagnose organisatorischer Strukturen und Prozesse erlaubt ein angemessenes Verständnis zugrunde liegender Probleme. Und erst ein angemessenes Problemverständnis erlaubt eine bedarfsgerechte und effiziente Auswahl geeigneter therapeutischer Schritte, die es professionell zu planen, zu steuern und auf ihren Zielerreichungsgrad zu prüfen gilt.

Verbreitung und Intensität von Hilflosigkeitsgefühlen, von innerer Kündigung, Mobbing und Burnout erlauben verlässliche Aussagen darüber, wie gut oder wie schlecht das Leistungspotenzial einer Organisation gepflegt und ausgeschöpft wird. Auch positive Gesundheitsindikatoren, wie z.B. Selbstvertrauen und Selbstwertgefühl, die „innere Bindung" der Belegschaft an Aufgabe und Zielsetzung oder ihr „Wir-Gefühl" dienen diesem Zweck.

Fehlzeiten sind indessen nicht der einzige und sicherlich kein sehr aussagekräftiger Indikator für den Gesundheitszustand einer Organisation. Fehlzeiten sollten vermieden und nicht nachträglich „repariert“ werden. Deshalb empfiehlt es sich, das Befinden der regelmäßig zur Arbeit Erscheinenden genauer zu betrachten. Bedarfsgerechte Investitionen in das Sozialkapital ermöglichen eine kausale Therapie der Krankheiten einer Organisation. Sie dienen ihrer Verhütung und fördern beides: die Wettbewerbskraft der Unternehmen und das Wohlbefinden ihrer Mitarbeiterinnen und Mitarbeiter.

Der Leser mag bei der Unterscheidung von „gesund“ und „krank“ in Bezug auf Unternehmen zuerst an Strukturen und Prozesse denken, die mit ihrem wirtschaftlichen Erfolg verbunden sind. Die sozialepidemiologische Forschung belegt jedoch einen engen Zusammenhang zwischen Merkmalen sozialer Systeme und der Verbreitung psychischer und somatischer Gesundheit unter ihren Mitgliedern. Die festgestellten Zusammenhänge (s. S. 37 ff.) erlauben es, nicht nur Menschen, sondern auch soziale Systeme einem Kontinuum „gesund - krank“ zuzuordnen. Krank sind Organisationen, deren Mitglieder vergleichsweise zahlreiche Symptome (Fehlzeiten, Burnout, innere Kündigung etc.) aufweisen und deshalb unter einer Nichtausschöpfung ihres Leistungspotenzials leiden. Nicht die genannten Symptome sind das Problem, sondern schlecht gestaltete soziale Systeme und mangelhafte Führung.

Unter Investitionen in das Sozialkapital verstehen wir im Folgenden insbesondere Investitionen:

1. in die soziale Vernetzung der Mitarbeiter,
2. in ihre vertrauensvolle Zusammenarbeit,
3. in die Entwicklung und die Pflege unternehmensweit geteilter Überzeugungen, Werte und Regeln.

Investitionen in das Sozialkapital sind kein Ersatz für einen durchdachten Geschäftsplan oder eine treffsichere Marketingstrategie, sehr wohl aber eine notwendige Ergänzung.

Sie fördern:

- sinkende Transaktionskosten durch hohes gegenseitiges Vertrauen und durch gute Zusammenarbeit,
- schnellen Informationsfluss und Wissensaustausch,
- sinkende Fehlzeiten und Fluktuation, was Qualifizierungskosten spart, Betriebsstörungen vermeidet, Fehlerraten reduziert und die Entwicklung stabiler sozialer Beziehungen erleichtert,
- gesteigerte Produktivität durch stabiles Selbstwertgefühl, hohe Identifikation mit der eigenen Arbeit und der Organisation insgesamt,
- salutogene Potenziale durch hohe Berechenbarkeit des Unternehmenshandelns auf allen Ebenen - bei persönlichem Hilfebedarf wie auch in wirtschaftlich schwierigen Zeiten.

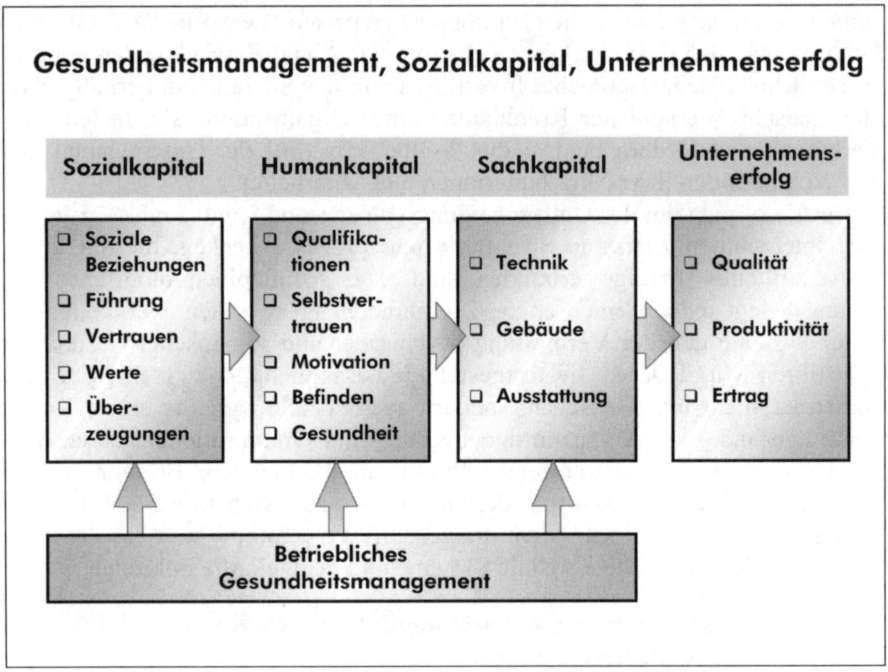

Abb. 1 Der Zusammenhang von Betrieblichem Gesundheitsmanagement, Sozialkapital und Unternehmenserfolg

Die häufig beschworenen Erfolgsfaktoren „Teamarbeit" und „Vertrauenskultur" erfordern nicht nur entsprechende Qualifikationen, z.B. ausreichende soziale Kompetenz oder Fähigkeiten zur Gruppenmoderation. Zu ihrer Entwicklung braucht es einen „sozialen Humus", d.h. Merkmale sozialer Systeme, die sich als dafür förderlich erweisen. Ohne diesen „sozialen Humus" bleiben Teamarbeit und Vertrauenskultur Insellösungen oder Fremdkörper, die sich nur mit außerordentlichem Aufwand entwickeln lassen und bei der ersten Gelegenheit wieder zerstört werden. Je rascher der Wandel innerhalb und außerhalb komplexer Organisationen voranschreitet, um so wertvoller erweisen sich Vertrauensbeziehungen, leistungsfähige Netzwerke und Bindungen an gemeinsame Überzeugungen und Werte - für beides: Produktivität und Wohlbefinden.

Sozialkapital wirkt zugleich produktiv und salutogen, weil es Zusammenarbeit erleichtert, den Fluss wichtiger Informationen fördert, die Berechenbarkeit von Entscheidungen und Entwicklungen sowie Identifikation mit Personen und Produkten ermöglicht. Weil es Sinnstiftung bei der Arbeit fördert, unabhängig von den konkreten Arbeitsinhalten, weil es die Beschäftigten unterstützt in ihrem alltäglichen Bemühen, gute Arbeit zu leisten und mit den dabei unvermeidlichen Ängsten und Hilflosigkeitsgefühlen fertig zu werden.

Schließlich, weil es Voraussetzungen schafft für ein positives Selbstwertgefühl und gesundheitsförderliches Verhalten. Ergebnisse sozialepidemiologischer und organisationswissenschaftlicher Forschung zeigen hier eine bemerkenswerte Konvergenz.

Dieses Buch richtet sich an Verantwortliche für das Betriebliche Gesundheitsmanagement, d.h. an Betriebsleitungen, Führungskräfte, Mitarbeitervertreter, Experten und Beschäftigte. Insbesondere angesprochen werden:

1. Leitende Führungskräfte in Wirtschaft, Verbänden, Gesundheitswesen:
   - Geschäftsführer
   - Personalvorstände
   - Abteilungsleiter
2. Mitarbeitervertretungen:
   - Betriebs- bzw. Personalräte
   - kirchliche Mitarbeitervertretungen
3. Personalwesen
   - Personalentwickler
   - Personalleiter
4. Arbeitsmedizin, Arbeits- und Gesundheitsschutz
   - Betriebsärzte
   - Fachkräfte für Arbeitssicherheit
   - Sicherheitsbeauftragte
   - Sucht- und Behindertenbeauftragte
   - Frauenbeauftragte
   - Betriebspsychologen
5. Betrieblicher Sozialdienst
   - Sozialpädagogen
6. Überbetriebliche Experten und Berater
   - Gewerkschaften
   - Krankenversicherungen
   - Berufsgenossenschaften
   - Wirtschaftsverbände
   - Unternehmensberatungen
7. Sozial- und Gesundheitswissenschaftler mit Interesse an den Themenfeldern Arbeit, Organisation und Gesundheit
   - Betriebswirtschaftler
   - Gesundheitswissenschaftler
   - Psychologen
   - Soziologen

Ihnen soll das Folgende eine Orientierungshilfe sein, Informationen liefern und konkrete Handlungsanleitung geben für Innovationen in der betrieblichen Gesundheitspolitik, und bei dem Bemühen, den Arbeits- und Gesundheitsschutz zu einem nachhaltig wirksamen Gesundheitsmanagement weiterzuentwickeln.

1.2 Gesundheit, Verhalten, Organisation

Leitideen, Konzepte und Grundlagen

Die dem Folgenden zugrunde liegenden Leitideen haben zwei Wurzeln: Zum einen die richtungweisenden Ausführungen der Ottawa-Charta zur Gesundheitsförderung von 1986 und zum anderen neuere Forschungsergebnisse der Sozial-, Organisations- und Gesundheitswissenschaften.

In der bisherigen Praxis des Gesundheitswesens und im Verständnis eines großen Teils der Bevölkerung wird mit Gesundheit die Abwesenheit von körperlicher Krankheit verbunden. Die Weltgesundheitsorganisation (WHO) plädierte bereits Ende der 40er Jahre für eine Definition von Gesundheit als körperliches, seelisches und soziales Wohlbefinden. Im Jahr 1986 formulierte sie in Ottawa auf einer viel beachteten internationalen Konferenz Grundsätze und Ziele zur Förderung der Gesundheit und zur Schaffung bzw. Erhaltung gesunder Umwelten.

> **Ottawa-Charta der WHO (1986)**
> »Gesundheitsförderung zielt auf einen Prozess, allen Menschen ein höheres Maß an Selbstbestimmung über ihre Gesundheit zu ermöglichen und sie damit zur Stärkung ihrer Gesundheit zu befähigen. Um ein umfassendes körperliches, seelisches und soziales Wohlbefinden zu erlangen, ist es notwendig, dass sowohl Einzelne als auch Gruppen ihre Bedürfnisse befriedigen, ihre Wünsche und Hoffnungen verwirklichen sowie ihre Umwelt meistern bzw. verändern können. In diesem Sinne ist die Gesundheit als ein wesentlicher Bestandteil des alltäglichen Lebens zu verstehen und nicht als vorrangiges Lebensziel. Gesundheit steht für ein positives Konzept, das in gleicher Weise die Bedeutung sozialer und individueller Ressourcen für die Gesundheit ebenso wie die körperlichen Fähigkeiten betont. Die Verantwortung für Gesundheitsförderung liegt deshalb nicht nur im Gesundheitssektor, sondern in allen Bereichen der Politik und zielt über die Entwicklung gesünderer Lebensweisen hinaus auf die Förderung von umfassendem Wohlbefinden.«

In der Ottawa-Charta ist weiter zu lesen, dass politische, ökonomische, soziale und kulturelle Faktoren entweder der Gesundheit zuträglich sein oder sie schädigen können. Menschen können ihre Gesundheitspotenziale nur dann entfalten - heißt es dort -, wenn sie die Bedingungen, die ihre Gesundheit beeinflussen, auch mitgestalten können. Die sich verändernden familiären, Arbeits- und Freizeitbedingungen haben einen entscheidenden Einfluss auf die Gesundheit. Die Art und Weise, wie in einer Gesellschaft Arbeit, Familie und

Freizeit organisiert sind, sollte eine Quelle für Gesundheit und nicht für Krankheit sein.

Von der Suche nach Krankheitsursachen zur Förderung von Gesundheitspotenzialen

Die modernen Gesundheitswissenschaften haben Interdisziplinarität zum Prinzip. Mediziner, Wirtschaftswissenschaftler, Biologen, Psychologen und Soziologen arbeiten hier eng zusammen bei der Erforschung der Ursachen von Gesundheit und Krankheit und bei der Analyse und Weiterentwicklung gesundheitsförderlicher, kurativer, rehabilitativer und pflegerischer Leistungen.

Aus der biomedizinischen Tradition heraus entwickelte sich die pathogenetische, d.h. Risiken und Ursachen schlechter Gesundheit erforschende und bekämpfende Aufgabenstellung. Aus der sozialwissenschaftlichen Tradition entwickelte sich eine zweite, Gesundheitspotenziale erforschende und fördernde Aufgabenstellung. Stressforschung und Sozialepidemiologie legen nahe, Gesundheit und Krankheit als beides: Ergebnis und Voraussetzung einer permanenten Auseinandersetzung zwischen Mensch und Umwelt zu begreifen.

Pathogenese

Im Zentrum der Biomedizin stehen die Erforschung und Kontrolle pathogener Vorgänge im menschlichen Organismus. Als Ursache für pathogene Vorgänge werden genetische Defekte oder den Organismus schädigende biologische, chemische oder physikalisch Umwelteinflüsse angesehen. Die klinische Forschung folgt diesem Ansatz. Das ist ein Grund, warum die klinische Medizin mit Krankheit sehr viel, mit Gesundheit jedoch eher wenig anfangen kann.

Davon unterscheidet sich der Ansatz der Verhaltensmedizin. Als Antwort auf ein gewandeltes Krankheitspanorama stehen hier überwiegend selbstschädigende Verhaltensweisen im Vordergrund. Bewegungsmangel, falsche Ernährung, Alkoholsucht und Zigarettenkonsum gelten diesem Ansatz zufolge als Hauptursachen vermeidbarer chronischer Erkrankungen und vorzeitigen Todes. Verhaltensmedizin und Gesundheitspsychologie, die sich diesem Denken verschrieben haben, sehen den Menschen nicht mehr nur als naturwissenschaftlichen Gesetzen folgende Maschine, sondern als vernunftbegabtes, in seinem Verhalten jedoch fehlgeleitetes bzw. unangepasstes Wesen.

In der Verhaltensmedizin geht es allerdings nicht nur um die Verhütung oder Veränderung pathogener, sondern auch um die Förderung salutogener Verhaltensweisen. Als Beispiele dafür sei auf Anstrengungen zur gesunden Ernährung und regelmäßigen körperlichen Bewegung verwiesen. Gegenstand von Forschung und Intervention sind das selbstverantwortlich handelnde Individuum und seine Möglichkeiten zur Verhaltensmodifikation. Charakteristisch für den Ansatz der Verhaltensmedizin ist die personenbezogene Vorgehensweise. Interventionen richten sich auf die Person und ihr Verhalten, nicht aber auf die Lebens- und Arbeitsbedingungen.

Hierin liegt ein wichtiger Unterschied zur Betrachtungsweise der Gesundheitswissenschaften, die insbesondere der salutogenetischen Perspektive verpflichtet sind und dabei zuallererst an den Lebens- und Arbeitsbedingungen („settings“) ansetzen.

Salutogenese

Im Vordergrund der modernen Gesundheitswissenschaften steht heute ein Gesundheitspotenziale erforschender und auf ihre Förderung bedachter Ansatz. Zentral ist hier die Frage nach den Ursachen guter Gesundheit. Dem seelischen Befinden kommt dabei eine besondere Bedeutung zu, weil menschliche Grundemotionen wie Freude, Aggressivität, Angst und Hilflosigkeit nach neuesten Erkenntnissen der psychoneuroimmunologischen Forschung eine Brückenfunktion haben zwischen den lange Zeit als streng voneinander getrennt erachteten gesellschaftlichen Erfahrungen des Menschen und seinen biochemischen Prozessen. „Geist“ und „Körper“ hängen auf das Engste zusammen: Denken, Fühlen und biochemische Prozesse verlaufen zugleich parallel und hochvernetzt. Was uns im Alltag durch Arbeit, Familie und Freizeit widerfährt, auf welche Situationen wir treffen, wie wir mit ihnen handelnd umgehen (coping) und auch die wahrgenommenen Konsequenzen unseres Handelns (Erfolg - Misserfolg, Belohnung - Bestrafung, Zuwendung durch andere - Ablehnung) - all dies hat immer zugleich psychische (kognitive, emotionale, motivationale) und körperliche (biochemische) Folgen.

Wir gehen davon aus, dass bestimmte Lebensbedingungen oder Ereignisse nur dann krankheitsauslösende Folgen haben, wenn sie von der betroffenen Person als Bedrohung, Kränkung oder Verlust bewertet werden. Das Ausmaß ihrer negativen Folgen wird mitbestimmt von salutogenen Potenzialen, die helfen, Bedrohungen, Kränkungen oder Verlusterfahrungen zu verhüten oder schädigungsfrei zu bewältigen. Salutogene Potenziale helfen Chancen zu realisieren, Risiken und Belastungen zu vermeiden, Beanspruchungen zu mildern und eingetretene Schädigungen bzw. Krankheiten zu überwinden.

Salutogene Potenziale sozialer Systeme treten nach bisher vorliegenden Erkenntnissen insbesondere in dreierlei Form auf:

1. als vertrauensvolle Bindungen an einzelne Menschen, an soziale Gruppen oder Kollektive,
2. als positiv bzw. hilfreich empfundene Rückmeldungen aus dem sozialen Umfeld in Form von Zuwendung, Information, Anerkennung oder praktischer Unterstützung,
3. als gemeinsame Überzeugungen, Werte und Regeln, die Berechenbarkeit und Steuerbarkeit sozialer Systeme ermöglichen und die zwischenmenschliche Kooperation erleichtern.

Zusammengenommen bilden sie Grundelemente auch des betrieblichen Sozialkapitals, das seinerseits für eine effiziente und salutogene Verknüpfung von Sach- und Humankapital unverzichtbar ist, in seiner zugleich ergebnis- und mitarbeiterorientierten Bedeutung jedoch noch allzu häufig unterschätzt wird.

Menschen brauchen Menschen

Wir begreifen den Menschen als ein deutendes, fühlendes und planendes Wesen, dessen Befinden zuallererst von der Verfügbarkeit sinnstiftender Tätigkeiten, von der Aufmerksamkeit, Zuneigung und Anerkennung durch Mitmenschen sowie von der Versteh- und Beeinflussbarkeit seiner Lebensumstände abhängt.

Befähigung durch ausreichende Bildung, angemessene fachliche und soziale Kompetenz gelten als persönliche Gesundheitspotenziale ebenso wie ein positives Selbstwertgefühl, Selbstvertrauen und eine optimistische Grundhaltung. Neben Familie und Arbeitswelt sind auch Medien und Bildungswesen wichtige Sozialisationsinstanzen, die zur Stabilisierung und Entwicklung dieser persönlichen Gesundheitspotenziale beitragen oder aber zu ihrer Destabilisierung und Deformation.

Als soziale Gesundheitspotenziale gelten vor allem die bindenden Kräfte sozialer Beziehungen und sinnstiftender Überzeugungen und Werte wegen ihres Einflusses auf Kognition, Emotion, Motivation und Verhalten. Der gesundheitsförderliche Einfluss unterstützender sozialer Beziehungen darf als einer der epidemiologisch am besten belegten Zusammenhänge gelten. Belastende soziale Beziehungen (z.B. Mobbing am Arbeitsplatz) können hingegen für die Gesundheit äußerst destruktive Folgen haben.

Die dabei wirksam werdenden soziopsychosomatischen Zusammenhänge bedürfen noch detaillierter Analysen. Wir können heute davon ausgehen, dass „starke" (partnerschaftliche, verwandtschaftliche oder freundschaftliche) Bindungen wesentlich sind für die persönliche Gefühlsregulierung insbesondere in Situationen hoher psychischer Beanspruchungen zur Bewältigung der damit verbundenen Angst- oder Hilflosigkeitsgefühle. Sogenannte „schwache" Bindungen in Arbeitswelt und Gemeinde sind bedeutsam für die Bewältigung praktischer Probleme bei der Arbeit (Situationseinschätzung, Handlungsplanung, Situationsbewältigung) und erfüllen dadurch wichtige salutogene wie präventive Funktionen. Die Adjektive „stark“ und „schwach“ beziehen sich auf den Grad der emotionalen Bindung an Mitglieder unseres persönlichen, sozialen Netzwerkes. „Starke“ und „schwache“ Beziehungen erfüllen unterschiedliche Funktionen, sind letztlich aber beide salutogen, weil für die Situationsbewältigung in der Arbeitwelt und in der Familie hochbedeutsam.

Auf uns alleingestellt, d.h. ohne nennenswerte Hilfe oder emotionale Unterstützung aus unserer sozialen Umwelt, kann es leicht zu einer Überforderung und, sofern es sich um einen chronischen Zustand handelt, zu einer seelischen und körperlichen Schädigung kommen. Je weniger sozial integriert und je höher belastet Menschen sind, umso anfälliger sind sie für Angst- und Hilflosigkeitsgefühle und deren pathogene Konsequenzen z.B. für das Herz-Kreislauf- und das Immunsystem. Als chronisch belastend empfundene Beziehungen in Familie und Arbeitswelt gelten als hochgefährliche Stressoren.

Gemeinsame Überzeugungen, Werte und Regeln

Als soziale Wesen sind Menschen stets zugleich auch Pläne schmiedende und zielorientiert handelnde Akteure - in der Entwicklung und Pflege sozialer Beziehungen ebenso wie in der Bearbeitung von Aufgaben und Projekten zur Verfolgung ausgewählter Ziele. Ziele, Aufgaben und Projekte können dabei als mehr oder weniger sinnvoll empfunden werden. Und die Umstände der Zielverfolgung und Aufgabenerledigung können als mehr oder weniger verstehbar, miteinander vereinbar, berechenbar und beeinflussbar erlebt werden.

Über Jahrtausende hinweg, während seiner Existenz als Jäger und Sammler und später als Mitglied einer Nomaden- oder einer Agrargesellschaft, haben religiöse Überzeugungen, Werte und Verhaltensregeln das Bedürfnis des Menschen nach Sinnstiftung, Versteh- und Berechenbarkeit und nach Beeinflussbarkeit seiner Lebensumstände befriedigt. Für die Bewältigung alltäglicher Aufgaben und Pflichten spielen diese heute - wenn überhaupt - eine meist ganz untergeordnete Rolle bzw. werden nur noch in ihrer säkularisierten Form als ein gewisser Grundstock gemeinsamer Überzeugungen, Werte und Regeln wahrgenommen. Die sinn- und beziehungsstiftende Funktion der Religion ist heute weithin übergegangen in eine säkularisierte Kultur, z.B. die besondere Kultur einer Familie, einer Region, einer Organisation oder eines ganzen Kulturkreises (indessen ohne ihre religiösen Wurzeln völlig verleugnen zu können).

Unverändert gilt auch heute - so die ursprünglich vom Soziologen Antonovsky angestoßene und unter Gesundheitswissenschaftlern stark verbreitete Auffassung -, dass Sinnhaftigkeit des eigenen Handelns und Versteh- und Beeinflussbarkeit der Lebens- und Arbeitsbedingungen wesentlich sind für eine salutogene Lebensführung. Soziale Systeme unterscheiden sich allerdings erheblich darin, welche Stabilität und Qualität und welchen Umfang sozialer Beziehungen sie ermöglichen. Und sie unterscheiden sich auch erheblich darin, wie weit sie es ihren Mitgliedern ermöglichen, subjektiv sinnvoll zu handeln, d.h. sich mit ihren Werten, Zielen und Verhaltensregeln zu identifizieren. Schließlich unterscheiden sich soziale Systeme auch beträchtlich darin, wie weit sie es ihren Mitgliedern ermöglichen, Ereignisse, Abläufe und Entscheidungen zu verstehen und vorherzusehen, sie zu beeinflussen oder sie zumindest zu akzeptieren.

Gemeinsame Überzeugungen, Werte und Regeln erleichtern es den Mitgliedern eines sozialen Systems, z.B. eines Unternehmens, sich mit den Zielen und Plänen ihrer Organisation zu identifizieren, erleichtern ihre Versteh- und

Berechenbarkeit und sind essenzielle Voraussetzungen konfliktarmer, produktiver Zusammenarbeit. Kooperation ist ihrerseits eine wichtige Bedingung für das Entstehen gemeinsamer Überzeugungen, Werte und Regeln.

Menschen brauchen Menschen - und begegnen sich gleichwohl oft mit Zurückhaltung oder Feindschaft. Gemeinsame Überzeugungen, Werte und Regeln sind wesentlich für Entstehung und Erhalt einer Vertrauenskultur, für ausgeprägten Teamgeist und den ungehinderten Fluss von Informationen. Sie verhindern Lernblockaden einer Organisation und erleichtern die flexible Anpassung an eine sich immer rascher verändernde Umwelt. Sinnhaftigkeit des eigenen Handelns, Versteh- und Beeinflussbarkeit der Lebens- und Arbeitsbedingungen hängen neben sozialen selbstverständlich auch von persönlichen Voraussetzungen ab.

Gesundheit, Krankheit, Gesundheitsmanagement

Gesundheit ist immer zugleich Voraussetzung wie auch Ergebnis der Wechselwirkungen zwischen Person, Verhalten und Umwelt. Im Kern geht es um salutogene Situationsbewältigung oder besser: um das Verständnis und die Erschließung salutogener Potenziale in der Person, in ihrem Verhalten und in ihrer Umwelt. Gesundheit ist Kompetenz zur aktiven Lebensbewältigung. Gesundheit ist etwas, was erlernt werden kann, d.h. wozu Menschen befähigt werden können.

> **Gesundheit:**
> Gesundheit ist eine Fähigkeit zur Problemlösung und Gefühlsregulierung, durch die ein positives seelisches und körperliches Befinden - insbesondere ein positives Selbstwertgefühl - und ein unterstützendes Netzwerk sozialer Beziehungen erhalten oder wieder hergestellt wird.

Diese Neufassung des Gesundheitsbegriffs verweist auf eine Fähigkeit, die für die produktive Auseinandersetzung mit einer ungewissen, als Herausforderung oder Bedrohung empfundenen Umwelt immer wichtiger wird. Problemlösung beinhaltet die Antonovsky'sche Trias: die persönlichen Fähigkeiten zur Sinngebung, zum Verstehen und Beeinflussen der eigenen Lebens- und Arbeitsbedingungen, m.a.W. Motivation, Kognition und Verhalten. Die zur Erklärung von Verhalten und Gesundheit zentrale Bedeutung der Gefühlsregulierung beinhaltet die „Geist" und „Körper" verbindenden Emotionen Angst, Wut, Hilflosigkeit und Freude - um nur die wichtigsten zu nennen. Die menschliche Fähigkeit zur - salutogenen oder pathogenen - Gefühlsregulierung (d.h. u.a. Selbstbeobachtung, Vermeidung oder Toleranz unerwünschter sowie Herbeiführung erwünschter Emotionen) ist ein für die Verknüpfung sozialer und somatischer Prozesse unverzichtbares Element jeder Gesundheitstheorie. Mit diesem neuen Gesundheitsverständnis eng verbunden ist auch ein neues Verständnis von Krankheit.

Krankheit:

Krankheit beinhaltet mehr als nur körperliche Fehlfunktion oder Schädigung. Auch beschädigte Identität oder länger anhaltende Angst- oder Hilflosigkeitsgefühle müssen wegen ihrer negativen Auswirkungen auf Denken, Motivation und Verhalten aber auch auf das Immun- und Herz- Kreislaufsystem als Krankheitssymptome begriffen werden.

Arbeitsverhalten begreifen wir als einen Prozess der Problemlösung und Gefühlsregulierung. Wahrnehmung, Kognition, Emotion und Verhalten eines Menschen sind geprägt durch persönliche Voraussetzungen und situative Einflüsse. Situative Einflüsse lassen sich verändern z.B. durch Arbeits- und Organisationsgestaltung, persönliche Voraussetzungen durch Befähigung zur schädigungsfreien Situationsbewältigung.

Betriebliches Gesundheitsmanagement:

Unter Betrieblichem Gesundheitsmanagement verstehen wir die Entwicklung betrieblicher Rahmenbedingungen, betrieblicher Strukturen und Prozesse, die die gesundheitsförderliche Gestaltung von Arbeit und Organisation und die Befähigung zum gesundheitsfördernden Verhalten der Mitarbeiterinnen und Mitarbeiter zum Ziel haben.

Bezogen auf die Arbeitswelt gehen wir von einem Primat der Umwelt gegenüber Person und Verhalten aus. In komplexen Organisationen folgt mit abnehmenden Handlungsspielräumen das Verhalten den Strukturen und Prozessen, wie sie durch die Aufbau- und Ablauforganisation vorgegeben werden. In einer gesunden Organisation sind Strukturen und Prozesse so angelegt, dass sie die Gesundheit der Mitarbeiter fördern.

Von der Optimierung der Arbeitsbedingungen zur Diagnose und Gestaltung sozialer Systeme

Für die Konzeption dieses Buches und die hier entwickelten Handlungsempfehlungen ist zweierlei von grundlegender Bedeutung:

- die Schwerpunktverlagerung von der pathogenetischen zur salutogenetischen Sichtweise,
- die Schwerpunktverlagerung von Personen, ihren Arbeitsbedingungen und -inhalten zum sozialen System einer Organisation.

Dem liegt die in den modernen Sozialwissenschaften formulierte Annahme zugrunde, dass Menschen soziale Wesen sind, die in ihrem Denken, Fühlen und Handeln maßgeblich beeinflusst werden durch ihre soziokulturelle Umwelt; im Kontext der Arbeitswelt bedeutet das: durch die betriebliche Personal- und Gesundheitspolitik, durch die gelebte Unternehmenskultur, durch die wirtschaftliche Situation eines Unternehmens und durch die sozialen Beziehungen am Arbeitsplatz und zwischen Unternehmensführung und Belegschaft.

Wie weit Menschen auf ihre Umwelt Einfluss zu nehmen vermögen, hängt von ihren Handlungsspielräumen, Fähigkeiten und Beteiligungsmöglichkeiten ab. Organisationsbedingungen können gesundheitsförderliche oder krankmachende Auswirkungen haben. Wir gehen - gestützt auf entsprechende organisations- und gesundheitswissenschaftliche Erkenntnisse - davon aus, dass insbesondere gegenseitige Unterstützung, gemeinsame Überzeugungen, Werte und Verhaltensregeln, Partizipation und eine partnerschaftliche, d.h. von gegenseitigem Respekt und Vertrauen geprägte Unternehmenskultur positive Auswirkungen auf die Mitarbeiter haben. Damit rücken das Verstehen und das Gestalten sozialer Systeme ins Zentrum Betrieblichen Gesundheitsmanagements.

Ungesunde Organisationen haben folgende Merkmale:

- paternalistischer Führungsstil
- steile Hierarchie
- wenige gemeinsame Überzeugungen, Werte und Verhaltensregeln
- verbreitetes Misstrauen und Konkurrenzdenken
- Intransparenz von Entscheidungen
- geringe Partizipationsmöglichkeiten und Handlungsspielräume
- geringe Weiterbildungsmöglichkeiten
- ausgeprägte Feindseligkeit bzw. Rivalität zwischen Abteilungen
- intensive Konflikte zwischen Topmanagement und Belegschaft und innerhalb der Belegschaft

Die Folgen davon sind geringe Sinnhaftigkeit, Verstehbarkeit und Beeinflussbarkeit der Arbeits- und Organisationsbedingungen, verbreitete Hilf- und Hoffnungslosigkeitsgefühle und Ängste, ein geringes Wohlbefinden und Selbstwertgefühl, ein schlechter körperlicher Gesundheitszustand, geringe Arbeitszufriedenheit und -motivation, verbreitetes Suchtverhalten, hohe Fehlzeiten und Fluktuation, Ausschussproduktion, hohe Widerstände gegen Innovationen, beeinträchtigte Kommunikation und innere Kündigung.

Gesunde Organisationen zeichnen sich demgegenüber durch folgende Merkmale aus:

- partnerschaftlicher Führungsstil
- viele gemeinsame Überzeugungen, Werte und Verhaltensregeln
- flache Hierarchien
- Vertrauen und gegenseitige Hilfe
- Transparenz von Entscheidungen
- Partizipationsmöglichkeiten und Handlungsspielräume
- hochentwickeltes System der Weiterbildung
- gute, abteilungsübergreifende Zusammenarbeit
- wenig intensive Konflikte zwischen Topmanagement und Belegschaft

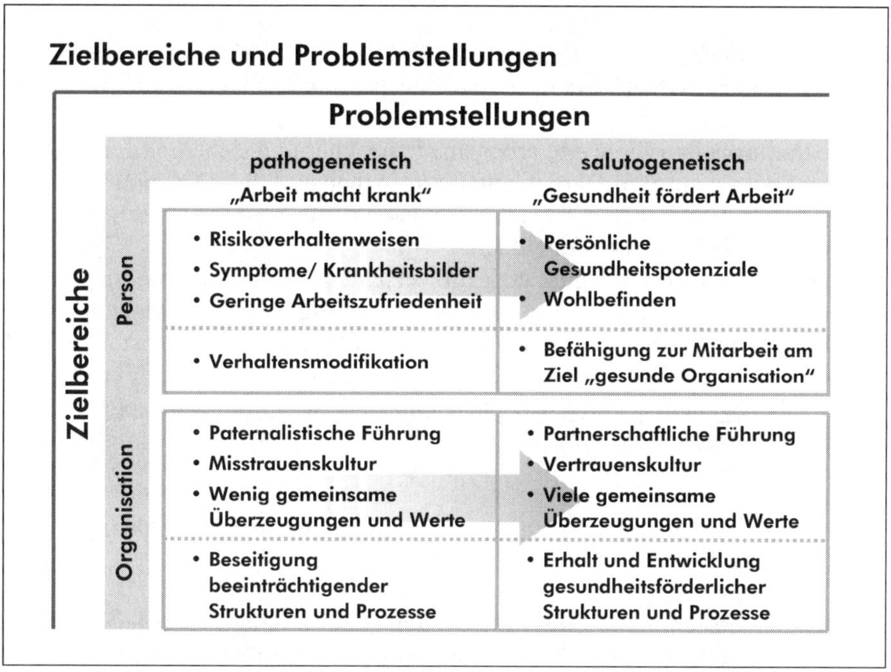

Abb. 2 Zielbereiche und Problemstellungen des Betrieblichen Gesundheitsmanagements

Die Folgen davon sind hohe Sinnhaftigkeit, Versteh- und Beeinflussbarkeit der Arbeits- und Organisationsbedingungen, ausgeprägtes Wohlbefinden, hohes Selbstwertgefühl und Selbstvertrauen, starke Bindung an das Unternehmen, hohe Innovationsbereitschaft und entsprechend positive Auswirkungen auf Arbeitsanwesenheit, Qualität und Produktivität (s. S. 37 ff.).

Die Fundierung und Entwicklung von Präventionsstrategien in der Arbeitswelt geschieht vor allem durch Arbeitsmedizin, Ingenieurwissenschaften, Arbeitswissenschaften und Psychologie. Zentraler Gegenstand von Analyse und Gestaltung sind der einzelne Beschäftigte, seine Arbeitsbedingungen, der Arbeitsauftrag und die technischen Arbeitsmittel. Zentrale Maxime ist: „Arbeit macht krank". Analyse und Intervention liegt ganz überwiegend eine pathogenetische Sichtweise zugrunde.

Die wissenschaftliche Fundierung und Entwicklung Betrieblichen Gesundheitsmanagements entstand im Rahmen der Sozial- und Gesundheitswissenschaften. Zentraler Gegenstand von Analyse und Gestaltung ist die gesamte Organisation, d.h. Strukturen und Prozesse eines Unternehmens, einer Verwaltung oder einer Dienstleistungseinrichtung, die entweder direkt wirken auf das Befinden und Arbeitsverhalten der Beschäftigten, z.B. durch Führungsstil oder Unternehmenskultur, oder die ihre gesundheitlichen Konsequenzen auf die

Beschäftigten und ihr Arbeitsverhalten, vermittelt über Arbeitsauftrag, Arbeitsbedingungen und Arbeitsmittel ausüben. Zentrale Maxime ist hier: „Gesundheit fördert Arbeit". Analyse und Intervention erfolgen aus einer salutogenetischen Perspektive.

Die traditionellen Zielwerte arbeitsmedizinischer und sicherheitstechnischer Interventionen sind Berufskrankheiten und Arbeitsunfälle. Die zentralen Zielwerte des Betrieblichen Gesundheitsmanagements sind psychisches Wohlbefinden und körperliche Gesundheit.

Abb. 2 gibt einen Überblick über die verschiedenen Problemstellungen und Zielbereiche Betrieblichen Gesundheitsmanagements. Mit den folgenden Ausführungen geht es den Autoren darum, einen Schwenk in Problemstellung und Zielbereichen Betrieblichen Gesundheitsmanagements herbeizuführen: vom personenbezogenen, pathogenetischen hin zum organisationsbezogenen und salutogenetischen Ansatz.

Von der Modifikation riskanten Verhaltens zur Entwicklung persönlicher Gesundheitspotenziale

Das Krankheitspanorama hochentwickelter Gesellschaften ist beherrscht von chronisch-degenerativen Erkrankungen, von Krankheiten, die nicht geheilt, sehr wohl aber verhindert werden können oder deren Ausbruch zumindest ins höhere Alter hinausgeschoben werden kann. Ihre Verursachung ist multifaktoriell. Risikoverhaltensweisen spielen dabei eine Rolle, vor allem aber sozio-psychosomatische Zusammenhänge, für deren Bezeichnung sich heute der Begriff „Stress" durchgesetzt hat. Aus unserer Sicht nicht ganz zu Recht: denn diese pathogenetische Sichtweise verstellt den Blick dafür, dass Gesellschaften, Organisationen und Verhaltenweisen nicht nur Ursache von Schäden, Behinderungen und Krankheit sein können, sondern salutogenetisch betrachtet auch Quellen hohen Wohlbefindens und guter Gesundheit.

Krankenkassen sind zur Zeit die wichtigsten Akteure in der Diagnose und Bekämpfung arbeitsbedingter Risiken chronischer Erkrankungen. Ihre Daten und Aktivitäten stehen daher im Zentrum der folgenden Erörterungen. Wir beginnen mit der beispielhaften Darstellung der pathogenetischen Perspektive auf der Ebene von Person und Verhalten und leiten dann über zu ausgewählten persönlichen Gesundheitspotenzialen.

Wir folgen dabei der Logik diagnostischen Handelns: von Symptomen zu Krankheitsbildern, von diesen zu Ursachen und von dort schließlich zur Auswahl und Durchführung bedarfs- und zielgerechter Interventionen (Abb. 3). Wir beschränken uns in unseren beispielhaften Ausführungen auf die Bereiche Rückenerkrankungen und Herz-Kreislauferkrankungen, da beide Krankheitsbilder für die Betriebe und für das Gesundheitswesen wegen ihrer Bedeutung für das Fehlzeitengeschehen und die Krankheitskosten eine große Herausforderung darstellen.

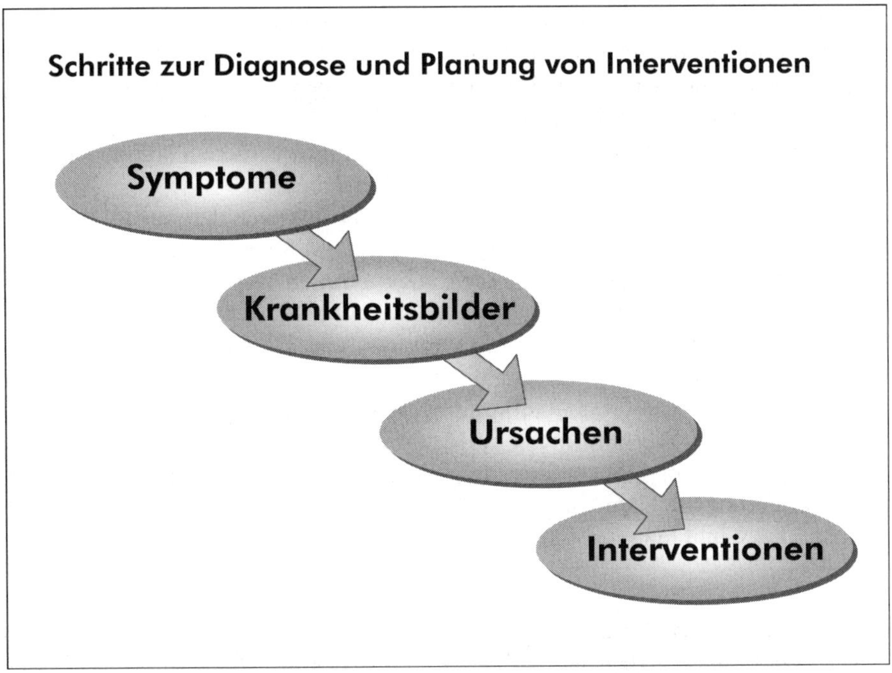

Abb. 3 Von den Symptomen und Krankheitsbildern zu den Ursachen und Interventionen

Rückenleiden und Herz-Kreislauferkrankungen stehen zudem für eine veränderte Einschätzung von Krankheitsursachen. Bei beiden Beschwerdebildern finden die psychischen und sozialen Risikofaktoren der Arbeitswelt eine immer größere Beachtung. Traditionell standen bei den Erkrankungen des Rückens die physischen Belastungen der Arbeitswelt im Vordergrund (Heben und Tragen, Vibrationen, Zwangshaltungen). Dagegen wurden Risikofaktoren für Herz-Kreislauferkrankungen lange Zeit als Problem der privaten Lebensführung angesehen. Beide Auffassungen müssen heute korrigiert und um den Einfluss arbeitsbedingter psychosozialer Stressoren und Gesundheitspotenziale erweitert werden. In der pathogenetischen Sichtweise geht man davon aus, dass psychosoziale Stressoren der Arbeitswelt und ihre Wechselwirkungen mit den bekannten Risikofaktoren eine erhebliche Bedeutung für Entstehung und Verlauf dieser Erkrankungen haben. Inwieweit diese Erkenntnisse bei der bedarfsgerechten Gestaltung der Interventionen der betrieblichen Gesundheitsförderung derzeit Berücksichtigung finden, soll im folgenden Abschnitt diskutiert werden.

AU-Geschehen und Verhaltensmodifikation

Um von den Symptomen - hier in Gestalt des betrieblichen AU-Geschehens - Maßnahmen der Verhaltensmodifikation ableiten zu können, wenden wir uns zunächst beispielhaft AU-Daten zu, die im Rahmen des KOPAG-Projekts in fünf Großunternehmen aus den Branchen Einzelhandel und Metallverarbeitung mit zusammen ca. 50.000 Beschäftigten erhoben wurden (Bödeker 1999). Das starke Interesse von Unternehmen, Berufsgenossenschaften und Krankenkassen, im Bereich der Rückenerkrankungen zu intervenieren, stützte sich auf die Verteilung der Erkrankungsarten in den Betrieben.

Die in Tabelle 2 dargestellte Verteilung ist sortiert nach der Anzahl der AU-Fälle (je 100 Beschäftigte) und kann stellvertretend für viele Betriebe auch im europäischen Ausland in dieser Form angenommen werden. Die Rückenerkrankungen nehmen in diesem Unternehmen bei den AU-Fällen demnach Platz zwei hinter den Atemwegserkrankungen ein. Dass es sich bei den Rückenerkrankungen tatsächlich um ein bedeutsames Problem handelt, macht erst der Blick auf das Gesamtaufkommen der AU-Tage (je 100 Beschäftigte) deutlich, da die durchschnittliche Falldauer einer Rückenerkrankung vierundzwanzig Tage beträgt gegenüber durchschnittlich 9,3 Tagen bei den Atemwegserkrankungen. Damit erzielen die Rückenerkrankungen in diesem Fall 408 AU-Tage und nehmen den ersten Rang unter der Verteilung der AU-Tage ein.

Tabelle 2 Erkrankungsarten mehrerer großer deutscher Unternehmen (zusammen ca. 50.000 Beschäftigte) sortiert nach AU-Fällen pro 100 Beschäftigte (modifiziert nach Bödeker 1999)

Erkrankungsart	AU-Fälle je 100 Beschäftigte	AU-Tage je 100 Beschäftigte	AU-Tage pro Fall
Infektionen der Atemwege	38,2	354	9,3
Rückenerkrankungen	17,0	408	24,0
Akute Darmerkrankungen	9,6	63	6,6
Gelenkerkrankungen (entzündliche)	5,0	116	23,2
Magen- Darmerkrankungen	3,7	49	13,2
Gelenkerkrankungen (arthrotische)	3,5	111	31,7
Psychische Störungen	2,5	87	34,8
Bluthochdruck	1,3	32	24,6
Herzkrankheiten	0,9	48	53,3
Chronische Lungenerkrankungen	0,7	15	21,4
Hauterkrankungen durch Kontaktstoffe	0,4	6	15,0
Krebs	0,3	19	63,4

Aus dem Blickwinkel des Gesamtaufkommens aller AU-Tage ergibt sich für die Tabelle 2 eine veränderte Reihenfolge der Erkrankungsarten. Nach den Rücken- und Atemwegserkrankungen folgen an dritter Stelle die entzündlichen und arthrotischen Gelenkerkrankungen. Den vierten Platz belegen psychische Störungen, gefolgt von Darmerkrankungen und Erkrankungen des Herz-Kreislaufsystems (Bluthochdruck und Herzkrankheiten).

Um beurteilen zu können, ob Atemwegserkrankungen z.B. ähnlich umfangreiche Interventionen wie die Rückenerkrankungen rechtfertigen, müssen wir die durchschnittliche Falldauer der einzelnen Erkrankungen betrachten.

In Abb. 4 ist der prozentuale Anteil von AU-Fällen und Tagen für AOK-Versicherte in Deutschland 1998 dargestellt. Hier wird deutlich, dass etwa 78 Prozent aller AU-Fälle nicht länger als vierzehn Tage dauern. Demgegenüber verteilen sich 37 Prozent der AU-Tage auf einen Zeitraum von vier bis einundzwanzig Tage. Der größte Anteil an AU-Tagen (über 40 Prozent) entfällt auf AU-Fälle, die länger als sechs Wochen dauern und unter dem Begriff Langzeiterkrankungen zusammengefasst werden. Die durchschnittliche Falldauer für Atemwegserkrankungen betrug bei AOK-Versicherten 1998 nur ca. sieben Tage. Auch die akuten Erkrankungen der Verdauungsorgane dauerten im Durchschnitt nicht länger als eine Woche.

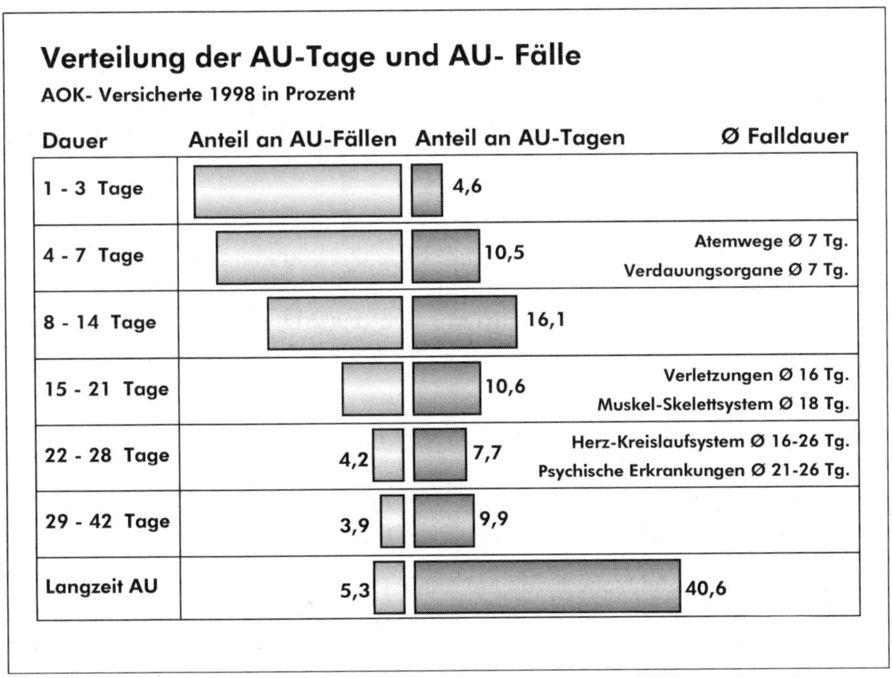

Abb. 4 Verteilung der AU-Tage und AU-Fälle in Deutschland in Prozent bei AOK-Versicherten 1998 (modifiziert nach Dieterich et al. 2000)

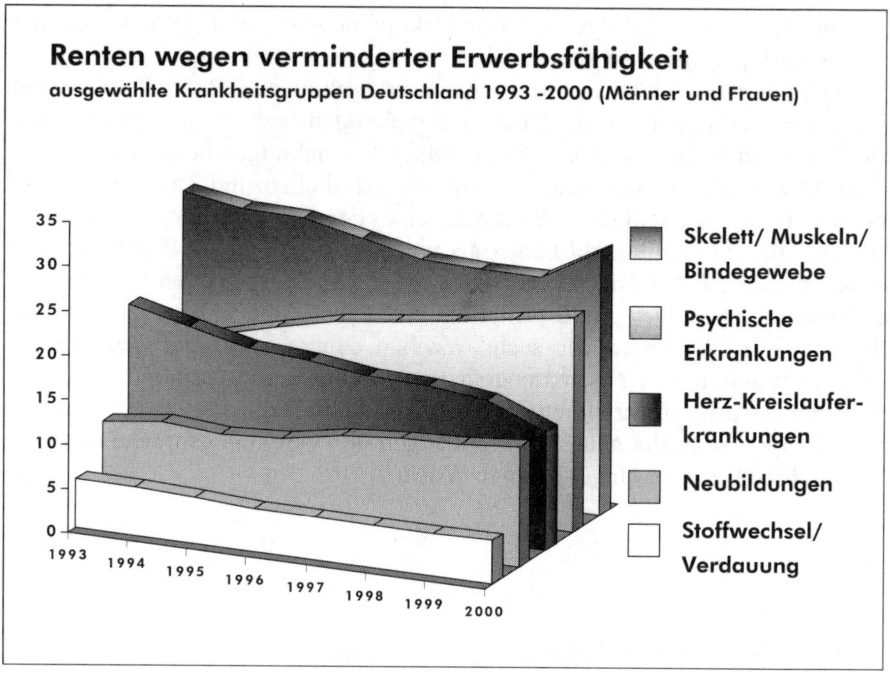

Abb. 5 Renten wegen verminderter Erwerbsfähigkeit. Ausgewählte Krankheitsarten Deutschland 1993-2000 (Männer und Frauen) (Verband Deutscher Rentenversicherungsträger 2002)

In der Abb. 4 wird deutlich, dass die Erkrankungen des Muskel- und Skelettsystems (Rückenerkrankungen und Gelenkerkrankungen zusammen genommen) eine durchschnittliche Falldauer von ca. achtzehn Tagen hatten. Bei den Langzeiterkrankungen konzentrierte sich das AU-Geschehen 1998 - lässt man Verletzungen und Sonstige außer acht - lediglich auf vier Erkrankungsarten:

- Muskel- und Skeletterkrankungen 33 Prozent
- Herz-Kreislauferkrankungen 11 Prozent
- Psychische Erkrankungen 9 Prozent
- Krebserkrankungen 6 Prozent

Auch die bundesdeutsche Frühberentungsstatistik zeigt, dass Erkrankungen des Muskel- und Skelettsystems seit Jahren der häufigste Grund für das frühzeitige krankheitsbedingte Ausscheiden aus dem Erwerbsleben sind. (Abb. 5). Bis 1999 ist der Anteil der Muskel- und Skeletterkrankungen jedoch kontinuierlich zurückgegangen. Auffallend ist der stetige Anstieg der psychischen Erkrankungen und der Krebserkrankungen. Auch hier finden wir die vier Erkrankungsarten wieder, die schon das AU-Geschehen der Langzeiterkrankungen bestimmten, nur dass der Anteil der psychischen Erkrankungen wesentlich höher ist.

Wir vermuten, dass unter dem gesellschaftlichen Druck der größeren Akzeptanz somatischer Beschwerden psychische Störungen während des Erwerbslebens eher somatisiert werden, d.h. sich vermehrt in gesellschaftlich akzeptierten körperlichen Leiden, wie z.B. den Rückenerkrankungen, wiederfinden. Die Frühberentungsstatistik lässt darauf schließen, dass beim krankheitsbedingten Ausscheiden aus dem Erwerbsleben rückblickend die psychischen Störungen bereits während des Erwerbslebens eine weitaus größere Rolle gespielt haben müssen, als dies durch AU-Statistiken belegt ist (vgl. dazu auch S. 61 ff.).

Ursachen und Interventionen bei Muskel- und Skeletterkrankungen

Wie wir oben gezeigt haben, konzentriert sich das Erkrankungsgeschehen der Muskel- und Skeletterkrankungen in den Unternehmen auf die Rückenerkrankungen und auf die akut- entzündlichen und arthrotischen Gelenkerkrankungen. Die Beschwerden des Rückens werden unterteilt in Wirbelsäulenschäden, Bandscheibenschäden, Erkrankungen des Nackens und in die „nicht näher bezeichneten Affektionen (Erkrankungen) des Rückens".

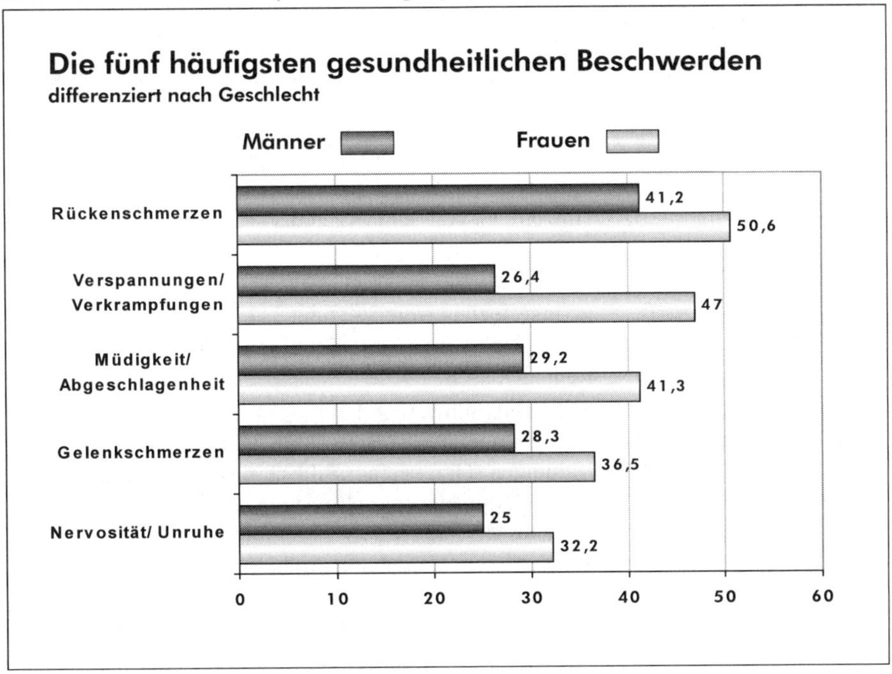

Abb. 6 Die fünf häufigsten gesundheitlichen Beschwerden differenziert nach Geschlecht (Redmann u. Rehbein 2000)

Die epidemiologisch bedeutsamste Gruppe innerhalb der Erkrankungen des Rückens sind die „unkomplizierten Kreuzschmerzen“. Nach einer akuten Phase - der ersten Episode der Beschwerden im unteren Rückenbereich - klingen diese in ca. 90 Prozent der Fälle nach ungefähr vierzehn Tagen spontan ab. Mit Rückfällen müssen mehr als 70 Prozent der Betroffenen rechnen. Halten die Schmerzzustände nach mehreren einzelnen Episoden länger als drei Monate an, spricht man vom „chronischen Rückenleiden“.

Auch die Ergebnisse von bundesweiten Mitarbeiterbefragungen (Abb. 6) und von europaweiten Befragungen (European Foundation 1997) unterstreichen die Bedeutung der Rückenbeschwerden für die Unternehmen: Nach der subjektiven Einschätzung der Beschäftigten sind Rückenbeschwerden die im betrieblichen Kontext am häufigsten genannte körperliche Beeinträchtigung.

Unbestritten ist der Einfluss arbeitsbedingter physischer Fehlbelastungen für das Entstehen der Muskel- und Skeletterkrankungen: Schwere körperliche Arbeit, Heben von Lasten, Arbeiten in gebückter oder verdrehter Haltung sowie Ganzkörpervibration können als relativ gut gesicherte Risikofaktoren für Rückenschmerzen gelten. Der Sachverständigenrat für die Konzertierte Aktion im Gesundheitswesen stellt in seinem jüngsten Gutachten die in Tabelle 3 aufgeführten Risikofaktoren für die Entstehung und Chronifizierung der unkomplizierten Kreuzschmerzen zusammen.

Tabelle 3 Risikofaktoren für die Entstehung und Chronifizierung unkomplizierter Rückenschmerzen, nach: Sachverständigenrat 2001, S. 119

Ungünstiger bisheriger Krankheitsverlauf	1.	Anhaltende und immer wiederkehrende Beschwerden
	2.	Arbeitsunfähigkeitszeiten von mehr als 4 - 6 Wochen
	3.	Hinzutreten von Schmerzen der Nervenwurzel
Psychosoziale Faktoren	4.	Geringer Bildungsgrad
	5.	Anhaltende Belastungen und Sorgen im privaten Alltag, geringe soziale Unterstützung
	6.	Angst, Depression, das Gefühl immer krank zu sein
	7.	Rentenwunsch
Arbeitssituation	8.	Körperlich schwere Arbeit
	9.	Nackenschmerzen: ungewöhnliche, einseitige Haltungen, Tätigkeit am Bildschirm bzw. über Kopf
	10.	Wiederholte, einseitige Bewegungen, Ganzkörpervibration
	11.	Tätigkeiten in Umgebung mit kalten oder wechselnden Temperaturen
	12.	Monotone Arbeitsbelastung, hohe Arbeitsanforderungen
	13.	Wahrgenommene geringe Kontrolle über Arbeitsbedingungen und geringe Unterstützung von Kollegen und Vorgesetzten
	14.	Geringe Arbeitszufriedenheit
	15.	Unsicherer Arbeitsplatz, Arbeitslosigkeit

Mit Blick auf die vorherrschenden Maßnahmen zur Intervention bei Rückenerkrankungen beschreiben Stößel und Michaelis (2001) vier Interventionsformen:

1. Rückenschulprogramme
2. Vermittlung von Arbeitstechniken und ergonomiebezogenes Training
3. Allgemeines Fitness- und Muskeltraining
4. Ergonomische Arbeitsplatzgestaltung

Gut belegt ist, dass regelmäßige sportliche Betätigung das Entstehen von Rücken- und Nackenschmerzen verhindert und den Verlauf einer Erkrankung positiv beeinflussen kann. Dies dürfte auch der Grund dafür sein, dass Rückenschulen zu den häufigsten verhaltensorientierten Präventionsprogrammen zählen. Sie bieten Informationen, Verhaltenstraining für ein rückengerechtes Verhalten und für das Erlernen von Hebe- und Tragetechniken. Die Teilnehmer der Gruppenprogramme erlernen, die Wirbelsäule zu entlasten und die wirbelsäulenstützende Muskulatur zu kräftigen. Je nach Zielsetzung werden sportliche Gymnastik, Spiele, verhaltenspsychologische Interventionen oder Schmerzbewältigungsstrategien ergänzend eingesetzt. Rückenschulen mit primärpräventiver Ausrichtung ohne Bezug zum Arbeitsumfeld verbessern zwar nachweislich das Wissen, nicht aber die Beschwerden und die Funktionsfähigkeit der Teilnehmer.

Durch den starken Einfluss der Verhaltensmedizin konzentrieren sich die Interventionen der Krankenkassen hauptsächlich auf Maßnahmen, die im Bereich der wissenschaftlich belegten Wechselwirkungen zwischen Person und Verhalten ansetzen. Die im Verhältnis dazu geringe Anzahl an Interventionen im Bereich der Arbeits- und Organisationsbedingungen lassen zudem die sozialen und psychischen Risiken weitgehend unberücksichtigt.

Der Einfluss psychosozialer Faktoren für das Entstehen und den Verlauf von Rückenerkrankungen ist gut belegt mit Blick auf geringe soziale Unterstützung bei der Arbeit. In der Praxis betrieblicher Gesundheitsförderung bleibt dieses Wissen bisher weitgehend ungenutzt. Nach Aussage des Sachverständigenrats lässt gerade der Einfluss psychosozialer Risikofaktoren und ihre große Verbreitung auf beträchtliche präventive Potenziale im Bereich der Rückenerkrankungen schließen (siehe dazu S. 157 ff.).

Ursachen und Interventionen bei Herz-Kreislauferkrankungen

Die große Bedeutung der Herz-Kreislauferkrankungen belegen folgende Zahlen: Der akute Myokardinfarkt und die chronische ischämische Herzerkrankung sind mit 85,5 bzw. 117,8 Sterbefällen pro 100.000 Einwohner die häufigsten Todesursachen in Deutschland (alle Altersklassen, beide Geschlechter, Statistisches Bundesamt 2001). Etwa 21 Prozent der Deutschen sterben an akuten oder chronischen Folgen einer Herzkranzgefäßerkrankung. Hier sind Männer aller Altersstufen ab dem dreißigsten Lebensjahr stärker gefährdet als Frauen, für die der Herzinfarkt erst nach der Menopause ein echtes Risiko bedeutet. Anders verhält es sich z.B. beim Schlaganfall, wo Männer und Frauen in allen Altersstufen annähernd das gleiche Risiko tragen. Alle kardiovaskulären Erkrankungen zusammengenommen machen rund fünfzig Prozent der Todesursachen aus. Das Gros der Todesfälle tritt zwar erst in der Altersgruppe der über 75-jährigen auf, ist aber mit Blick auf die dadurch entstehenden Behandlungskosten von enormer Bedeutung. Nach den Daten des Gesundheitssurveys erlitten 1997/98 in Deutschland ca. 1,45 Millionen Menschen zwischen 30 und 79 Jahren mindestens einen Herzinfarkt.

Dabei haben zwei Drittel aller Männer und mehr als die Hälfte der Frauen über vierzig mindestens zwei der vier Risikofaktoren: Tabakrauchen, erhöhte Cholesterinwerte, Übergewicht oder Bluthochdruck, und damit ein erhöhtes Risiko, am Herz zu erkranken. Wir schließen uns einem Risikofaktorenmodell an, das Risiken in der Umwelt, Risiken im individuellen Verhalten und sogenannte biomedizinische Risiken unterscheidet (Tabelle 4).

Tabelle 4 Biomedizinische, verhaltensbedingte und umweltbedingte Risikofaktoren kardiovaskulärer Erkrankungen, nach Mielck 2000; Rugulies 2001; Thefeld 2001; Sachverständigenrat 2001, S. 86

Biomedizinische Risikofaktoren	1.	Alter und Geschlecht
	2.	Familiäre (genetische) Disposition
	3.	Erhöhte Cholesterinwerte
	4.	Bluthochdruck
	5.	Diabetes mellitus
	6.	Übergewicht
Verhaltensbedingte Risikofaktoren	7.	Bewegungsmangel
	8.	Fehlernährung
	9.	Tabakrauchen
Umweltbedingte Risikofaktoren	10.	Soziale Isolation
	11.	Belastende Arbeits- bzw. Familiensituationen
	12.	Geringe Bildungsmöglichkeiten
	13.	Geringes Einkommen
	14.	Geringer sozialer Status

Risikofaktoren für Herz-Kreislauferkrankungen haben etwas mit der individuellen Lebensführung und Lebensgeschichte zu tun. Daraus wurde innerhalb der Verhaltensmedizin lange Zeit der Schluss gezogen, dass die Interventionen im Umfeld von Freizeit und Familie und ausschließlich auf der Ebene der Person und ihrem Verhalten zu erfolgen haben. Als Ort der Intervention spielte die Arbeitswelt lange Zeit keine Rolle. Bei den AU-Fällen entfällt auch nur ein sehr kleiner Teil auf die Erkrankungen des Herz-Kreislaufsystems, doch die Anzahl der AU-Tage pro Fall ist die höchste nach den krebsbedingten Krankheitsfällen (s.o.). Erkrankungen des Herz-Kreislaufsystems bleiben lange Zeit auch unerkannt, und Bluthochdruck oder erhöhte Cholesterinwerte z.B. verursachen im Gegensatz zu Rücken- oder Gelenkerkrankungen keinen Leidensdruck.

Für die Verhaltensmedizin waren lange Zeit Risiken wie Rauchen, Bewegungsmangel und Ernährungsverhalten das einzige Erklärungsmuster z.B. für Bluthochdruck, erhöhte Cholesterinwerte, Übergewicht oder Diabetes mellitus. Verhaltensbedingte Risiken erklären aber nur einen Teil kardiovaskulärer Morbidität. Auch hier spielen psychosoziale Risiken wie akute oder chronische Belastungen eine große Rolle. Sie wirken entweder direkt - vermittelt über Angst-, Wut- oder Hilflosigkeitsgefühle - auf das Herz-Kreislaufsystem oder indirekt durch Förderung riskanter Verhaltensweisen (z.B. steigender Zigarettenkonsum unter Dauerstress).

Die Herz-Kreislauf-Forschung und die darauf fußenden Interventionsprogramme waren über Jahrzehnte beherrscht von der pathogenetischen Sichtweise, d.h. von verhaltensbedingten Risikofaktoren sowie Ansätzen der Stressforschung. Auch Stressbewältigungsprogramme zielen in erster Linie darauf ab, dass die Person durch Verhaltenstraining lernt, besser mit Anforderungen aus der Umwelt zurechtzukommen.

Inzwischen gibt es zahlreiche gesicherte Belege dafür, dass auch mangelhafte soziale Integration ein wichtiger Risikofaktor für Herz-Kreislauferkrankungen ist. Gute soziale Integration in ein Netzwerk stabiler, hilfreich und positiv bewerteter Beziehungen wirkt dagegen salutogen und bietet Schutz vor koronaren Herzkrankheiten. Verbesserung sozialer Kontaktmöglichkeiten, Arbeiten am Konsensus über Ziele und Werte einer Organisation, Vertrauen bildende Maßnahmen, Einüben von Teamarbeit und sozialer Kompetenz werden deshalb zu wichtigen Ansatzpunkten gesundheitsförderlicher Interventionen.

Eine Studie von Gröben und Bös (1999) über das Interventionsverhalten der Krankenkassen zeigt, dass 21 Prozent der Interventionsprogramme auf die Prävention von Rückenerkrankungen entfallen, 13,6 Prozent auf Suchtprävention, 13,9 Prozent auf Entspannungsprogramme und 8,1 Prozent auf Ernährungsprogramme. Auf den Bereich Herz-Kreislauferkrankungen entfallen lediglich 6,5 Prozent der verhaltensorientierten Maßnahmen. An Maßnahmen zur Verhältnisprävention, die die Arbeits- und Organisationsbedingungen im Blick haben, fehlt es zur Zeit, mit Ausnahme von Gesundheitszirkeln und Schulungsmaßnahmen für Führungskräfte, gänzlich. Der Sachverständigenrat für die Konzertierte Aktion im Gesundheitswesen bemängelt daher zu Recht, dass es gegenwärtig landesweit kein Präventionsprogramm gibt, das sich mit den Herz-Kreislauferkrankungen auseinandersetzt. Blutdruck- oder Cholesterinmesstage sowie vereinzeltet Programme zur Reduzierung des Rauchens sind durchweg personenorientiert. Betriebliche Strukturen und Prozesse bleiben dabei weitgehend unverändert, was die Angemessenheit und die Nachhaltigkeit dieser Interventionsprogramme in Frage stellt.

Tabelle 5 gibt einen dieses Teilkapitel abschließenden Überblick über die häufigsten Erkrankungen, aufgeschlüsselt nach Berufsstand und Erwerbsstatus. Diese Übersicht unterstreicht den hohen Nutzen der bei den Krankenkassen vorhandenen Daten der Routinestatistik für die betriebliche Gesundheitsberichtserstattung, insbesondere für die Eingrenzung von Risiko- und Zielpopulation Betrieblichen Gesundheitsmanagements. Arbeiter haben erwartungsgemäß (Schichtgradient) eine deutlich höhere Morbidität als Angestellte. Auffällig ist zum zweiten die deutlich höhere Vulnerabilität der Erwerbslosen insbesondere für Herz-Kreislauferkrankungen, psychische Erkrankungen sowie für Neubildungen.

Tabelle 5 AU-Tage 1998 je 100 BKK-Mitglieder nach Erkrankungen und Versicherungsart (BKK Bundesverband 2001)

	Pflichtversicherte		Freiwillig	Arbeitslose
Krankheitsarten	Arbeiter	Angestellte	Versicherte	
Muskel- und Skelettsystem	644	211	168	392
Atemwege	340	225	160	126
Verletzungen und Vergiftungen	318	120	96	151
Verdauungsorgane	155	86	66	107
Herz-Kreislaufsystem	132	63	76	148
Psychische Erkrankungen	93	75	42	160
Symptome/ schlecht bez. Affekt.	84	51	35	55
Nervensystem und Sinnesorgane	63	37	31	47
Schwangerschaftskomplikation.	54	40	40	23
Urogenitale Erkrankungen	41	38	21	39
Infektionen	51	35	24	23
Neubildungen	43	36	38	72
Haut- und Unterhautzellgewebe	36	16	11	17
Ernährung/ Stoffwechsel	20	11	9	24
Gesamt	2074	1044	817	1384

Als Erklärung für die höhere Morbidität mit abnehmendem Bildungsgrad, abnehmendem beruflichen Ansehen und Einkommen kommen zunächst einmal Selektionseffekte ebenso in Betracht wie Kausaleffekte: Sind Menschen ärmer an Bildung, beruflichen Möglichkeiten oder Einkommen, weil sie kränker sind oder umgekehrt? Sind Menschen ohne Arbeit, weil ihre Arbeitsfähigkeit durch Krankheit oder Behinderungen beeinträchtigt ist, oder sind die beobachtbaren Unterschiede im gesundheitlichen Zustand Auswirkungen der mit dem Verlust an Arbeit verbundenen psychischen, sozialen und materiellen Konsequenzen? Auch wenn die Qualität der AU-Daten hier keine klare Ursachenzuweisung erlaubt, ist der Forschungsstand dazu unkontrovers: Mit sinkendem Bildungsniveau, Ansehen und Einkommen erhöht sich das Erkrankungsrisiko. Der Verlust von Arbeit ist in der Regel mit hohen sozialen und psychischen Belastungen verbunden, d.h. ein Risikofaktor für seelische und körperliche Störungen, insbesondere dann, wenn dieser Zustand längere Zeit anhält und sich negativ auf die sozialen Beziehungen und sonstigen Lebensumstände der Betroffenen auswirkt.

Allerdings sind bei der Interpretation der Tabelle 5 noch die besonderen Umstände der Bundesrepublik Deutschland und hier insbesondere die anhaltend hohen Arbeitslosenzahlen und deren Ursachen zu berücksichtigen. Es kann sehr wohl sein - und eine gewisse empirische Evidenz spricht dafür - dass die Entlassungswellen des vergangenen Jahrzehnts dazu geführt haben, dass eine größere Zahl Menschen arbeitslos wurde, weil ihre Gesundheit beeinträchtigt war, und dass es nur den Gesünderen unter den Arbeitslosen gelungen ist, wieder eine Beschäftigung zu finden. Auch das Alter spielt dabei eine Rolle. Diesen Fragen müsste, angestoßen durch die Daten der Tabelle 5, genauer nachgegangen werden.

Zusammenfassend lässt sich Folgendes festhalten:

1. Die weit überwiegende Mehrzahl arbeitsweltbezogener Interventionen der Krankenkassen ist konzeptionell orientiert am Risikofaktorenansatz und an Krankheitsbildern der Verhaltensmedizin und damit pathogenetisch ausgerichtet.
2. Das häufigste Diagnoseverfahren ist die Analyse der Daten aus der Arbeitsunfähigkeitsstatistik. Einige Kassen erheben zudem Daten mit Hilfe von Mitarbeiterbefragungen zur Erfassung des Gesundheitszustandes der Arbeitsanwesenden und möglicher Einflussfaktoren.
3. Interventionsziel ist ganz überwiegend die Verhaltensmodifikation. Soziale Umwelteinflüsse aus Arbeit oder Organisation finden vergleichsweise wenig Berücksichtigung.
4. Pathogenetisch betrachtet haben, nach heute geltender Auffassung, soziale und psychische Belastungen mit den stärksten Einfluss auf die Gesundheit der Bevölkerung. In der Praxis der Intervention wird unser Wissen darüber zu wenig berücksichtigt. Dem psychischen Befinden wird kaum Aufmerksamkeit geschenkt. Salutogene Einflüsse bleiben nahezu gänzlich undiagnostiziert und damit praktisch ohne Bedeutung (siehe dazu S. 40 ff.).
5. Im Vergleich zu den herkömmlichen Konzepten und Vorgehensweisen von Arbeitsmedizinern und Sicherheitstechnikern mit ihrem geschärften Blick für physische Risiken und Beeinträchtigungen ist das Interventionshandeln der Krankenkassen am Wandel des Krankheitspanoramas, d.h. an chronisch-degenerativen Krankheiten orientiert. Insofern darf es als prinzipiell bedarfsgerecht, wenn - wie aufgezeigt wurde - auch nicht ausreichend ursachenorientiert bewertet werden.
6. Im Bereich der arbeitsweltbezogenen Gesundheitsberichterstattung mit Arbeitsunfähigkeitsdaten haben einige Kassen in den letzten Jahren deutliche Fortschritte erzielt. Allerdings gelten Arbeitsunfähigkeitszahlen als „Spätindikatoren" aus Sicht der Unternehmen, die aus Kostengründen an der

Verhütung krankheitsbedingter Abwesenheit interessiert sind. Die in den AU-Daten erfasste Abwesenheit von der Arbeit ist zudem nicht nur krankheits-, sondern auch motivational bedingt. Aus diesem Grund sollte die betriebliche Gesundheitsberichterstattung sich verstärkt der Erfassung von „Frühindikatoren" wie z.B. Angst oder Hilflosigkeit oder Arbeitsunzufriedenheit über Mitarbeiterbefragungen bedienen.

Entwicklung persönlicher Gesundheitspotenziale

Wir gehen - um zum Beispiel der am stärksten verbreiteten Beeinträchtigungen zurückzukehren - bei den Rückenbeschwerden davon aus, dass psychosoziale Stressoren wie z.B. Ärger mit Kollegen oder Vorgesetzten (Abb. 7) u.a. Verspannungen innerhalb der Muskulatur und dies insbesondere im Schulter- und Nackenbereich verursachen können. Folgt keine hinreichende Entspannung (Abbau von Angst- oder Hilflosigkeitsgefühlen) und bleibt der Stressor weiterhin wirksam, verbessert sich auch die Stoffwechsellage des Muskels nicht. Die verspannte Muskulatur beeinträchtigt die statische Haltearbeit bei sitzender Tätigkeit und die dynamische Arbeit beim Heben und Tragen.

Abb. 7 Person, Verhalten und psychosoziale Stressoren

Wir verstehen riskante Verhaltensweisen also als eingebettet in die gesamte psychosoziale Situation eines Menschen. Sie sind das Ergebnis der subjektiven Wahrnehmung und Verarbeitung der Umwelt und auch der Versuch, auf die Umwelt Einfluss zu nehmen. Wiederkehrende Verhaltensweisen (Lebensstil) eines Menschen haben ihren Ursprung in seiner Sozialisation, d.h. dem soziokulturellen Umfeld, in dem er aufgewachsen ist. Sie sind zum zweiten situationsabhängig, d.h. abhängig von gegebenen Handlungszwängen bzw. -spielräumen.

Risikofaktoren erhöhen die Wahrscheinlichkeit gesundheitlicher Schädigungen. Verursacht werden sie - so die herrschende Lehre - durch das persönliche Verhalten. Persönliches Verhalten, so die Argumentation, liegt in der Verantwortung jedes Einzelnen, dem es freigestellt ist, dieses Verhalten durch Einsicht entsprechend zu ändern. Verhalten lässt sich, nach Auffassung der Verhaltensmedizin, durch Einfluss auf Kognition, Motivation und Emotionen und durch Erlernen bestimmter Handlungsweisen modifizieren. Diese Annahme ist nicht falsch, aber unrealistisch, weil sie „Verhalten" getrennt von „Umwelt" betrachtet und handelnde Personen als kontextfreie Wesen sieht. Tatsächlich aber bedingen sich Umwelt, Verhalten und Person wechselseitig. Verhaltensänderung erfordert, diesem sozialpsychologischen Modell entsprechend, immer zugleich auch persönliche Ansprache und Eingriffe in die Umwelt zur Unterstützung.

Die oben zitierte Ottawa-Charta der Weltgesundheitsorganisation wählt deshalb einen anderen Ansatz. Dort zielt Gesundheitsförderung auf erweiterte Handlungsspielräume und Befähigung (Empowerment) zu gesundheitsorientiertem Handeln. An die Stelle von „Verhaltensmodifikation" und traditioneller Gesundheitserziehung mit Hilfe von Broschüren oder Ermahnungen treten Qualifikation und Motivation zu gesundheitsförderlichem Handeln, insbesondere zur gesundheitsförderlichen Gestaltung der Lebens- und Arbeitsbedingungen.

> Der Begriff „Befähigung" beinhaltet Qualifizierung zum Erkennen und Beseitigen von Gesundheitsrisiken und zum Erkennen und Fördern von Gesundheitspotenzialen. Wir unterscheiden persönliche Gesundheitspotenziale, z.B. soziale Kompetenz, zwischenmenschliche Gesundheitspotenziale, z.B. ein unterstützendes soziales Umfeld, sowie organisatorische Gesundheitspotenziale, z.B. gesundheitsförderliches Führungsverhalten und partizipative Unternehmenskultur.

Persönliche Gesundheitspotenziale sind Fähigkeiten und Verhaltensweisen, die sich positiv auf Wohlbefinden und Gesundheit auswirken, z.B. angemessene Qualifikation zur Meisterung von Herausforderungen, kompetentes Handeln zur Entwicklung und Pflege sozialer Beziehungen oder gesundes Ernährungs- und Bewegungsverhalten.

Von der Stressforschung haben wir gelernt, dass nicht die Stressexposition alleine über den Grad der seelischen oder körperlichen Beeinträchtigung entscheidet, sondern dass ausschlaggebend dafür ist, wie z.B. mit akuten Belastungen umgegangen wird, d.h. welche persönlichen oder sozialen Gesundheitspotenziale mobilisiert werden können. Kognitive Fähigkeiten und Wissen zum Verstehen von Situationen und Problemen, zum Erkennen gesundheitsrelevanter Zusammenhänge und zu ihrer Beeinflussung spielen dabei eine große Rolle, ebenso ein stabiles Selbstwertgefühl und soziale Kompetenz.

Menschen sind als soziale Wesen zur Befriedigung grundlegender emotionaler Bedürfnisse, zur Handlungsoptimierung und -motivation auf Zuwendung, Anerkennung und Unterstützung durch Artgenossen angewiesen, z.B. durch Partner, Freunde, Arbeitskollegen, Eltern oder Kinder. Eben weil wir angewiesen sind auf ein solches Netzwerk stabiler und positiv erlebter sozialer Beziehungen, auf vertrauensvollen Umgang mit anderen und auf Identifikation mit gemeinsamen Werten, Zielen und Regeln, sind die dazu erforderlichen Fähigkeiten und Fertigkeiten von großer gesundheitlicher Bedeutung.

Soziale Kompetenz ist wichtig, weil sie soziale Gesundheitspotenziale in Form positiv erlebter sozialer Beziehungen und hilfreicher Interaktionen entwickeln und pflegen hilft. Unter sozialer Kompetenz werden kommunikative Fähigkeiten verstanden und die Bereitschaft, Hilfe zu geben und Hilfeleistungen anderer zu akzeptieren. Im Zeitalter der Individualisierung, der Virtualisierung und der Ausweitung personenbezogener Dienstleistungen wird der pflegliche Umgang mit anderen immer wichtiger, und es müssen die dazu notwendigen Fähigkeiten besonders ausgebildet und erlernt werden.

Soziale Kompetenz wird für Führungskräfte immer wichtiger, weil davon Wohlbefinden und Motivation ihrer Mitarbeiter in ganz besonderer Weise abhängen. Sie wird aber auch für die Beschäftigten immer wichtiger, weil diese immer mehr gezwungen sind, Erfolg in Arbeit und Beruf im sozialen Kollektiv zu suchen und nicht als Einzelkämpfer, und weil in einer Dienstleistungsgesellschaft Kundenorientierung zu einem entscheidenden Erfolgsfaktor wird. Auf individuelle Nutzenmaximierung fixierte Mitarbeiter und Vorgesetzte sind nicht nur unproduktiv, sie wirken zudem in hohem Maße gesundheitsschädigend auf ihre soziale Umwelt.

Soziale Kompetenz beinhaltet:

- angemessenes Verstehen zwischenmenschlicher Zeichen, Signale und Handlungen, also von „sichtbarem“ Verhalten ebenso wie von „unsichtbaren“ Motiven, Stimmungen und Gedanken, vermittelt über nonverbale Hinweise, z.B. Gesichtsausdruck, Gestik, Körperhaltung;
- angemessenen Umgang mit negativen Emotionen (Angst, Wut, Hilflosigkeit) anderer und Erzeugung positiver Emotionen (Freude, Stolz, Zuversicht) bei Mitmenschen, z.B. Arbeitskollegen oder Untergebenen;

- zum dritten, aufbauend auf den ersten beiden Teilkompetenzen, die Fähigkeit zur produktiven Teamarbeit, d.h. zur Anpassung an gemeinsame Werte und Normen, zur kollektiven Verfolgung als richtig erkannter Ziele sowie zur vertrauensvollen und konfliktarmen Zusammenarbeit.

Von der Arbeits- zur Organisationsgestaltung

Arbeit beinhaltet Umgang mit Technik und Informationen und - darin liegt ihr zutiefst sozialer Charakter - Umgang mit Menschen: entweder mit Kollegen, Vorgesetzten, Untergebenen oder mit Kunden (Patienten, Klienten, Bürgern, Schülern etc.).

Arbeitsprozesse vollziehen bzw. Arbeitsleistungen erbringen heißt Informationen verarbeiten, Geräte bedienen, mit Menschen kommunizieren und - unvermeidlicherweise immer auch - mit den dabei entstehenden Gefühlen (z.B. Ängste, Hilflosigkeit, Wut, Stolz) in angemessener Weise umgehen. Dies alles im Rahmen der spezifischen Normen, Regeln, Standards einer Organisation, ihres jeweils spezifischen sozialen Systems. Vertrauen unter den Teammitgliedern, gegenseitige Hilfe im Netzwerk sozialer Beziehungen, Transparenz und Berechenbarkeit von Führungsentscheidungen bilden essentielle Bedingungen für beides: hohe Arbeitsleistung und gute Gesundheit der Betroffenen. Problemlösung, Gefühlregulierung und dadurch ausgelöste biochemische Prozesse werden zwar einerseits beeinflusst von den je persönlichen Voraussetzungen der Beschäftigten, andererseits aber eben auch ganz wesentlich von den Organisations- und Arbeitsbedingungen.

Arbeitswissenschaftler, Psychologen und Sozialepidemiologen konzentrierten sich in den zurückliegenden Jahrzehnten auf die Prüfung einzelner Kausalhypothesen über den Zusammenhang zwischen Arbeitsbedingungen, Arbeitsinhalten und Gesundheit. Die dabei entwickelten Erkenntnisse lassen sich folgenden Hypothesen zuordnen:

Job-Komplexitätsthese

Arbeit, die Nachdenken, eigenständige Urteilskraft und Initiative erfordert, stiftet Sinn, fördert ein positives Selbstwertgefühl, Offenheit und Flexibilität sowie die kognitive Kompetenz der Beschäftigten. Gesundheitliche Gefahren liegen hiernach einerseits in der Unterforderung, andererseits in der Überforderung kognitiver Fähigkeiten.

Handlungsspielraumthese

Handlungsspielräume bei der Arbeit erleichtern die wechselseitige Anpassung von Arbeitsaufgaben und individuellen Fähigkeiten und Bedürfnissen und tragen damit bei zur schädigungsfreien Problemlösung und Gefühlsregulierung. Gefährdungen für Wohlbefinden und Gesundheit können hier einerseits von einem Zuwenig, andererseits aber auch von einem Zuviel an Handlungsspielräumen ausgehen.

Soziale Unterstützungsthese

Soziale Unterstützung durch Vorgesetzte, Arbeitskollegen und Untergebene verhindert chronischen Verschleiß und erleichtert die Bewältigung (Problemlösung und Gefühlsregulierung) alltäglicher Anforderungen und kurzfristiger Höchstbelastungen, fördert positive Gefühle wie z.B. positives Selbstwertgefühl und die Bindung an die Organisation. Soziale Kompetenz ist eine wichtige persönliche Voraussetzung zur Entwicklung vertrauensvoller Arbeitsbeziehungen und für Teamfähigkeit.

Qualifizierungsthese

Angemessene Qualifizierung der Beschäftigten vermeidet Ängste und Überforderungsgefühle, ermöglicht einen schädigungsfreien Umgang mit Anforderungen und fördert das Gefühl, Probleme meistern zu können. Qualifizierung ist eine Hauptstrategie zur Vermeidung von Überforderung. Eine andere ist die Bildung von Teams und die Förderung von Vertrauen und gegenseitiger Unterstützung (s.o.).

Stressthese

Quantitative und/oder qualitative Unter- oder Überforderung führt zu negativen Emotionen und bei Chronizität zu seelischen und körperlichen Schädigungen. Insbesondere die Forschungen zur Stressthese haben unser Wissen über den Zusammenhang zwischen sozialen, psychischen und biologischen Prozessen revolutioniert. Deshalb verdient sie an dieser Stelle etwas ausführlicher erläutert zu werden.

Das biologische Stressmodell, in dem physiologische Reaktionen durch Einflüsse aus der Umwelt hervorgerufen werden, beschreibt einen über Jahrmillionen bei höheren Tieren und später auch beim Menschen wirksamen Vorgang zur Bewältigung außerordentlicher physischer Herausforderungen. Bei Wahrnehmung z.B. einer Bedrohung kommt es zur Ausschüttung von Hormonen, die Energiereserven für extreme Muskelleistungen mobilisieren. Biologischer Stress ist also phylogenetisch betrachtet zunächst einmal ein höchst gesundheitsförderlicher, weil die Bewältigung existenziell bedeutsamer Situationen wie Kampf, Jagd oder Flucht begünstigender Prozess. Heute leben wir zwar nicht mehr in einer Gesellschaft, die aus kleinen Gruppen von Jägern und Sammlern besteht, aber in einer Gesellschaft, in der physischer Stress vielleicht sehr viel häufiger als zur Zeit der Jäger und Sammler erzeugt wird - überflüssigerweise, denn physische Stressreaktionen, z.B. zur Vorbereitung von Kampf oder Flucht, haben für das Überleben des Einzelnen wie der Gattung erheblich an Bedeutung verloren.

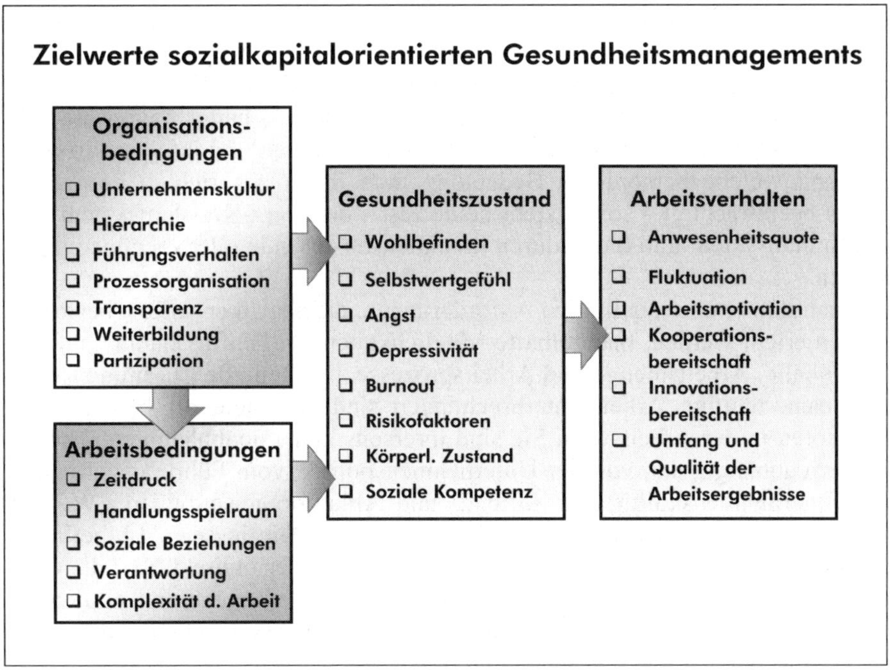

Abb. 8 Zielwerte sozialkapitalorientierten Gesundheitsmanagements: Organisationsbedingungen, Arbeitsbedingungen, Gesundheit, Arbeitsverhalten

Alltägliche Bedrohungen zielen heute weniger auf unsere physische Existenz, dafür umso mehr auf unseren sozialen Status, die persönliche Lebensplanung oder das Selbstwertgefühl. Stresserfahrung und Stressbewältigung ist heute kaum mehr ein kollektiver, von der Lebensgemeinschaft insgesamt erfahrener, sondern ein meist individuell durchzustehender Prozess. Beansprucht werden immer weniger unsere Muskelleistungen, dafür immer mehr unsere kognitiven, emotionalen und kommunikativen Fähigkeiten. Mit dem Wandel der politischen, ökonomischen, kulturellen und sozialen Rahmenbedingungen wandelten sich im Übergang von der Jäger- und Sammler- zur Agrargesellschaft und mehr noch im Übergang von der Agrar- zur Industrie- und Dienstleistungsgesellschaft auch die Herausforderungen, Risiken und Gefahren, mit denen die Menschen im Verlauf ihres Lebens konfrontiert werden und es wandelten sich ihre Bewältigungspotenziale sowie die Regeln sozial erwünschter Gefühlsregulierung und Situationsbewältigung.

Die überwiegend von Psychologen und Naturwissenschaftlern verfolgte Tradition der Stressforschung belegt, dass soziale Einflüsse pathogene Wirkung haben können, wenn sie zur Chronifizierung von Angst, Wut oder Hilflosigkeit beitragen. Entscheidend dafür, ob eine Situation oder ein Ereignis als Herausforderung oder aber als Bedrohung erlebt wird, ist ihre Einschätzung sowie die Einschätzung der eigenen Bewältigungsmöglichkeiten und sozialen

Unterstützungspotenziale. Ob also eine Bedrohung vorliegt und die bekannten biochemischen Reaktionen auslöst - Aktivierung des Hypothalamus, Ausschüttung von Glucocorticoiden bzw. Adrenalin und Noradrenalin, Verlagerung der vegetativen Aktivitäten zum Sympathikus -, hängt davon ab, wie Signale oder Hinweise aus der Umwelt wahrgenommen und interpretiert werden und welche persönliche Bedeutung man ihnen zuspricht. Chronischer Stress beeinträchtigt - soviel steht heute fest - das Herz-Kreislaufsystem und das Immunsystem und hat dadurch krankheitsauslösende oder -begünstigende Folgen.

Quantitative oder qualitative Anforderungen, die als Unter- oder Überforderungen erlebt werden, mangelhafte Möglichkeiten der Einflussnahme auf Arbeitsinhalte, Arbeitsmenge und Arbeitsprozesse, mangelhafte Zusammenarbeit im Team, häufige Arbeitsunterbrechungen sind Beispiele oft beobachteter Stressoren in der Arbeitswelt. Sie sind ihrerseits keine unabhängigen Größen, sondern abhängig u.a. von der Unternehmenspolitik, vom Führungsverhalten, der Unternehmenskultur, der Aufbau- und Ablauforganisation, m.a.W. von organisationsweit wirksamen Bedingungen. Diese beeinflussen Wohlbefinden und Gesundheit der Beschäftigten entweder direkt oder indirekt über die Gestaltung von Arbeitsaufgaben und Arbeitsprozessen. Pathogene und salutogene Ansätze dürfen nicht als einander ausschließende, sondern müssen als einander ergänzende Optionen gesehen und praktiziert werden.

Abb. 8 enthält das von den Autoren zugrunde gelegte Kausalmodell betrieblicher Zusammenhänge. In der traditionellen Analyse (Grundannahme: Arbeit macht krank), z.B. in der Arbeitsstressforschung, ist die abhängige Variable etwa ein biochemischer Wert (z.B. Blutdruck) oder ein Krankheitsbild (z.B. koronare Herzkrankheit). Unabhängige Variable ist z.B. der Handlungsspielraum, sind qualitative Arbeitsanforderungen (Jobkomplexität) oder der Grad der sozialen Integration. Unser Kausalmodell (Grundannahme: Gesundheit fördert Arbeit) unterscheidet sich davon:

- durch die Einbeziehung organisationsweit wirksamer Variablen (Unternehmenskultur, Qualität der Führung etc.),
- durch die Wahl des Arbeitsverhaltens als abhängige Variable,
- durch Wohlbefinden und Gesundheit als zwischen Organisation, Arbeitsbedingungen und Arbeitsverhalten vermittelnde Größen.

Hohe Fehlzeiten und verbreitete Angst- oder Hilflosigkeitssymptome sind - diesem Modell entsprechend - Folgen schlecht gestalteter sozialer Systeme und mangelhafter Führung.

Die Vision der gesunden Organisation

Mit den folgenden zehn Thesen umreißen wir die Vision einer gesunden Organisation, verweisen auf die dazu vorliegende wissenschaftliche Evidenz und sich daraus ergebene Standards für das Betriebliche Gesundheitsmanagement.

Die gesundheitsförderliche Gestaltung sozialer Systeme, m.a.W. Investitionen in das Sozialkapital einer Organisation, wird - so das vorweggenommene Ergebnis dieses Abschnitts - zum zentralen Anliegen Betrieblichen Gesundheitsmanagements neben der Förderung persönlicher Gesundheitspotenziale und gesunder Verhaltensweisen.

1. Ausmaß sozialer Gleichheit

Relativ egalitäre Organisationen sind gesünder als solche, die ein hohes Maß an sozialer Ungleichheit zulassen. Anders formuliert: Je steiler die Statushierarchie, je größer die Einkommensunterschiede und die Unterschiede in der Qualifikation, desto ungesünder ist eine Organisation.

Die soziale Ungleichheitsthese ist bisher für ganze Gesellschaften bzw. größere Populationen belegt, dort aber sehr gut. Ihre Überprüfung in komplexen Organisationen steht - von wenigen Ausnahmen abgesehen - bisher aus. Soziale Ungleichheit beeinflusst Sterblichkeit, körperlichen Zustand und subjektives Wohlbefinden der Bevölkerung. Darüber besteht heute weltweit unter Sozialepidemiologen Übereinstimmung. Nur die Gründe dafür sind noch nicht völlig geklärt: Über- oder Unterforderung, Handlungsspielraum, der Grad sozialer Isolation bzw. Integration, aber auch persönliche Bewältigungsfähigkeiten und Verhaltensweisen kommen u.a. als Erklärungswege dafür in Betracht, warum mit abnehmender Bildung, mit abnehmendem Ansehen und Einkommen das Risiko schlechter Gesundheit und vorzeitiger Sterblichkeit zunimmt.

Arbeitsunfähigkeitsdaten der gesetzlichen Krankenversicherung lassen sich in diese Richtung interpretieren: Mit zunehmendem Ansehen, Einkommen und der Länge der Ausbildung sinken in der Regel auch die AU-Zeiten. Steile Hierarchien sind pathogen, weil sie den Informationsfluss „top-down" wie „bottom-up" beeinträchtigen, d.h. Intransparenz fördern, mitarbeiterorientiertes Handeln der Unternehmensleitung erschweren und weil Partizipation dadurch behindert oder unterbunden wird. Dies erhöht sowohl die Verbreitung von Hilflosigkeit, Sinnverlust und Misstrauen als auch das betriebliche Konfliktpotenzial insbesondere dann, wenn „exit", d.h. das Verlassen der Organisation, wegen der hohen Arbeitslosigkeit keine Option ist.

2. Vorrat an gemeinsamen Überzeugungen, Werten und Regeln

Gesunde Organisationen unterscheiden sich von ungesunden durch ihren vergleichsweise sehr viel größeren Vorrat an gemeinsamen Überzeugungen, Werten und Regeln. Gemeinsame Überzeugungen, Werte und Regeln ermöglichen die Berechenbarkeit (Vorhersehbarkeit) von sozialen Prozessen und erleichtern Handlungsplanung, Zusammenarbeit und Entscheidungsfindung.

Ein Vorrat gemeinsamer Überzeugungen und Werte gilt in der Soziologie als konstitutiv für jede Form der Vergesellschaftung, d.h. relativ konfliktfreier

Kooperation von Individuen und Gruppen. In den Organisationswissenschaften spielt darüber hinaus das Stichwort „Unternehmenskultur“ seit über zwanzig Jahren eine zentrale Rolle zur Erklärung wirtschaftlich erfolgreicher Organisationen. Methodisch zufriedenstellende Befunde dazu sind allerdings immer noch sehr spärlich. Die amerikanischen Autoren Collins und Porras zeigen in ihrer vergleichenden Studie einer größeren Zahl von Unternehmen, dass eine hochprofilierte Unternehmenskultur („cult like culture“) für die Beschäftigten, die sich damit identifizieren können, zugleich hohe Arbeitsbelastung und Arbeitszufriedenheit zur Folge hat, und eine wesentliche Voraussetzung auch für den Erfolg am Markt bildet. Profilierte Unternehmenskulturen sind ein Angebot zur Identifikation und Motivation und wirken dadurch - wenn sie bei den Beschäftigten Akzeptanz finden - salutogen.

3. Identifikation mit übergeordneten Zielen

Gesunde Organisationen unterscheiden sich von ungesunden durch den Grad der Identifikation ihrer Mitglieder mit den übergeordneten Zielen und Regeln der Gesamtorganisation. Dies wirkt motivierend und fördert die Flexibilität und Innovationsbereitschaft.

Diese Hypothese beinhaltet eine Spezifikation der vorangegangenen. Hohe Identifikation mit der eigenen Arbeitsaufgabe ist wohl zu unterscheiden von der Identifikation mit den Zielen der Gesamtorganisation. Wenn Organisationsmitglieder sich mit den Zielen der Gesamtorganisation identifizieren, können sie Entscheidungen mittragen, selbst wenn deren Realisierung für sie selbst u.U. nachteilige Folgen hat. Dadurch erhöht sich die Flexibilität einer Organisation, z.B. die rasche Anpassung an gewandelte Marktverhältnisse, ohne die Arbeitszufriedenheit und die Gesundheit der Beschäftigten zu beeinträchtigen.

4. Vertrauen in die Führung

Gesunde Organisationen unterscheiden sich von ungesunden durch die Qualität der Führungsentscheidungen und das dadurch gerechtfertigte Vertrauen, das die Führung bei ihren Mitgliedern genießt. Vertrauen in die Führung fördert Wohlbefinden, reduziert Ängste und erleichtert das sich Einlassen auf Struktur- und Prozessinnovationen, auch bei hoher Ungewissheit für persönliche Konsequenzen.

Auch diese vierte These kann als Spezifikation der zweiten These angesehen werden. Ein großer Vorrat an gemeinsamen Überzeugungen und Werten erhöht die Wahrscheinlichkeit eines hohen Vertrauens in zentrale Institutionen einer Gesellschaft. Sozialepidemiologische Studien belegen die hohe Bedeutung von Vertrauen in die Führung für die Entwicklung von Gemeinsinn ebenso wie für Wohlbefinden, wirtschaftlichen Erfolg und Lebenserwartung. Vertrauen darf der Führung jedoch nicht nur zugeschrieben, es muss auch durch die Qualität der Führungsentscheidungen gerechtfertigt werden.

5. Ausmaß an Partizipation

Gesunde Organisationen unterscheiden sich von ungesunden durch das Ausmaß an Partizipation an der Willensbildung zu gesamtorganisatorisch relevanten Entscheidungen, das sie ihren Mitgliedern einräumen.

Für diese These sprechen zahlreiche Studien zum Thema Mitbestimmung. Gut belegt ist der Einfluss von Handlungsspielraum (insbesondere in Verbindung mit guter sozialer Unterstützung am Arbeitsplatz) auf z.B. die Herzkreislaufmortalität. Dass auch ein Zuviel an Partizipation und Handlungsspielraum unter Umständen das persönliche Befinden negativ beeinflussen kann, darf vermutet werden.

6. Ausmaß an Vertrauen und Kooperation

Gesunde Organisationen unterscheiden sich von ungesunden durch das Ausmaß an Vertrauen, Kooperation und gegenseitiger Hilfe, das unter den Mitgliedern herrscht.

Dass eine Vertrauenskultur insbesondere in Verbindung mit flachen Hierarchien und einem hohen Maß an Zusammenarbeit sowohl salutogen wirkt als auch wirtschaftlich hohen Erfolg verspricht - diese These gehört zum Kernbestand moderner Unternehmensphilosophien. Fallbezogene Evidenz dafür liegt vor. Methodisch hinreichend begründete und generalisierbare Befunde dazu fehlen unseres Wissens insbesondere mit Blick auf deren längerfristige gesundheitliche Folgen. Untersuchungen zum Thema „Gruppenarbeit" liefern ebenfalls bisher keine eindeutigen Ergebnisse mit Blick auf subjektive oder objektive Gesundheitsindikatoren.

7. Anzahl, Qualität und Vereinbarkeit sozialer Beziehungen

Gesunde Organisationen unterscheiden sich von ungesunden durch die Anzahl und Qualität der Beziehungen ihrer Mitglieder jenseits des eigenen Arbeitsteams hinein in die Gesamtorganisation und durch die gute Vereinbarkeit von Arbeit, Familie und Freizeit.

Diese These hängt eng mit der vorausgegangenen zusammen. Vertrauen in das soziale Umfeld jenseits der „primären" Beziehungen zu engen Verwandten und Freunden ist eine wesentliche Voraussetzung für „gemeinsinnige" Aktivitäten, nicht nur zur Mehrung des individuellen, sondern auch des kollektiven Nutzens. Diese insbesondere für Nachbarschaftshilfen, Gemeindearbeit und die Aktivitäten in freiwilligen Vereinigungen belegte These ist bisher bei Unternehmen wenig beachtet worden. Alles dazu Bekannte spricht dafür, dass ein Zusammenhang zwischen Gesundheit, Vertrauen, sozialen Beziehungen über den unmittelbaren Arbeitszusammenhang hinaus (in andere Bereiche, Ebenen und Tätigkeitsfelder) und der Bereitschaft zum Tätigwerden im Sinne der Gesamtorganisation auch hier besteht. Die Verankerung in mehr als einem Lebensbereich dürfte solange salutogen wirken, wie davon eine unterstützende Wirkung ausgeht und sich keine dauerhaften Unvereinbarkeiten ergeben. „Work-life-balance" wirkt salutogen, eine dauerhafte Unvereinbarkeit beider Bereiche u.a. wegen der damit verbundenen Beeinträchtigungen sozialer Beziehungen pathogen.

8. Positive Beziehungen am Arbeitsplatz bzw. im Arbeitsteam

Gesunde Organisationen unterscheiden sich von ungesunden durch eine positive Bewertung der Beziehungen zu den unmittelbaren Arbeitskollegen und durch eine hohe Stabilität dieser Beziehungen.

Wohl kaum eine andere These auf dem Gebiet der Sozialepidemiologie ist bisher so gut belegt wie die soziale Unterstützungsthese. Psychisches Wohlbefinden und physische Gesundheit stehen in engem Zusammenhang mit der subjektiven Deutung der Qualität der „primären" sozialen Beziehungen eines Menschen und mit der objektiven Stabilität dieser Beziehungen. Dies gilt auch für Qualität und Stabilität sozialer Beziehungen in der Arbeit, d.h. zu den unmittelbaren Arbeitskollegen und Vorgesetzten. Wovon Umfang, Qualität und Stabilität primärer sozialer Beziehungen ihrerseits abhängen, ist nicht hinreichend erforscht. Führungsverhalten, Vertrauenskultur, gemeinsame Werte und Regeln sowie die Förderung sozialer Kontakte und sozialer Kompetenz spielen dabei aus unserer Sicht eine entscheidende Rolle - aber auch die Neigung von Unternehmen zu permanenter Reorganisation, zu Verkäufen oder Fusionen. Besonders problematisch sind häufig entwurzelnde Mobilitätszwänge für die Beschäftigten, ihre Angehörigen und ihr persönliches soziales Netzwerk.

9. Qualität der sozialen Kompetenz

Gesunde Organisationen unterscheiden sich von ungesunden durch Verbreitung und Qualität sozialer Kompetenz bei den Organisationsmitgliedern.

Zu den objektiven Randbedingungen, die Entstehung, Dauer und Stabilität sozialer Beziehungen bei der Arbeit beeinflussen, gehören neben Häufigkeit und Reichweite von Restrukturierungsmaßnahmen und den mit den Arbeitsbedingungen verbundenen Kontakt- und Kommunikationsmöglichkeiten auch die soziale Kompetenz der Organisationsmitglieder. Organisationsmitglieder mit hoher sozialer Kompetenz sind besser in der Lage, mit unrealistischen Anforderungen, mit quantitativen oder qualitativen Hochbelastungen umzugehen. Soziale Kompetenz ist ein wesentlicher Bestandteil hoher „coping"- Fertigkeiten. Zusammenhänge zwischen Qualifikation und Gesundheit sind seit längerer Zeit bekannt.

10. Identifikation mit der Arbeit

Gesunde Organisationen unterscheiden sich von ungesunden dadurch, dass sie möglichst vielen Mitgliedern eine Aufgabe zuweisen, mit der sie sich voll identifizieren können bzw. die sie als interessant und wichtig empfinden.

Sinnhaftigkeit jedweder verfolgter Aktivitäten ist für die dabei eingesetzten Energien und damit auch für die Qualität der Leistungsprozesse und -ergebnisse von grundlegender Bedeutung. Sinnhaftigkeit der Arbeitsaufgabe aus der subjektiven Perspektive der damit beauftragten Mitarbeiter ist für beides zentral: die Arbeitsmotivation und das subjektive Wohlbefinden, insbesondere das Selbstwert- und das Selbstwirksamkeitsgefühl. Die effiziente Bewältigung subjektiv als sinnlos empfundener Aufgaben beeinträchtigt, so unsere Hypothese, auf Dauer Wohlbefinden und Qualität der Arbeit. Je geringer die intrinsische Motivation durch die Arbeit selbst, um so wichtiger ist die externe Motivation durch Führungskräfte und Arbeitskollegen und eine hohe Identifikation mit Zielen und Werten der Gesamtorganisation.

Tabelle 6 gibt eine überblickhafte Zusammenfassung des Forschungsstandes zu empirisch belegten Zusammenhängen zwischen Merkmalen sozialer Systeme und dem Gesundheitszustand ihrer Mitarbeiter

Wie Tabelle 7 zeigt, sind sogenannte „Young Professionals" mit einzelnen Anreizen, wie beispielsweise einem hohen Gehalt, nicht zu locken. Bei den Befragten handelt es sich um akademisch ausgebildete Fach- und Führungskräfte, ca. 31 Jahre alt, mit durchschnittlich drei bis vier Jahren Berufserfahrung. Die Ergebnisse unterstreichen die hohe Bedeutung von Merkmalen einer gesunden Organisation („kollegiales Betriebsklima", „eigenständige Verantwortung", „gute Weiterbildung", „kooperativer Führungsstil") für die Attraktivität eines Unternehmens bzw. einer Position für junge Führungskräfte.

Tabelle 6 Zusammenfassung des sozialepidemiologischen und organisationswissenschaftlichen Forschungsstandes

These	Indikatoren	Autoren [a]
Sinnstiftung	Wertschätzung von Arbeit; Selbstwertgefühl	Jahoda/ Zeisel 1933 Myers/Diener 1995
Stress	Belastende Lebensereignisse, chronische Belastungen, tägliche Schwernisse	Pearlin (1982) Lazarus (1991) Badura/ Kickbusch (1991) Siegrist (1996) Steptoe (1998)
Soziale Unterstützung	Qualität, Umfang, Stabilität sozialer Beziehungen	House et al. (1988) Badura (1981) Badura et al. (1987) Pfaff (1989) Berkman (1995) Sagan (1992)
Einkommens-ungleichheit	Umfang und Verteilung des Nationaleinkommens	Wilkinson (1992; 1997)
Soziale Kohäsion	Grad zwischenmenschlichen Vertrauens Umfang/Intensität sozialer Konflikte Vertrauen in öffentliche Institutionen	Putnam et al. (1993) Kawachi et al. (1997) Berkman/Kawachi (2000)
Bildung	Dauer der formalen Bildung	Ruberman et al. (1984) Sagan (1992)
Statushierarchie, Partizipation	Grad der Statusunterschiede	Brunner/Marmot (1999) Sagan (1992)
Unternehmenskultur	Lebensdauer eines Unternehmens „cult-like-culture" „commitment" („Wir-Gefühl") Arbeitsanwesenheit	de Geus (1998) Collins/Porras (1997) Bertelsmann Stiftung/Hans Böckler Stiftung (2000)

[a] bei den genannten Publikationen handelt es sich ganz überwiegend um quantitative Studien. Als abhängige Variablen dienten meist Mortalität oder Indikatoren für das psychische oder physische Befinden. Hier besteht weiter hoher Forschungsbedarf.

Tabelle 7 Attraktive Arbeitsumwelten und Arbeitsbedingungen auf einer siebenstufigen Wertungsskala (Quelle: Rust, manager magazin 3/2002)

Platz	Anspruch an das Unternehmen	Bewertung
1.	Interessante Aufgaben	6,4
2.	Kollegiales Betriebsklima	6,3
3.	Eigenständige Verantwortung	6,3
4.	Angemessenes Einkommen	6,3
5.	Gute Weiterbildung	6,2
6.	Kooperativer Führungsstil	6,1
7.	Flexible Arbeitszeit	6,1
8.	Hohes fachliches Niveau	6,0
9.	Freiraum für eigene Ideen	5,9
10.	Gute Aufstiegschancen	5,9
11.	Zeit für Privatinteressen	5,7
12.	Sorgfältige Einarbeitung	5,7
13.	Schnelle Verantwortung	5,6
14.	Identifikationsstarke Produkte	5,6
15.	Gute Sozialleistungen	5,5
16.	Sicherheit des Arbeitsplatzes	5,4
17.	Gute Wachstumschancen	5,4
18.	Innovationskraft der Firma	5,4
19.	Richtiger Standort	5,4
20.	Ethische Unbedenklichkeit	5,2
21.	Technisches Know-how	5,1
22.	Ansehen des Unternehmens	4,9
23.	Internationalität	4,6
24.	Forschungsorientierung	4,3
25.	Auslandstätigkeiten	4,3
26.	Job-Rotation	4,2

Führung, Sozialkapital und Gesundheit

Das Verhalten der Führungskräfte, von Top-Management und Betriebs- und Personalrat hat entscheidenden Einfluss auf Wohlbefinden und Gesundheit der Mitarbeiter. Dass Führungskräfte Einfluss auf das Fehlzeitengeschehen und damit auf die Kosten eines Unternehmens nehmen, ist im Grundsatz ebenso wenig bestritten wie das Gegenteil davon: Führungskräfte können beflügelnd wirken auf das Wohlbefinden und damit auf die Motivation und Arbeitsleistung ihrer Mitarbeiter und so zur Steigerung von Qualität und Produktivität beitragen. Mit der „Krise der Hierarchie“ ist die Führungsfunktion selbst in Frage gestellt worden. Flache Hierarchien und Teamarbeit erfordern - so heißt es - einen neuen Führungstypus, der sich weniger als Vorgesetzter denn als Moderator oder Hilfesteller und Unterstützer seiner Mitarbeiter versteht.

In jedem Fall ist die Beziehung zwischen Führungskräften und Beschäftigten von besonderer Gesundheitsrelevanz, weil auf das Engste verbunden mit wahrgenommener Anerkennung oder Ablehnung, Belohnung oder Bestrafung, Förderung oder Zurücksetzung. Führungskräfte erzeugen durch ihr Verhalten bewusst oder unbewusst positive oder negative Emotionen: Wut oder Freude, Angst oder Hilflosigkeit, Zuversicht oder Hoffnungslosigkeit. Sie tragen durch ihre Entscheidungen bei zur Qualität der Beziehungen unter ihren Mitarbeitern, d.h. sie sind mitverantwortlich dafür, ob ein Klima der gegenseitigen Unterstützung und des Vertrauens entsteht oder ein Klima des Misstrauens und gegenseitiger Rivalität, ob sich so etwas wie „Gemeinsinn“, d.h. Identifikation mit dem Team und der Organisation entwickelt und erhalten bleibt, oder jeder nur seinen individuellen Karrierezielen folgt. All dies hat etwas mit der Einteilung der Arbeitszeit von Führungskräften zu tun: für Sach- oder Personalfragen. Es hat auch etwas damit zu tun, wie Führungskräfte mit ihrer eigenen Gesundheit umgehen, und es hat schließlich etwas damit zu tun, wie gut oder schlecht sie für dieses Thema qualifiziert sind. Führungskräfte haben Vorbildfunktionen - ob sie es wollen oder nicht - auch in Sachen Gesundheit und gesundheitsbewusstem Verhalten.

Geführt werden kann durch Erzeugung von Angst, durch Anreize oder auch durch Verfolgung gemeinsam akzeptierter Werte und Ziele. Wieweit Führungskräfte Wohlbefinden und Gesundheit ihrer Mitarbeiterinnen und Mitarbeiter aktiv fördern oder missachten, wird auch davon abhängen, ob und wieweit ihr eigenes Verhalten an entsprechenden Zielvorgaben gemessen wird oder ob es nur darum geht, dass bestimmte Stückzahlen und Kostenziele erreicht werden.

Die sozialepidemiologische und organisationswissenschaftliche Forschung stellt mittlerweile - wie im vorangegangenen Abschnitt über die „gesunde Organisation“ gezeigt wurde - eine ganze Reihe von Erkenntnissen zur Verfügung, aus denen Aufgabenstellungen und Ziele abgeleitet werden können, damit gesundheitsförderliches Führungsverhalten und gesundheitsförderliche

Organisationsgestaltung keine Schlagwörter bleiben. Konkrete Ansatzpunkte sollen im Folgenden beispielhaft aufgezeigt werden.

Unter Sozialkapital verstehen wir - daran sei noch einmal erinnert - Merkmale sozialer Systeme, die sich gleichermaßen positiv auf ihre kollektive Leistungsfähigkeit wie auf das Wohlbefinden ihrer Mitglieder auswirken. Tabelle 8 (S. 54) gibt einen Überblick über diese Merkmale.

1. Vertrauen bilden

Vertrauen ist die Grundvoraussetzung für die Entwicklung von Bindung an Personen und Organisationen. Vertrauen muss erarbeitet, Vertrauensbildung kann erleichtert werden. Vertrauen lässt sich jedoch weder erkaufen noch erzwingen. Vertrauensbildung zwischen Menschen wird sich kaum gänzlich rational ergründen lassen. Dafür spielen hier unbewusste Vorgänge und Emotionen eine zu große Rolle - allerdings auch durchaus nachvollziehbare Zusammenhänge wie das Ausmaß an Gegenseitigkeit und gelebter Solidarität. Vertrauen in Organisationen lässt sich sehr wohl rational begründen. Transparenz und Nachvollziehbarkeit von Entscheidungen spielen hierbei eine große Rolle ebenso wie Übereinstimmung zwischen dem, was seitens der Führung öffentlich kommuniziert und dem, was tatsächlich getan wird.

Wertschätzung der Beschäftigten, als wichtigste Quelle wirtschaftlicher Prosperität durch Gewährung sicherer Arbeitsplätze auch in wirtschaftlich kritischen Situationen, ist ein zentraler, vertrauensbildender Prozess. Einrichtung eines eigenständigen und professionell betriebenen Gesundheitsmanagements und das „Ertragen“ auch ungünstiger Botschaften aus seiner Diagnostik und Evaluation sind weitere vertrauensbildende Maßnahmen und eine wesentliche Voraussetzung für grundlegende Verbesserungen in den Beziehungen zwischen Management einerseits und Mitarbeitern andererseits. Vertrauen beruht auf gegenseitiger Loyalität: der Mitarbeiter gegenüber der Organisation, der Organisation gegenüber den Mitarbeitern (vgl. dazu S. 13 ff.).

2. Soziale Vernetzung fördern

Informelle Beziehungen zwischen Beschäftigten galten in Zeiten der wissenschaftlichen Betriebsführung als potenziell subversiv, zutiefst saß das Misstrauen zwischen Arbeit und Kapital in der Frühphase der Industrialisierung. In der Wissens- und Dienstleistungsgesellschaft gilt Netzwerkbildung als hochproduktiv und unter bestimmten Bedingungen auch als salutogen, insbesondere wo soziale Beziehungen als subjektiv hilfreich angesehen und nicht erzwungen werden. Am zwanglosesten und damit am leichtesten akzeptiert ergibt sich soziale Vernetzung um ein gemeinsam interessierendes Problem, um eine gemeinsame Aufgabe, um ein gemeinsames Projekt oder bei gemeinsamen Anliegen oder Interessen, bei gemeinsam gemachten Erfahrungen und schließlich bei informellen Zusammenkünften anlässlich von Feiern oder gemeinsamer sportlicher oder kultureller Betätigung.

Wo das Zusammenkommen und das Zusammenarbeiten von Menschen angeordnet wird, kann auch das Gegenteil eintreten: Überforderung, Misstrauen, Zurückhalten von Informationen, „Für-sich-Behalten“ von Wissen bis hin zu massiven zwischenmenschlichen Konflikten. Soziale Beziehungen können primär unterstützend, sie können aber auch primär kontrollierend und konfliktreich und damit als belastend empfunden werden. Dies gilt es z.B. bei Einführung von Gruppenarbeit zu berücksichtigen. Mobbing in Form destruktiver Beziehungsarbeit gilt als in hohem Maße pathogen. Misstrauenskultur, Kommunikations- und Führungsmängel sind häufige Brutstätten solch destruktiver Beziehungsarbeit (vgl. dazu S. 129 ff.).

3. Identifikationsmöglichkeiten schaffen

Das Bedürfnis nach Identifikation mit der Arbeit, mit bestimmten Menschen, mit einem Ziel oder einer ganzen Organisation mag von Mensch zu Mensch variieren, vorhanden ist es aber meist und eine wesentliche Voraussetzung anhaltend motivierten Arbeitens. Klare Zielvorgaben, gelebte Vertrauenskultur ebenso wie anspruchsvolle Tätigkeiten und Anerkennung für geleistete Arbeit sind dafür wichtig. Wo nur gerügt, aber selten gelobt wird, wo die Hierarchie und nicht die Problemlösung im Vordergrund steht, wo es immer nur um die kurzfristige Realisierung monetärer Ziele geht, wird sich Identifikation kaum einstellen, Motivation auf Dauer versiegen, die Gesundheit darunter leiden. Verbreitete Depressivität gilt heute als eine Hauptursache von Unproduktivität, Fehlzeiten und ineffizienter Nutzung des Gesundheitswesens (vgl. dazu S. 65 ff.).

4. Partnerschaftliche Unternehmenskultur pflegen

Partnerschaftliche Unternehmenskultur ist der Gegenbegriff zu Misstrauens-, Unterdrückungs- und Ausbeutungskultur. Sie realisiert sich im Grad der Kooperation zwischen Management und Betriebs- bzw. Personalrat, in der Partizipation der Beschäftigten an Unternehmensentscheidungen, in der Verfolgung gemeinsamer Ziele und Werte und dem dadurch erwirtschafteten Mehrwert an Kunden- und Mitarbeiterorientierung sowie am Wohlbefinden der Belegschaft über alle Hierarchieebenen hinweg. Der Begriff „Kultur“ im hier verstandenen Sinne stammt aus der Ethnologie und Soziologie. Damit bezeichnet man historisch gewachsene Gemeinsamkeiten im Denken, Fühlen und Verhalten etwa einer Dorf-, Religions- oder eben auch einer Produktionsgemeinschaft, z.B. gemeinsame Symbole, Rituale, Überzeugungen, Werte, Regeln. Diese erleichtern im günstigen Falle einer Vertrauenskultur soziale Integration z.B. durch gemeinsame Basisziele, durch eine gemeinsame Sprache und als verbindlich erachtete Regeln. Im ungünstigen Falle einer Misstrauenskultur kommt es zu unproduktiven Konflikten, zu unproduktiven Investitionen in Kontroll- und Konsensusbildungsmechanismen, zu permanentem Abstimmungsbedarf und einem ausgeprägten Egoismus einzelner Unternehmensteile. Heute besteht in der Literatur zum Thema eine wachsende Übereinstimmung dahingehend, dass ein Grundstock zeitlos gültiger Werte und Regeln eine zentrale Voraussetzung für beides bildet: anhaltende Prosperität von Organisationen und hohe Mitarbeiterloyalität und -gesundheit. Eine Vertrauenskultur ist schnell zerstört, lässt sich aber nur langsam zurückgewinnen. Kulturentwicklung als laufende Anstrengung zur Pflege und Förderung gemeinsamer Überzeugungen, Werte und Regeln ist daher eine zentrale Aufgabe auch des Betrieblichen Gesundheitsmanagements. Der Begriff „partnerschaftlich" macht zugleich deutlich, dass Beteiligung der Mitarbeiter an unternehmenspolitischen Entscheidungen und auch am wirtschaftlichen Erfolg konstitutive Größen sind für Entwicklung und Erhalt einer Bindungen stiftenden und kollektive Orientierung gebenden Unternehmenskultur. Politik, Kultur, soziale Beziehungen und Ertrag bedingen einander.

5. Work-life-balance erhalten

Vereinbarkeit von Arbeit und Familie scheint heute insbesondere für hochqualifizierte und hochmobile Mitarbeiter immer schwerer herstellbar. Die Alterung der Gesellschaft legt nahe, es insbesondere Frauen zu erleichtern, Kindererziehung und Berufstätigkeit als miteinander zu vereinbarende Aufgabe anzusehen. Die Frauenerwerbsquote Deutschlands liegt im europäischen Durchschnitt, sie kann also durchaus noch erhöht werden. Auf der anderen Seite sind wir hierzulande z.B. sehr schlecht mit Kindergartenplätzen ausgestattet; und Jugendliche, die mittags bereits aus der Schule kommen, wollen versorgt sein. Zugleich werden mittelfristig Arbeitskräfte immer knapper. Arbeit und Familie sind zwar getrennte Lebensbereiche. Private Probleme beeinträchtigen gleichwohl die Arbeitsproduktivität. Ebenso können arbeitsbedingte Über- oder Unterforderung familiäre Beziehungen belasten.

Gründe genug für Unternehmen, ihre Mitarbeiter dabei zu unterstützen, dass die work-life-balance erhalten bleibt oder wiederhergestellt wird. Teilzeitarbeit, Sabbaticals, spezielle Beratungsangebote, Betriebskindergärten sind Beispiele dafür, wie sich dieses Ziel praktisch realisieren lässt. Wer langsam aber sicher zwischen den Anforderungen beider Lebensbereiche zerrieben wird, ist weder ein guter Mitarbeiter noch eine gute Mutter oder ein guter Vater. Eine Gesellschaft, deren Mitglieder sich ausschließlich ihrer Arbeit widmen, vernachlässigt ihre Zukunft und lädt zur Selbstausbeutung ein.

6. Mitarbeiter befragen

In erfolgreichen Unternehmen gehören Mitarbeiterbefragungen schon länger zur Routine. Allseits akzeptiert und zugleich salutogen wirkt dieses Instrument dort, wo es als Investition in das Sozialkapital verstanden wird und nicht als Kontroll- oder Rationalisierungsinstrument. Organisationsmängel müssen so schnell wie möglich erkannt und beseitigt werden. Wesentliche Voraussetzung dafür ist eine datengestützte Diagnostik und eine entsprechend datengestützte

Evaluation der durchgeführten Interventionen. Eine regelmäßige Mitarbeiterbefragung mit Fragekomplexen zu den Themen Arbeitszufriedenheit, Wohlbefinden, Gesundheit, Arbeitsbedingungen, Organisationsbedingungen und Führungsverhalten ist dafür unverzichtbar. Gehört der Zielbereich Mitarbeiterorientierung zu den Grundlagen der Beurteilung von Führungskräften, dann müssen entsprechend valide Daten bereitgestellt werden. Um das Ausmaß der Mitarbeiterorientierung der einzelnen Führungskräfte zu überprüfen, gibt es mehrere Möglichkeiten: eine sorgfältige Analyse von Fehlzeiten, eine sorgfältige Analyse der Fluktuationsursachen und eben auch eine Analyse von Daten aus der Mitarbeiterbefragung (vgl. dazu S. 215 ff. und S. 311 ff.).

7. Den persönlichen Dialog mit den Mitarbeitern suchen

Kommunikation ist ein Bindeglied, das Organisationen zusammenhält. Über die Mitarbeiterbefragung hinaus sollte der persönliche Dialog mit dem Mitarbeiter gesucht werden. Bei einer schriftlichen Mitarbeiterbefragung können sich die Beschäftigten nur im engen Rahmen der Antwortmöglichkeiten zu einer Frage bewegen. Das direkte Gespräch mit den Betroffenen, die als Experten in ihrem Bereich befragt werden, bietet die Möglichkeit, alle Facetten eines Problems zu erfassen und zusätzlich Lösungswege im Ansatz zu diskutieren. Für das Betriebliche Gesundheitsmanagement haben daher Verfahren der Datengewinnung, die auf den direkten Dialog mit den Betroffenen setzen, eine hohe Priorität (Experteninterview, Gesundheitszirkel, Fokusgruppen, Mitarbeitergespräche).

Neben dem Gewinn an Informationen ist das Gespräch mit den Mitarbeitern aber vor allem auch ein Akt der Wertschätzung ihrer Person und der Anerkennung ihrer Leistungen. Durch Kommunikation werden vertrauensvolle Beziehungen aufgebaut, geklärt, stabilisiert und gepflegt. Für viele Führungskräfte - aber auch für die Beschäftigten - ist es oft sehr schwer einsehbar, dass sie für das, was sie tagtäglich tun - mit Mitmenschen kommunizieren - qualifiziert werden müssen. Im Rahmen des Betrieblichen Gesundheitsmanagements ist die Qualifikation von Vorgesetzten für den Dialog mit den Beschäftigten unerlässlich. Kompetenz in Sachen Kommunikation ist zudem auch gefragt, wenn es um das interne und externe Marketing des Betrieblichen Gesundheitsmanagements geht.

8. Qualifizieren

Um die Bedeutung von Sozialkapital und Betrieblichem Gesundheitsmanagement für die Zukunftsfähigkeit der Unternehmen in das Bewusstsein von Führungskräften und Experten zu rücken, sind entsprechend qualifizierende Maßnahmen erforderlich. Der Umgang mit sozialen Konflikten, mit negativen Gefühlen von Mitarbeitern und der pflegliche Umgang mit ihrer Gesundheit will ebenso gelernt sein, wie die Kommunikation zwischen Vorgesetzten und Mitarbeitern. Gesundheit ist laut Weltgesundheitsorganisation gleichbedeutend mit sozialem, psychischem und körperlichem Wohlbefinden. Diese Definition wurde mittlerweile durch die Erkenntnisse der Gesundheitswissenschaften theoretisch fundiert und weiterentwickelt als lehr- und lernbare Fähigkeit eines Menschen zur salutogenen Situationsbewältigung inner- und außerhalb der Arbeit (vgl. dazu S. 18 f.).

Es gilt bei Führungskräften, Beschäftigten und Experten Verständnis für Gesundheit zu wecken: Soziale, psychische und biologische Prozesse beeinflussen sich wechselseitig. Das heute zur Verfügung stehende Wissen aus den Bereichen Stressforschung, Psychoneuroimmunologie und Sozialepidemiologie ist in der Praxis der Betriebe häufig noch nicht angekommen. Der sich daraus ergebende mögliche Zugewinn an Gesundheit und Produktivität bleibt den Unternehmen deshalb oft verschlossen (vgl. dazu S. 14 ff.).

9. Den Arbeits- und Gesundheitsschutz neu ausrichten

Die Gesundheit der Mitarbeiter gilt heute weithin immer noch als Sache der dafür zuständigen Experten: der Arbeitsmediziner, der Sicherheitsingenieure und Fachkräfte für Arbeitssicherheit, der betrieblichen Sozialarbeit. Geschützt werden soll in erster Linie vor physischen Risiken, Arbeitsunfällen und Berufskrankheiten. Ausbildung und Arbeitseinsatz dieser Gesundheitsexperten liegt eine während der Frühindustrialisierung entstandene Sichtweise zugrunde, wonach Arbeit physisch krank macht. Diese Sichtweise hat heute in der industriellen Sachgüterproduktion immer noch ihre Berechtigung, obwohl auch hier stets schon psychische Belastungen wirksam waren. Sie wurden nur nicht als gesundheitsrelevant erachtet. In der Wissens- und Dienstleistungsgesellschaft müssen sowohl Ziele als auch Arbeitsweise und Instrumente des Arbeits- und Gesundheitsschutzes einer grundlegenden Revision unterzogen werden. Die Gründe dafür und unsere Vorschläge dazu werden im folgenden Kapitel dargelegt. Auch die dabei neu einzusetzenden Instrumente werden in den nachfolgenden Kapiteln im Einzelnen dargestellt. Tabelle 8 dient der Standardentwicklung für eine gesundheitsförderliche, mitarbeiterorientierte Organisationsgestaltung.

Tabelle 8 Zielorientierte Zusammenfassung des Forschungsstandes

Merkmale	Gesunde Organisationen	Ungesunde Organisationen
Ausmaß sozialer Ungleichheit (Bildung, Status, Einkommen)	moderat	hoch
Vorrat an gemeinsamen Überzeugungen, Werten, Regeln („Kultur“)	groß	gering
Identifikation der Mitglieder mit übergeordneten Zielen u. Regeln ihres sozialen Systems („Wir-Gefühl“; „commitment“)	stark ausgeprägt	gering ausgeprägt
Vertrauen in die Führung	hoch	gering
Ausmaß persönlicher Beteiligung an systemischer Willensbildung, Entscheidungsfindung („Partizipation“)	hoch	gering
Gegenseitiges Vertrauen, Zusammenhalt unter Mitgliedern	hoch	gering
Umfang sozialer Kontakte jenseits primärer Beziehungen	hoch	gering
Stabilität, Funktionsfähigkeit primärer Beziehungen (Familie, Arbeitsgruppe etc.)	hoch	gering
Soziale Kompetenz	stark ausgeprägt und verbreitet	gering ausgeprägt und verbreitet
Sinnstiftende Betätigung (Arbeit, Freizeit etc.)	stark verbreitet	weniger stark verbreitet

Literatur

Antonovsky A (1991) Meine Odyssee als Stressforscher. In: Jahrbuch für kritische Medizin 17. Berlin, S 112-130

Badura B (1981) (Hrsg) Soziale Unterstützung und chronische Krankheit. Zum Stand sozialepidemiologischer Forschung. Suhrkamp, Frankfurt am Main

Badura B (1993) Freud versus Selye. Zur Bedeutung der Gefühlsregulierung für die Streßbewältigung. In: Zeitschrift für Gesundheitswissenschaften Journal of Public Health 1/93: 47-60

Badura B, Elkeles T, Grieger B, Huber E, Kammerer W (1995) (Hrsg) Zukunftsaufgabe Gesundheitsförderung. Mabuse, Frankfurt am Main

Badura B, Kaufhold G, Lehmann H, Pfaff H, Schott T, Waltz M (1987) Leben mit dem Herzinfarkt. Springer, Berlin

Badura B, Kickbusch I (1991) (Hrsg) Health Promotion Research Towards a New Social Epidemiology. WHO Regional Publications European Series 37. WHO Regional Office for Europe, Copenhagen

Badura B, Litsch M, Vetter C (2001) (Hrsg) Fehlzeiten-Report 2001. Gesundheitsmanagement im öffentlichen Sektor. Springer, Berlin

Badura B, Pfaff H (1989) Streß ein Modernisierungsrisiko? Mikro- und Makroaspekte soziologischer Belastungsforschung im Übergang zur postindustriellen Zivilisation. In: Kölner Zeitschrift für Soziologie und Sozialpsychologie 41(4): 644-668

Badura B, Ritter W, Scherf M (1999) Betriebliches Gesundheitsmanagement - ein Leitfaden für die Praxis. Hans Böckler Stiftung (Hrsg) Edition Sigma, Berlin

Bamberg E, Ducki A, Metz AM (1999) (Hrsg) Handbuch betriebliche Gesundheitsförderung. Arbeits- und organisationspsychologische Methoden und Konzepte. Verlag für angewandte Psychologie, Göttingen, Bern, Toronto, Seattle

Berger PL, Luckmann T (1969) Die gesellschaftliche Konstruktion der Wirklichkeit. Eine Theorie der Wissenssoziologie. Fischer, Frankfurt am Main

Berkman LF (1995) The Role of Social Relations. In: Health Promotion Psychosom. Med 57: 245-254

Berkman LF, Kawachi I (2000) (eds) Social Epidemiology. Oxford University Press, Oxford

Bertelsmann Stiftung, Hans Böckler Stiftung (2000) (Hrsg) Erfolgreich durch Gesundheitsmanagement. Beispiele aus der Arbeitswelt. Verlag Bertelsmann Stiftung, Gütersloh

BKK Bundesverband (2001) (Hrsg) Krankheitsartenstatistik 1999 und 2000. Essen

Blane D, Brunner E, Wilkinson R (1996) (eds) Health and Social Organization. Towards a Health Policy for the 21st Century. Routledge, London, New York

Bödeker W (1999) Mit Arbeitsunfähigkeitsdaten arbeitsbedingte Gesundheitsgefahren erkennen - Informationsgewinn durch Zusammenhangsanalysen. In: Die BKK 6/99: 304-312

Breuker G (2001) Qualitätssicherung betrieblicher Gesundheitsförderung. Ergebnisse aus dem Europäischen Netzwerk für betriebliche Gesundheitsförderung. In: Pfaff H, Slesina W (Hrsg) Effektive betriebliche Gesundheitsförderung. Konzepte und methodische Ansätze zur Evaluation und Qualitätssicherung. Juventa, Weinheim, S 127-144

Brunner E, Marmot M (1999) Social Organisation Stress and Health. In: Marmot MG, Wilkinson RG (eds.) The Social Determinants of Health. Oxford University Press, Oxford, pp 17-43

Bundesanstalt für Arbeitsschutz und Arbeitsmedizin (BAuA) (2002) Gesundheitsschutz in Zahlen 2000. 17/02 S 65

Bungard W (1995) Team- und Kooperationsfähigkeit. In: Sarges W (Hrsg) Management-Diagnostik. Göttingen, S 405-415

Cohen D, Prusak L (2001) In Good Company. How Social Capital Makes Organizations Work. Harvard Business School Press

Collins JC, Porras JI (1997) Built to Last. Successful Habits of Visionary Companies. Harper Business, New York

Damasio AR (1997) Descartes' Irrtum. Fühlen Denken und das menschliche Gehirn. Deutscher Taschenbuch Verlag, München

Dieterich C, Vetter C, Acker C (2000) Krankheitsbedingte Fehlzeiten in der deutschen Wirtschaft. In: Badura B, Litsch M, Vetter C, (2001) (Hrsg) Fehlzeitenreport 2000 - Zukünftige Arbeitswelten Gesundheitsschutz und Gesundheitsmanagement. Springer, Berlin, S 277-518

Elkeles T (2002) Arbeitende und Arbeitslose. In: Schwartz W, Badura B, Leidl R, Raspe H, Siegrist J (Hrsg) Das Public Health Buch (in Vorbereitung)

Europäische Stiftung zur Verbesserung der Lebens- und Arbeitsbedingungen (European Foundation) (1997) Arbeitsbedingungen in der Europäischen Union. Dublin

Europäische Stiftung zur Verbesserung der Lebens- und Arbeitsbedingungen (European Foundation) (2000) Die Europäische Union setzt sich seit zehn Jahren für die Verbesserung der Arbeitsbedingungen ein. Dublin

Frieling E, Sonntag K (1999) Lehrbuch Arbeitspsychologie. Huber, Bern

Geus A de (1998) Jenseits der Ökonomie die Verantwortung der Unternehmen. Klett-Cotta, Stuttgart

Giarini O, Liedtke PM (1998) Wie wir arbeiten werden. Der neue Bericht an den Club of Rome. Hoffmann und Campe, Hamburg

Goetzel R (2001) The Financial Impact of Health Promotion. In: American Journal of Health Promotion Vol 15(5) Special Issue

Goleman D (1997) Emotionale Intelligenz. Carl-Hanser, Wien, München

Grande G, Badura B (2001) Die Rehabilitation der KHK aus gesundheitssystemanalytischer Perspektive. Expertise für die Statuskonferenz Psychokardiologie. VAS, Frankfurt

Gröben F, Bös K (1999) Praxis betrieblicher Gesundheitsförderung. Edition Sigma, Berlin

Hacker W (1998) Allgemeine Arbeitspsychologie. Huber, Bern

House JS (1991) Zum sozialepidemiologischen Verständnis von Public Health, soziale Unterstützung und Gesundheit. In: Badura B, Elkeles T, Grieger B, Huber E, Kammerer W (Hrsg) Zukunftsaufgabe Gesundheitsförderung. Mabuse, Frankfurt am Main 2. Aufl, S 172-184

House JS, Umberson D, Landis K (1988) Structures and Processes of Social Support. Annual Review of Sociology 14: 293-318

IG Metall (2001) Gesundheit schützen und fördern. Eine Handlungshilfe für die betriebliche Gesundheitspolitik. Union Druckerei, Frankfurt

Institut für Sozialmedizin Epidemiologie und Gesundheitssystemforschung (ISEG) (2001) Evaluation präventiver Maßnahmen Abschlussbericht. Bd I, Hannover

Jahoda M, Lazarsfeld PF, Zeisel H (1933) Die Arbeitslosen von Marienthal. Ein soziographischer Versuch über die Wirkungen langandauernder Arbeitslosigkeit. S Hirzel, Leipzig

Karasek R, Theorell T (1990) Healthy Work Stress Productivity and the Reconstruction of Working Life. Basic Books, New York

Kawachi I, Kennedy BP (1997) Socioeconomic Determinants of Health. Health and Social Cohesion. Why Care about Income Inequality. In: BMJ 314: 1037-1040

Kawachi I, Kennedy BP, Lochner K, Prothrow-Stith D (1997) Social Capital, Income Inequality and Mortality. American Journal of Public Health 87:1491-1498

Kohn ML (1990) Unresolved Issues in the Relationship between Work and Personality. In: Erikson K, Vallas SP (eds.) The Nature of Work Sociological Perspectives. The American Sociological Association Presidential Series. Yale University Press, New Haven London, pp 36-68

Kommission der Europäischen Union (2002) Anpassung an den Wandel von Arbeitswelt und Gesellschaft: eine neue Strategie für Sicherheit und Gesundheit am Arbeitsplatz. Brüssel, 11.03.2002

Kühl S, Strodtholz P (2002) (Hrsg) Methoden der Organisationsforschung. Rowohlt, Reinbek bei Hamburg

Lazarus RS (1991) Emotion and Adaptation. Oxford University Press, New York

Lesser EL (2000) (ed) Knowledge and Social Capital Foundations and Applications. etc Butterworth-Heinemann, Boston

Luczak H, Volpert W (1997) (Hrsg) Handbuch Arbeitswissenschaft. Schäfer-Poeschel Stuttgart

Lühmann D, Kohlmann T, Raspe H (1998) Rückenschulen. Programme mit umstrittener Wirksamkeit. In: Public Health Forum 19: 13

Marstedt G, Müller R (1998) Ein kranker Stand? Fehlzeiten und Integration älterer Arbeitsnehmer im Vergleich Öffentlicher Dienst-Privatwirtschaft. Berlin

Mielck A (2000) Soziale Ungleichheit und Gesundheit. Empirische Ergebnisse Erklärungsansätze Interventionsmöglichkeiten. Huber, Bern

Münch E, Walter U, Badura B (2002) Führungsaufgabe Gesundheitsmanagement. Ein Modellprojekt im öffentlichen Sektor. Edition sigma, Berlin (im Erscheinen)

Myers DG, Diener E (1995) Who is happy? In: Psychological Science Vol 6-1: 10-19

Narayan D (1999) Bonds and Bridges: Social Capital and Poverty. World Bank Poverty Division, Washington D.C.

Noack H, Meggeneder O (1998) (Hrsg) Krankenstände im Betrieb: Wie können sie reduziert werden? In: Schriftenreihe Gesundheitswissenschaften Bd 8, Linz

Pearlin LI (1982) The Social Contexts of Stress. In: Goldberger L, Breznitz S (eds) Handbook of Stress. Theoretical and Clinical Aspects. The Free Press, New York , pp 303-315

Pfaff H (1989) Stressbewältigung und soziale Unterstützung. Zur sozialen Regulierung individuellen Wohlbefindens. Juventa, Weinheim

Pfaff H (2001) Evaluation und Qualitätssicherung des Betrieblichen Gesundheitsmanagements. In: Pfaff H, Slesina W (Hrsg) (2001) Effektive betriebliche Gesundheitsförderung. Konzepte und methodische Ansätze zur Evaluation und Qualitätssicherung. Juventa, Weinheim, S 27-52

Pfeffer J (1998) The Human Equation. Building Profits By Putting People First. Havard Business School Press, Boston

Pfingsten M (1999) Was können psychologische Erkenntnisse zur Behandlung von Rückenschmerzen beitragen. In: Orthopädische Praxis 35 (5): 288-296

Putnam RD (2001) Sozialkapital im internationalen Vergleich. Bertelsmann Stiftung, Gütersloh

Putnam RD (1995) Bowling alone: America's Declining Social Capital. Journal of Democracy Vol 6 No 1: 65-78

Putnam RD, Leonardi E, Nanetti RY (1993) Making Democracy Work Civic Traditions In Modern Italy. Princeton University Press, Princeton

Redmann A, Rehbein I (2000) Gesundheit am Arbeitsplatz. Eine Analyse von mehr als 100 Mitarbeiterbefragungen des WidO 1995-1998. Wissenschaftliches Institut der AOK, Bonn

Richter G (1997) Psychische Belastung und Beanspruchung: Streß, psychische Ermüdung, Monotonie, psychische Sättigung. In: Schriftenreihe der Bundesanstalt für Arbeitsschutz und Arbeitsmedizin Fa 36, Bremerhaven

Rosen RH (1999) The Healthy Company. Eight Strategies to Develop People, Productivity and Profits. New York

Rosenbrock R, Lehnardt U (1999) Die Bedeutung von Betriebsärzten in einer modernen betrieblichen Gesundheitspolitik. Bertelsmann Stiftung, Gütersloh

Ruberman WE, Weinblatt E, Goldberg J, Chaudhray B (1984) Psychosocial Influences on Mortality after Myocardial Infarction. The New England Journal of Medicine 311: 552-559

Rugulies R (2001) Risikofaktoren Chlamydien und soziopsychophysiologische Zusammenhänge. Eine Übersicht und Kritik der epidemiologischen Forschung der koronaren Herzkrankheit. Jahrbuch für Kritische Medizin Bd 34: 19-39

Rust H (2002) Die Traumarbeitgeber. In: manager magazin 3-02: 214 ff

Sachverständigenrat für die Konzertierte Aktion im Gesundheitswesen (2001) Bedarfgerechtigkeit und Wirtschaftlichkeit. Band III Über- Unter und Fehlversorgung. Gutachten 2000. Nomos, Baden-Baden

Sagan LA (1992) Die Gesundheit der Nationen. Die eigentlichen Ursachen von Gesundheit und Krankheit im Weltvergleich. Rowohlt, Reinbek bei Hamburg

Schleicher R, Blume A (2000) Mit Arbeits- und Gesundheitsschutzmanagement zur lernenden Organisation. Reihe Balance, BIT-Schriften zur konsensorientierten Unternehmensführung Nr. 3, Bochum

Schmidt K H (1999) Wahrgenommenes Vorgesetztenverhalten, Fehlzeiten und Fluktuation. In: Zeitschrift für Arbeits- und Organisationspsychologie 40/2: 54-62

Siegrist J (1996) Soziale Krisen und Gesundheit. Eine Theorie der Gesundheitsförderung am Beispiel von Herz-Kreislauf-Risiken im Erwerbsleben. Hogrefe, Göttingen

Spektrum der Wissenschaft (1999) Dossier Stress. Heidelberg

Stark W (1996) Empowerment - Neue Handlungskompetenzen in der psychosozialen Praxis. Lambertus, Freiburg im Breisgau

Statistisches Bundesamt (2001) Fachserie 12, Reihe 4. Todesursachen in Deutschland. Wiesbaden

Steptoe A (1998) Coping, Control and Health Risk. Annals New York Academy of Sciences 851: 470-476

Stößel U, Michaelis M (2001) Interventionsstrategien und evaluierte Effekte betrieblicher Gesundheitsförderung. Zur Verhütung arbeitsbedingter Muskel- und Skelett-Erkrankungen. In: Pfaff H, Slesina W (Hrsg) Effektive betriebliche Gesundheitsförderung. Juventa, Weinheim, S 63-73

Thefeld W (2001) Verbreitung der Herz-Kreislauf-Risikofaktoren Hypercholesterinämie, Übergewicht, Hypertonie und Rauchen in der Bevölkerung. Bundesgesundheitsblatt - Gesundheitsforschung - Gesundheitsschutz Bd 34: 415-423

Traue HC (1998) Emotion und Gesundheit. Spektrum Akademieverlag, Heidelberg Berlin

Ulich E (1998) Arbeitspsychologie. VDF Hochschulverlag an der ETH Zürich, Zürich

Verband Deutscher Rentenversicherungsträger (VDR) (2002) VDR-Statistik der Rentenzugänge speziell der Renten nach SGB VI wegen verminderter Erwerbsfähigkeit. Im Internet unter: http://www.vdr.de/statistik

WHO (2001) The World Health Report 2001. Mental Health. New Understanding, New Hope. Geneva

Wilkinson RG (1992) Income Distribution and Life Expectancy. In: Brit.Med.J 304: 165-168

Wilkinson RG (1997) Comment Income Inequality and Social Cohesion. Am.J.Public Health 1997 (87): 1504-1506

Zober A, Lang S (2001) Streß in der Arbeitswelt. Aktivitäten zur Reduktion psychischer Belastungen in einem Großunternehmen der chemischen Industrie. Arbeitsmedizin Sozialmedizin Umweltmedizin 36 (12), Gentner, Stuttgart, S 596-601

2 Praxis

2.1 Betriebliche Gesundheitspolitik

Herausforderungen

Wohlbefinden und Gesundheit der Beschäftigten haben gegenwärtig in Unternehmen und Dienstleistungsorganisationen oft noch eine zu geringe Priorität. Experten verweisen dagegen immer häufiger auf die wachsende Bedeutung der Mitarbeiter für die Wettbewerbsfähigkeit in der aufkommenden Wissens- und Dienstleistungsgesellschaft. Sie verweisen auch darauf, dass das zunehmende Tempo der Globalisierung, der damit steigende Kostendruck, die wachsende Kundenorientierung und wachsende Gewinnerwartungen der Anteilseigner zu einer Vernachlässigung von Mitarbeiterorientierung und Mitarbeiterwohlbefinden führen. Es sei denn, die genannten Entwicklungen werden flankiert mit geeigneten Maßnahmen zur Reduzierung von Belastungen und Förderung von Gesundheitspotenzialen.

Globalisierung

Globalisierung der Wirtschaft ist kein neues Phänomen. Intensität und Reichweite weltweiter Interaktionen zwischen Unternehmen, Kulturen und politischen Systemen haben allerdings seit Beginn der 80er Jahre und insbesondere seit Ende des Ost-West-Gegensatzes deutlich zugenommen. Neue Informations- und Kommunikationstechnologien machen geographische Distanzen und Landesgrenzen immer bedeutungsloser und erlauben intensive Kommunikation quer über den Globus ohne Standortwechsel der Beteiligten. Globalisierung eröffnet neue Chancen wirtschaftlichen Wachstums. Die Beschäftigten werden dadurch mit neuen Arbeits- und Organisationsformen konfrontiert, mit zunehmenden Beschäftigungsmöglichkeiten aber auch Beschäftigungsrisiken und einer Intensivierung der Arbeit. Das Tempo des sozioökonomischen Wandels hat deutlich zugenommen, Sicherheit und Berechenbarkeit der Markt- und Arbeitsverhältnisse haben dagegen spürbar abgenommen.

Fortschreitende Technisierung

Technische Neuerungen waren seit Beginn der Industrialisierung wesentliche Triebkräfte betrieblicher Struktur-, Prozess- und Produktinnovationen. Sie sind auch heute maßgeblich mitverantwortlich für die rasch zunehmende Internationalisierung der Wirtschaft und ihre wachsende globale Interdependenz. An erster Stelle immer häufiger genannt werden dabei die Mikroelektronik und die Informations- und Telekommunikationstechnik. Die weltweite Vernetzung durch das Internet sowie die Integration von Computern, Fernsehgeräten und mobilen Telefonen bergen ganz offensichtlich eine Vielzahl neuer Anwendungsmöglichkeiten, deren volle Konsequenzen sich erst umrisshaft abzeichnen. Die in der Wirtschaft laufende Fusionswelle ist ein Ausdruck dieser Entwicklung. Ebenso die Reduzierung von Hierarchieebenen und die wachsende Verbreitung von Formen der Selbstorganisation wie die rasche Zunahme kleiner Unternehmenseinheiten und sogenannter „virtueller Unternehmen", d.h. situativer, auftragsabhängiger Unternehmens- bzw. Akteursvernetzungen. Sich daraus ergebende Arbeitsformen und deren gesundheitliche Konsequenzen sind erst ansatzweise erforscht. Vorliegende Erfahrungen und Erkenntnisse legen nahe, sie frühzeitig in den Blick zu nehmen. Dies gilt insbesondere für die wachsenden Gefahren der Selbstüberforderung oder des Burnout, für die aus Gründen der Krankheitsvermeidung und Leistungssteigerung angeratene Förderung persönlicher, sozialer und organisatorischer Gesundheitspotenziale sowie eines ausgewogenen Verhältnisses von Arbeit und Freizeit („work-life-balance").

Gewandeltes Krankheitspanorama

In der Frühphase der Industrialisierung war das Krankheitsgeschehen in Deutschland und in anderen vergleichbaren Gesellschaften von Infektionskrankheiten beherrscht. Durch den tiefgreifenden Strukturwandel in Politik, Wirtschaft und Gesellschaft kam es in der Folge zu einem beträchtlichen Anstieg der Lebenserwartung und zu einem grundlegenden Wandel des Krankheitspanoramas. Heute werden lange Fehlzeiten, Frühberentungsgeschehen, Krankheits- und Sterbeursachen durch eine überschaubare Zahl chronischer Erkrankungen bestimmt, die in allen westlichen Industriegesellschaften das Krankheitspanorama beherrschen (insbesondere psychische Störungen, Herz-Kreislauferkrankungen, Neubildungen, Diabetes, Erkrankungen des Stütz- und Bewegungsapparates). Ursächlich verantwortlich sind für chronische Krankheiten - darüber bestehen heute kaum mehr Zweifel - Wechselwirkungen aus unspezifischen Einflüssen, wie z.B. chronischem Stress oder mangelhafter sozialer Integration und krankheitsspezifischen Risikofaktoren, wie z.B. Rauchen, Bewegungsarmut oder körperlicher Fehlbelastung. Chronische Krankheiten lassen sich durch wirksame Gesundheitsförderung und Prävention vermeiden, und, wo dies nicht mehr möglich ist, durch wirksame Rehabilitation in ihrem Fortschreiten verlangsamen. Eine aktive Politik der Wiedereingliederung dient in der Regel den Betroffenen ebenso wie den Unternehmen, denen erfahrene Mitarbeiter erhalten bleiben.

Alterung und Schrumpfung der Bevölkerung

Der demographische Wandel wird die Unternehmen dazu zwingen, Arbeits- und Organisationsbedingungen zu schaffen, die es den Beschäftigten erlauben, gesünder älter zu werden. Eine Sachverständigenkommission der Bundesregierung hat im „Dritten Altenbericht" herausgestellt, dass dazu eine vorausschauende und präventive Personalpolitik notwendig werden wird, die der Entwicklung älterer Erwerbstätiger zu einer Risikogruppe für chronische Krankheiten und vorzeitige Berentung entgegenwirkt. Die Erhaltung der Beschäftigungsfähigkeit älterer Arbeitnehmerinnen und Arbeitnehmer ist die dafür beste Maßnahme.

Alter ist neben Schichtzugehörigkeit einer der wichtigsten Prädiktoren für Krankheitsanfälligkeit. Die Alterszusammensetzung einer Belegschaft ist deshalb mitverantwortlich für das Fehlzeitengeschehen und dadurch verursachte Kosten. Der Zusammenhang zwischen Alter und Gesundheit bzw. Krankheit ist jedoch keine Konstante, sondern eine variable Größe, abhängig z.B. vom Bildungsgrad und Berufsstatus der Beschäftigten, abhängig aber auch von der betrieblichen Gesundheitspolitik, vom Führungsverhalten und der Unternehmenskultur eines Betriebes, von seinen Arbeitsbedingungen und Partizipationsmöglichkeiten. Allgemein darf unterstellt werden: je gesundheitsförderlicher die Strukturen und Prozesse einer Organisation, je angemessener und wirksamer ihr Gesundheitsmanagement, umso gesünder und leistungsfähiger sind ihre Mitarbeiter, auch die Älteren unter ihnen.

Wandel der Risiken und Gesundheitspotenziale

Mit dem Übergang von der Industrie- zur Wissens- und Dienstleistungsgesellschaft und mit zunehmender Globalisierung unterliegen auch die gesundheitsrelevanten Einflüsse auf die Erwerbsbevölkerung einem tiefgreifenden Wandel. Leider ist dieser Vorgang längst nicht ausreichend gut dokumentiert, was erhebliche Mängel in der betrieblichen Gesundheitsberichterstattung offenkundig macht. Unter Experten weithin unbestritten sind dabei folgende Feststellungen: Auf der einen Seite bleiben im schrumpfenden industriellen Sektor unserer Wirtschaft die traditionellen Aufgabenstellungen des Arbeits- und Gesundheitsschutzes: Bekämpfung physischer Risiken, von Unfällen und Berufskrankheiten weiter wichtig. Auf der anderen Seite belegen zahlreiche Untersuchungen recht einhellig das verbreitete hohe und in Teilen unserer Volkswirtschaft an Intensität deutlich zunehmende Niveau arbeitsbedingter Belastungen, z.B. in Form hohen Zeitdrucks, hoher Komplexität der Arbeit, zunehmender Verantwortung und erhöhter Erosion des betrieblichen Sozialkapitals (Abb. 9-14).

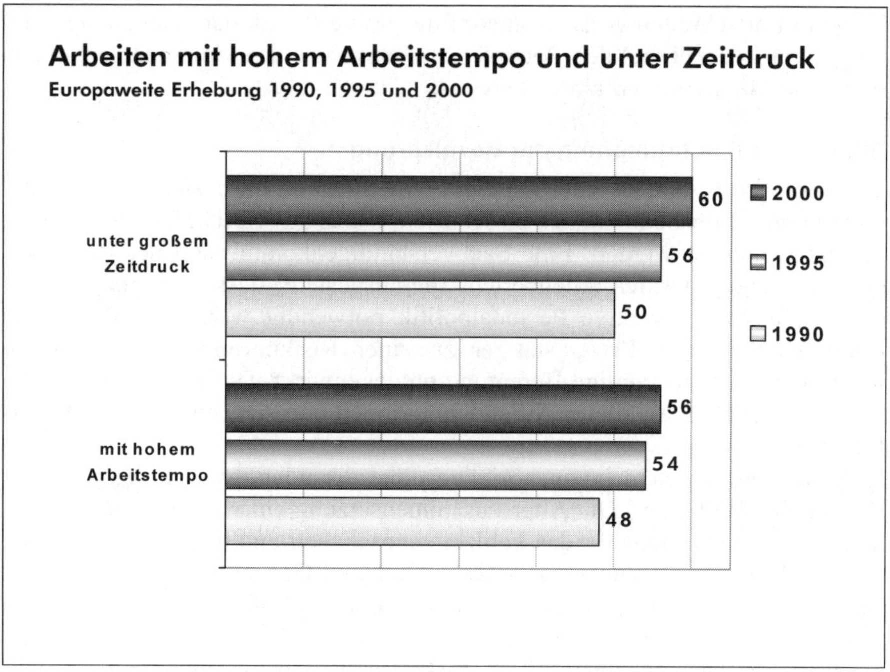

Abb. 9 Arbeiten mit hohem Arbeitstempo und unter Zeitdruck. Europaweite Erhebung 1990, 1995 und 2000 (European Foundation 2000)

Dadurch hervorgerufene psychische Beeinträchtigungen sind nach Auffassung der Weltgesundheitsorganisation und der internationalen Arbeitsorganisation eine der häufigsten Ursachen mangelhafter Arbeitsleistungen und krankheitsbedingter Abwesenheit von der Arbeit. Die beiden Organisationen stellen fest, dass in dem zurückliegenden Jahrzehnt - bedingt durch Globalisierung, Automatisierung und fortschreitende Technisierung - arbeitsbedingte Belastungen und seelische Befindensstörungen deutlich zugenommen haben.

Die Daten einer auf deutsche Unternehmen bezogenen Untersuchung (s. Sozioökonomisches Panel) zeigen, dass die Arbeitszufriedenheit seit Mitte der achtziger Jahre sinkt. In eine ähnliche Richtung deutet die Frühberentungsstatistik des Verbands Deutscher Rentenversicherungsträger, in der seelische Störungen mittlerweile die zweithäufigste Ursache für ein vorzeitiges Ausscheiden aus dem Berufsleben sind, sowie die Arbeitsunfähigkeitsstatistik der Krankenkassen mit einem deutlichen Anstieg psychischer Erkrankungen.

Mit Blick auf die Gesundheitspotenziale von großer Bedeutung ist der Stabilität und Leistungsfähigkeit familiärer und verwandtschaftlicher Beziehungen beeinträchtigende Prozess der „Individualisierung" sozialer Netzwerke. Jahrtausende lang bildete das Familien- und Verwandtschaftssystem das wichtigste Sozialkapital des Menschen. Mit Beginn der Industrialisierung kam es dann zu seiner sich beschleunigenden Veränderung und Erosion. Auch heute kommt dem persönlichen Sozialkapital des Menschen eine hohe Bedeutung zu für sein seelisches Gleichgewicht. Es ist allerdings sehr viel fragiler und praktisch deutlich weniger leistungsfähig als in früheren Zeiten. Betriebliche Strategien zum Erhalt der „work-life-balance" müssen dem Rechnung tragen.

Intensivierung der Arbeit

Das Ergebnis einer Studie aus Nordrhein-Westfalen zeigt, dass sich die Belastungssituation bei neun von zehn untersuchten Faktoren in den letzten fünf Jahren intensiviert hat. So stieg der Anteil an Personen, die sich durch die hohe Verantwortung ziemlich oder stark belastet fühlen, von 32 Prozent im Jahr 1994 auf 44 Prozent im Jahr 1999, und auch die Belastungen durch Zeitdruck sowie die zu leistende Arbeitsmenge haben zugenommen, wenn auch weniger dramatisch. Lediglich die klimatischen Bedingungen am Arbeitsplatz scheinen sich aus Sicht der Beschäftigten geringfügig verbessert zu haben. Insbesondere im Bereich der psychischen Belastungen am Arbeitsplatz ist eine zum Teil deutliche Zunahme zu verzeichnen (Abb. 10).

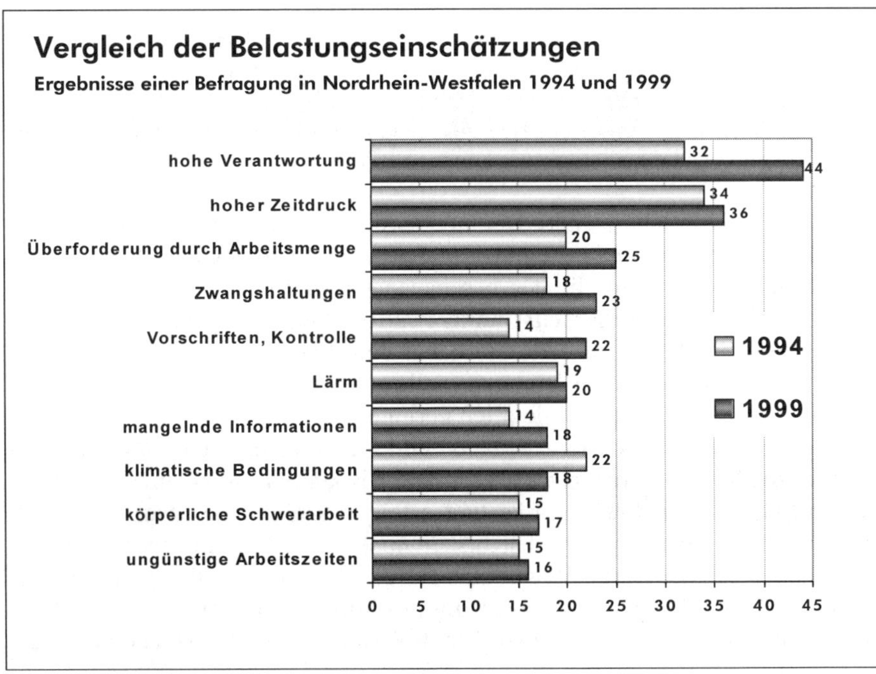

Abb. 10 Vergleich der Belastungseinschätzungen. Ergebnisse einer Befragung in Nordrhein-Westfalen 1994 und 1999 (Ministerium für Arbeit, Soziales, Qualifikation und Technologie des Landes NRW 2001)

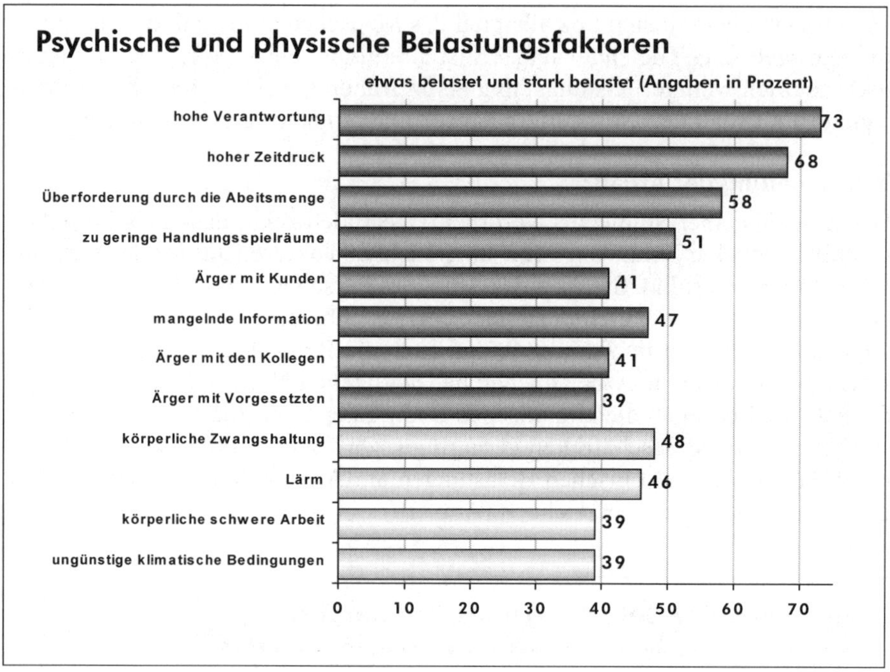

Abb. 11 Psychische und physische Belastungsfaktoren (Ministerium für Arbeit, Soziales, Qualifikation und Technologie des Landes NRW 2001)

Diese und zahlreiche weitere Befunde sprechen dafür, dass die gesundheitlichen Risiken der Beschäftigten hierzulande in den vergangenen Jahren deutlich zugenommen haben. In der bereits angesprochenen Untersuchung der nordrhein-westfälischen Arbeitschutzverwaltung wurden psychische Belastungen (dunklen Balken in Abb. 11) dabei von den Befragten am häufigsten genannt. Die physischen Belastungen (helle Balken in Abb. 11) hatten für die Befragten demgegenüber eine deutlich geringere Bedeutung.

Der gegenwärtig praktizierte Arbeits- und Gesundheitsschutz ist dem Wandel arbeitsbedingter Herausforderungen und Risiken häufig noch nicht ausreichend gefolgt. Neue Erkenntnisse und erfolgversprechende Instrumente der Gesundheitswissenschaften finden bisher noch zu selten Anwendung in der betrieblichen Praxis. Daraus ergibt sich für die Wettbewerbsfähigkeit der Unternehmen eine schleichende Bedrohung in Form von steigenden Lohnnebenkosten, sinkender Qualität und mangelhafter Attraktivität für Hochqualifizierte.

Hochrisikobereiche insbesondere für das psychische Befinden sind das Sozial- und Gesundheitswesen, der Verkehrs- und der Bildungsbereich sowie der jüngst entstandene Bereich der Call-Center-Arbeitsplätze. An genaueren Analysen darüber, in welchen Bereichen es in den vergangenen Jahren zu besonderer Risikokumulation gekommen ist und wo das Sozialkapital besonders stark gelitten hat, fehlt es allerdings zumeist noch.

Zu den wenigen quantitativen Hinweisen darauf, dass die in dem zurückliegenden Jahrzehnt feststellbare Intensivierung der Arbeit zu einer Verschlechterung des gesundheitlichen Zustandes der Beschäftigten beiträgt, gehört der merkliche Anstieg von Arbeitsunfähigkeit bedingt durch psychische Störungen. Im Jahr 1991 entfielen fünf Prozent der AU-Tage auf psychische Erkrankungen. Im Jahr 2000 waren es bereits über acht Prozent. Das entspricht einem Anstieg von 62,5 Prozent (vgl. Abb. 12). Bemerkenswert ist neben der stetigen Zunahme psychisch bedingter Arbeitsunfähigkeit - unabhängig von der Alters- und Geschlechterstruktur der Bevölkerung - die hohe fallbezogene Krankheitsdauer. Dauerte im Jahr 2000 ein Krankenhausfall im Mittel aller Diagnosen 10,3 Tage, waren es bei den psychischen Störungen 27,4 Tage (Abb. 13).

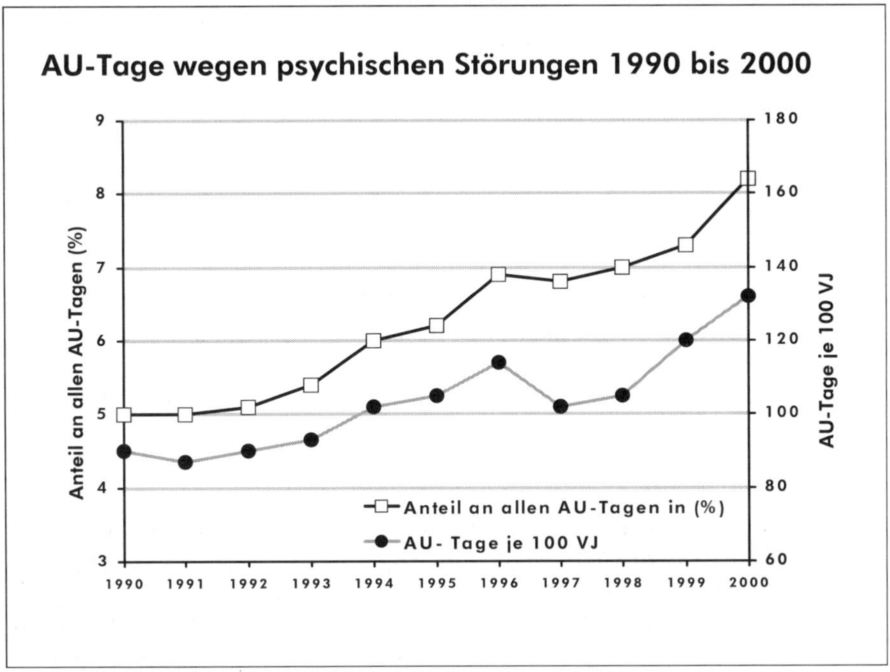

Abb. 12 AU-Tage wegen psychischer Störungen 1990 bis 2000, nach: GEK - Gmünder Ersatzkassen 2001

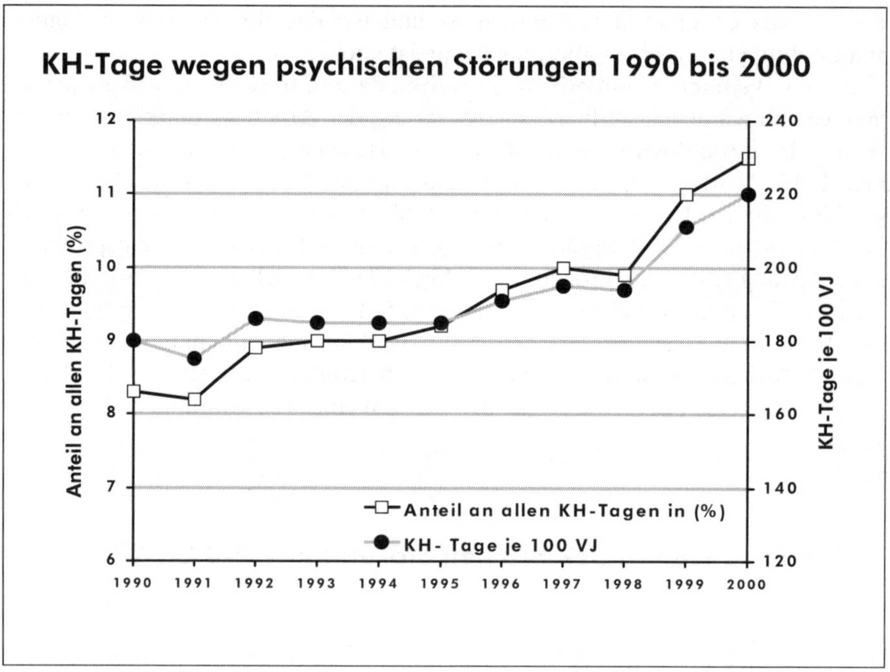

Abb. 13 Krankenhaustage wegen psychischer Störungen 1990 bis 2000, nach: GEK - Gmünder Ersatzkassen2001

Psychische Störungen sind damit in dieser Statistik - gemessen an der Verweildauer - für eine höhere Inanspruchnahme der Krankenhausleistungen verantwortlich als z.B. Krebserkrankungen. Da Unternehmen über ihre Beiträge zur gesetzlichen Krankenversicherung auch an der Finanzierung der Krankenversorgung mitbeteiligt sind, schlagen psychische Störungen doppelt als (verhinderbarer) Kostenfaktor zu Buche: über die Dauer der Arbeitsunfähigkeit und über die Behandlungskosten psychischer Störungen.

Durch Fusionen, Übernahmen, Restrukturierung und Virtualisierung erhöhen sich die Unsicherheiten, werden die Beziehungen zwischen Management und Betriebs- bzw. Personalrat, werden aber auch die Beziehungen zwischen Vorgesetzten und Mitarbeitern sowie zwischen den Mitarbeitern einer zunehmenden Zerreißprobe ausgesetzt. Unter Experten besteht weitgehend Konsensus darüber, dass die angesprochenen Veränderungen in der Wirtschaft, insbesondere den Zeitdruck erhöhen und zu einer erheblichen allgemeinen Verunsicherung beitragen (s. Abb. 14). Mittlerweile unbestritten sein dürfte, dass das psychische und soziale Leistungsvermögen für die Arbeit im 21. Jahrhundert von zentraler Bedeutung ist. Darauf haben sich Unternehmen, Verwaltungen und Dienstleistungsorganisationen noch längst nicht ausreichend eingestellt.

Abb. 14 enthält den Versuch einer Rekonstruktion möglicher Kausalzusammenhänge zwischen Globalisierung, Arbeitsbedingungen, Arbeitsverhalten sowie Gesundheit und wirtschaftlichem Erfolg von Unternehmen. Sie stützt sich auf die Vorlage eines finnischen Arbeitsmediziners (Rantanen 2001) und ist deshalb mehr vom pathogenetischen denn vom salutogenetischen Denken inspiriert. Dieses etwas düstere Bild des sozialen Wandels und seiner negativen Auswirkungen sollte nicht unseren Blick darauf verstellen, dass die Lebenserwartung in Deutschland und in anderen vergleichbaren Gesellschaften seit Beginn der Industrialisierung, als deren Verlängerung die Globalisierung verstanden werden kann, dramatisch angestiegen ist, was mit Rückgriff allein auf pathogenetische Theorien kaum überzeugend zu erklären sein dürfte.

Industrialisierung, organisierte Interessenvertretung der Beschäftigten, Demokratisierung, Verstädterung, Ausbau des Bildungswesens, Entwicklung des modernen Sozialstaates haben offenbar insgesamt zur Sinnhaftigkeit, Verstehbarkeit, Beeinfluss- und Berechenbarkeit sozialer Systeme, m.a.W. zu einer erheblichen Stärkung salutogener und Reduzierung pathogener Einflüsse beigetragen, die ihrerseits in einer verhältnismäßig kurzen Zeitspanne in Westeuropa, in den USA und jüngst insbesondere in Japan eine drastische Steigerung von Wohlbefinden, Lebensqualität und Lebensdauer bewirkt haben.

Abb. 14 Mögliche Folgen der Globalisierung, nach Rantanen 2001

Gleichwohl spricht sehr viel für die These, dass es bis heute in den meisten Unternehmen noch nicht gelungen ist, eine deutliche Verbesserung von Leistungskraft und Leistungsbereitschaft ihrer Mitarbeiterinnen und Mitarbeiter zu bewirken. Unternehmen stehen immer noch „auf einer primitiven Stufe der Evolution; sie entwickeln und nutzen nur einen Bruchteil ihrer Möglichkeiten" (de Geus 1998: 17; s.o. S. 7). Nach einer im September 2001 veröffentlichten Pressemitteilung der Gallup Organization sind nur 16 Prozent der Arbeitnehmer in Deutschland engagiert am Arbeitsplatz - im Vergleich zu 30 Prozent in den USA. Der von Gallup geschätzte gesamtwirtschaftliche Schaden dadurch beläuft sich auf weit über 430 Milliarden Mark. Dies bedeutet laut Gallup einen starken Wettbewerbsvorteil der USA gegenüber Deutschland. Der wichtigste Grund für das fehlende Engagement sei schlechtes Management: Arbeitnehmer wüssten nicht, was von ihnen erwartet wird, Vorgesetzte legten wenig Wert auf ihre Ansichten und Meinungen, und sie interessierten sich nicht für sie als Menschen.

Im Folgenden gilt es aufzuzeigen, wie diese Selbstblockierung betrieblicher Ressourcen aufgehoben und in einen Prozess anhaltender Mobilisierung des eigenen Sozial- und Humankapitals einer Organisation überführt werden kann.

Interventionsstrategien

Wie soll den angeführten Herausforderungen begegnet werden? Was heißt professionell durchgeführtes Betriebliches Gesundheitsmanagement in der Praxis? Welche Standards unterscheiden ein qualitativ hochwertiges Vorgehen von bloßem Gesundheitsaktionismus? Betriebliches Gesundheitsmanagement sollte ursachenorientiert, qualitätsgesichert und wirtschaftlich sein. Das heißt, es sollten nur Interventionen geplant und durchgeführt werden, die diesen drei Bewertungskriterien genügen. Gegenwärtig werden in den Betrieben zwei unterschiedliche Interventionskonzepte eingesetzt, die wir im Folgenden als maßnahmenorientierte Interventionsstrategie und organisationsbezogene Interventionsstrategie bezeichnen.

Maßnahmenorientierte Interventionsstrategie

Musterbeispiel für ein relativ konsequent maßnahmenbezogenes Vorgehen ist die von den Spitzenverbänden der Krankenkassen zur Umsetzung von § 20 Abs. 1 u. 2 SGB V vom Juni 2000 vorgeschlagene Interventionsstrategie (Spitzenverbände 2001). Mit dem § 20 SGB V haben die Krankenkassen einen erweiterten Handlungsrahmen in der „Betrieblichen Gesundheitsförderung" erhalten. Die Krankenkassen können danach den Arbeitsschutz ergänzende Maßnahmen der betrieblichen Gesundheitsförderung finanzieren bzw. selber durchführen, müssen sich dabei aber an die im zitierten Papier festgelegten Problemstellungen, Regeln und Kriterien halten. Als „prioritäre Handlungsfelder" werden dort - ohne vorangehende Bedarfs- und Ursachenanalyse (siehe S. 24 ff.) - bezeichnet:

- arbeitsbedingte körperliche Belastungen
- Betriebsverpflegung
- psychosozialer Stress
- Genuss- und Suchtmittelkonsum.

Als geeignete „Maßnahmen" zur Bekämpfung arbeitsbedingter körperlicher Belastungen werden z.B. genannt: Veränderungen des Bewegungsverhaltens, Optimierung der Arbeitsbedingungen, Stärkung des Problembewusstseins und der Eigenverantwortung, Stärkung der Selbstwirksamkeitsüberzeugung, Erhöhung der Arbeitszufriedenheit. Unter „Maßnahmen" werden dabei üblicherweise in sich abgeschlossene Leistungspakete verstanden. Sie reichen von einem Beratungsprogramm für Risikogruppen über Schulungen bis hin zur Einrichtung von Gesundheitszirkeln.

Dieser „Handlungsrahmen" ist ein großer Fortschritt gegenüber allem, was bisher von den Krankenkassen an Konzepten zur Gesundheitsförderung und Prävention am Arbeitsplatz entwickelt wurde. Er gibt Antworten auf die Frage, wie richtig etwas getan wird, nicht aber, ob das Richtige getan wird.. Zudem fehlt es an konkreten Hinweisen zu Umsetzung und Verankerung im Betrieb. Nicht Krankenkassen oder andere überbetrieblich Handelnde, sondern die Betriebe selbst sind die zentralen Akteure betrieblicher Gesundheitspolitik. Es gilt also, die Betriebe zu einer systematischen Selbstbeobachtung und wirksamen Intervention zu befähigen. „Handlungsfelder" und „Maßnahmen", wie sie von den Spitzenverbänden der Krankenkassen beschrieben werden, orientieren sich dabei immer noch am verhaltensmedizinischen Vorgehen (s. Kap. 1). Sie beziehen sich auf Krankheitsbilder und Risikofaktoren, orientieren sich an einer pathogenetischen Sichtweise mit einem klaren Schwerpunkt im Bereich der Verhaltensmodifikation. Dieses Interventionskonzept bedarf, mit Blick auf das bisher in diesem Buch Gesagte, einer Weiterentwicklung: von der Pathogenese zur Salutogenese, von einer personenbezogenen zu einer organisationsbezogenen Vorgehensweise.

Organisationsbezogene Interventionsstrategien

In den Anfängen der betrieblichen Gesundheitsförderung bestand eine große Unsicherheit über Ziele und Leistungen. Krankheitsorientierte Ansätze standen gesundheitsorientierten, verhaltensorientierte standen organisationsbezogenen gegenüber. Die Diskussion war geprägt von Rivalitäten zwischen Soziologen, Psychologen, Arbeitswissenschaftlern und Medizinern und von einem Ringen um Konzepte, Strategien und Prioritäten. Der von uns über Jahre hinweg erarbeitete Vorschlag ist ein gänzlich anderer, nämlich ein verfahrensorientierter. Unsere Suche richtet sich vordringlich nicht auf einzelne Probleme oder wirksame Einzelmaßnahmen, sondern auf ein verallgemeinerungs- und konsensfähiges Vorgehen.

Unsere beiden Ausgangsfragen lauteten:

- Tun wir das Richtige, m.a.W. was sind die Kernprozesse in der betrieblichen Gesundheitsförderung? und
- Wie richtig tun wir es, m.a.W. wie können wir die kunstgerechte Durchführung dieser Kernprozesse gewährleisten?

unabhängig davon, welche Probleme, von welcher Disziplin, in welcher Organisation und welche Maßnahmen im Einzelnen zur Diskussion stehen.

> Die hier und bereits im 1999 erschienenen Leitfaden angedachte Interventionsstrategie (Badura, Ritter, Scherf 1999) ist nicht maßnahmen-, sondern verfahrens- und organisationsbezogen. Nicht die „Modifikation von Verhalten“ oder das „Durchziehen“ einzelner Programme oder Projekte, sondern die Institutionalisierung, d.h. die feste Verankerung von Gesundheitsmanagement in den Betriebsroutinen und die Systematisierung der Vorgehensweise im Sinne eines sich kontinuierlich selbst beobachtenden, lernenden Systems stehen hier im Vordergrund.

Externe Akteure wie Krankenkassen oder Berufsgenossenschaften werden sich - so unsere Prognose - zukünftig auf die Befähigung und Beratung der Betriebe zur Implementierung eines so oder ähnlich vorgehenden Betrieblichen Gesundheitsmanagements konzentrieren, mit einem entsprechenden Wandel ihrer Interventionsstrategie. De facto gibt es heute bereits schon große Unterschiede zwischen den Kassenarten mit Blick auf Bedarfsgerechtigkeit, Qualität und Wirtschaftlichkeit der empfohlenen bzw. praktizierten Vorgehensweisen betrieblicher Gesundheitsförderung.

Ebenso wie für den Arzt gilt für den Gesundheitsexperten im Unternehmen: Ohne valide Diagnose keine wirksame Therapie. Auf den Bereich der betrieblichen Gesundheitsförderung übertragen heißt dies: Ohne valide Erfassung des Gesundheitszustandes der Beschäftigten und ohne Analyse der diesen Gesundheitszustand beeinflussenden Arbeits- und Organisationsbedingungen keine wirksame Intervention. Damit sind bereits zwei Kernprozesse betrieblicher Gesundheitsförderung angesprochen: Diagnose und Intervention. Dazwischen tritt als dritter Kernprozess die Interventionsplanung. So wie auch ein guter Arzt am Ende seiner Diagnose zur Planung einzelner Interventionsverfahren fortschreitet, tut dies auch der organisationsbezogen arbeitende Gesundheitsexperte. Allenthalben eingefordert und tatsächlich auch unverzichtbar, wenn auch häufig nicht ausreichend sachgerecht betrieben, ist schließlich viertens die Evaluation, insbesondere der Ergebnisse, aber auch der Strukturen und Prozesse.

Auf diese Weise ergeben sich aus unserer Sicht für die betriebliche Gesundheitsförderung die folgenden vier Kernprozesse:

1. Diagnose des Gesundheitszustandes der Beschäftigten und ihrer Arbeits- und Organisationsbedingungen
2. Interventionsplanung
3. Durchführung und Steuerung der Intervention
4. Evaluation

Der zyklisch-iterative Ablauf dieser vier Kernprozesse bildet den Kern betrieblicher Gesundheitsförderung. Ist dieses Vorgehen als Führungsaufgabe institutionalisiert und wird es kontinuierlich verbessert, sprechen wir nicht mehr von betrieblicher Gesundheitsförderung, sondern von Betrieblichem Gesundheitsmanagement.

Selbstverständlich werden im Rahmen so verstandenen Betrieblichen Gesundheitsmanagements auch verhaltensbezogene Maßnahmen (z.B. Rückenschulen, Bewegungsprogramme etc.) zum Einsatz kommen - allerdings stets wohlabgewogen bzw. in Kombination mit organisationsbezogenen Interventionen und stets abhängig von einer sorgfältigen Diagnose der zugrunde liegenden Problemstellung und verbunden mit einer möglichst ebenso sorgfältigen Evaluation der Prozesse und Ergebnisse. Maßnahmenorientierte Interventionsstrategien sind - so gesehen - ein möglicher Bestandteil von organisationsbezogenen Interventionsstrategien.

Mit der Identifizierung von vier Kernprozessen ist für uns die Frage: „Tun wir das Richtige?“ beantwortet. Als Weiteres stellt sich die Frage nach der Qualität dieser Kernprozesse bzw. nach der Zweckmäßigkeit und dem kunstgerechten Vorgehen bei ihrer Bewältigung. In der klinischen Medizin werden heute - mit Blick auf die Kernprozesse „Diagnostik“, „Indikationsstellung“ und „Therapie“ zwei unterschiedliche Ansätze verfolgt: die Qualitätsbeurteilung von Prozessen mit Hilfe von Standards oder Leitlinien und die Qualitätsbeurteilung ihrer Ergebnisse mit Hilfe eines Vergleichs von gesetzten Zielen (Soll) mit dem tatsächlich Erreichten (Ist). Beide Ansätze ergänzen einander.

Die Entwicklung von in Lehrbüchern erläuterten Standards oder Leitlinien ist eine unverzichtbare Voraussetzung professionellen Handelns, der sich auch das Betriebliche Gesundheitsmanagement stellen muss. Diese Einsicht war das Hauptmotiv, weshalb wir vor einigen Jahren begannen, uns mit der Entwicklung eines „Leitfadens für das Betriebliche Gesundheitsmanagement“ zu befassen. Die methodisch kunstgerechte Erstellung eines betrieblichen Gesundheitsberichtes zum Zwecke der Organisationsdiagnostik ist lehr- und lernbar. Lehr- und lernbar sind auch Wissensbestände und Regeln der Interventionsplanung, ist die Steuerung der Intervention und die Evaluation der Interventionsergebnisse. Nach unserer Erfahrung besteht hierzu in den Unternehmen, Verwaltungen und Dienstleistungseinrichtungen noch erheblicher Qualifizierungsbedarf: zur Beherrschung der notwendigen Instrumente und Vorgehensweisen, d.h. bei der professionellen Durchführung der einzelnen Kernprozesse.

Organisationsbezogene Interventionsstrategie meint keine „von außen“ in die Betriebe hineingetragenen Einzelprojekte mit begrenzten zeitlichen, personellen oder finanziellen Ressourcen, sondern weitestgehend vom Betrieb selbst zu generierende Prozesse, die es in laufende Routinen (z.B. Qualitätsmanagement oder Arbeits- und Gesundheitsschutz) zu integrieren gilt.

Die Implementierung und dauerhafte Verankerung eines Betrieblichen Gesundheitsmanagements ist ein längerfristiger Entwicklungsprozess. Zur Verdeutlichung einerseits der Systematik professionellen Vorgehens, andererseits der dabei stets möglichen Schwierigkeiten und Variationen haben wir einen zweifachen Weg gewählt. Der Leser erhält zunächst in Kapitel 2.2 eine eher systematisch gehaltene Darstellung der einzelnen Vorgehensweisen und Arbeitsschritte. Daran schließen sich in Kapitel 2.3 zwei Fallbeispiele an, die zeigen, welche Probleme bei der praktischen Realisierung auftreten können.

2.2 Vorgehensweisen und Erfolgsfaktoren

U. Walter

Universität Bielefeld, Fakultät für Gesundheitswissenschaften
School of Public Health
Postfach 10 01 31
33501 Bielefeld

Wie Unternehmen bei der Implementierung eines Betrieblichen Gesundheitsmanagements professionell, d.h. systematisch und zielorientiert vorgehen können, soll im Folgenden, unter Benennung zentraler Erfolgsfaktoren, beispielhaft beschrieben werden. In die Darstellung eingeflossen sind dabei vor allem die Erkenntnisse aus einem bundesweiten Modellprojekt im öffentlichen Sektor (Münch et al. 2002).[1] Eine tabellarische Zusammenstellung der zur Einführung von Betrieblichem Gesundheitsmanagement aus unserer Sicht relevanten Erfolgsfaktoren und Prüfpunkte findet sich am Ende dieses Kapitels.

Erfahrungen aus der Praxis zeigen, dass die Gründe zur Einführung eines Betrieblichen Gesundheitsmanagements im Einzelfall sehr unterschiedlich sein können. Oftmals erfolgt die Entscheidung vor dem Hintergrund erkannter Problemfelder und eines daraus resultierenden Handlungsdrucks. Andere Unternehmensbeispiele machen deutlich, dass auch eine vorausschauende, präventive Perspektive das handlungsleitende Motiv darstellen kann.

Im Vordergrund stehen häufig folgende Themen:

- Qualität verbessern,
- Innovationsbereitschaft erhöhen,
- Schnittstellengestaltung optimieren,
- Kommunikation und Kooperation verbessern,
- Wohlbefinden, Arbeitszufriedenheit und Motivation erhöhen
- Fehlzeiten und damit verbundene (Personal-) Kosten reduzieren,
- Innere Kündigung und Fluktuation vermindern.

---

[1] Bei dem Projekt handelt es sich um ein Modellprojekt der Gewerkschaft ver.di (ursprünglich ötv) mit dem Titel „Effiziente Organisations- und Führungsformen - ein integratives Projekt zur betrieblichen Gesundheitsförderung“ (1999-2002). Wissenschaftlich begleitet wurde das Projekt durch die Universität Bielefeld, Fakultät für Gesundheitswissenschaften (Prof. Bernhard Badura) im Auftrag der Hans-Böckler-Stiftung. An dem Projekt haben vier Modellbetriebe aus dem öffentlichen Sektor teilgenommen - zwei Kliniken, ein Altenpflegeheim und ein Verkehrsbetrieb. Primäres Ziel des Projektes war die Implementierung und dauerhafte Verankerung eines Betrieblichen Gesundheitsmanagements.

Die Initialzündung zur Einführung von Betrieblichem Gesundheitsmanagement geht zumeist von Betriebs- bzw. Personalräten, Personalverantwortlichen oder Gesundheitsexperten aus. Zumindest sind diese Akteure in der Regel maßgeblich an den Entscheidungsprozessen beteiligt.

Geplant und realisiert wird die Einführung des Gesundheitsmanagements in vielen Unternehmen in Form eines Projektes: erstens weil für ein derart innovatives und komplexes Vorhaben die Bündelung unterschiedlicher interner und externer Kompetenzen erforderlich ist. Für den Erfolg des Gesundheitsmanagements müssen nicht nur relevante innerbetriebliche Akteure abteilungs- und hierarchieübergreifend zusammengeführt werden, sondern ist häufig auch das Know-how überbetrieblicher Experten und Berater erforderlich. Und zweitens weil ein Projekt die Chance bietet, den Implementierungsprozess abseits vom täglichen Routinegeschäft hoch effizient und zielorientiert zu gestalten.

Von zentraler Bedeutung ist hierbei, die Einführung von Betrieblichem Gesundheitsmanagement nicht als einmalige, auf die Projektlaufzeit befristete Maßnahme zu betrachten, sondern vielmehr als Einstieg in einen längerfristig angelegten Lern- und Entwicklungsprozess.

Wie dies gewährleistet werden kann, hängt ab von den konkreten Bedingungen „vor Ort", wie beispielsweise der Größe des Unternehmens, den Beziehungen zwischen Management, Arbeitnehmervertretung und der Belegschaft, der Unternehmenskultur, den Erfahrungen mit Projektmanagement, den im Unternehmen vorhandenen oder von außen herangezogenen Kompetenzen. Ein mögliches Vorgehen wird im Folgenden exemplarisch dargestellt.

Ziele und anzustrebende Ergebnisse

Bei der Implementierung von Betrieblichem Gesundheitsmanagement sind vier aufeinander aufbauende Teilziele zu verfolgen:

1. Entwicklung und dauerhafte Verankerung des Managementsystems,
2. Stärkung des Sozial- und Humankapitals,
3. Verbesserung von Wohlbefinden und Gesundheit,
4. Steigerung von Produktivität, Qualität und Wirtschaftlichkeit.

Entwicklung und Verankerung des Managementsystems

Zur Entwicklung und Verankerung eines wirksamen Gesundheitsmanagementsystems bedarf es erstens einer Reihe betriebspolitischer Voraussetzungen sowie struktureller und planerischer Rahmenbedingungen, zweitens der professionellen Durchführung der vier Kernprozesse Diagnose, Interventionsplanung, Intervention und Evaluation und drittens der Integration der entsprechenden Strukturen und Prozesse in die betrieblichen Routinen.

Die wichtigste betriebspolitische Vorraussetzung für den nachhaltigen Erfolg von Betrieblichem Gesundheitsmanagement ist das ernsthafte „Wollen" der obersten Führungsebene. Betriebliches Gesundheitsmanagement kann seine Wirksamkeit nur dann voll entfalten, wenn es vom Top-Management als Führungsaufgabe erkannt und, in gemeinsamer Verantwortung mit der Arbeitnehmervertretung, dauerhaft im Unternehmen verantwortet wird (s.u.).

Stärkung des Sozial- und Humankapitals

Die zum Aufbau und zur Durchführung des Gesundheitsmanagements bereitgestellten Investitionen sollten sich möglichst rasch „auszahlen": in einem Zuwachs an Vertrauen, einer partnerschaftlicheren Unternehmenskultur, in verbesserter Zusammenarbeit und in einer verbesserten Qualifikation, auch zur Akzeptanzsteigerung und Unterstützung der laufenden Arbeit.

Erreicht werden können diese Effekte durch die Förderung persönlicher Gesundheitspotenziale (Befähigung, gesundheitsförderliches Verhalten), vor allem aber durch Investitionen in das Sozialkapital, d.h. eine gesundheitsförderliche Arbeits- und Organisationsgestaltung (s. S. 48 ff. Führung, Sozialkapital und Gesundheit).

Verbesserung von Wohlbefinden und Gesundheit

An oberster Stelle des Betrieblichen Gesundheitsmanagements steht die Steigerung von Wohlbefinden und Gesundheit der Beschäftigten. Arbeitszufriedenheit, Motivation und Leistungsfähigkeit der Mitarbeiter hängen maßgeblich ab von deren Gesundheit und Wohlbefinden. Damit dient das dritte Teilziel zugleich den Betriebsergebnissen und der Wettbewerbsfähigkeit der Unternehmen.

Zu den anzustrebenden Ergebnissen dieses Teilziels zählen nachweislich positive Effekte z.B. im körperlichen und psychosozialen Wohlbefinden, im Selbstwertgefühl, in der Arbeitszufriedenheit oder in reduzierten Werten bei den Risikofaktoren (z.B. Übergewicht, Bluthochdruck).

Steigerung von Produktivität, Qualität und Wirtschaftlichkeit

Das vierte Teilziel des Betrieblichen Gesundheitsmanagements sollte das Resultat der erfolgreichen Realisierung der drei zuvor genannten Teilziele sein. Veränderte Rahmenbedingungen und zunehmender Wettbewerbsdruck führen dazu, dass Investitionen in das Sozialkapital mit anderen Unternehmenszielen in besonderer Weise konkurrieren. Zur Legitimation von Betrieblichem Gesundheitsmanagement bedarf es daher nicht nur nachweislich positiver Effekte auf der Mitarbeiterebene, sondern mittel- bis langfristig auch betriebswirtschaftlicher Erfolge, die zur Wettbewerbsfähigkeit und Existenzsicherung der Unternehmen beitragen. Angestrebte Ergebnisse des Betrieblichen Gesundheitsmanagements beziehen sich daher auch auf die Verbesserung des Arbeitsverhaltens und der Produktivität, die Steigerung der Qualität von Produkten und Dienstleistungen (Kundenorientierung) sowie die Senkung von Kosten.

Die Betriebe im eingangs erwähnten Modellprojekt verfolgten in erster Linie folgende Ziele:

- Entwicklung einer partnerschaftlicheren Unternehmenskultur,
- Förderung eines kooperativen Führungsstils,
- Optimierung der Aufbau- und Ablauforganisation,
- Verbesserung von Kooperation und Kommunikation,
- Steigerung von Wohlbefinden und Gesundheit,
- Steigerung von Arbeitszufriedenheit und Motivation,
- Reduzierung von Fehlzeiten und damit verbundener (Personal-)Kosten,
- Steigerung der Wirtschaftlichkeit und Wettbewerbsfähigkeit.

Betriebspolitische Voraussetzungen

Wahrnehmung von Betrieblichem Gesundheitsmanagement als Führungsaufgabe

Unabdingbare Vorraussetzung zur Einrichtung und dauerhaften Durchführung eines Betrieblichen Gesundheitsmanagements ist die ausdrückliche und nachhaltige Unterstützung und Begleitung durch das Top-Management, in Kooperation mit dem Betriebs- bzw. Personalrat. Dies geschieht am überzeugendsten durch Investitionsbereitschaft, durch schriftliche Rahmenregelungen, wie z.B. eine Betriebsvereinbarung, und durch die Einrichtung eines zentralen Steuerungsgremiums für das Betriebliche Gesundheitsmanagement (vgl. dazu Kap.6 Anhang).

Investitionsbereitschaft

Das glaubhafte Wollen und die aktive Unterstützung des Betrieblichen Gesundheitsmanagements durch das Top-Management bemisst sich zuallererst an dessen Investitionsbereitschaft. Ohne ausreichende Ressourcen wird das Gesundheitsmanagement auf nur geringe Akzeptanz und Glaubwürdigkeit bei den Mitarbeitern stoßen und auf Dauer nicht zum gewünschten Erfolg führen.

Bereitzustellen sind vor allem finanzielle, personelle und zeitliche Ressourcen aber auch räumliche, technische und infrastrukturelle Ressourcen. Im Rahmen der Ressourcenfrage ist auch der Finanzierungsmodus zu klären, d.h. ob die anfallenden Kosten dem laufenden Haushalt entnommen werden oder für Betriebliches Gesundheitsmanagement ein eigenes Budget eingerichtet wird. Letzteres ist unseren Erfahrungen zufolge der erfolgversprechendere Weg.

Schriftliche Rahmenregelungen

Um die Einführung und dauerhafte Verankerung des Betrieblichen Gesundheitsmanagements im Unternehmen auf eine verbindliche Basis zustellen, bedarf es schriftlicher Verträge und Vereinbarungen. Von entscheidender Bedeutung ist der Abschluss einer Betriebs- bzw. Dienstvereinbarung zwischen Top-Management und Betriebs- bzw. Personalrat. Die Vereinbarung fixiert die zwischen den beiden zentralen betriebspolitischen Akteuren abgestimmten Grundsätze, Ziele und Vorgehensweisen. Sie sollte zudem Aufgaben, Kompetenzen und Verantwortung der einzurichtenden Gremien (z.B. Arbeitskreis Gesundheit) festschreiben. Die Betriebsvereinbarung kann auch dazu beitragen, die Integration entwickelter Strukturen und Prozesse in die betrieblichen Routinen nachhaltig zu sichern (s. S. 337 ff).

Neben der Betriebs- bzw. Dienstvereinbarung sind je nach unternehmensspezifischer Situation und Vorgehensweise weitere Rahmenregelungen von Bedeutung. Dazu zählt vor allem der vom Auftraggeber an die Projektleitung zu erteilende Projektauftrag. In diesem Auftrag werden Projektorganisation, Zielsetzung, Aufgabenstellung und zu erarbeitende Ergebnisse fixiert. Des weiteren gibt der Projektauftrag Auskunft über beteiligte Organisationseinheiten sowie zur Verfügung gestellte Personal- und Sachmittel (s. S. 343 ff.).

Das Steuerungsgremium - „Motor" des Betrieblichen Gesundheitsmanagements

Ein sicherlich ebenso wichtiger Schritt zur Institutionalisierung des Betrieblichen Gesundheitsmanagements ist - zumindest in Groß- und Mittelbetrieben - die Einrichtung eines Steuerungsgremiums, z.B. in Form eines Arbeitskreises Gesundheit oder eines Projektlenkungsausschusses, als dem „Motor", d.h. der treibenden Kraft betrieblicher Gesundheitspolitik. In diesem Gremium fallen die zentralen Entscheidungen über Prioritäten, darüber, welche Initiativen ergriffen, was in welcher Reihenfolge und von wem gemacht werden soll. Hier ist regelmäßig Rückmeldung zu geben, wie der Stand der laufenden Aktivitäten ist, welche (Zwischen-) Ergebnisse vorliegen, und hier werden bezogen auf die Verbesserung von Gesundheit und Wohlbefinden der Beschäftigten wesentliche Empfehlungen an das Top-Management erarbeitet.

Bei der Einrichtung des Steuerungsgremiums sind nach Möglichkeit Synergien mit bereits bestehenden, thematisch relevanten Gremien und Arbeitskreisen, wie z.B. dem Arbeitsschutzausschuss, zu nutzen.

Umfang und personelle Besetzung des Gremiums hängen von den konkreten betrieblichen Voraussetzungen ab, insbesondere von der Betriebsgröße und der Bedeutung, die dem Betrieblichen Gesundheitsmanagement von Führungskräften, Experten und Beschäftigten zugesprochen wird. Wesentlich dabei wird sein, welches Interesse Betriebs- bzw. Personalräte als die zentralen Vertreter der Mitarbeiterbelange dem Betrieblichen Gesundheitsmanagement entgegenbringen, wie aufgeschlossen die Arbeitsmedizin und die übrigen im

Unternehmen vertretenen Gesundheitsexperten dem Thema gegenüber sind und wie gut für Maßnahmen bei den Beschäftigten geworben wird.

Seiner Bedeutung entsprechend sollten dem Steuerungsgremium angehören: ein Mitglied der Geschäftsführung, ein Vertreter des Betriebs- bzw. Personalrats (im Idealfall der Vorsitzende), die betrieblichen Gesundheitsexperten sowie Vertreter aus den Bereichen Organisations- bzw. Personalentwicklung und Qualitätsmanagement. Einzubeziehen sind bei Bedarf weitere innerbetrieblich relevante Akteure, z.B. Führungskräfte und Mitarbeiter betroffener Abteilungen, sowie externe Experten und Berater. Für eine erfolgreiche Praxis als unverzichtbar gilt nach unserer Erfahrung die Verpflichtung einer externen Prozessbegleitung zur Moderation und laufenden Beratung des angestoßenen Entwicklungsprozesses (s.u.).

Das Steuerungsgremium arbeitet nach einer Geschäftsordnung, entscheidet mit Mehrheit und im Rahmen klar definierter Kompetenzen. Es sollte über ein eigenes Budget verfügen und über dessen Verwendung selbständig entscheiden können.

Der Auftrag des Steuerungsgremiums lautet im Einzelnen:

1. regelmäßig Bericht zu erstatten über den gesundheitlichen Zustand der Beschäftigten, über zukünftige Herausforderungen und entsprechende Handlungsbedarfe. Das wichtigste Instrument dafür ist ein periodisch zu erstellender Gesundheitsbericht,
2. Prioritäten zu setzen auf der Basis einer validen Organisationsdiagnose und entsprechende Initiativen zu ergreifen,
3. bedarfsgerechte Interventionen zu entwickeln und zu verabschieden zur Verminderung gesundheitlicher Risiken und Erschließung von Gesundheitspotenzialen, inklusive der dafür erforderlichen Ressourcen und Zuständigkeiten,
4. sich über den Fortgang der einzelnen Aktivitäten oder Maßnahmen regelmäßig Bericht erstatten zu lassen,
5. das Top-Management und den Betriebs- bzw. Personalrat in Sachen Gesundheit und Wohlbefinden der Beschäftigten zu unterrichten und zu beraten.

Wie jedes andere betriebliche Gremium ist das Steuerungsgremium für den Erfolg seiner Arbeit auf hohe Glaubwürdigkeit und Akzeptanz beim Management und bei den Mitarbeitern angewiesen. Glaubwürdigkeit und Akzeptanz hängen in der Regel von zweierlei ab: von der sichtbaren Unabhängigkeit des Gremiums und von der Sachbezogenheit seiner Arbeit.

Eine weitere wichtige Voraussetzung für den Erfolg der Arbeit ist eine ausreichende Schulung, Beratung und Qualifizierung seiner Mitglieder. Ziele, Aufgaben und Instrumente des Betrieblichen Gesundheitsmanagements beinhalten eine Innovation, für die die zuständigen Akteure ausreichend vorbereitet werden müssen, um Anlaufschwierigkeiten zu vermeiden und um möglichst rasch ein hohes Niveau an Professionalität zu erreichen.

Damit die Arbeitsfähigkeit zur Verfolgung der genannten Ziele gewährleistet ist, sollte das Steuerungsgremium Aufträge an speziell einzurichtende Projektteams oder Arbeitsgruppen (s.u.) erteilen und von ihnen laufend Rückmeldung über (Zwischen-) Ergebnisse erhalten. Das Steuerungsgremium benötigt als politisches Entscheidungsgremium m.a.W. eine operative Infrastruktur (s. Abschn. „Festlegung von Zuständigkeiten“).

Zur Bearbeitung von Aufträgen des Steuerungsgremiums durch Projektteams ist die Fähigkeit zum Projektmanagement eine zentrale qualifikatorische Voraussetzung. Akzeptanz bei den Beschäftigten und eine intensive interne und externe Vernetzung des Betrieblichen Gesundheitsmanagements sind weitere Erfolgsbedingungen.

Die hier angesprochenen betriebspolitischen Voraussetzungen werden allerdings nur in größeren Unternehmen lohnend sein. Kleineren Unternehmen muss mit überbetrieblichen Ansätzen (Kampagnen) oder branchenbezogenen Vorgehensweisen geholfen werden. Hier wird auch zukünftig weiter ein Schwerpunkt für die extern unterstützende Arbeit von Kassen und Berufsgenossenschaften liegen.

Im Modellprojekt waren aufgrund einer Kooperationsvereinbarung zwischen den Modellbetrieben und dem Projektträger ver.di eine Reihe betriebspolitischer Rahmenregelungen vorgegeben:

- Top-Management und Arbeitnehmervertretung als gemeinsame Auftraggeber im Projekt,
- Abschluss einer Betriebsvereinbarung (s. S. 337 ff.),
- Formulierung eines Projektauftrags,
- Einrichtung eines Projektlenkungsausschusses mit einer entsprechenden Geschäftsordnung (s. S. 343 ff.),
- Partizipation der Beschäftigten aus den Interventionseinheiten,
- Einbindung externer Experten (Vertreter der Krankenkasse, Berufsgenossenschaft und Gewerkschaft).

Strukturelle und planerische Rahmenbedingungen

Die erfolgreiche Implementierung von Betrieblichem Gesundheitsmanagement bemisst sich neben betriebspolitischer Voraussetzungen auch an einer Reihe struktureller und planerischer Rahmenbedingungen.

Zieldefinition

Damit Betriebliches Gesundheitsmanagement zu den gewünschten Ergebnissen führt, bedarf es einer konkreten und überprüfbaren inhaltlichen Zielsetzung. Beschlossene Ziele sind Richtschnur und Maßstab für alle nachfolgenden Arbeitsschritte und zugleich notwendige Voraussetzung für die spätere Erfolgsbewertung. Mit der Festlegung von Zielen werden somit bereits zu Beginn entscheidende Weichen für den weiteren Implementierungsprozess gestellt.

Projektziele sollten grundsätzlich:

- anspruchsvoll,
- realistisch,
- operational, d.h. messbar und
- widerspruchsfrei sein.

Idealerweise werden bereits in einer frühen Phase präzise inhaltliche Ziele formuliert und schriftlich festgehalten. Die Erfahrungen aus der Praxis zeigen jedoch, dass gerade am Anfang häufig noch keine ausreichende Präzisierung der Ziele möglich ist. Dies ist dann in jedem Fall im Rahmen der konkreten Planung nachzuholen.

Auch im Modellprojekt wurden von den Betrieben zunächst - abgesehen von eher allgemein formulierten Zielen (s.o.) - keine konkreten und überprüfbaren Projektziele (und Meilensteine) definiert; entsprechend war eine Nachsteuerung zu einem späteren Zeitpunkt erforderlich.

Eine hilfreiche Methode bei der Zielformulierung stellt die Zielhierarchie dar. Damit werden die zuvor noch ungeordneten Ziele hierarchisch strukturiert, ausgehend von übergeordneten Globalzielen hin zu operationalen, d.h. messbaren Teilzielen. Für jedes Teilziel wiederum sind Inhalt (Was soll erreicht werden?), Ausmaß (Wie genau soll das Ziel erreicht werden?) und Zeitpunkt (bis wann ist das Ziel zu erreichen?) konkret zu formulieren und nach Möglichkeit ebenfalls schriftlich festzuhalten. Beispiele für Zielformulierungen:

- So nicht: Die Gesundheitsquote in unserem Betrieb soll erhöht werden.
- Sondern: Die Gesundheitsquote in der Abteilung XY soll bis zum 31. Dezember des folgenden Jahres um einen Prozentpunkt erhöht werden.

Festlegung von Zuständigkeiten

Zur Institutionalisierung des Betrieblichen Gesundheitsmanagements ist neben der Einrichtung eines Steuerungsgremiums (s.o.) die Festlegung weiterer Verantwortlichkeiten und Zuständigkeiten erforderlich. Zentrale innerbetriebliche Aufgabenträger sind eine verantwortlich benannte Person für das Gesundheitsmanagement sowie Projektteams bzw. Arbeitsgruppen zur Bearbeitung von Aufträgen des Steuerungsgremiums. Je nach spezifischer Situation des Unternehmens kann zudem die Einbindung externer Kompetenz notwendig sein.

Beauftragter für Betriebliches Gesundheitsmanagement

Erfolg oder Misserfolg des Betrieblichen Gesundheitsmanagements hängen maßgeblich ab von der im Unternehmen für das Thema verantwortlich eingesetzten Person. Diese Person ist Bindeglied zwischen Top-Management, Steuerungsgremium, Projektteams sowie den Führungskräften und Mitarbeitern betroffener Organisationseinheiten. Übernimmt im Rahmen des Implementierungsprozesses zunächst eine Projektleitung diese Funktion, ist frühzeitig zu klären, wer im Unternehmen diese Rolle nach Abschluss des Projektes dauerhaft übernehmen kann.

Primäre Aufgaben sind:

- regelmäßige Überprüfung der Zielsetzung und der gewählten Vorgehensweise,
- Terminplanung und -koordination (z.B. Treffen des Steuerungsgremiums),
- Delegation, Koordination und Steuerung von Teilaufgaben,
- Kosten-, Leistungs- und Qualitätskontrolle,
- Sicherstellen des Informationsaustausches und der Dokumentation,
- Vorbereiten und Herbeiführen von Entscheidungen,
- Planung, Koordination und Steuerung des Gesamtvorhabens,
- Berücksichtigung neuer Entwicklungen,
- regelmäßige Berichterstattung gegenüber dem Top-Management, dem Betriebs- bzw. Personalrat sowie dem Steuerungsgremium.

Um den Anforderungen gerecht zu werden, muss die verantwortliche Person über vielfältige Kompetenzen verfügen. Dazu gehört zum einen fachlich-methodisches Know-how, d.h. Fachwissen zum Thema Gesundheitsmanagement und Projektmanagementkenntnisse. Erforderlich sind aber vor allem auch persönliche Kompetenzen, d.h. Engagement, Eigeninitiative, Durchsetzungsvermögen, Belastbarkeit, sowie soziale Kompetenzen, d.h. Fähigkeiten zur Kommunikation, Zusammenarbeit und Konfliktlösung.

Für eine erfolgreiche Arbeit der Projektleitung bedarf es darüber hinaus der uneingeschränkten Unterstützung durch das Top-Management. Die Unterstützung bemisst sich in erster Linie an der Bereitstellung ausreichender Ressourcen (zeitlich, finanziell, technisch) zur Bewältigung der Aufgaben.

Im Modellprojekt wurden in allen Modellbetrieben eine Projektleitung und eine stellvertretende Projektleitung eingesetzt. Dabei hat sich gezeigt, dass die Projektleitung neben den angesprochenen Kompetenzen vor allem ausreichende zeitliche Ressourcen benötigt, um ihre Aufgaben im Betrieblichen Gesundheitsmanagement adäquat zu bewältigen. In einem Modellbetrieb wurde zur Unterstützung der Projektleitung ein Projektbüro mit einer zusätzlichen Vollzeitstelle eingerichtet; dies hat sich im Projektverlauf als äußerst hilfreich und effizient erwiesen.

Schließlich - auch dies haben die Erfahrungen gezeigt - kann es für die Implementierung des Betrieblichen Gesundheitsmanagements hilfreich sein, zusätzliche Promotoren im Sinne von „Kümmerern“ oder „Paten“ zu benennen. Diese Rolle können beispielsweise einzelne Mitglieder des Steuerungsgremiums übernehmen.

Projektteams

In der Regel wird die Bearbeitung konkreter Aufgaben des Steuerungsgremiums durch dazu eingerichtete Projektteams oder Arbeitsgruppen erfolgen.

Aufgabe der Projektteams ist:

- die Bearbeitung inhaltlich und zeitlich begrenzter Aufgaben bzw. Fragestellungen,
- die Erarbeitung von Ergebnissen bzw. Lösungsvorschlägen und ggf. die Vorbereitung von Entscheidungen.

Die Projektteams berichten dem Steuerungsgremium regelmäßig über Vorgehensweisen und erzielte Ergebnisse. Ein arbeitsfähiges Team sollte in der Regel aus nicht mehr als fünf bis sieben Mitgliedern bestehen, um eine gute Kommunikation und Kooperation zu gewährleisten. Zur Bearbeitung komplexer Aufgabenstellungen ist ggf. die Einrichtung mehrerer, zeitgleich arbeitender Projektteams erforderlich.

Prozessbegleitung

Bei der Implementierung von Betrieblichem Gesundheitsmanagement ist die Einbindung einer externen Prozessbegleitung dringend zu empfehlen. Dazu ist es erforderlich, dass sich die verantwortlichen betrieblichen Akteure bei der Auswahl auf gemeinsame Kriterien hinsichtlich Art und Umfang der erwarteten Leistungen und der erforderlichen Kompetenzen verständigen.

In der Praxis hat es sich als sinnvoll erwiesen, besonderen Wert auf die Beratungskompetenz der Prozessbegleitung zu legen. Für die gesamte Vorbereitung, Planung, Koordination und Steuerung des Implementierungsprozesses ist eine aktive Beratung und Unterstützung der handelnden Akteure und Gremien als sehr förderlich anzusehen.

Eine weitere Aufgabe der Prozessbegleitung besteht in der Moderation der Sitzungen des Steuerungsgremiums. Aufgabe der Moderation ist es, alle Akteure in die Diskussionsprozesse einzubinden sowie mögliche Konflikte aufzuzeigen und zu deren konstruktiven Lösung beizutragen. Darüber hinaus sollten im Rahmen der Sitzungen Lernprozesse angestoßen und gefördert sowie Hinweise auf mögliche kritische Entwicklungen im laufenden Prozess gegeben werden.

Schließlich kann die Begleitung und Unterstützung konkreter Maßnahmen und Aktivitäten des Gesundheitsmanagements Auftragsgegenstand der Prozessbegleitung sein. Dazu gehören beispielsweise: die Moderation von Gesundheits- bzw. Qualitätszirkeln, die Durchführung von Workshops, Supervision, Coaching von Führungskräften, sonstige Qualifizierungsmaßnahmen. Für den Fall, dass die externe Prozessbegleitung zeitgleich in verschiedenen Projekten im selben Unternehmen tätig ist, ist darauf zu achten, dass es aufgrund der Doppelfunktion nicht zu Rollenkonflikten oder Akzeptanzproblemen kommt.

Im Modellprojekt war die Einbindung einer externen Prozessbegleitung Bestandteil des bereits erwähnten Kooperationsvertrages zwischen den Modellbetrieben und dem Projektträger ver.di und somit Voraussetzung zur Projektteilnahme. Die Aufgabe der Prozessbegleitung bestand einerseits in der Moderation der Sitzungen des Projektlenkungsausschusses und andererseits in der Beratung und Unterstützung der Projektleitung bei der Planung, Koordination und Steuerung des Gesamtprojektes (s. S. 343 ff.).

Auswahl von Organisationseinheiten

Bei der Implementierung des Betrieblichen Gesundheitsmanagements ist von den verantwortlichen Akteure zu klären, ob gesundheitsförderliche Maßnahmen und Aktivitäten von Beginn an im gesamten Unternehmen oder zunächst modellhaft in ausgewählten Unternehmensteilen oder Abteilungen durchgeführt werden sollen.

Bei der Auswahl von Pilotbereichen können wiederum unterschiedliche Motive handlungsleitend sein: Je nach individueller Situation vor Ort kann ein vergleichsweise hoher Handlungsdruck (z.B. hohe Arbeitsanforderungen bzw. Belastungen, Schnittstellenprobleme, hohe Fehlzeiten etc.), aber auch eine eher niedrige Problemlage mit entscheidend für die Wahl sein. Beispielsweise kann die Frage der Erfolgschance dazu Anlass geben, zunächst in einem „unproblematischeren" Bereich zu starten und erst im zweiten Schritt einen Bereich mit einer deutlicheren Problemlage auszuwählen. Weitere Einflussgrößen können sein: die Größe und Zusammensetzung der Abteilung, die Bedeutung der Abteilung innerhalb des Unternehmens sowie die spätere Möglichkeit des Transfers von Erfahrungen und Erkenntnissen in andere Abteilungen bzw. Unternehmensbereiche.

Wesentlich für den Erfolg des Betrieblichen Gesundheitsmanagements - dies zeigen auch die Erfahrungen aus den Modellbetrieben - ist in jedem Fall das Interesse und die Aufgeschlossenheit der betroffenen Führungskräfte und Mitarbeiter gegenüber einem solchen Vorhaben. Das schließt auch ihre Bereitschaft ein, sich an konkreten Maßnahmen und Aktivitäten zu beteiligen. Bereits vorhandene Erfahrungen mit Projektarbeit können sich ebenfalls als vorteilhaft erweisen.

Vernetzung mit anderen Managementansätzen

Bereits in einer frühen Phase des Implementierungsprozesses empfiehlt es sich zu prüfen, ob und in welcher Art und Weise eine Vernetzung des Betrieblichen Gesundheitsmanagements mit anderen Managementansätzen und Führungsinstrumenten im Unternehmen möglich ist. Dies ist einerseits geboten, um Ressourcen zu schonen, unnötige Doppelstrukturen zu vermeiden sowie eine stärkere inhaltliche Abhängigkeit herzustellen und somit mögliche Synergieeffekte zu nutzen. Darüber hinaus wird durch ein solches Vorgehen die dauerhafte Verankerung des Betrieblichen Gesundheitsmanagements in die betrieblichen Routinen unterstützt.

Den bisherigen Erfahrungen zufolge bietet sich eine Vernetzung des Betrieblichen Gesundheitsmanagements mit folgenden Managementsystemen und Führungsinstrumenten an:

- Arbeitsschutzmanagement-Systemen,
- Qualitätsmanagementsystemen (z.B. EFQM, TQM, KVP, ISO 2001),
- Steuerungsmodellen (z.B. Balanced Scorecard),
- Führungsinstrumenten (z.B. Zielvereinbarungen, Feedbacksysteme).

Um eine entsprechende Vernetzung zu gewährleisten sind alle übergeordneten Aktivitäten, Querschnitts- und Sonderaufgaben verantwortlich zu koordinieren und zu steuern. Diese Koordinations- und Steuerfunktion sollte entweder vom Arbeitskreis Gesundheit, oder aber von einem anderen entscheidungskompetenten Gremium im Unternehmen übernommen werden. In einem Betrieb des Modellprojektes wurde diese Aufgabe beispielsweise der übergeordneten Abteilungsleiterkonferenz übertragen.

Planung und Steuerung

Systematisches und zielorientiertes Vorgehen im Betrieblichen Gesundheitsmanagement erfordert eine sorgfältige Planung. Dies gilt sowohl für den gesamten Implementierungsprozess als auch für die Planung wirksamer Interventionen (s.u. Durchführung der Kernprozesse). Die Planung dient dazu, das zukünftige Handeln zu durchdenken und alle zur Zielerreichung notwendigen Aktivitäten zu ermitteln. Ziel der Planung ist es, möglichst realistische Soll-Vorgaben zu entwickeln hinsichtlich zu erledigender Aufgaben und Arbeitsschritte, einzuhaltender Termine, erforderlicher Ressourcen und anfallender Kosten. Verantwortlich für die Planung ist die beauftragte Person für Betriebliches Gesundheitsmanagement in Kooperation mit dem Steuerungsgremium. Für weitere Details verweisen wir an dieser Stelle auf den Abschn. Projektmanagement (S. 191 ff.) im Kap. 4 Methoden, Instrumente, Verfahren.

Neben einer sorgfältigen Planung bedarf es im Betrieblichen Gesundheitsmanagement auch der aktiven und kontinuierlichen Steuerung aller durchgeführten Aktivitäten. Aufgabe der Steuerung ist es, Abweichungen zwischen Planung und tatsächlichem Verlauf rechtzeitig zu erkennen und mit geeigneten Maßnahmen gegenzusteuern. Die Steuerung dient mit anderen Worten dazu, einen permanenten Ist-Soll-Abgleich vorzunehmen und ggf. erforderliche Korrekturen durchzuführen. Besonderes Augenmerk sollte dabei auf der Überwachung geplanter Termine, Kosten und Mitarbeiterressourcen liegen.

Die Steuerung erfolgt in Form eines Regelkreises: Treten Abweichungen zwischen dem tatsächlichen Ist und dem geplanten Soll auf, so sind die dafür in Frage kommenden Ursachen zu analysieren, zu bewerten und anschließend korrigierende Maßnahmen einzuleiten. Die dadurch eintretenden Veränderungen sind wiederum zu beobachten, und anhand eines erneuten Ist-Soll-Vergleichs ist zu prüfen, ob die Korrekturmaßnahmen zu dem gewünschten Effekt geführt haben. Ist dies nicht der Fall, schließt sich eine erneute Ursachenanalyse an, und der Kreislauf beginnt von vorn. In aller Regel gilt: Je früher Abweichungen erkannt werden, um so einfacher und wirkungsvoller lassen sie sich beheben.

Als mögliche Ursachen für Abweichungen kommen in erster Linie infrage: Planungsfehler, wie z.B. größerer Arbeitsumfang als angenommen, oder komplexere Themenstellung als erwartet sowie Mängel bzw. Fehler in der konkreten Umsetzung, wie z.B. unklare Aufgabenverteilung oder fehlendes Know-how zur Durchführung von Maßnahmen.

Internes Marketing

Wesentlich für den dauerhaften Erfolg des Betrieblichen Gesundheitsmanagements ist das interne Marketing, d.h. Umfang und Qualität der betrieblichen Kommunikation darüber, was geplant, getan und erreicht worden ist: um das Thema insgesamt in der Belegschaft bekannt zu machen bzw. das Interesse dafür zu wecken und die Akzeptanz zu steigern sowie um die betroffenen Mitarbeiter von Beginn an in die angestoßenen Prozesse mit einzubeziehen.

Je nach Größe und Art des Unternehmens eignen sich für die interne Informationspolitik beispielsweise Betriebs- bzw. Abteilungsversammlungen, Teambesprechungen, schwarze Bretter, Infobroschüren, Betriebszeitungen sowie das Intranet. Darüber hinaus empfiehlt es sich, das Vorhaben auch bei Aufsichts- bzw. Trägergremien vorzustellen sowie anderen themenrelevanten Projektgruppen (z.B. Qualitätsmanagement, Personalentwicklung) darüber zu berichten.

Durchführung der Kernprozesse[2]

Zu den zentralen Qualitätsmerkmalen des Betrieblichen Gesundheitsmanagements zählen, neben den im vorigen Abschnitt dargestellten Voraussetzungen und Rahmenbedingungen, die vier Kernprozesse Diagnose, Planung, Intervention und Evaluation (Abb. 15). Die Prozesse bilden den eigentlichen Kern des Gesundheitsmanagements. Sie stehen in einer zeitlich und inhaltlich logischen Abfolge und ermöglichen bei kunstgerechter Durchführung planvolles und zielgerichtetes Handeln (Badura, Ritter, Scherf 1999). Die Kernprozesse des Betrieblichen Gesundheitsmanagements sind als Lernzyklus angelegt: Nach Feststellung des Ist-Zustandes im Rahmen der Diagnose werden in der Planung ziel- bzw. ergebnisorientierte Interventionen ausgewählt. Im Anschluss an die Durchführung und Steuerung der Interventionen erfolgt mit der Evaluation, d.h. der Erfolgsbewertung, ein Abgleich zwischen den angestrebten Zielen und Ergebnissen und den tatsächlich erzielten Effekten (Soll-Ist-Vergleich).

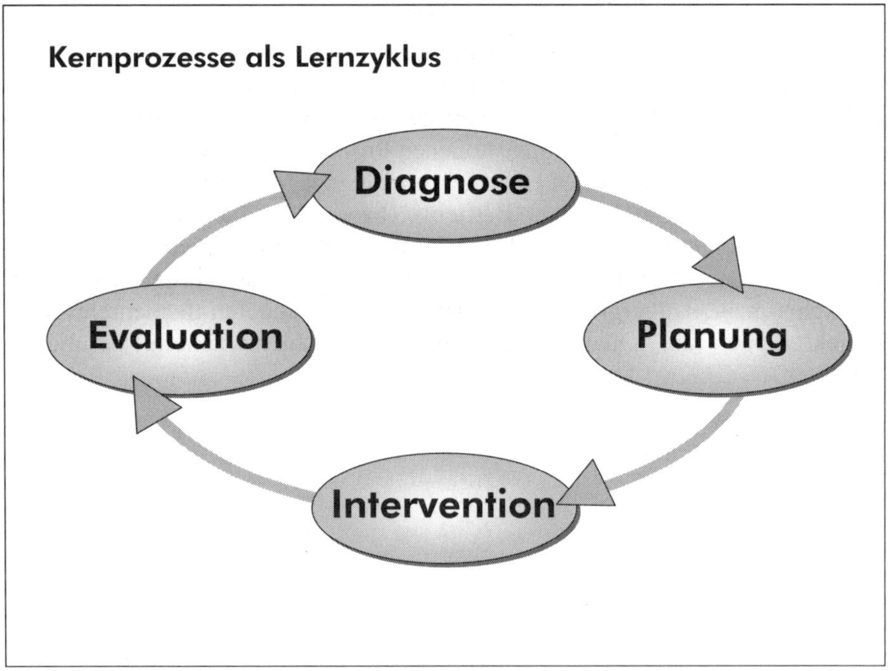

Abb. 15 Lernzyklus der Kernprozesse im Betrieblichen Gesundheitsmanagement

[2] Unter Mitarbeit von Michael Finke

Um einen Lernerfolg zu erzielen und die Lernerfahrungen für zukünftiges Handeln nutzbar zu machen, ist es von zentraler Bedeutung, alle vier Kernprozesse vollständig und systematisch zu durchlaufen. Jeder erneute Durchlauf des Lernzyklus zieht dabei zusätzlichen Erkenntnisgewinn für weiteres, planvolles Handeln nach sich.

Im Folgenden werden die Kernprozesse der Reihe nach vorgestellt. Zunächst wird die Bedeutung des Prozesses für das Betriebliche Gesundheitsmanagement erläutert und anschließend eine mögliche, systematische Vorgehensweise beschrieben. Die relevanten Erfolgsfaktoren und Prüfpunkte für alle Kernprozesse sind am Ende des Kapitels zusammenfassend dargestellt.

Jedes Unternehmen, dass sich für die Einführung eines Betrieblichen Gesundheitsmanagements entscheiden, muss aufgrund der spezifischen Rahmenbedingungen und Voraussetzungen „vor Ort“ letztlich seinen eigenen Weg bei der konkreten Ausgestaltung der Kernprozesse finden. Die folgende Beschreibung liefert daher lediglich einen Handlungsrahmen, den es in der Praxis auszufüllen gilt.

Diagnose

> Der Begriff „Diagnose“ bezeichnet im Betrieblichen Gesundheitsmanagement die systematische Erfassung der gesundheitlichen Situation der Beschäftigten und möglicher Einflussgrößen mit unterschiedlichen Methoden und Instrumenten.

Bedeutung der Diagnose im Betrieblichen Gesundheitsmanagement

Für die Behandlung beim Arzt gilt: ohne sorgfältige Diagnose keine wirksame Therapie. Genau dies gilt im übertragenen Sinne auch für das Betriebliche Gesundheitsmanagement. Ohne systematische Erfassung des Gesundheitszustandes und der Arbeitssituation der Beschäftigten sowie der dafür in Frage kommenden Einflussgrößen gibt es keine wirksame Intervention. Die Diagnose sollte sich dabei nicht allein auf die Einschätzungen einzelner Experten, Manager oder Mitarbeiter stützen, sondern stets auch - zur Objektivierung der gemachten Aussagen - auf sorgfältig erhobene und ausgewertete Daten. Die Diagnose sollte zudem stets aus pathogenetischer und aus salutogenetischer Perspektive erfolgen, d.h. Antworten auf Fragen nach Ursachen schlechter wie guter Gesundheit geben.

Die Diagnose folgt der Devise: „Daten für Taten“. Diagnostik ist kein Selbstzweck, sondern nur sinnvoll als erster Schritt einer systematischen Vorgehensweise. Der Diagnose kommen hierbei vier zentrale Funktionen zu:

- die systematische und valide Erfassung des körperlichen und psychosozialen Wohlbefindens der Beschäftigten,
- die Formulierung von Hypothesen über mögliche pathogene und salutogene Einflussgrößen,

- die Schaffung einer Grundlage für die Planung und Durchführung von Interventionen sowie
- die Schaffung der Basis für die nachfolgende Evaluation.

Eine fehlende Ist-Analyse erschwert die Formulierung angemessener Ziele für die nachfolgende Intervention. Ohne Ist-Analyse kann auch der Grad der Zielerreichung nicht überprüft werden. Die Diagnose ist somit die wesentliche Voraussetzung zur Festlegung von Prioritäten, zur Interventionsplanung, deren Durchführung sowie der nachfolgenden Erfolgsbewertung.

Vorgehensweise

Für eine adäquate Diagnose bedarf es - ebenso wie für die weiteren Kernprozesse - einer Reihe sorgfältig zu planender und systematisch durchzuführender Arbeitschritte. Die Beschäftigten betroffener Unternehmensbereiche sind dabei frühzeitig und hinreichend über Hintergründe, Zielsetzung und Ablauf der Diagnose zu informieren.

In einem ersten Schritt sind für die Diagnose präzise und überprüfbare Ziele zu formulieren, die sich aus der Gesamtzielsetzung des Betrieblichen Gesundheitsmanagements (s.o.) ableiten sollten. Aus den Zielen wiederum leitet sich die Auswahl relevanter Fragestellungen ab.

Im zweiten Schritt sind die Organisationseinheiten auszuwählen und festzulegen, in denen die Diagnose durchgeführt werden soll. Prinzipiell besteht die Möglichkeit, die Ist-Analyse entweder von Beginn an im gesamten Unternehmen zu realisieren, oder zunächst modellhaft in einzelnen, ausgewählten Unternehmensbereichen oder Abteilungen zu starten (vgl. Abschnitt „Strukturelle und planerische Rahmenbedingungen"). Zusätzlich zu den Organisationseinheiten sind die Zielgruppen - z.B. alle Beschäftigten oder einzelne Berufsgruppen - zu benennen. Wichtig für die erfolgreiche Durchführung der Diagnose ist in jedem Fall die Akzeptanz und Aufgeschlossenheit der Betroffenen gegenüber dem Vorhaben.

Die Arbeitsschritte im Einzelnen:

1. Formulierung präziser, überprüfbarer Ziele
2. Auswahl relevanter Fragestellungen
3. Auswahl von Organisationseinheiten
4. Auswahl von Zielgruppen
5. Auswahl von Methoden und Instrumenten
6. Erstellung eines Arbeits- und Zeitplans
7. Festlegung von Zuständigkeiten
8. Erhebung der Daten
9. Auswertung der Daten
10. Diskussion und Bewertung der Ergebnisse
11. Rückmeldung der Ergebnisse

Im anschließenden dritten Schritt erfolgt, orientiert an der formulierten Zielsetzung, die Auswahl geeigneter Methoden und Vorgehensweisen (s. S. 189 ff.). Als Daten- bzw. Informationsquellen kommen in Frage: Routine-Daten überbetrieblicher Experten - z.B. AU-Berichte der Krankenkassen oder Analysen der Berufsgenossenschaften zum Unfallgeschehen, Routine-Daten der Unternehmen - z.B. Fehlzeitenstatistiken oder betriebsmedizinische Untersuchungen sowie neu zu generierende Daten aus zusätzlichen Erhebungen - z.B. Mitarbeiterbefragungen. Um ein möglichst umfassendes Bild über die Ist-Situation im Unternehmen bzw. in den ausgewählten Unternehmensbereichen zu erhalten, werden im Idealfall verschiedene Daten- und Informationsquellen zur Diagnose herangezogen. Wichtig ist jedoch darauf zu achten, keine „Datenfriedhöfe" zu erzeugen. Die Diagnose erfüllt keinen Selbstzweck, sondern dient dazu, Handlungsbedarfe zu erkennen und geeignete Interventionen einzuleiten. Zudem ist bei der Diagnose grundsätzlich auf die Generierung valider und aussagekräftiger Daten zu achten.

Den bisherigen Erfahrungen zufolge haben sich im Betrieblichen Gesundheitsmanagement insbesondere solche Methoden als sinnvoll erwiesen, bei denen das Wissen und die Erfahrungen von Mitarbeitern miteinbezogen werden. Ohne umfassende Kenntnisse über Einschätzungen und Wertungen („Wo drückt der Schuh?", „Was ist die Ursache?", „Welches ist die Lösung?") der Beschäftigten lässt sich ein Betriebliches Gesundheitsmanagement kaum wirkungsvoll betreiben.

Vor allem die Mitarbeiterbefragung (S. 215 ff.) hat sich hier als besonders geeignete Methode bewährt. Gegenüber anderen Methoden, wie z.B. der Fehlzeitenanalyse, ermöglicht die Befragung zudem Aussagen zu Ursache-Wirkungs-Zusammenhängen. Entscheidet sich ein Unternehmen für eine Mitarbeiterbefragung, ist zu klären, ob dazu ein Standardfragebogen externer Anbieter (z.B. Krankenkassen, Berufsgenossenschaften) verwendet oder ein eigenes Befragungsinstrument entwickelt werden soll. Zu berücksichtigen ist dabei, dass die Fragenbogenentwicklung, wenn sie professionell erfolgt, eine höchst anspruchsvolle und aufwendige Aufgabenstellung ist. Insbesondere bei der Erfassung von Gesundheit und Wohlbefinden sowie den pathogenen und salutogenen Einflussgrößen sollte daher in jedem Fall auf standardisierte Skalen zurückgegriffen werden.

In dem zu Beginn des Kapitels erwähnten Modellprojekt wurde von allen Modellbetrieben eine Mitarbeiterbefragung in den dazu ausgewählten Pilotbereichen durchgeführt. Der eingesetzte Fragebogen konzentrierte sich auf folgende Themen: Arbeitsplatz und Arbeitsumfeld, Arbeitstätigkeit und Arbeitssituation, Führungsverhalten, körperliches und psychosoziales Wohlbefinden (s. S. 311 ff.).

Nach Auswahl der Methoden und Instrumente erfolgt im nächsten Schritt die Feinplanung der Diagnose. Dazu gehören vor allem die Erstellung einer konkreten Zeit- und Arbeitsplanung sowie die Benennung eindeutiger Zuständigkeiten und Verantwortlichkeiten. M.a.W. ist genau festzulegen: Wer macht was bis wann. Wichtig ist zudem die Sicherstellung der Vertraulichkeit und die ausreichende Berücksichtigung datenschutzrechtlicher Belange. Um dies zu gewährleisten, empfiehlt sich die frühzeitige Einbindung des Datenschutzbeauftragten und der Arbeitnehmervertretung in die Planung. Wird beispielsweise ein Fragebogen zur Diagnose eingesetzt, sollte dieser ausreichende Hinweise zu Datenschutz und Anonymität enthalten. Darüber hinaus sind die Datenerfassung und Auswertung sowie der Umgang mit den Fragebögen nach Abschluss der Befragung zu regeln.

An die Planung schließen sich die eigentliche Datenerhebung und die Auswertung der Daten an. Je nach Umfang und Komplexität der erhobenen Daten und im Unternehmen vorhandener Kompetenzen und Ressourcen ist bei der Auswertung ggf. externer Sachverstand einzubeziehen. Auch im Modellprojekt konnte die Datenauswertung lediglich in einem Fall weitgehend selbständig durchgeführt werden. In den anderen Modellbetrieben war diese Aufgabe nur mit Hilfe externer Unterstützung zu bewältigen.

Die ausführliche Diskussion und Bewertung der Ergebnisse der Diagnose erfolgt im Steuerungskreis. Dieser Arbeitsschritt ist zwingend erforderlich, um relevante Problembereiche im Unternehmen zu identifizieren und Handlungsbedarfe festzulegen. Ergebnisdiskussion und -bewertung sind somit Voraussetzung zur Planungssicherheit und Durchführung wirksamer Interventionen.

Sowohl die betroffenen Beschäftigten als auch das Top-Management sind über zentrale Ergebnisse der Diagnose ausreichend zu informieren. Die Rückmeldung kann in Form einer mündlichen Präsentation (z.B. bei Teamsitzungen, Abteilungsversammlungen, Meetings der Geschäftsführung) und/oder in Form eines schriftlichen Berichts erfolgen.

Um die Diagnose und die daraus abgeleiteten Interventionen im Unternehmen auf eine umfassende und gesicherte Informationsbasis zu stellen, ist auf Dauer der Aufbau einer betrieblichen Gesundheitsberichterstattung unverzichtbar. Bereits bei der Einführung des Betrieblichen Gesundheitsmanagements sollten dazu erste Vorbereitungen getroffen werden.

Im Modellprojekt ist diese Aufgabenstellung besonders in einem Fall vorbildlich gelöst worden. Bereits in einer frühen Projektphase wurde seitens des Projektlenkungsausschusses der Auftrag zum Aufbau einer betrieblichen Gesundheitsberichterstattung an eine dazu eingerichtete Arbeitgruppe erteilt. Eingebunden waren neben relevanten internen Akteuren - Projektleitung, Personalrat, Fachkraft für Arbeitssicherheit, Betriebsarzt, Qualitätsbeauftragter - auch überbetriebliche Experten, in diesem Fall je ein Vertreter der Krankenkasse und Berufsgenossenschaft. Der Arbeitsgruppe ist es im Projektzeitraum gelungen, eine solide Dokumentation aufzubauen und auf dieser Grundlage erste Vorschläge für zukünftige Interventionen abzuleiten.

In den Gesundheitsbericht einbezogen wurden in erster Linie folgende Daten:

- betriebliche Routinedaten (Sozialstatistik, Kapazitäts- und Leistungsentwicklung, Personalbestandsentwicklung, Unfallgeschehen, interne Fehlzeiten, Morbiditätsgeschehen),
- externe Routinedaten (AU-Daten, Daten zum Unfallgeschehen),
- neu generierte Daten aus der Mitarbeiterbefragung (Wohlbefinden, Arbeitszufriedenheit, Führungsverhalten).

Interventionsplanung

> Der Begriff „Interventionsplanung" bezeichnet im Betrieblichen Gesundheitsmanagement den Prozess der Festlegung von Zielen und Maßnahmen sowie die Erarbeitung einer Handlungsabfolge für die nachfolgende Intervention.

Bedeutung der Interventionsplanung im Betrieblichen Gesundheitsmanagement

So wie bei der ärztlichen Behandlung gilt: ohne Diagnose keine wirksame Therapie, gibt es keinen nachhaltigen Therapieerfolg ohne gute Therapieplanung. Auch im Betrieblichen Gesundheitsmanagement hängt der Erfolg der nachfolgenden Intervention maßgeblich ab von der Planungsqualität. Ohne sorgfältige Planung fehlt die Grundlage für zukünftig durchdachtes Handeln und ist die Zielerreichung somit nur schwer möglich.

Im Rahmen des zweiten Kernprozesses des Betrieblichen Gesundheitsmanagement werden - auf Grundlage der Ergebnisse der Diagnose - Handlungsbedarfe festgelegt und die nachfolgenden Interventionen inhaltlich und konzeptionell vorbereitet und geplant. Ziel ist die Ermittlung realistischer Soll-Vorgaben hinsichtlich der Interventionsdurchführung und -steuerung.

Am Ende der Planungsphase sollten Unternehmen folgendes erreicht haben:

- Handlungsbedarfe im Unternehmen bzw. einzelnen Unternehmensbereichen sind identifiziert und festgelegt,
- konkrete und operationale Interventionsziele sind formuliert,
- Zielgruppen für die Intervention sind ausgewählt,
- Zuständigkeiten für die Umsetzung der geplanten Interventionen sind benannt,
- ein detaillierter Zeit-, Arbeits- und Kostenplan für die Intervention liegt vor.

Vorgehensweise

Verantwortlich für die Interventionsplanung sind in erster Linie das Steuerungsgremium (Arbeitskreis Gesundheit) sowie die im Unternehmen für Betriebliches Gesundheitsmanagement verantwortlich eingesetzte Person. In die

Planung einzubeziehen sind bedarfs- und problemorientiert weitere relevante Akteure (z.B. Leitung und Mitarbeiter betroffener Organisationseinheiten) und Gremien (z.B. Arbeitsschutzausschuss). Für eine professionelle Interventionsplanung bedarf es bei den handelnden Akteuren vor allem hinreichender Kenntnisse im Projektmanagement (vgl. Kap. „Methoden und Instrumente“, Abschn. „Projektmanagement“).

In einem ersten Schritt sind im Steuerungskreis - basierend auf den Ergebnissen der vorangegangenen Diagnose - identifizierte Problembereiche zu diskutieren und Handlungsbedarfe für die nachfolgende Intervention festzulegen. Daraus abgeleitet bedarf es im zweiten Schritt der Auswahl und Festlegung konkreter Unternehmensbereiche und Zielgruppen für die Intervention. Mögliche Zielgruppen sind Führungskräfte, Mitarbeiter und/oder betriebliche Gesundheitsexperten. Anschließend sind präzise und überprüfbare Ziele für die Intervention zu formulieren. Die Ziele sollten nach Möglichkeit schriftlich - beispielsweise in Form eines konkreten (Teilprojekt-) Auftrags - fixiert werden.

In einem Unternehmen können in der Regel nicht alle relevanten Themenfelder gleichzeitig bearbeitet werden. Daher empfiehlt es sich, bei der Auswahl von Interventionen auf eine klare Prioritätensetzung zu achten und eine Reihenfolge für ihre Durchführung festzulegen. Soweit ausreichende Ressourcen zur Verfügung stehen, können selbstverständlich verschiedene Maßnahmen und Aktivitäten parallel stattfinden. In jedem Fall ist allerdings darauf zu achten, nicht gleich im ersten Schritt mit der Bearbeitung des schwierigsten bzw. sensibelsten Themas zu beginnen.

Im nächsten Arbeitsschritt bedarf es der Festlegung eindeutiger Verantwortlichkeiten und Zuständigkeiten für die Durchführung der Intervention. Ebenso ist die Erstellung einer konkreten Zeit- und Arbeitsplanung erforderlich. Hierbei ist genau festzulegen, wer im Unternehmen welche Aufgabe bis zu welchem Termin zu erledigen hat. Schließlich ist eine möglichst detaillierte Kostenplanung zu erstellen.

Die Arbeitsschritte im Einzelnen:

1. Ableitung von Handlungsbedarfen aus der Diagnose
2. Auswahl von Interventionsbereichen und Zielgruppen
3. Formulierung klarer und messbarer Ziele (Soll-Werte)
4. Auswahl geeigneter Interventionen
5. Einbindung relevanter Akteure in die Planungsphase
6. Festlegung von Verantwortlichkeiten
7. Erstellung eines konkreten Arbeits- und Zeitplans
8. Erstellung eines detaillierten Kostenplans

Im Modellprojekt hat sich gezeigt, dass die Bedeutung einer sorgfältigen und detaillierten Interventionsplanung von den Modellbetrieben zunächst unterschätzt wurde. So wurden beispielsweise - ähnlich wie auf der Ebene des Gesamtprojektes (s.o.) - anfänglich keine ausreichend klaren und operationalen Ziele für die nachfolgende Intervention festgelegt. Diesbezüglich war im weiteren Projektverlauf eine Feinabstimmung erforderlich.

Intervention

Der Begriff „Intervention" bezeichnet im Betrieblichen Gesundheitsmanagement die systematische Durchführung und Steuerung von gesundheitsbezogenen Maßnahmen.

Bedeutung der Intervention im Betrieblichen Gesundheitsmanagement

Der dritte Kernprozess im Betrieblichen Gesundheitsmanagement beinhaltet die Durchführung und Steuerung der zuvor geplanten Maßnahmen und Aktivitäten. Im Rahmen der Intervention findet mit anderen Worten die eigentliche „Therapie" statt. Betriebliches Gesundheitsmanagement sollte bedarfsgerecht, qualitätsgesichert und wirtschaftlich sein. Betriebliches Gesundheitsmanagement richtet den Blick dabei zu allererst auf organisationsbezogene Interventionen. Verhaltenspräventive Maßnahmen, wie z.B. Rückenschulen oder Ernährungsprogramme, können durchaus sinnvoll sein, sollten aber in erster Linie als Ergänzung zu den organisationsbezogenen Aktivitäten eingesetzt werden (s. dazu S. 68 ff.). Was auch immer die einzelne Problemstellung sein mag, zu deren Bewältigung die eingesetzte Intervention dient, darf die zentrale Aufgabe des Betrieblichen Gesundheitsmanagements nicht aus dem Blick verloren werden: Investitionen in das Sozial- und Humankapital. Interventionen sollten zumindest als Nebeneffekt der Vernetzung, Vertrauensbildung und Entwicklung gemeinsamer Überzeugungen, Werte und Regeln dienen, und dürfen diesen zentralen Anliegen in keinem Fall entgegenwirken. Ein abschreckendes Beispiel ist die Einführung von Mitarbeitergesprächen in einer Art und Weise, die nicht zur Entwicklung von Vertrauen sondern zur Verbreitung von Misstrauen beiträgt. Interventionen im Betrieblichen Gesundheitsmanagement zielen in erst Linie auf:

- die Verbesserung der Transparenz im Unternehmen durch laufende Informationen über Ziele und Grad der Zielerreichung,
- die Stärkung der Vertrauenskultur,
- die Verbesserung der Dialogmöglichkeiten zwischen Management und Belegschaft,
- die gesundheitsförderliche Gestaltung der Organisations- und Arbeitsbedingungen,
- die Befähigung der Mitarbeiter, z.B. zu mehr sozialer Kompetenz (Kap. 1).

Als geeignete Instrumente bieten sich beispielsweise an:

- Qualitäts-/ Gesundheitszirkel,
- Fokusgruppen, Workshops,
- Führungskräftetrainings,
- Qualifizierungsmaßnahmen (Fachkompetenz, Methodenkompetenz, Sozialkompetenz),
- Zielvereinbarungen mit Führungskräften zum Thema „Mitarbeiterorientierung“ (s. S. 287 ff.).

Vorgehensweise

Durchführung und Steuerung der Interventionen erfolgen entsprechend der in der Planung inhaltlich und konzeptionell festgelegten Vorgehensweise. Dazu ist in der Regel eine operative Infrastruktur erforderlich, z.B. in Form einzurichtender Teilprojekte und Arbeitsgruppen oder einzelner, verantwortlich zu benennender Akteure. In jedem Fall empfiehlt es sich, auch externe Experten und Berater (z.B. von Krankenkassen, Berufsgenossenschaften) mit einzubeziehen. Bei der Durchführung von Interventionen ist darauf zu achten, dass diese bedarfsgerecht und angemessen sind. D.h. es sollten nur solche Interventionen eingesetzt werden, deren Bedarf sich aus der Diagnose begründen lässt und die geeignet sind, die gesetzten Ziele zu erreichen.

Die Interventionen müssen zudem auf die Akzeptanz bei den jeweiligen Zielgruppen (z.B. Führungskräfte, Mitarbeiter) stoßen. Ohne die Bereitschaft der Betroffenen zu einer aktiven Beteiligung und zur Übernahme von Aufgaben werden die Maßnahmen letztlich nicht zum gewünschten Erfolg führen. Die Interventionen sollten schließlich effektiv und effizient sein, d.h. nachweislich positive Wirkungen erzeugen und nach Möglichkeit in einer positiven Kosten/Nutzen-Relation stehen.

Unter Berücksichtigung dieser Vorgehensweise wurden im Modellprojekt in allen Betrieben in einem ersten Schritt Qualitäts- bzw. Gesundheitszirkel zu ausgewählten Themen - z.B. „Reduzierung von Arbeitsbelastungen“, „Verbesserung der Kooperation und Kommunikation zwischen Berufsgruppen“ - durchgeführt. Grundlage der Zirkelthemen waren im wesentlichen die Ergebnisse der Mitarbeiterbefragung. Mit Blick auf die Moderation der Zirkel konnte in zwei Fällen auf eigene, entsprechend qualifizierte Mitarbeiter zurückgegriffen werden. In den anderen beiden Fällen wurde eine externe Moderation (Vertreter der örtlichen Krankenkasse) eingebunden.

Im zweiten Schritt wurden in den Betrieben in Kooperation mit den Krankenkassen, den Berufsgenossenschaften und den externen Prozessbegleitungen u.a. folgende Interventionen realisiert:

- Coaching /Training von Führungskräften,
- Einführung von Mitarbeiterfördergesprächen,
- Einführung von Teamkoordinatoren,

- Einführung eines flexiblen Dienstplans,
- Belastungsmessungen zum Thema „Heben und Tragen" und Maßnahmen zur Prävention,
- Einführung eines Programms zur Stressprävention.

Mit Blick auf die Steuerung der Interventionen ist in erster Linie darauf zu achten, dass Zeit- und Arbeitspläne soweit wie möglich eingehalten werden. Entsprechendes gilt auch für die Einhaltung des vorgegebenen Kostenrahmens. Bei festgestellten Abweichungen zwischen der Planung und der Ist-Situation ist so schnell wie möglich eine Ursachenanalyse durchzuführen und korrigierend einzugreifen (vgl. Abschnitt „Planung und Steuerung"). Verantwortlich für die Steuerung ist das Steuerungsgremium gemeinsam mit der verantwortlichen Person für Betriebliches Gesundheitsmanagement.

Die Arbeitsschritte im Einzelnen:

1. Einrichtung einer operativen Infrastruktur
2. Durchführung der Interventionen
3. Steuerung der Interventionen
4. Dokumentation aller Maßnahmen und Aktivitäten
5. Rückmeldung an den Steuerungskreis, das Top-Management und die Beschäftigten

Grundsätzlich ist auf eine sorgfältige Dokumentation der Maßnahmen - beispielsweise in Form von Protokollen bzw. Berichten zu achten. Die Dokumentation ist erforderlich, um den Verlauf und die erzielten Ergebnisse zu jedem Zeitpunkt und für alle relevanten Akteure und Gremien nachvollziehbar und transparent zu machen. Ein gutes Dokumentationswesen erleichtert zudem die Interventionssteuerung sowie die spätere Erfolgsbewertung.

Schließlich ist auf eine regelmäßige Rückmeldung über Verlauf und Ergebnisse der Interventionen zu achten. In das Feedback einzubeziehen sind neben dem Steuerungsgremium das Top-Management und die betroffenen Mitarbeiter. Die Rückmeldung kann dabei mündlich erfolgen, z.B. bei Teambesprechungen, Abteilungs- bzw. Betriebsversammlungen und/oder in Form eines schriftlichen Berichts. Eingesetzt werden können auch Kommunikationsmedien wie das „schwarze Brett" oder das Intranet.

Wie ein Beispiel aus dem Modellprojekt zeigt, stellt die regelmäßige Herausgabe einer Projektzeitung eine weitere gute Informationsmöglichkeit dar. In diesem Fall hat der Erfolg der Zeitung dazu geführt, sie zu einer Betriebszeitung weiterzuentwickeln und als dauerhaftes Kommunikationsmedium in der Organisation zu nutzen.

Evaluation

> Der Begriff „Evaluation" bezeichnet im Betrieblichen Gesundheitsmanagement die systematische Bewertung der implementierten Strukturen und Prozesse sowie der erzielten Ergebnisse.

Bedeutung der Evaluation im Betrieblichen Gesundheitsmanagement

Die Evaluation im Betrieblichen Gesundheitsmanagement zielt auf zweierlei: die Erreichung der Ziele und die Einhaltung von Standards. Dabei ist grundsätzlich zu beachten, dass sich die gemessenen Werte zum Besseren oder Schlechteren verändern, oder auch unverändert bleiben können. Weiterhin ist zu beachten, dass der Zeitfaktor eine wesentliche Rolle spielt. Je weitreichender und veränderungsintensiver die Intervention, um so länger ist eventuell die Zeitspanne, bis sich die angestrebten Ergebnisse einstellen. Kurzfristig können sich Werte durch eine Intervention sogar verschlechtern (Veränderungswiderstände), um sich dann erst längerfristig zu verbessern.

Entsprechend der vier Teilziele des Betrieblichen Gesundheitsmanagements (s. S. 74 Ziele und anzustrebende Ergebnisse) konzentriert sich die Evaluation auf folgende Erfolgsindikatoren:

1. Entwicklung und dauerhafte Verankerung des Managementsystems,
2. Stärkung des Sozial- und Humankapitals,
3. Verbesserung von Wohlbefinden und Gesundheit,
4. Steigerung von Produktivität, Qualität und Wirtschaftlichkeit.

Vorgehensweise

Für die Evaluation gelten in weiten Teilen dieselben Qualitätskriterien wie für die Diagnose (s.o.). Auch bei der Erfolgsbewertung sollten beispielsweise nur solche Methoden und Instrumente eingesetzt werden, die in der Praxis erprobt sind, und deren Einsatz sich aus den Zielen und angestrebten Ergebnissen ableiten lässt. Um die Zielerreichung überprüfen zu können, empfiehlt es sich zudem, auf Methoden und Instrumente zurückzugreifen, die bereits in der Ist-Analyse eingesetzt wurden. Wurde beispielsweise im Rahmen der Diagnose eine Mitarbeiterbefragung durchgeführt, sollte sie idealer Weise auch bei der Erfolgsbewertung zum Einsatz kommen.

Die Evaluation kann intern, d.h. z.B. durch eine verantwortliche Projektgruppe und/oder durch Einbindung externer Akteure erfolgen. Bereits bei der Vorbereitung der Evaluation sollte zudem festgelegt werden, in welcher Art und Weise die Ergebnisse später im Unternehmen kommuniziert werden sollen. Je nachdem, auf welches der vier Teilziele des Gesundheitsmanagements sich die Evaluation konzentriert, lässt sich die Zielerreichung an einer Reihe von Erfolgskriterien überprüfen (eine vollständige Auflistung der aus unserer Sicht relevanten Erfolgsindikatoren und Prüfpunkte findet sich in der tabellarischen Zusammenstellung am Ende des Kapitels).

Die Arbeitsschritte im Einzelnen:

1. Formulierung einer präzisen Zielsetzung für die Evaluation
2. Festlegung klarer Zuständigkeiten
3. Auswahl und Einsatz erprobter Methoden und Instrumente
4. Gegenstand der Evaluation:
   a) Betriebliches Gesundheitsmanagement (Struktur und Prozessevaluation)
   b) Sozial- und Humankapital (Ergebnisevaluation)
   c) Gesundheit und Wohlbefinden der Beschäftigten (Ergebnisevaluation)
   d) Produktivität, Qualität und Wirtschaftlichkeit (Ergebnisevaluation)

Im Modellprojekt wurden bezogen auf alle vier Teilziele des Betrieblichen Gesundheitsmanagements positive Ergebnisse erzielt. Diese werden im Folgenden exemplarisch vorgestellt.

Der überwiegenden Zahl der Modellbetriebe ist es im Projektzeitraum gelungen, ein Betriebliches Gesundheitsmanagement erfolgreich zu implementieren, d.h. entsprechende Strukturen und Rahmenbedingungen aufzubauen, die vier Kernprozesse durchzuführen und Voraussetzungen für eine dauerhafte Integration in die Betriebsroutinen zu schaffen. Besonders hervorzuheben sind im Einzelnen:

- der Auftrag zur Implementierung von Betrieblichem Gesundheitsmanagement als verbindliches Führungsinstrument,
- die Einrichtung einer Stelle für Betriebliches Gesundheitsmanagement,
- die Einrichtung eines Arbeitskreises Gesundheit als dauerhaftes Steuerungsinstrument,
- der Abschluss eines Kooperationsvertrages mit einer Krankenkasse,
- die Verknüpfung von Betrieblichem Gesundheitsmanagement mit anderen Managementansätzen und Führungsinstrumenten (z.B. Qualitätsmanagement, Balanced Scorecard, Personalentwicklung),
- die Einbindung von Betrieblichem Gesundheitsmanagement in Fort- und Weiterbildungsangebote,
- der Aufbau einer Betrieblichen Gesundheitsberichterstattung.

Mit Blick auf die Stärkung des Sozial- und Humankapitals, d.h. die getätigten Investitionen in die Stärkung der Vertrauenskultur, in die bessere Vernetzung der Mitarbeiter, in die Entwicklung gemeinsamer Überzeugungen, Werte und Regeln sowie in die Kompetenzentwicklung der Beschäftigten (s. Kap. 1) wurden im Modellprojekt folgende Ergebnisse erzielt:

- Verbesserungen im Führungsverhalten,
- Verbesserung von Transparenz und Infofluss,
- Stärkung des Teamzusammenhaltes,
- Verbesserung der Kooperation und Kommunikation innerhalb und zwischen Berufsgruppen,
- Reduzierung von Über- und Unterforderung,
- Zuwachs an institutioneller Verbundenheit,
- Qualifizierung von Führungskräften, z.B. zum Thema Teamentwicklung.

Mit Blick auf das dritte Teilziel, d.h. die Verbesserung von Gesundheit und Wohlbefinden der Beschäftigten, konnten im Projektzeitraum nur im Einzelfall positive Ergebnisse erzielt werden. Dazu gehören z.B. in einem Modellbetrieb Verbesserungen im psychosozialen Wohlbefinden der Mitarbeiter. Es ist aber davon auszugehen, dass überall dort, wo es gelungen ist, mit Hilfe der Interventionen z.B. zur Stärkung einer Vertrauenskultur beizutragen, gesundheitsförderlichere Organisations- und Arbeitsbedingungen zu schaffen und die Kompetenzentwicklung der Mitarbeiter zu fördern, sich mittel- bis langfristig auch auf individueller Ebene positive Effekte einstellen werden.

Mit Blick auf das vierte Teilziel schließlich gewinnt der Faktor Zeit um so mehr an Bedeutung. Betriebswirtschaftliche Erfolge werden sich in aller Regel nicht sofort einstellen, sondern messbare und valide Effekte in der Regel erst mittel- bis langfristig eintreten. Daher ist es um so erforderlicher, die Einführung von Betrieblichem Gesundheitsmanagement nicht als einmalige Aktivität, sondern als dauerhafte betriebspolitische Investition zu begreifen.

Welche beachtlichen betriebswirtschaftlichen Effekte sich dennoch in einem relativ kurzen Zeitraum erzielen lassen, zeigen zwei konkrete Fallbeispiele aus dem Modellprojekt. Im ersten Fall konnten die krankheitsbedingten Fehlzeiten mit Hilfe gesundheitsförderlicher Maßnahmen innerhalb eines Zeitraums von 2,5 Jahren drastisch reduziert werden, und zwar von durchschnittlich dreizehn Prozent auf fünf Prozent. Im zweiten Beispiel ist es im gleichen Zeitraum aufgrund gezielter Veränderungen in der Aufbau- und Ablauforganisation gelungen, die Versorgungsqualität im Pilotbereich nachweislich zu verbessern.

Erfolgsfaktoren und Prüfpunkte

Ziele und angestrebte Ergebnisse	
1. Entwicklung und dauerhafte Verankerung des Managementsystems	• Entwicklung und Optimierung betriebspolitischer Voraussetzungen • Aufbau und Optimierung struktureller und planerischer Rahmenbedingungen • Durchführung und Optimierung der Kernprozesse
2. Stärkung des Sozial- und Humankapitals (Vernetzung, Vertrauensbildung, Entwicklung gemeinsamer Überzeugungen, Werte, Regeln) durch:	• gesundheitsförderliche Arbeitsgestaltung • gesundheitsförderliche Organisationsgestaltung • Förderung persönlicher Gesundheitspotenziale
3. Verbesserung von Wohlbefinden und Gesundheit	• Steigerung des psychosozialen Wohlbefindens • Verbesserung des körperlichen Gesundheitszustands • Verminderung von Risikofaktoren
4. Steigerung von Produktivität, Qualität und Wirtschaftlichkeit	• Verbesserung des Arbeitsverhaltens und der Produktivität • Verbesserung der Qualität und Kundenorientierung • Senkung von Kosten

Betriebspolitische Voraussetzungen	
Erfolgsfaktoren	**Prüfpunkte**
Wahrnehmung von Betrieblichem Gesundheitsmanagement als dauerhafte Führungsaufgabe seitens des Top-Managements und der Arbeitnehmervertretung	
Investitionsbereitschaft des Top-Managements	• ausreichende Ressourcen werden bereitgestellt - finanzielle Ressourcen - personell/zeitliche Ressourcen - sonstige Ressourcen (räumlich, technisch, infrastrukturell)
Vereinbarung schriftlicher Rahmenregelungen	• schriftliche Vereinbarungen zum BGM, wie z.B. eine Betriebs/-Dienstvereinbarung, liegen vor • das Thema „Gesundheit" ist in das Unternehmensleitbild integriert
Einrichtung eines Steuerungsgremiums	• es existiert ein Arbeitskreis Gesundheit oder ein Projektlenkungsausschuss mit einer Geschäftsordnung, die Zusammensetzung, Aufgaben, Kompetenzen, Verantwortung und Budget regelt
Befähgung/ Qualifizierung der Beschäftigten	• kontinuierliche Fort- und Weiterbildung von Führungskräften, Mitarbeitern und Experten zum BGM wird ermöglicht
Partizipation der Beschäftigten	• kontinuierliche Kommunikation zwischen Führungskräften und Mitarbeitern zum Thema „Gesundheit" findet statt • Beschäftigte werden an der Entwicklung, Entscheidungsfindung und Umsetzung von Lösungs-/ Verbesserungsvorschlägen aktiv beteiligt
aktives Engagement und Unterstützung	• seitens des Managements und der Arbeitnehmervertretung erfolgt: - strategisches Controlling - (Mit-)Entscheidung über die Durchführung von Maßnahmen - Teilnahme an Sitzungen (Steuerungsgremium, Arbeitskreise) - eigene Weiterbildung im Themenfeld

Strukturelle und planerische Rahmenbedingungen	
Erfolgsfaktoren	**Prüfpunkte**
Formulierung einer präzisen inhaltlichen Zielsetzung	• konkrete und messbare Ziele liegen vor • die Ziele sind schriftlich fixiert, z.B. im Projektauftrag
Festlegung von Zuständigkeiten	• erforderliche Teilprojekte, Arbeitsgruppen etc. sind eingerichtet • relevante Akteure, wie z.B. eine Projektleitung, sind benannt und deren Aufgaben, Kompetenzen, Verantwortung festgelegt • zusätzliche Promotoren i.S. von „Kümmerern“ oder „Paten“ sind benannt
Einbeziehung externer Experten	• Krankenkassen, Berufsgenossenschaften u.a. werden in Projektgruppen, Arbeitskreise etc. einbezogen • eine externe Prozessbegleitung ist eingebunden
Aufbau von Kooperationsbeziehungen	• Netzwerke mit anderen Unternehmen und/oder Organisationen existieren bzw. werden aufgebaut
Erstellung einer detaillierten Projektplanung	• Struktur-, Phasen- und Ablaufplan (incl. Meilensteinen) für das Vorhaben liegen vor • detaillierte Termin-, Kapazitäts- und Kostenplanung liegt vor
Internes Marketing	• eine regelmäßige und umfassende Information der Beschäftigten erfolgt, z.B. durch Mitarbeiter-Zeitung, auf Veranstaltungen, über das Intranet etc.
Angebote zur Fort- und Weiterbildung	• themenrelevante Qualifizierungsmaßnahmen (Fach- und Methodenkompetenz) für Führungskräfte, Mitarbeiter, Gesundheitsexperten werden angeboten und durchgeführt
Vernetzung mit anderen Managementansätzen	• Betriebliches Gesundheitsmanagement wird mit anderen Managementansätzen (z.B. EFQM, Balanced Scorecard etc.) verknüpft

Kernprozess Diagnose	
Erfolgsfaktoren	**Prüfpunkte**
Formulierung einer präzisen Zielsetzung für die Diagnose	• konkrete, aus der Gesamtzielsetzung abgeleitete Ziele liegen vor
Auswahl und Festlegung geeigneter Organisationseinheiten	• ausgewählte Organisationseinheiten - gesamtes Unternehmen oder einzelne Abteilungen - passen zur Zielsetzung • Akzeptanz der Betroffenen gegenüber dem Vorhaben ist vorhanden
Auswahl und Festlegung relevanter Zielgruppen	• ausgewählte Zielgruppen - z.B. einzelne Berufs- oder Statusgruppen - passen zur Zielsetzung
Auswahl relevanter Fragestellungen	• Zusammenhang zwischen Fragestellungen und Thematik/ Zielsetzung ist vorhanden
Auswahl geeigneter Methoden und Vorgehensweisen Optionen: • Dokumentenanalyse • Experteninterviews • Mitarbeiterbefragung • Fokusgruppen • Gesundheitszirkel • Workshops • Medizinische Vorsorgeuntersuchungen • Arbeitsplatzbegehungen • Analyse des Unfallgeschehens • AU-Analysen • interne Fehlzeiten-/ Fluktuationsanalysen • chemische und physikalische Messungen	• Methoden und Vorgehensweisen sind in der Praxis erprobt • Einsatz von Methoden und Vorgehensweisen ist abgeleitet von den Zielen und angestrebten Ergebnissen. Beispiele Ziel: Reduzierung der krankheitsbedingten Fehlzeiten: Durchführung einer AU-Analyse (interne Statistik und/ oder Gesundheitsbericht der Krankenkasse) Ziel: Reduzierung des Unfallgeschehens: Analyse des Unfallgeschehens (interne Statistik und/oder Daten der Berufsgenossenschaft) Ziel: Verbesserung von Führungsverhalten, Teamzusammenhalt, Wohlbefinden: Durchführung einer Mitarbeiterbefragung mit entsprechendem Fragebogen

Diagnose am Beispiel der Mitarbeiterbefragung	
Erfolgsfaktoren	**Prüfpunkte**
Qualitätsdimension „Erhebungsinstrument" (Fragebogen)	
orientiert an wissenschaftlichen Standards	• Auswahl und Einsatz eines validen und zuverlässigen Instrumentes • Auswahl und Einsatz anerkannter Skalen
Erfassung relevanter Zielvariablen	• ausgewählte Zielvariablen, z.B. Arbeitszufriedenheit, psychosoziales und körperliches Wohlbefinden, passen zur Zielsetzung
Erfassung potentieller Einflussfaktoren (salutogene, pathogene)	• Einfluss-/Moderatorvariablen, z.B. Teamzusammenhalt, Handlungsspielraum, soziale Unterstützung, sind berücksichtigt
Qualitätsdimension „Planung, Durchführung und Auswertung"	
Erstellung einer konkreten Zeit- und Arbeitsplanung	• ein detaillierter und realistischer Zeit- und Arbeitsplan liegt vor (von der Vorbereitung bis zur Präsentation)
Sicherstellung der Vertraulichkeit	• Datenschutzbeauftragter und Arbeitnehmervertretung sind eingebunden • Hinweis auf Datenschutz und Anonymität ist im Fragebogen vorhanden • Organisation der Datenerfassung und -auswertung sowie Datenverwahrung (Schutz vor Missbrauch durch Dritte) sind geregelt • Auswertung und Darstellung ermöglichen keine Identifikation einzelner Mitarbeiter • Regelung zum Umgang mit den Fragebögen nach Abschluss der Auswertung ist vorhanden
Freiwilligkeit der Teilnahme	• Hinweis auf Freiwilligkeit ist im Fragebogen vorhanden
frühzeitige und hinreichende Information der Beschäftigten	• Ankündigung bzw. Information der Mitarbeiter über Hindergründe, Zielsetzung, datenschutzrelevante Aspekte der Befragung erfolgt rechtzeitig vor der Durchführung • Information erfolgt durch betriebliche Entscheidungsträger (idealerweise Geschäftsführung und Arbeitnehmervertretung)

Diagnose am Beispiel der Mitarbeiterbefragung (Fortsetzung)	
Erfolgsfaktoren	**Prüfpunkte**
Qualitätsdimension „Planung, Durchführung und Auswertung"	
Akzeptanz der Befragung	• Teilnahmebereitschaft der Betroffenen ist vorhanden, und es existiert kein erkennbarer Boykott durch einzelne Personen oder Gruppen
Rücklaufquote und Repräsentativität	• Rücklaufquote beträgt über 40 % • Teilnehmerstruktur entspricht in etwa der Mitarbeiter-Struktur in den befragten Einheiten
Auswertung der Daten	• DV-Programm und vorhandene Kenntnisse (DV und Statistik) ermöglichen Datenauswertung entsprechend der Zielsetzung
Verknüpfung der Ergebnisse der Mitarbeiterbefragung mit anderen Datenquellen (bei Bedarf)	• Ergebnisse der Mitarbeiterbefragung werden mit weiteren Daten/Informationen, z.B. aus internen Fehlzeitenstatistiken, Gefährdungsanalysen, verknüpft
Identifikation von Problembereichen	• Auswertung der Befragung benennt Problemfelder und Handlungsbedarfe
Formulierung von Empfehlungen	• Auswertung bzw. Bericht enthalten erste Empfehlungen, wo (in welcher Einheit/Gruppe) was (in welcher Art und Weise) geschehen sollte
Qualitätsdimension „Rückmeldung der Ergebnisse"	
Rückmeldung der Ergebnisse an das Top-Management	• Rückmeldung der Ergebnisse erfolgt - z.B. in Form einer mündlichen Präsentation und/oder eines schriftlichen Berichtes
Rückmeldung der Ergebnisse an den Steuerungskreis	• Rückmeldung der Ergebnisse erfolgt - z.B. in Form einer mündlichen Präsentation und/oder eines schriftlichen Berichtes
Rückmeldung der Ergebnisse an die Beschäftigten	• Rückmeldung der Ergebnisse erfolgt - z.B. in Form einer mündlichen Präsentation und/oder eines schriftlichen Berichtes

Kernprozess Interventionsplanung	
Erfolgsfaktoren	**Prüfpunkte**
Diskussion der Problembereiche und Festlegung des Handlungsbedarfes	• Probleme sind identifiziert • Ursachen sind erkannt • Handlungsbedarfe sind daraus abgeleitet
Formulierung einer präzisen Zielsetzung für die Intervention und definitive Festlegung der Zielgruppen (wenn nicht bereits im Vorfeld geschehen)	• konkrete und messbare Interventionsziele liegen vor • die Ziele sind schriftlich fixiert in einem Teilprojektauftrag • die Zielsetzung ist problemadäquat und findet bei der ausgewählten Zielgruppe Akzeptanz
Auswahl und Priorisierung problemorientierter Interventionen	• Interventionen sind geeignet im Sinne der Zielerreichung und Problemlösung • Interventionen sind in der Praxis erprobt und haben sich bewährt • Interventionen sind angepasst an die betriebliche Situation und die Zielgruppe(n) • Reihenfolge zur Durchführung der Interventionen ist festgelegt
Einbeziehung der relevanten Akteure und Gremien in die Planung	• relevante Akteure und Gremien - z.B. Steuerungsgremium, Arbeitsschutzausschuss, Leitung und Mitarbeiter der betroffenen Gruppen bzw. Einheiten werden bedarfs- bzw. problemorientiert einbezogen
Festlegung von Zuständigkeiten	• verantwortliche Personen für die Durchführung der Interventionen sind benannt
konkrete Zeit- und Arbeitsplanung für die Intervention	• ein detaillierter Zeit- und Arbeitsplan (wer macht was bis wann) liegt vor
konkrete Kostenplanung für die Intervention	• eine detaillierte Kostenaufstellung liegt vor

Kernprozess Intervention	
Erfolgsfaktoren	**Prüfpunkte**
Bedarfsgerechtigkeit und Angemessenheit der Interventionen	• der Bedarf ist begründet aus der Diagnose • die Interventionen sind geeignet zur Zielerreichung
Akzeptanz der Intervention durch die Zielgruppe	• Bereitschaft der Betroffenen zur aktiven Teilnahme und Umsetzung von Maßnahmen sowie zur Übernahme von Aufgaben ist vorhanden
Effektivität der Interventionen	• die Wirksamkeit der Interventionen ist bereits anderweitig belegt
Effizienz der Interventionen	• positive Kosten-Nutzen-Relation der Interventionen liegt vor (soweit Ermittlung möglich)
Einhaltung des Zeit- und Kostenplans sowie der Meilensteine	• Ausmaß der Soll-Ist-Abweichung ist ermittelt, und Ursachen sind, soweit möglich, geprüft
Dokumentation der Intervention	• aussagekräftige, verwertbare Protokolle bzw. sonstige Berichte, Dokumentationen etc. liegen vor
Rückmeldung an das Steuerungsgremium und ggf. an das Top-Management	• Rückmeldung über den Arbeitsprozess und die Ergebnisse der Interventionen erfolgt regelmäßig
Rückmeldung an die Beschäftigten	• Rückmeldung über den Arbeitsprozess und die Ergebnisse der Interventionen erfolgt regelmäßig

Kernprozess Evaluation	
Erfolgsfaktoren	**Prüfpunkte**
Soll-Ist-Abgleich zwischen den angestrebten Zielen und den erreichten Ergebnissen	• definierte Zielwerte und tatsächlich erreichte Ergebnisse werden anhand von Erfolgsindikatoren abgeglichen • aufgebaute Strukturen und durchgeführte Prozesse werden anhand von Erfolgsindikatoren und Standards abgeglichen
Auswahl erprobter Methoden und Vorgehensweisen für die Struktur-, Prozess- und Ergebnisevaluation Optionen: s. Diagnose	• anerkannte Standards zur Struktur- und Prozessevaluation werden angewendet • relevante Verfahren zur Ergebnisbewertung werden angewendet • bei der Evaluation eingesetzte Methoden und Instrumente orientieren sich an den Verfahren der Diagnose
Erfolgsindikatoren	**Prüfpunkte**
Aufbau und dauerhafte Verankerung des Managementsystems (I): Aufbau und Optimierung der betriebspolitischen Voraussetzungen sowie der strukturellen und planerischen Rahmenbedingungen Strukturevaluation	• feste, schriftlich fixierte Verantwortlichkeiten und Zuständigkeiten für Betriebliches Gesundheitsmanagement (z.B. Beauftragter, Steuerungsgremium) liegen vor • dauerhafte Ressourcen für Betriebliches Gesundheitsmanagement (z.B. festes Budget, Räumlichkeiten etc.) liegen vor • das Thema Betriebliches Gesundheitsmanagement ist in Fort- u. Weiterbildung integriert • die internen Gesundheitsexperten - z.B. Fachkraft für Arbeitssicherheit, Betriebsarzt - und Gremien (z.B. Arbeitssicherheitsausschuss) sind vernetzt • Kooperationsbeziehungen mit externen Experten (z.B. Krankenkasse und/oder Berufsgenossenschaft) sind aufgebaut • Betriebliches Gesundheitsmanagement ist mit anderen Managementansätzen und mit Führungsinstrumenten, EFQM, Balanced Scorecard, Zielvereinbarungen etc.) verknüpft

Kernprozess Evaluation (Fortsetzung)	
Erfolgsindikatoren	**Prüfpunkte**
Aufbau und dauerhafte Verankerung des Managementsystems (II): Durchführung und Optimierung der Kernprozesse Prozessevaluation	• die vier Kernprozesse werden professionell durchgeführt: - Zeit-, Arbeits- und Kostenpläne werden eingehalten - die Prozesse werden gut dokumentiert - die Standards werden eingehalten
Stärkung des Sozial- und Humankapitals Ergebnisevaluation	• nachweisliche Effekte liegen vor hinsichtlich: - verbesserter Transparenz/ Infofluss - verbessertem Führungsverhalten - verbessertem Betriebsklima - gestärktem Commitment (Wir-Gefühl) - erhöhter Veränderungsbereitschaft und Akzeptanz gegenüber dem Thema BGM - verminderter Arbeitsanforderungen/-belastungen, - erhöhter Handlungsspielräume - verbesserter Kommunikation und Kooperation - verbessertem Teamzusammenhalt und sozialer Unterstützung
Verbesserung von Wohlbefinden und Gesundheit der Beschäftigten Ergebnisevaluation	• nachweisliche Effekte liegen vor hinsichtlich: - erhöhtem psychosozialem Wohlbefinden - verbessertem Selbstwertgefühl - verringerter Burnout-Symptome - verringerter körperlicher Beschwerden - reduzierter Werte bei Risikofaktoren (z.B. Bluthochdruck, Übergewicht - erhöhter Arbeitszufriedenheit
Steigerug von Produktivität, Qualität und Wirtschaftlichkeit Ergebnisevaluation	• nachweisliche Effekte liegen vor hinsichtlich: - erhöhter Motivation - verringerter Fluktuation - gesenkter Fehlzeiten - erhöhter Qualität und Kundenorientierung - reduzierter (Personal)-Kosten

2.3 Zwei Fallbeispiele

Um der Vision einer gesunden Organisation näher zu kommen, müssen alle Beiträge leisten: Topmanagement und Betriebsrat, Führungskräfte, Beschäftigte und Gesundheitsexperten. Topmanagement und Betriebsrat müssen die betriebspolitischen Voraussetzungen herstellen und dafür Sorge tragen, dass Strukturen und Prozesse des Unternehmens geeignet sind, diese Vision in realistische Ziele umzusetzen. Was das konkret bedeutet, soll im folgenden beispielhaft vorgestellt werden.

Dabei kann es nicht darum gehen, einzelne Maßnahmen im Detail vorzustellen. Jede Organisation ist ein Fall für sich. Einzelne Maßnahmen und Projekte müssen deshalb immer den jeweiligen Bedingungen angepasst, geplant, gesteuert und evaluiert werden. Daher entwickeln wir mit diesem Lehrbuch einen verfahrensorientierten und keinen primär maßnahmenorientierten Vorschlag, wie ihn beispielsweise die Spitzenverbände der gesetzlichen Krankenversicherung zum Betrieblichen Gesundheitsmanagement entwickelt haben. Verfahrensorientiert heißt, es werden primär Konzepte, Methoden, Fähigkeiten, Vorgehensweisen dargestellt und die kunstgerechte Durchführung der vorgeschlagenen Kernprozesse mit Prüfpunkten versehen. Darüber hinaus gibt es aber auch in der Arbeitswelt von heute u.E. Kernprobleme im Bereich Organisation und Gesundheit, die mehr oder weniger ausgeprägt in jedem Unternehmen, in jeder Verwaltung und in jeder Dienstleistungseinrichtung anzutreffen sind:

1. das Problem der Führung mit seinen positiven und negativen Konsequenzen für die Gesundheit der Beschäftigten sowie die besondere Verantwortung des Topmanagements und des Betriebsrates für ausreichende Investitionen in das Sozialkapital;
2. das Problem der Vernetzung und Kommunikation mit seinen Konsequenzen für Arbeitszufriedenheit, Arbeitsanforderungen und Arbeitsbelastungen;
3. das Problem einer ganz überwiegend sitzenden Tätigkeit und ihrer Folgen für den Stütz- und Bewegungsapparat.

Für die exemplarische Darstellung der vier Kernprozesse und der Bewältigung einzelner Kernprobleme des Betrieblichen Gesundheitsmanagements haben wir im folgenden den Weg der Fallbeschreibung gewählt

Führung und Gesundheit in einem metallverarbeitenden Unternehmen

M. Finke

Zeisigweg 2
45731 Waltrop

Das folgende Fallbeispiel wurde ausgewählt, da man daran sehr gut erkennen kann, dass eine professionell betriebene Organisationsentwicklung auch Betriebliches Gesundheitsmanagement einschließt. Im Fallbetrieb war zunächst die Sicherung der Zukunftsfähigkeit Ausgangspunkt der Reorganisation. Im weiteren Verlauf bemerkten die betrieblichen Protagonisten aber recht schnell, dass die betriebliche Zukunftsfähigkeit nicht nur von innovativen Produkten oder einer flexibleren Produktion abhängt, sondern auch von motivierten und gesunden Mitarbeitern, die die Eckpfeiler der betrieblichen Zielsetzung - Flexibilität und Qualität - täglich umsetzen müssen. Körperliches und seelisches Wohlbefinden der Mitarbeiter wiederum hat seine Voraussetzungen auch in der Unternehmenskultur, in diesem Fall in der Führungskultur. Die im Fallbetrieb durchgeführten Interventionsmaßnahmen hatten zwar vordergründig Gesundheit zum Ziel, führten jedoch zugleich zu einer Neubewertung der Führungsrolle im Unternehmen und zur Qualifizierung der mittleren Führungskräfte in Richtung Sozial- und Methodenkompetenz. Letztendlich war die Investition in das betriebliche Sozialkapital entscheidend für den Erfolg sowohl der Organisationsentwicklung wie auch des Betrieblichen Gesundheitsmanagements. Zudem zeigt das Fallbeispiel auch, dass Veränderungen im Bereich Führung mit Schwierigkeiten behaftet sind und sich schneller Erfolg nicht immer einstellt.

Das Unternehmen

Das Unternehmen ist ein Zulieferer der Automobilindustrie. Zwei Produktgruppen werden von dem Unternehmen hergestellt: Verkleidungen aus Kunststoff (z.B. Stoßfänger) und Chassiselemente aus Metall. Rund 95 Prozent der Produkte werden an verschiedene Automobilhersteller geliefert. Das Unternehmen hat rund 1.200 Beschäftigte.

Aufgrund der sich verschärfenden Wettbewerbssituation entschloss sich das Topmanagement dazu, einen Prozess der Organisationsentwicklung zu starten. Übergeordnetes Ziel war es, den zukünftigen Herausforderungen der Märkte gewachsen zu sein. Als kleineres Unternehmen des Marktsegmentes sah man die Chance darin, bei gleichbleibend hoher Qualität und sinkenden Kosten flexibler als die Konkurrenz auf Kundenwünsche zu reagieren. Der innerbetriebliche Veränderungsprozess wurde demnach von der grundlegenden Überlegung bestimmt, die Produktion der einzelnen Betriebsteile zu flexibilisieren, gleichzeitig aber die hohen Qualitätsvorgaben der Kunden zu erfüllen und sukzessive die Kosten zu senken.

Um diese Zielvorgaben zu erreichen, war eine Änderung der Arbeitsorganisation notwendig. Die bisher übliche Ablauf- und Aufbauorganisation war zu sehr auf die Massenfertigung der bestehenden Produktgruppen fixiert. Das Topmanagement entschloss sich deshalb, die Steigerung der Flexibilität durch einen umfassenden Prozess der Organisationsentwicklung zu erreichen.

Da die Unternehmensführung bisher immer auf einen partnerschaftlichen Umgang mit dem Betriebsrat achtete und bei der Reorganisation nicht die Kostensenkung im Vordergrund stand, strebte die Leitung einen Konsens mit dem Betriebsrat an. Hierfür setzte man ein Strategietreffen an, auf dem das Management den Vertretern des Betriebsrates die Pläne dargelegte.

Auf einem Workshop verständigten sich beide Parteien auf folgende strategische Ziele:

- das Unternehmen soll die Kosten- und Qualitätsführerschaft bei kleinen und mittleren Serien übernehmen,
- die Qualitätsanforderungen der Kunden werden weiterhin deutlich übertroffen,
- die Veränderungen werden nicht gegen, sondern mit den Mitarbeitern entwickelt und umgesetzt.

Auf dem Treffen erfolgte ebenfalls eine Verständigung über die Vorgehensweise. Der beabsichtigte Unternehmensumbau müsste von den Beschäftigten verstanden und mitgetragen werden. Zudem sollte es keine "Heiligtümer" geben. Die angestrebten Ziele müssten in allen Abteilungen umgesetzt werden. Die Federführung bei dem Organisationsentwicklungsprozess übertrug man einem paritätisch besetzten Lenkungskreis, in dem auch das Topmanagement vertreten war. Dieser tagte zu Beginn der Reorganisation alle zwei Wochen und wurde in der Anfangsphase durch externe Berater unterstützt.

Nach Entwicklung eines Leitbildes, das die Unternehmensziele festlegte und den Beschäftigten als Identifikationsbasis dienen sollte, arbeitete der Lenkungskreis einen Plan zur Vorgehensweise im Organisationsentwicklungsprozess aus. Folgende Eckpunkte wurden vereinbart: Die Flexibilität sollte durch Dezentralisierung und durch qualifizierte, motivierte Mitarbeiter, die sich wohlfühlen, erreicht werden. Dies bedeutet eine größere Autonomie einzelner Bereiche. Die angestrebte Arbeitsorganisation setzt aber auch qualifizierte und motivierte Mitarbeiter voraus, die es verstehen, die gewonnenen Freiheiten nicht als Belastung, sondern als positive Herausforderung zu sehen. Die angestrebte Reorganisation erforderte daher eine Bestandsaufnahme der Gesundheit und des Wohlbefindens der Mitarbeiter, da man sich einig war, dass nur eine „gesunde“ Mitarbeiterschaft den Wandel und die zukünftigen Herausforderungen angemessen bewältigen kann.

Zur Planung der bedarfsgerechten Vorgehensweise entschied sich der Lenkungskreis, einen Arbeitskreis Mitarbeiterbefragung einzurichten, der die operative Durchführung der Befragung vorantreiben sollte. Die Bewertung der Ergebnisse, die Erstellung eines Maßnahmenplans sowie die Kontrolle der Umsetzung blieb Aufgabe des Lenkungskreises. Im Arbeitskreis Mitarbeiterbefragung waren jeweils ein Vertreter des Management und der Arbeitnehmer, ein Meister, der Betriebsarzt und die Sicherheitsfachkraft sowie ein Experte für Mitarbeiterbefragungen einer Krankenkasse. Die Moderation des Arbeitskreises übernahm ein erfahrener Prozessgestalter einer Unternehmensberatung. Mit dem Instrument Mitarbeiterbefragung wollte man aber nicht nur die Gesundheit der Mitarbeiter erfassen, auch die Meinungen der Mitarbeiter zur Personalführung und das Führungsverhalten der Vorgesetzte sollte erhoben werden. Dies machte eine Anpassung des Fragebogens an die spezifischen Rahmenbedingungen des Unternehmens erforderlich.

Diagnose

Der Fragebogen für die Mitarbeiterbefragung umfasste u.a. folgende Themenblöcke:

- Gestaltung des Arbeitsplatzes und des -umfeldes
- Handlungsspielräume bei der Arbeit
- Arbeitszeit und Einsatzplanung
- Arbeitstätigkeiten und Beanspruchung
- Führungsverhalten und Führungskräftebewertung
- soziale Beziehungen am Arbeitsplatz
- körperliches und psychosoziales Wohlbefinden

Beim Design, Aufbau und Formulierung der Fragen und der statistischen Auswertung des Fragebogens zog das Unternehmen externe Experten hinzu mit Erfahrungen auf dem Gebiet der Mitarbeiterbefragung. Die inhaltliche Bewertung der Ergebnisse wurden durch den Lenkungskreis vorgenommen.

Die Befragung bestätigte im Bereich Arbeitsbelastung eine im Grunde bekannte Problematik: Die Arbeit in der Gießerei war körperlich sehr belastend, da dort die Mitarbeiter Hitze und Staub ausgesetzt waren und zudem der Maschinenpark insgesamt nicht dem aktuellen Stand der Technik entsprach. In der Lackiererei hingegen schätzen die Mitarbeiter die Belastungen durch die Arbeit als eher gering ein. Auch dies entsprach den Erwartungen des Lenkungsausschusses, da man durch die Investition in eine neue Anlage die offensichtlichsten gesundheitlichen Beeinträchtigungen beseitigen konnte. Bei der Planung und Errichtung der Anlage berücksichtigte man nämlich die arbeitsmedizinischen Erkenntnisse der Gefährdungsanalyse hinsichtlich der Vermeidung traditioneller Belastungen von Lackieranlagen. Ein Abgleich mit der internen Fehlzeitenstatistik zeigte aber, dass die Fehlzeitenrate in der Gussabteilung deutlich geringer war als in der Lackiererei. Das für den Lenkungsausschuss überraschende Ergebnis der Befragung lautete also: Die höhere Arbeitsbelastung in der Gießerei führte nicht zu einer höheren Fehlzeitenquote, im Gegenteil, trotz geringer Arbeitsbelastung lagen die Fehlzeiten in der Lackiererei deutlich über dem Durchschnitt aller anderen Fertigungsabteilungen.

Der Lenkungsausschuss nahm daher nochmals eine detailliertere Auswertung der Mitarbeiterbefragung vor. Insbesondere wollte man wissen, in welchen weiteren Dimensionen die beiden Abteilungen Unterschiede aufwiesen. Die Ergebnisse zeigten, dass in den Abteilungen unterschiedliche Führungsstile praktiziert wurden. In der Lackiererei klagten die Mitarbeiter über mangelnde Informationen, fehlende Planungssicherheit durch kurzfristig angekündigte Arbeitsaufträge und über ungenügende Einbindung bei Entscheidungen. In der Gießerei dagegen fühlten sich die meisten Mitarbeiter ausreichend informiert, konnten selbständig die Feinsteuerung der Arbeit übernehmen und sahen ihre Anregungen zur Verbesserung der Arbeitsabläufe bei den Vorgesetzten berücksichtigt.

Die Ergebnisse wurden im Lenkungskreis diskutiert. Man vermutete, dass unterschiedliche Führungsstile in der mittleren Ebene (insbesondere Meister) die Fehlzeitenquote beeinflussen.

Interventionsplanung

Aufgrund der Ergebnisse der Mitarbeiterbefragung beschloss der Lenkungsausschuss zur Verbesserung der gesundheitlichen Situation folgende Maßnahmen einzuleiten:

- Verringerung der Arbeitsbelastung in der Gießerei durch Zirkelarbeit
- Verbesserung des Führungsverhalten im gesamten Fertigungsbereich durch Qualifizierung und Rotation

Einrichtung von Gesundheitszirkeln

Im Bereich der Gießerei sollten Gesundheitszirkel eingerichtet werden, um die bestehende Arbeitsbelastung zu mildern. Die Mitarbeiter sollten Maßnahmen vorschlagen, die zu einer Verringerung der Arbeitsbelastung führen. Zwar lag die Fehlzeitenquote im betrieblichen Mittel für Fertigungsabteilungen, dennoch wollte man nicht das Risiko eingehen, dass die insgesamt hohe Arbeitsbelastung längerfristig zu vermehrter Abwesenheit führen.

Da man im Rahmen der Organisationsentwicklung in allen Fertigungsbereichen Zirkelarbeit eingeführt hatte, um damit die Qualität in der Produktion aufrechtzuerhalten und Verbesserungsvorschläge aus dem Mitarbeiterkreis zu gewinnen, sah es die Projektleitung als sinnvoll an, nicht einen zusätzlichen Zirkel für Gesundheit einzurichten, sondern die bestehenden Strukturen zu nutzen. Die Zirkel in der Gießerei sollten weiterhin sich als Qualitätszirkel verstehen, sie sollten aber neben der Qualität der Produkte und Prozesse auch die Qualität der Mitarbeitergesundheit diskutieren und verbessern. Im Lenkungsausschuss entschied man sich dafür, eine gesonderte Präsentation der

Ergebnisse der Mitarbeiterbefragung in der Gießerei zu veranstalten. Zudem stimmte man sich mit der Geschäftsleitung ab, inwieweit Investitionsmittel zur Modernisierung der technischen Anlagen vorgesehen waren und über welchen Betrag der Gießereibereich bei der Lösung identifizierter Problemfelder verfügen konnte.

Zukünftige Kompetenzen von Führungskräften

Zur Verbesserung der Führungsqualität im Fertigungsbereich wurde im Lenkungsausschuss die Frage diskutiert, welche Fähigkeiten und Kompetenzen gerade die mittleren Führungskräfte entwickeln müssen, um den neuen Herausforderungen einer dezentralisierten und mitarbeiterorientierten Unternehmensstruktur gerecht zu werden. Man einigte sich darauf, dass beim Führungspersonal insgesamt zukünftig die sozialen und methodischen Kompetenzen wichtiger werden, die fachlichen Kompetenzen dagegen in den Hintergrund treten. Eine besondere Herausforderung sah man bei der Qualifikation von Industriemeistern.

Experteninterviews mit Führungskräften

Mitglieder des Lenkungsausschusses haben mit den Meistern und Abteilungsleitern Expertengespräche geführt, um zu erfahren, in welchen Bereichen die Zielgruppe für sich selber Qualifizierungsbedarfe sieht. Hierbei stellte sich heraus, dass die Meister an Moderations- und Motivationstechniken interessiert waren. Zudem empfanden sie, dass sie bei Mitarbeitergesprächen oder Gruppensitzungen schlecht vorbereitet waren und nicht angemessen auf Konflikte zwischen Mitarbeitern reagieren konnten.

Zur Verbesserung des Führungsverhaltens in der Fertigung wurden nun zwei Maßnahmen geplant. Erstens sollte den Führungskräften der mittleren Ebene (Meister, Abteilungsleiter etc.) Sozial- und Methodenkompetenz vermittelt werden. Hierzu wählte man Weiterbildungsangebote externer Bildungsanbieter aus. Die Seminare sollten außerhalb des konkreten Arbeitszusammenhangs abgehalten werden und gleichzeitig als Supervision zu den eingeleiteten Veränderungsprozessen dienen. Man erhofft sich, dass die mittleren Führungskräfte zukünftig als Multiplikatoren in dem Betrieb agieren können und der Bedarf an externen Experten bei der Begleitung der Veränderungsprozesse sinkt. Zweitens wurde ein Plan erstellt, nachdem die Zuständigkeit für die Verantwortungsbereiche der mittleren Führungskräfte wechseln sollten. So sollte bspw. ein Meister der Lackiererei einen Bereich in der Gießerei übernehmen.

Ziele der Intervention

Zum Abschluss der Planung formulierte der Ausschuss die Ziele der Intervention: Für den Bereich der Gießerei vereinbarte man, dass es ein befriedigendes Ergebnis sei, wenn bei der nächsten Mitarbeiterbefragung die Arbeitssituation als weniger belastend eingeschätzt würde und das Wohlbefinden der Mitarbeiter insgesamt gestiegen sei. Für den Bereich der Lackiererei einigte man sich darauf, dass sich dort bei der Mitarbeiterbefragung die Bewertung der Führungskräfte nachweislich verbessern sollte. Das Management erhoffte sich außerdem, dass sich die Fehlzeitenquote dem betrieblichen Mittel annähern würde. Im Lenkungsausschuss wurde diskutiert, ob man den Mitarbeitern des Bereiches eine finanzielle Gratifikation geben sollte, falls sie diesen Wert erreichen. Dies lehnte aber der Betriebsrat ab, da die Arbeitnehmervertreter befürchteten, dass die Arbeitskollegen auf Mitarbeiter, die öfters oder länger krank sind, unverhältnismäßigen Druck ausüben würden. Stattdessen vereinbarte man eine kleine Prämie für alle Mitarbeiter, falls nach den Maßnahmen unternehmensweit der Krankenstand um einen Prozent zurückgehen werde.

Verteilung der eingesparten Ressourcen

Ein weiterer Konflikt entzündete sich zwischen den Vertretern des Managements und den Betriebsratsmitgliedern bei der Frage, wie der erwartete Rückgang der Fehlzeitenquote für das Unternehmen nutzbar gemacht werden soll. Das Management sprach sich dafür aus, bei den Personalkosten einzusparen. Der geringere Krankenstand sollte demnach dazu eingesetzt werden, um den Personalbestand sukzessive zu verringern. Dagegen sprach sich der Betriebsrat aus. Wenn Verbesserungen bei der Fehlzeitenquote zum Anlass genommen würden, Mitarbeiter einzusparen, würde man aufgrund aufkommenden Misstrauens nicht den gewünschten Effekt erreichen. Gleichzeitig wurde vom Betriebsrat eingesehen, dass man den „Benefit“ eines geringen Krankenstands im Sinne der Betriebsziele nutzen muss. Man einigte sich schließlich auf folgenden Kompromiss: Die möglichen Einsparungen bei den Personalkosten sollten sofort wieder in die Qualifizierung der Beschäftigten reinvestiert werden, d.h. der entstehende Personalüberhang sollte in Qualifizierungszeiten transferiert werden. Die durch die geringen Fehlzeiten „freigewordenen“ Arbeitsstunden sollten zukünftig auf ein Bildungskonto gehen, aus dem vorrangig Schulungen und Qualifizierungen im Bereich Arbeitsschutz, Sicherheit und Gesundheit bedient werden sollten.

Intervention

Durchführung der Zirkelarbeit

Die Intervention zur Verbesserung der Arbeitssituation in der Gießerei erfolgte im Rahmen der bestehenden Zirkel. Nach der Präsentation der Ergebnisse der Mitarbeiterbefragung wurden in den Zirkeln der Gießerei das Problem Arbeitsbelastung diskutiert und Lösungswege gesucht. Es zeigte sich aber, dass in dem Zirkel immer wieder aktuelle Qualitätsprobleme und Verbesserungsvorschläge diskutiert werden mussten, so dass das Thema Arbeitsbelastung und Gesundheit oft nicht ausreichend behandelt werden konnte. Daher entschlossen sich die Mitarbeiter in Absprache mit dem Lenkungsausschuss, das Thema Belastung in zweistündigen Workshops gesondert zu behandeln.

Umsetzung von Lösungsvorschlägen

Mit den zugesagten Investitionsmitteln konnten einige Vorschläge aus den Zirkeln auch umgesetzt werden. Insbesondere konnte durch das Umstellen der Maschinen die Belastungen durch Staub und Hitze minimiert werden. Insgesamt arbeiteten die Zirkel recht eigenständig.

Qualifizierung der mittleren Führungskräfte

Die Intervention zur Verbesserung des Führungsverhaltens waren weitaus komplexer und erforderten sehr viel Überzeugungsarbeit bei den betroffenen Meistern und Abteilungsleitern. Aus den Expertengespräche hat der Lenkungsausschuss einen Bedarf an der Verbesserung der sozialen und methodischen Kompetenzen erkannt. Man entwarf einen Schulungsplan, bei dem die Betroffenen in den Bereichen Moderations- und Präsentationstechniken, Konflikt- und Zeitmanagement und Rhetorik geschult werden sollten. Die Qualifizierungsmaßnahmen konnten umgehend eingeleitet werden.

Rotation der mittleren Führungskräfte

Weitaus schwieriger zu bewerkstelligen war die angestrebte Rotation der Führungskräfte. Die Betroffenen wehrten sich gegen die Übernahme neuer Verantwortungsbereiche. Auch gab es in einigen Bereichen eine Solidarisierung zwischen Leitungskräften und Mitarbeitern. Die Mitarbeiter und Leitungskräfte befürchteten, dass die in den Abteilungen bestehenden Vertrauensbeziehungen zerstört werden.

Veränderung der Führungsrolle in der Organisationsentwicklung

Der Prozess der Organisationsentwicklung war zu dem Zeitpunkt aber schon soweit fortgeschritten, dass die Grundzüge der neuen Aufbau- und Ablauforganisation erkennbar wurden. Im Bereich der Fertigung sollten teilautonome Gruppen eingerichtet werden, wodurch die klassische Meisterposition wegfallen würde. Die Meister sollten zukünftig als Dienstleister für die Gruppen agieren. Die Verantwortungsbereiche würden so vergrößert, die fachlichen Aufgaben dagegen verringert werden. Dies bedeutet aber auch, dass ein Drittel der Meisterpositionen wegfallen würde.

In einem Pilotbereich, in dem die neue Organisationsstruktur eingeführt wurde, zeigte sich, dass die jüngeren Meister mit der neuen Rolle gut zurecht kamen. Insbesondere halfen ihnen die durchgeführten Qualifizierungen zur Verbesserung ihrer Sozial- und Methodenkompetenz. Die angestrebte Rotation zwischen den Meisterstellen konnte noch nicht umgesetzt werden, da bisher nur ein Pilotbereich umstrukturiert wurde. Es wurde ersichtlich, dass nicht alle Meister - besonders die Älteren - der neuen Aufgabe gerecht werden konnten und dass bei der neuen Organisationsstruktur einige Meister aus dem Unternehmen ausscheiden müssten. Die Intervention zur Verbesserung der Führungsstile konnte somit noch nicht wie geplant umgesetzt werden.

Evaluation

Bei der Planung der Maßnahmen waren die Ziele der Intervention festgelegt worden. Für die Gießerei erhoffte man sich, dass bei der erneuten Befragung der Mitarbeiter die Einschätzung der Arbeitsbelastung zurückgeht und die Arbeitssituation insgesamt positiver empfunden wird. Die zweite Mitarbeiterbefragung wurde ein Jahr nach der ersten durchgeführt. Die Zirkel in der Gießerei hatten ein halbes Jahr an dem Thema Belastungen gearbeitet und hatten die wesentlichen Lösungsvorschläge umgesetzt, als sie erneut befragt wurden. Es zeigte sich bei der abteilungsbezogenen Auswertung der Befragung, dass durchweg die Mitarbeiter die Arbeitssituation positiver bewerteten. Auch das psychosoziale und körperliche Wohlbefinden sahen die Befragten als verbessert an. Im Lenkungsausschuss wertete man die Ergebnisse als Erfolg der Interventionsmaßnahmen. Man war sich aber auch bewusst, dass die positiveren Ergebnisse auch deshalb zustande kommen konnten, weil in der Zirkelarbeit Themen behandelt wurden, die nicht die Qualität der Arbeit oder der Produktionsweise betrafen, sondern das Befinden der Beschäftigten. D.h. die Verbesserung in der Bewertung der Arbeitssituation lassen sich nicht unbedingt und alleinig auf die getätigten Interventionen zurückführen, sondern sie könnten auch damit zusammenhängen, dass die Mitarbeiter über neue und für sie interessantere Themen diskutierten.

Evaluation führt zur erneuten Diagnose

Der Lenkungsausschuss war mit der Evaluation der Interventionsmaßnahmen bereits bei einer erneuten Diagnose angekommen. Da es nicht möglich war, die Effekte der Zirkelarbeit einer Ursache zuzurechnen, aber die besseren Ergebnisse eindeutig für die Beibehaltung der ausgeweiteten Zirkelarbeit sprachen, entschloss man sich, die Zirkelarbeit weiterhin nicht nur zur Qualitätsverbesserung zu benutzen, sondern auch Themen zu behandeln, die das körperliche wie seelische Wohlbefinden beeinflussen. Im Gegensatz dazu konnten die angestrebten Verbesserungen im Bereich Führungsverhalten nicht gemessen werden, da die Intervention nur die Schulungen in Sozial- und Methodenkompetenz beinhaltete. Zwar deutete auch hier die Mitarbeiterbefragung daraufhin, dass eine Verbesserung des Führungsverhaltens - auch in der Lackiererei - eingetreten ist. Aber die Veränderungen bei den Ergebnissen der Mitarbeiterbefragung waren zu gering, um als Erfolg gewertet zu werden. Auch die Fehlzeitenquoten der einzelnen Abteilungen näherten sich nicht an. Der Krankenstand konnte zwar gesenkt werden, dies führte man aber eher auf die ausgelobte Prämie zurück. Der Lenkungsausschuss hatte aber die Hoffnung, dass nach Einführung der neuen Organisationsstruktur und der flächendeckenden Etablierung der Gruppenarbeit die Meister neue Arbeitsbereiche übernehmen würden und somit die Rotation der Führungskräften in Gang käme. Der Lenkungskreis beschloss daher, dass das Thema Führungsverhalten weiterhin auf der Agenda bleibt und dort nach Abschluss des OE-Prozesses nochmals eine Intervention erfolgen muss.

Stress, Fehlhaltungen und Fehlbelastungen im Krankenhaus

Das folgende Beispiel soll aufzeigen, wie sich in einem Krankenhaus aus dem klassischen Ansatz der Verhaltensprävention durch die Anwendung des Betrieblichen Gesundheitsmanagements ein Neuorientierung der gesamten Organisation entwickeln kann. Der Krankenhaussektor steht mit der Einführung der DRG's vor einem gravierenden Veränderungsprozess, der stärker noch als die Einführung der Fallpauschalen, das gesamte Krankenhauswesen nachhaltig beeinflussen wird.

Die sich aus der Einführung des DRG- Systems ergebenden Folgen für die Mitarbeiter sind noch nicht zu übersehen. Auf der einen Seite ist mit dem Abbau von Überkapazitäten zu rechnen - einem der zentralen Zielwerte dieser Reform - andererseits haben Restrukturierungen in der Regel gravierende Auswirkungen auf das Personal, deren Motivation, die Arbeitszufriedenheit, das Wohlbefinden und nicht zuletzt auf das Betriebsergebnis.

Die personalpolitische Herausforderung dieser Neustrukturierungen wird neben dem Überdenken bisheriger Strukturen und Betriebsabläufe in der Verbesserung der Qualifikation, Motivation und Kommunikation liegen. Aus der Sicht des Betrieblichen Gesundheitsmanagements kommt dabei der Qualifizierung der Pflegekräfte und des medizinischen Dienstes sowie der Änderung des Führungsverhaltens eine Schlüsselrolle zu.

Ausgangslage

Bei dem Fallbeispiel handelt es sich um ein Krankenhaus der Regelversorgung, das 300 Betten hat und rund 900 Mitarbeiter beschäftigt. Eine hohe Fluktuation in einzelnen Bereichen, ein steigender Krankenstand und eine deutlich spürbare Verschlechterung des Betriebsklimas waren der Auslöser für die Direktion und die Personalvertretung sich dem Themenfeld Gesundheit und Wohlbefinden anzunehmen.

In einem ersten Schritt wurden von der Direktion die Ergebnisse der Gefährdungsanalysen herangezogen, die der Betriebsarzt nach der Vorgabe des Arbeitsschutzgesetzes in der Verwaltung, der Küche und beim technischen Dienst durchgeführt hatte. In allen drei Abteilungen wurden gravierende Mängel im ergonomischen Bereich und in der Arbeitsorganisation festgestellt. In der Küche und im technischen Dienst ergaben die Gefährdungsanalysen ganz erhebliche Defizite in der Art und Weise, wie schweren Lasten gehoben und getragen wurden und in der Ausstattung mit technischen Hilfsmitteln zum Transport schwerer Lasten. In der Verwaltung bezogen sich die Mängel vor allem auf den ergonomischen Bereich und auf Belastungen, die sich aus der Arbeitsorganisation ergaben.

Im Pflegedienst, dem beschäftigungsmäßig größten Arbeitsbereich, standen die Beurteilungen der Arbeitsplätze noch aus. Sowohl die Direktion als auch die Personalvertretung stimmten darin überein, dass ein akuter Handlungsbedarf bestünde. In der Interpretation der bislang vorliegenden Daten gingen die Meinungen jedoch weit auseinander. Für die Direktion lagen die Ursachen in einer fehlerhaften Arbeitsorganisation: die hohen Fehlzeiten resultierten aus der fehlenden Möglichkeit Überstunden abzubauen. Für die Personalvertretung dagegen lagen die Ursachen im schlechten Führungsverhalten der Stationsleitungen und der Ärzte.

Über das weitere Vorgehen bestand lange Zeit Uneinigkeit. Der kleinste gemeinsame Nenner, auf den sich beide Parteien einigen konnten, war eine Intervention im Bereich des Bewegungsverhalten, da in allen Bereichen des Krankenhauses Rückenbeschwerden zu den häufigsten Ursachen krankheitsbedingter Abwesenheit zählten. Dieser Ausweg bot für beide Parteien eine vorerst akzeptable Lösung: die Direktion sah das Themenfeld „Probleme im Führungsverhalten" ausgeklammert, und die Personalvertretung war sich sicher, dass die Intervention im Bewegungsbereich diese Problematik letztendlich doch wieder hervorbringen würde.

Vorbereitungen

Da die Gefährdungsanalyse für gleiche Arbeitsplätze zusammenfassend durchgeführt wurde und in einigen Bereichen keine Detailinformationen über psychische Belastungen erhoben wurden, sollten weitere Daten herangezogen werden, die mögliche Ursache-Wirkungszusammenhänge aufzeigen. Das zu diesem Zeitpunkt noch nicht schriftlich festgehaltene und eher unspezifische Ziel, etwas „für die Beschäftigten" tun zu wollen, sollte nach einer Auswertung der AU-Daten und der eigenen Fehlzeitenstatistik präziser formuliert werden. Zwei Krankenkassen, bei denen zusammen ca. 85 Prozent der Beschäftigten versichert waren, lieferten eine AU-Datenanalyse und trugen die Ergebnisse bei einem halbtägigen Workshop im Krankenhaus vor. An dieser Veranstaltung nahmen Vertreter der Direktion und der Personalvertretung wie auch der Arbeitsmediziner und die Fachkraft für Arbeitssicherheit teil.

Diskussion der AU-Daten

Es zeigte sich, dass Muskel- und Skeletterkrankungen die meisten AU-Tage verursachen, gefolgt von Erkrankungen der Atmungsorgane. Nur bei der Anzahl der AU-Fälle wurden die Muskel- und Skeletterkrankungen noch von den Erkrankungen der Atmungsorgane übertroffen. Der Vergleich zu den Durchschnittswerten anderer Krankenhäuser der gleichen Größenordnung ergab, dass das Pflegepersonal dieses Krankenhauses einen um fünf Prozent höheren Anteil an Erkrankungen des Muskel- und Skelettsystems hatte.

Bei der Diskussion der Ergebnisse wiesen die Experten der Krankenkassen zunächst darauf hin, dass AU-Daten keinen Aufschluss über die eigentlichen Ursachen der einzelnen Erkrankungen liefern könnten. Um Ursachenforschung zu betreiben und um diese Ursachen dann wirksam bekämpfen zu können, schlugen die Experten vor, eine Intervention nach dem derzeitigen Stand der wissenschaftlichen Erkenntnisse durchzuführen. Direktion und Personalvertretung einigten sich daraufhin, einen Arbeitskreis Gesundheit zu gründen und auf der Grundlage einer Mitarbeiterbefragung eine Intervention im Bewegungsbereich einzuleiten. Die konsultierten Krankenkassenvertreter wiesen darauf hin, dass Maßnahmen im Bewegungsbereich erfahrungsgemäß auf eine hohe Akzeptanz bei den Beschäftigten stoßen. Sollte das Krankenhaus darüber hinaus verhältnisbezogene Interventionen erwägen, wäre an die Durchführung von Qualitätszirkeln zu denken. Der Vorschlag der Experten der Krankenkassen lautete zunächst, am Beispiel des Problemfeldes „Muskel- und Skeletterkrankungen" die Kernprozesse des Betrieblichen Gesundheitsmanagements exemplarisch durchzuführen.

Arbeitskreis Gesundheit

Im Rahmen einer zweitägigen Klausurtagung fand die erste konstituierende Sitzung der Arbeitskreises statt. Auf dieser Sitzung wurden die Ergebnisse der Mitarbeiterbefragung mit den bisher gewonnen Daten der AU- Analyse, der Gefährdungsanalyse, der Unfallzahlenstatistik und der eigenen Fehlzeitenstatistik verglichen. Die Vertreter der Krankenkassen, ein Vertreter der Berufsgenossenschaften, der Arbeitsmediziner und der Leiter der Personalabteilung stellten ihre Ergebnisse dabei vor und lieferten erste Interpretationsansätze.

Diskussion der Mitarbeiterbefragung

Zum einen bestätigte die Mitarbeiterbefragung die Ergebnisse der AU- Datenanalyse. Über 35 Prozent der Beschäftigten geben an, dass sie „stark" unter Kreuz- oder Rückenschmerzen leiden, knapp 35 Prozent geben an, dass sie „stark" unter Nacken- und Schulterschmerzen leiden. Dabei erreicht der Pflegedienst bei den Kreuzschmerzen und die Mitarbeiter der Verwaltung bei den Schulter- und Nackenschmerzen sogar noch höhere Werte. Auf der anderen Seite ergab die Befragung auch, dass die Arbeit der Beschäftigten sehr stark von den Stressoren Zeitdruck, Ärger mit Kollegen und Ärger mit Vorgesetzten negativ beeinträchtigt wurde.

Zieldefinition

Nach einer Reihe von Expertenvorträgen zum Themenfeld „Muskel- und Skeletterkrankungen im Krankenhaus" einigte sich der Arbeitskreis Gesundheit auf allgemeine betriebspolitische Rahmenziele für das Betriebliches Gesundheitsmanagement und verabschiedete spezielle Arbeitsschritte für das Projekt „Intervention im Bereich Muskel- und Skeletterkrankungen". Dazu wurden einzelne Interventionsbereiche definiert und mit den Maßnahmen verbundene spezifische Ziele schriftlich festgehalten. Der Arbeitskreis Gesundheit achtete darauf, dass nur solche Ziele festgehalten wurden, die auch im Rahmen der abschließenden Evaluation mit vorher vereinbarten Messinstrumenten überprüft werden konnten. Als Interventionsbereiche wurden auf der Grundlage der Ergebnisse der Mitarbeiterbefragung vorerst die Verwaltung, die Küche und zwei Stationen im Pflegebereich ausgewählt. Die übrigen Bereiche folgten nach Abschluss der Projekts.

Planungsphase

Ressourcen

In einem nächsten Schritt legte der Arbeitskreis Gesundheit die Zuständigkeiten fest. Ein Vertreter der Berufsgenossenschaft übernahm für die Projektphase die Moderation des Arbeitskreises Gesundheit. Für die Beteiligung der Fachkräfte der Krankenkassen an der Intervention entstanden dem Krankenhaus keine Kosten. Die Eigenleistung des Krankenhauses bestand darin, dass die Beteiligung an Maßnahmen der Intervention der Arbeitszeit angerechnet wurde. Zusätzliche Investitionen wurden für die Anschaffung von Moderationsmaterial, Stellwänden, einer Videokamera und diversem Unterrichtsmaterial getätigt.

Interventionsteam

Die Leiterin der physikalischen Therapie wurde vom Arbeitskreis Gesundheit mit der Zusammenstellung eines Expertenteams (Interventionsteam) beauftragt, dass sich aus internen und externen Bewegungsfachkräften (Krankengymnastinnen und Sportfachkräfte der Krankenkassen), dem Arbeitsmediziner, einer Betriebspsychologin und einer Sozialpädagogin zusammensetzte. Der Auftrag an das Interventionsteam lautete, eine detaillierte Maßnahmenplanung der gesamten Intervention zu erstellen. Während der Projektphase wurden die Arbeit der krankenhausinternen Kursleiter nicht zusätzlich durch Honorare vergütet. Dies änderte sich nach Ablauf des Projekts mit der Einführung einer betriebseigenen Fortbildungseinrichtung, für die eigens eine Stelle geschaffen wurde.

Informationsteam

Der Pressesprecher des Krankenhauses wurde vom Arbeitskreis Gesundheit beauftragt, die interne und externe Informationsarbeit in Absprache mit dem Arbeitskreis Gesundheit zu übernehmen. Dies umfasste sowohl Planung der Informationsveranstaltung für die einzelnen Interventionsbereiche wie auch die Vorbereitung der Auftaktveranstaltung. Begleitet wurde das Projekt in Wort und Bild auf eigens dafür angeschafften Stellwänden und mit Beiträgen in der Mitarbeiterzeitung. Während der gesamten Interventionsphase gab es Zwischenberichte von den einzelnen Maßnahmen.

Maßnahmenplanung

Folgende Maßnahmen wurden für die Diagnostik geplant:

1. Anfertigung von Videoaufzeichnungen der Bewegungsabläufe im Bereich der Pflege und der Küche sowie der Verwaltung als Anschauungs- und Lehrmaterial.
2. Gefährdungsanalyse im Bereich der Pflege nach der Leitmerkmalsmethode der Lastenhandhabungsverordnung.

Folgende Maßnahmen wurden für die Intervention geplant:

1. Arbeitsplatzbezogene Rückenschul-Trainingskurse für die Beschäftigten der Interventionsbereiche, einschließlich der Unterweisung der Mitarbeiter in Hebe- und Tragetechniken.
2. Einrichtung von Fokusgruppen, um Lösungen für die Problemfelder zu erarbeiten, die während der Rückenschulkurse angesprochen wurden (Ergonomie, Arbeitsabläufe, Arbeitsorganisation, Führungsverhalten).

Folgende Maßnahmen wurden für die Evaluation geplant:

1. Wiederholung der Mitarbeiterbefragung.

Intervention

Videoaufzeichnungen

In allen drei Interventionsbereichen wurden die Mitarbeiter an ihrem Arbeitsplatz bei typischen Bewegungsabläufen mit der Videokamera gefilmt. Die Aufnahmen wurden danach vom Interventionsteam auf ihre Verwertbarkeit für die folgenden Schulungsprogramme begutachtet und einzelne Szenen für die unterschiedlichen Programme zusammengeschnitten.

Schulungs- und Trainingskurse

Die achtwöchigen Schulungs- und Trainingskurse wurden in den ausgewählten Interventionsbereichen mit unterschiedlichem Zeitplan angeboten. Während die Mitarbeiter der Verwaltung und der Küche ihre Kurse nach der Dienstzeit absolvierten, wechselte der Kurs des Pflegepersonals im Schichtrhythmus. Inhaltlich unterschieden sich das Trainingsprogramm der Verwaltung von dem der Küche und des Pflegepersonals. Das Kursprogramm der Verwaltung hatte u.a. den Aufbau der statisch arbeitenden Muskulatur im Rumpfbereich als Schwerpunkt. Für die Mitarbeiter der Küche und des Pflegebereichs war - neben dem Erlernen von Techniken zur Muskelentspannung - die Entwicklung der dynamisch arbeitenden Muskulatur vorrangig. Die Schulungen der Hebe- und Tragetechniken wurden mit Hilfe des Videomaterials durchgeführt. Auch die Ergebnisse der Gefährdungsanalyse flossen mit in die Planung der Schulungsprogramme mit ein.

Focusgruppen

Da erfahrungsgemäß während der Schulungsprogramme auch viele Probleme der Arbeitsorganisation und des Vorgesetztenverhaltens thematisiert werden, wurden diese Punkte in den Trainings- und Schulungseinheiten gesammelt und an die dafür extra eingerichteten Focusgruppen weitergeleitet. Jeder Interventionsbereich behandelte an drei aufeinaderfolgenden Wochenenden die Probleme, die in den Schulungsprogrammen gesammelt wurden. Auch die Ergebnisse der Gefährdungsanalysen wurden dabei berücksichtigt. Für die einzelnen Probleme wurden Lösungsvorschläge erarbeitet, die im Arbeitskreis Gesundheit diskutiert und nach einem Dringlichkeitsplan umgesetzt wurden.

Evaluation

Für die Evaluation beauftragte der Arbeitskreis Gesundheit ein privates Institut, das die Effekte der Intervention, vor allem die strukturellen Veränderungen auf der Ebene der Organisation und auf der Ebene der einzelnen Mitarbeiter dokumentieren sollte. Durch Experteninterviews und die Wiederholung der Mitarbeiterbefragung konnten so die Veränderungen herausgearbeitet werden. Vor allem die Verbesserung der ergonomischen Bedingungen, aber auch der in den Rückenschulen gewonnene Zuwachs an Kenntnissen und Fähigkeiten der Mitarbeiter konnte gut belegt werden. Auch die gesamte Struktur des Projekts selbst wurde untersucht. Hier flossen die Ergebnisse in die weitere Planung der Maßnahmen mit ein, die für die übrigen Bereiche des Hauses noch durchgeführt werden sollten. Das Institut wurde vom Arbeitskreis Gesundheit auch beauftragt, ein Team von Mitarbeitern des Hauses zu einem Evaluationsteam weiterzubilden. Dieses Evaluationsteam sollte danach in der Lage sein, alle weiteren Maßnahmen selbständig zu evaluieren

Weiteres Vorgehen

Nach dem Abschluss des Projekts wurden vom Arbeitskreis Gesundheit die Ergebnisse der Evaluation diskutiert und die erfolgreichen Rückenschulprogramme in den Bereichen durchgeführt, in denen durch Mitarbeiterbefragung und Gefährdungsanalyse Bedarf angezeigt war. Zusammen mit einem Sportverein wurden spezielle Trainingsprogramme für Mitarbeiter im Schichtdienst eingerichtet. Der Sportverein stellte im Rahmen der Kooperation auch Übungsleiter für die Betriebssportgruppen zur Verfügung. Eine weitere wichtige Einrichtung, die - neben dem auch weiterhin arbeitenden Arbeitskreis Gesundheit - aus dem Projekt hervorgegangen war, ist die Institutionalisierung der betriebseigenen Fortbildung. Alle Qualifizierungsmaßnahmen für die Mitarbeiter des Krankenhauses wurden nach der Einstellung einer hauptamtlichen Mitarbeiterin von ihr geplant und durch interne und externe Referenten durchgeführt. Die Mitarbeiterin der innerbetrieblichen Fortbildung koordinierte auch die notwendigen Qualifizierungsmaßnahmen für die Führungskräfte des Hauses und vermittelte externe Supervisoren.

Literatur

Badura B (2001) Evaluation und Qualitätsentwicklung betrieblichen Gesundheitsmanagements. In: Badura B, Litsch M, Vetter C (2001) (Hrsg) Fehlzeiten-Report 2000. Zukünftige Arbeitswelten. Gesundheitsschutz und Gesundheitsmanagement. Springer, Berlin, S 145-159

Badura B, Litsch M, Vetter C (2000) (Hrsg) Fehlzeiten-Report 1999: Psychische Belastung am Arbeitsplatz. Springer, Berlin

Badura B, Litsch M, Vetter C (2001) (Hrsg) Fehlzeiten-Report 2000. Zukünftige Arbeitswelten. Gesundheitsschutz und Gesundheitsmanagement. Springer, Berlin.

Badura B, Litsch M, Vetter C (2002) (Hrsg) Fehlzeiten-Report 2001. Gesundheitsmanagement im öffentlichen Sektor. Springer, Berlin

Badura B, Ritter W, Scherf M (1999) Betriebliches Gesundheitsmanagement - ein Leitfaden für die Praxis. hersausgegeben von der Hans Böckler Stiftung. Edition Sigma, Berlin

Bödeker W, Friedel H, Röttger C, Schröer A (2002) Die Kosten arbeitsbedingter Erkrankungen in Deutschland 1998. In: Die BKK 2/2002: 45-49

Bundesministerium für Familie, Senioren, Frauen und Jugend (2001): Dritter Bericht zur Lage der älteren Generation. Deutscher Bundestag 14/5130, 19.01.2001

Europäische Stiftung zur Verbesserung der Lebens- und Arbeitsbedingungen (2000): Die Europäische Union setzt sich seit zehn Jahren für die Verbesserung der Arbeitsbedingungen ein. Dublin

GEK - Gmünder Ersatzkassen (2001) (Hrsg) GEK - Gesundheitsreport 2001. Auswertungen der GEK- Gesundheitsberichterstattung, Schwerpunkt: Psychische Störungen. Schwäbisch Gmünd

Grossmann R, Scala K (2001) Gesundheit durch Projekte fördern. Juventa, Weinheim München

Matiaske W, Mellwigt T (2001) Arbeitszufriedenheit: Quo Vadis? Eine Längsschnittuntersuchung zu Determinanten und Dynamik der Arbeitszufriedenheit. In: DBW 61/1: 7-24

Ministerium für Arbeit, Soziales, Qualifikation und Technologie des Landes NRW (2001) Arbeitswelt NRW 2000, Belastungsfaktoren - Bewältigungsformen - Arbeitszufriedenheit. Düsseldorf

Müller R, Rosenbrock R (1998) (Hrsg) Betriebliches Gesundheitsmanagement, Arbeitsschutz und Gesundheitsförderung - Bilanz und Perspektiven. Asgard Verlag, Sankt Augustin

Münch E, Walter U, Badura B (2002) Führungsaufgabe Gesundheitsmanagement. Ein Modellprojekt im öffentlichen Sektor. Edition Sigma, Berlin (im Erscheinen)

Pfaff H, Slesina W (2001)(Hrsg) Effektive betriebliche Gesundheitsförderung. Juventa, Weinheim München

Rantanen J (2001) Impact of Globalization on Occupational Health. In: Arbeitsmed.Sozialmed.Umweltmed. 36 4/2001: 153-160

Senge PM (1990) The Fifth Discipline: The Art and Practice of the Learning Organization. New York

Spitzenverbände der Krankenkassen (2001) Gemeinsame einheitliche Handlungsfelder und Kriterien der Spitzenverbände der Krankenkassen zur Umsetzung von § 20 Abs. 1 und 2 SGB V vom 21. Juni 2000 in der Fassung vom 27. Juni 2001

Walter U, Münch E, Badura B (2002) Implementierung eines Betrieblichen Gesundheitsmanagements bei der Essener Verkehrs-AG. In: Badura B, Litsch M, Vetter C (2002) (Hrsg) Fehlzeiten-Report 2001. Gesundheitsmanagement im öffentlichen Sektor. Springer, Berlin

WHO/ILO (Bearbeitung Harnois G, Gabriel P) (2000) Mental Health and Work: Impact, Issues and Good Practices. Eigenverlag, Genf

Zimolong B (2001) (Hrsg) Management des Arbeits- und Gesundheitsschutzes. Gabler, Wiesbaden

3 Ausgewählte Problemstellungen

Physische Risiken, Arbeitsunfälle und Berufskrankheiten stehen im Zentrum des herkömmlichen Arbeits- und Gesundheitsschutzes industrieller Güterproduktion. In den Wissens- und Dienstleistungsgesellschaften des 21. Jahrhunderts werden sie eine eher untergeordnete Rolle spielen. An ihre Stelle treten soziale, psychische und somatische Risiken und Erkrankungen, die die Qualität, Produktivität und Flexibilität der Unternehmen sowie die Finanzierbarkeit unseres Gesundheitswesens bedrohen, m.a.W. die Wettbewerbsfähigkeit einzelner Unternehmen und unserer Wirtschaft insgesamt.

Im Folgenden haben wir uns bemüht, einige der häufigsten sozialen und psychischen Pathologien der modernen Arbeitswelt in Form von Kurzessays dem Leser nahe zu bringen. Selbstverständlich erheben wir damit keinen Anspruch auf Vollständigkeit. Auch kann die Lektüre dieser Kurzessays nicht eine eingehende Beschäftigung mit Pathogenese, Inzidenz, Prävalenz dieser Störungen und mit Strategien der Interventionen zu ihrer Verhinderung oder Bekämpfung ersetzen.

Soziale Beziehungen sind für die psychische Gesundheit von grundlegender Bedeutung. Werden sie emotional positiv bewertet, als hilfreich oder unterstützend erachtet, bilden sie mit das wichtigste Gesundheitspotenzial eines Menschen. Werden sie indessen als konfliktreich und belastend wahrgenommen oder als kontrollierend, dann stellen sie eine Bedrohung für die psychische und - auf Dauer - auch für die physische Gesundheit dar. Der erste Kurzessay ist diesem Thema gewidmet.

Burnout ist ein Ergebnis anhaltender (Selbst-)Überforderung, das die Qualität der Arbeit aber auch die Flexibilität und Motivation der Betroffenen beeinträchtigt. Besonders davon betroffen sind die sozialen Interaktionen. Darin liegt die besondere Bedrohung, die von dieser Störung für die Arbeit in einer zunehmend sozial vernetzten, dienstleistungsintensiven Wirtschaft ausgeht. Sich häufende und schließlich chronische Hilflosigkeitsgefühle bilden meist den Anfang dieser Störung. Hilflosigkeit bzw. Depressivität ist daher ein wichtiger Frühindikator. Längst nicht alle depressiven Phasen enden in Burnout. Ein unterstützendes soziales Umfeld bildet einen wichtigen Schutz dagegen bzw. erleichtert „Frühdiagnose" und Prävention. Damit beschäftigt sich das zweite Kurzessay.

Von Burnout als einem häufig langsam und subjektiv unerkannt sich entwickelnden Störungsbild wohl zu unterscheiden ist innere Kündigung, auch wenn das Ergebnis: mangelhafte Arbeitsleistungen, Demotivation und Sinnverlust letztendlich sehr ähnlich aussehen kann. Innere Kündigung ist eine bewusst gewählte Strategie, um sich gegen einen subjektiv als ungültig erachteten inneren Arbeitsvertrag (innere Bindung an das Unternehmen) zur Wehr zu setzen, wenn das Verlassen der Organisation als Option ausfällt. Die Kausalität ist eine andere als beim Burnout. Deshalb müssen auch Strategien zur Bewältigung oder Prävention unterschiedlich ansetzen. Der dritte Kurzessay beschäftigt sich damit.

Muskel-Skeletterkrankungen sind physische Schäden, die - wie wir heute wissen - auch soziale und psychische Ursachen haben. Menschen reagieren unterschiedlich auf Über- oder Unterforderung, auf anhaltende soziale Konflikte bei der Arbeit oder auf subjektiv als unfair erachtete Behandlung. Es sind sehr spezielle persönliche oder situative Kofaktoren, die darüber entscheiden, welche Langzeitfolgen für die Gesundheit daraus entstehen. Damit befasst sich der vierte Kurzessay.

Zigaretten- und Alkohohlabhängigkeit sind Störungen, bei denen seit langem die Ursache in sozialen und persönlichen Voraussetzungen - oder in der Interaktion zwischen beiden vermutet werden. Auch sie bilden spezielle Formen der Stressbewältigung. Auch hier sind es persönliche und soziale Kofaktoren, die letztlich darüber entscheiden, warum welcher pathogene Bewältigungsmodus gewählt wird. Diesen zwei Themenfeldern widmen sich die Kurzessays fünf und sechs.

In einer Gesellschaft, die von chronisch-degenerativen Krankheiten bestimmt wird, in einer zudem alternden Gesellschaft wird wirksame Rehabilitation und Wiedereingliederung als Aufgabe des Betrieblichen Gesundheitsmanagements immer wichtiger. Diesem Thema widmet sich der letzte Kurzessay, in dem noch einmal die Wichtigkeit der Zusammenarbeit betrieblicher und überbetrieblicher Akteure verdeutlicht wird.

Zwei Seiten sozialer Beziehungen: Mobbing und soziale Unterstützung

G. Grande

Universität Bielefeld, Fakultät für Gesundheitswissenschaften
School of Public Health
Postfach 10 01 31
33501 Bielefeld

Einleitung

„Mobbing" und „soziale Unterstützung" stehen für sehr gegensätzliche Qualitäten sozialer Beziehungen. Beide Konstrukte wurden bisher in jeweils anderen Forschungskontexten und mit unterschiedlichen Fragestellungen untersucht. Die Unterstützungsforschung hat eine vergleichsweise lange Tradition. Schon in den siebziger Jahren kamen Cobb (1976) und Cassel (1976) aufgrund vorliegender Forschungsergebnisse zu einer positiven Einschätzung der Bedeutung sozialer Beziehungen für die Gesundheit. In groß angelegten sozialepidemiologischen Untersuchungen an vielen Tausend Personen wurden vor allem die positive Wirkung sozialer Integration bzw. die mit sozialer Isolation verbundenen Risiken für das Auftreten von Erkrankungen, den Krankheitsverlauf und vorzeitigen Tod untersucht. Die Ergebnisse zeigten, dass mangelnde soziale Integration den Krankheitsverlauf bei Patienten mit ischämischen Herzerkrankungen ungünstig beeinflusst und zur vorzeitigen Sterblichkeit führt (zusammengefasst in Berkman u. Glass 2000; House et al. 1988). Für andere - weit weniger gut untersuchte Krankheitsbilder - deuten sich ähnliche Zusammenhänge an.

Eine fast unüberschaubare Zahl sozialpsychologisch oder stresstheoretisch fundierter Forschungsarbeiten legte den Fokus nicht auf die strukturellen, sondern auf die funktionalen Aspekte bzw. die Inhalte sozialer Beziehungen: die soziale Unterstützung. Auch wenn die Ergebnisse der sozialen Unterstützungsforschung heute deutlich differenzierter betrachtet werden als in den 70er und 80er Jahren, gilt als gesichert, dass positive soziale Unterstützung einen bedeutsamen salutogenen Faktor darstellt (z.B. Schwarzer u. Leppin 1989). Soziale Unterstützung verringert die Wirkung von Stressoren und verbessert die Voraussetzungen, mit Belastungen umzugehen. Soziale Unterstützung hat einen positiven Einfluss auf die Bewältigung schwerer Belastungen und Ereignisse (Badura et al. 1987, 1995; Berkman u. Glass 2000).

Soziale Beziehungen sind jedoch nicht per se eine Bewältigungsressource, sie können auch Quelle schwerer Konflikte und Belastungen sein. Entscheidend ist also die Qualität sozialer Beziehungen. Ein positiver Effekt wird vor allem solchen Aspekten wie emotionale Nähe, Intimität und Zusammenhalt zugeschrieben. Negativ bewertete soziale Beziehung oder soziale Belastungen, wie sie in ausgeprägter Form beim Mobbing zu beobachten sind, waren bisher kaum Gegenstand dieser Forschungstradition, obwohl sie möglicherweise stärkere Folgen für die psychische und physische Gesundheit haben als positive unterstützende Zuwendung (Schröder u. Schwarzer 1997).

Mit Mobbing verbindet sich eine wesentlich kürzere Forschungstradition. Mobbing am Arbeitsplatz lässt sich erst seit den 80er Jahren als eigenständiges Forschungsgebiet ausmachen, obwohl sich z.B. frühere Arbeiten von Brodsky (1976) aus den USA bereits dem Thema systematischer Feindseligkeiten am Arbeitsplatz widmeten, dort unter den Begriffen „harassment", „employee abuse" oder auch „bullying" diskutiert. Mit den Studien aus der schwedischen Arbeitsgruppe um Leymann und deren Veröffentlichungen Anfang der 90er Jahre wurde der Begriff Mobbing mit einiger Verzögerung auch in Deutschland publik. In der Folge wurde eine Reihe praxisnaher populärwissenschaftlicher und journalistischer Arbeiten veröffentlicht, denen leider allzu häufig eine solide empirische Basis fehlte. Parallel wurden verschiedene Aktivitäten z.B. von Gewerkschaften und Krankenkassen initiiert, das erste Mobbingtelefon in Hamburg, Mobbinganlaufstellen und Beratungsinitiativen gegründet. Für Deutschland und international besteht jedoch noch immer ein großes Forschungsdefizit im Hinblick auf Ausmaß und Ursachen von Mobbing.

Mobbing - Ein Definitionsversuch

Es gibt bis heute keine einheitliche Definition darüber, was genau unter Mobbing zu verstehen ist. Nach Niedl (1995) charakterisiert Mobbing im Arbeitsleben das Auftreten von Handlungen, die von Individuen oder einer Gruppe auf systematische Art gegen eine bestimmte Person ausgeübt werden. Die Mehrheit der Betroffenen sieht sich nicht einem Einzelkämpfer, sondern einer Gruppe von Gegnern gegenüber (Meschkutat et al. 2002; Zapf 1999). Neben den Betroffenen und den „Tätern" spielen die Mitläufer eine bedeutsame Rolle, denn sie sind es, die einen anhaltenden Mobbingprozess durch passive Duldung erst ermöglichen.

Mobbinghandlungen können nach ihrer Zielrichtung klassifiziert werden. Nach Leymann (1993) lassen sich feindselige Handlungen als Angriffe:

- auf die Möglichkeiten, sich mitzuteilen (z.B. Kontakt-, Gesprächsverweigerung),
- auf soziale Beziehungen (z.B. soziale Ausgrenzung),
- auf das soziale Ansehen (z.B. Gerüchte verbreiten, lächerlich machen),
- auf die Qualität der Berufs- und Lebenssituation (z.B. inadäquate Arbeitsbedingungen),
- und auf die Gesundheit definieren.

Die Mobbinghandlungen müssen häufig und über einen längeren Zeitraum auftreten und werden von der Person als gegen sie gerichtet, feindselig, demütigend oder einschüchternd erlebt. Mobbinghandlungen werden auch als spezifische Formen der Konfliktbewältigung verstanden: ein sozialer Konflikt soll durch Vernichtung und/oder Unterwerfung des Schwächeren beendet werden, oder der Konflikt wird von einer komplexen Ebene (z.B. Arbeitsbedingungen, soziale Spannungen im Team) auf einen Sündenbock verschoben und dort stellvertretend ausgetragen.

Es gibt Hinweise darauf, dass sich die Mobbinghandlungen von Männern und Frauen unterscheiden. Männer bedienen sich häufiger „rationaler" verdeckter Strategien und agieren mit logischen Argumenten, drohen oder verteilen Strafarbeiten, Handlungsweisen, die nur funktionieren, wenn eine Machtposition gegenüber dem Opfer besteht. Frauen greifen dagegen häufiger auf Strategien der sozialen Manipulation zurück, z.B. durch die Verbreitung von Gerüchten und Andeutungen (Kolodej 1999).

Mobbing entwickelt sich in einem Interaktionsprozess. Erst in der Auseinandersetzung in einem Konflikt entstehen die Täter- und Opferrollen als Endergebnis einseitiger oder gegenseitiger Übergriffe. Die Betroffenen sind dabei keinesfalls von Beginn an handlungsunfähig. Sie beginnen jedoch infolge der massiven sozialen Entwertung und aufgrund ihrer klaren Unterlegenheit in dieser Interaktion an ihren fachlichen und sozialen Kompetenzen zu zweifeln, Selbstvertrauen und Selbstwertgefühl verringern sich. Im Mobbingprozess erfolgt also eine immer weiterführende Reduktion von persönlichen und sozialen Ressourcen, die für eine erfolgreiche Belastungsbewältigung jedoch notwendig wären. In Analogie zu Forschungsbefunden systemischer Ansätze (Kommunikationsforschung, Familienforschung) zur Ätiologie psychischer Störungen kann auch für die Interaktionen im Mobbingprozess vermutet werden, dass sie zu einer hochgradigen Verunsicherungen in eigenen Wahrnehmungen und Urteilsmaßstäben bei den Betroffenen führen. Widerspricht das unmittelbare soziale Umfeld - oft in einer geschlossenen Koalition - den Eindrücken des Betroffenen - es gäbe Ungerechtigkeiten oder gar Übergriffe, so muss der Betroffene beginnen, an sich selbst zu zweifeln. Diese Destabilisierung spielt eine wichtige Rolle für die Entstehung auch langanhaltender psychischer Störungen.

Die Asymmetrie in der Rollenverteilung bzw. das Ungleichgewicht im Kräfteverhältnis ist ein konstitutives Merkmal der fortgeschrittenen Mobbingsituation. Diese Asymmetrie wird erzeugt und aufrechterhalten, weil die betroffenen Personen sich aufgrund wahrgenommener sozialer, ökonomischer, physischer oder psychischer Bedingungen außerstande sehen, sich zu wehren oder der Situation zu entkommen.

Man unterscheidet im engeren Sinne zwischen:

- Mobbing, wenn das Problem zwischen hierarchisch gleichgestellten Personen auftritt,
- Bossing, wenn Vorgesetzte ihnen unterstellte Mitarbeitern mobben,
- Staffing, wenn die Mobbinghandlungen von Untergebenen gegen Vorgesetzte gerichtet sind.

Knorz und Zapf (1996) verweisen darauf, dass Vorgesetzte in den meisten Mobbingprozessen mitbeteiligt sind und dass sich Vorgesetzte und Kollegen oft zusammentun, um jemanden zu schikanieren (vgl. Meschkutat et al. 2002). Aus organisationspsychologischer Sicht könnte man so weit gehen zu sagen: Mobbing kann sich überhaupt nur dort entwickeln, wo erhebliche Defizite in den sozialen Kompetenzen der Führung und Leitung im Betrieb bestehen.

Häufigkeit

Untersuchungen in den skandinavischen Ländern und in Österreich (z.B. Leymann 1993; Niedl 1995) haben gezeigt, dass Mobbing ein ernst zu nehmendes Problem ist. Zwischen einem und siebzehn Prozent der Befragten gaben an, innerhalb eines Zeitraumes von einem halben bis zu einem Jahr Mobbingerfahrungen gemacht zu haben. Die großen Differenzen in den Häufigkeitsangaben sind auf Unterschiede im gesellschaftlichen Kontext, in der Unternehmenskultur, Arbeitsorganisation usw. der verschiedenen Länder, aber auch auf die Verwendung unterschiedlicher Mobbingdefinitionen und Erhebungsinstrumente sowie die häufig nicht repräsentativen Stichproben in den Studien zurückzuführen. Zapf (1999) geht für Europa von realistischen Prävalenzraten zwischen 1 bis 3,5 Prozent aus. In einer aktuellen, repräsentativen Befragung in Deutschland (Nov. 2000 bis Jan. 2001) berichteten 5.5 Prozent der 4396 interviewten Erwerbstätigen zwischen 18 und 65 Jahren über Mobbingerfahrungen im zurückliegenden Jahr (mittlere Dauer 6.7 Monate). 13,4 Prozent der Befragten gaben an, in ihrem gesamten Berufsleben schon einmal von Mobbing betroffen gewesen zu sein (Meschkutat et al. 2002).

Ursachen

Es wird angenommen, dass die Ursachen von Mobbing vielfältig sind und die gesellschaftliche, betriebliche und individuelle Ebene umfassen. Nur wenige Autoren schreiben individuellen Persönlichkeitsmerkmalen der Betroffenen die entscheidende Bedeutung zu. Trotzdem existieren zu den individuellen Besonderheiten von Mobbingbetroffenen relativ viele empirische Untersuchungen, verglichen mit Kausalfaktoren auf betrieblicher oder gar gesellschaftlicher Ebene. Da die meisten Untersuchungen nur Querschnittserhebungen sind, d.h. keine Veränderungen über mehrere Zeitpunkte erfassen, lassen sich gefundene Zusammenhänge zwischen personenspezifischen Merkmalen und dem Auftreten von Mobbing nicht kausal interpretieren. Es ist nicht zu entscheiden, ob die Besonderheiten der Betroffenen Auslöser für die Mobbinghandlungen waren oder eine Folge derselben sind. Die Frage ist, ob das Opfer als Opfer ausgesucht wurde, weil es sich angeboten hat, Fehler gemacht hat, schwach ist oder in irgendeiner Form abweichend oder ob eine Person durch Mobbing zum Opfer gemacht, d.h. so behandelt wurde, dass sie Fehler macht, schwierig wurde, abweichendes Verhalten zeigte und von anderen abgelehnt wurde (Neuberger 1999).

Bei Betroffenen fanden sich eine stärkere Tendenz zur Konfliktvermeidung, geringere Selbstachtung und höhere soziale Angst (Zusammenfassungen in Niedl 1995; Zapf u. Warth 1997). Es waren häufiger solche Personen von Mobbing betroffen, die bei anderen negative Gefühle wie Neid, Frustrationen oder Ängste auslösten (Leymann 1993). Begünstigend scheint sich auch eine schwache soziale Stellung der betroffenen Person auszuwirken (Behinderte, Männer in Frauenberufen und vice versa, Ausländer) (Kolodej 1999; Leymann 1993). In fast allen Studien zeigte sich, dass Frauen häufiger von Mobbing betroffen sind als Männer (Zusammenfassung in Zapf u. Warth 1997). Der Mobbingreport ermittelte in Deutschland für Frauen ein um 34 Prozent höheres Gesamtrisiko für Mobbingerfahrungen (Meschkutat et al. 2002). Der Anteil mobbender Männer ist größer, was vor allem darauf zurückgeführt wird, dass Führungspositionen überwiegend von Männern besetzt sind und Mobbing von oben nach unten sich ungleich stärker auswirkt. Aktuelle Ergebnisse aus Deutschland zeigen: Männer werden zu 80 Prozent von Männern, Frauen dagegen gleichermaßen von Männern und Frauen gemobbt (Meschkutat et al. 2002).

Als betriebliche Ursachen werden z.B.:

- ungünstige Rahmenbedingungen (Rollenkonflikte, soziales Klima),
- Mängel in der Organisationsstruktur (hohe Kontrolle und Fremdbestimmtheit, geringe Handlungsspielräume, mangelnde Transparenz),
- schlechte Kommunikationsstrukturen (auch fehlende Streitkultur),
- Arbeitsanforderungen und die Verteilung von Arbeitsaufgaben
- konfliktreiche und wettbewerbsorientierte Arbeitsatmosphäre,
- unprofessionelles Führungsverhalten (autoritärer Führungsstil) sowie geringe soziale und kommunikative Kompetenzen der Vorgesetzten angesehen.

Gerade das Vorgesetztenverhalten nimmt eine Schlüsselstellung im Mobbingprozess ein, nicht nur als Quelle von Stress, sondern auch im Hinblick auf die Gestaltung von Informationsfluss, Autonomie bei der Arbeitsgestaltung, Schaffung von Partizipationsmöglichkeiten oder die Gestaltung der Leistungsanforderung für die Mitarbeiter. Vorgesetzte können im ungünstigen Fall entweder selbst aktiv an Mobbinghandlungen teilhaben oder durch die Verleugnung und Ignorierung bestehender Konflikte eine konstruktive und rechtzeitige Klärung verhindern. Die Eskalation des Konfliktes, so Leymann, sei im Grunde ein Managementproblem.

Relativ unklar ist bisher, inwiefern sich Mobbing begünstigende betriebliche Bedingungen branchenspezifisch verteilen. Valide Aussagen werden dadurch erschwert, dass zu geringen Fallzahlen der Studien keine Verallgemeinerungen zulassen, Studien sich nicht selten auf einzelne Berufsgruppen beschränken oder dass zwangsläufig in den Branchen Beschäftigungsgruppen mit sehr unterschiedlichen Arbeitsbedingungen zusammengefasst werden müssen. Für Deutschland lieferte der Mobbingreport aufgrund der Befragung von 491 Mobbingbetroffenen erste Hinweise auf überdurchschnittliche Mobbingraten vor allem für „Verlagsgewerbe, Druckgewerbe, Vervielfältigung", „Holzgewerbe" und „Kreditgewerbe", weniger ausgeprägt auch für die Branche „Gesundheits-, Veterinär- und Sozialwesen". Das geringste Mobbingrisiko zeichnete sich für die Landwirtschaft ab. Bei einer Analyse nach Berufsgruppen und nicht nach Branchen wurde das höchste Mobbingrisiko für „Soziale Berufe" gefolgt von „Verkaufspersonal" und „Beschäftigten in Banken, Sparkassen und Versicherungen" ermittelt. Ein minimales Risiko hatten „landwirtschaftliche Berufe", „Verkehrsberufe" und „Reinigungskräfte". Arbeiter wurden mehr als doppelt so häufig wie Beamte gemobbt, am schlimmsten waren Auszubildende betroffen (Meschkutat et al. 2002).

Auf gesellschaftliche Ebene werden Bedingungen wie wirtschaftliche Rezession, ökonomisch notwendige Umstrukturierungen, hohe Arbeitslosigkeit und Wettbewerb als begünstigend für Mobbingprozesse angesehen. Gesundheitspolitische Versäumnisse und Defizite im Arbeitsschutzgesetz haben darüber hinaus zu einem unzureichenden präventiven Gesundheitsmanagement in den Betrieben beigetragen.

Bewältigungsversuche

Unter einer stresstheoretischen Perspektive kann Mobbing als ein extremer sozialer Stressor definiert werden, soziale Unterstützung als eine Ressource, die die Auswirkungen des sozialen Stressors reduziert und die Auswahl von Bewältigungsstrategien und deren Gelingen beeinflusst. Die Interaktion von sozialen Belastungen und sozialen Ressourcen sowie von vielfältigen anderen personalen und situationalen Bedingungen entscheidet mit darüber, ob ein Mobbingprozess eskaliert oder durch die Betroffenen verhindert bzw. aufgelöst werden kann. Einige Spezifika von Mobbingprozessen sind jedoch zu bedenken. Zum einen führt anhaltendes Mobbing häufig nicht nur zu außerordentlichen emotionalen Belastungen, sondern beabsichtigt auch die soziale Isolation der Betroffenen, so dass vorab noch verfügbare soziale Ressourcen nicht mehr genutzt werden können. Zum anderen kann der Mobbingprozess zu einer so weitreichenden sozialen Stigmatisierung und Isolation der Betroffenen führen, dass die Betroffenen keine Chance mehr haben, sich gegen objektiv ungerechte Behauptungen und Beschuldigungen durchzusetzen. Schließlich wird der Verlauf von Mobbing nicht nur von individuellen Ressourcen und zwischenmenschlichen Interaktionsprozessen, sondern zugleich von betrieblichen und gesellschaftlichen Faktoren und Rahmenbedingungen bestimmt.

Fehlende Ressourcen (Selbstwertgefühl, soziale Kompetenz, Selbstwirksamkeitserwartungen, sozialer Rückhalt) und eine Verunsicherung in den eigenen Wahrnehmungen und Wertmaßstäben von Personen in sozialen Konflikten beeinflussen die Wahl von Bewältigungsstrategien ungünstig und reduzieren die Chancen einer gelingenden Konfliktbewältigung bei allen Beteiligten im Mobbingprozess (s. Lazarus u. Folkman 1984). Personen mit hoher psychischer oder sozialer Belastung erleben und provozieren mehr Konflikte, was schnell zu negativen Reaktionen in ihrem sozialen Umfeld führt und damit zu weiteren sozialen Konflikten.

Soziale Unterstützung in der Arbeitswelt hat sowohl eine mindernde Wirkung auf die Stressoren als auch eine fördernde Wirkung auf Arbeitszufriedenheit und psychisches Befinden (Pfaff 1989; Dücker 1995). Die Auswirkungen von Arbeitsbelastungen auf Beschwerden waren geringer, wenn die Beschäftigten sich von ihren Vorgesetzten (und von ihren (Ehe-)Partnerinnen) positiv unterstützt fühlten. Personen, die in der Arbeitswelt weniger Unterstützung erhielten als gaben, waren stärker von Belastungen und Stressfolgen betroffen als Personen mit symmetrischem Austausch. Einen Schutz vor den Auswirkungen von beruflichen Belastungen stellten insbesondere Kontrollmöglichkeiten und emotionale Unterstützung dar, die in direkter Weise Stressfolgen reduzierten (Dücker 1995). Bei Lehrern fand sich ein relativ starker negativer Zusammenhang ($r = -.56$) zwischen Mobbing und sozialer Unterstützung: ein höheres Maß sozialer Unterstützung war mit einer geringeren Häufigkeit von Mobbing verbunden (Van Dick et al. 1999). Das Ausmaß an Depressivität bei Mobbingbetroffenen war um so geringer, je stärker sich die Personen sozial unterstützt fühlten (Zusammenfassung in Niedl 1995).

Über die Bewältigungsstrategien von Mobbingbetroffenen liegen bisher so gut wie keine Erkenntnisse vor. Betroffene, die angaben, ihre Situation am Arbeitsplatz habe sich aufgrund ihrer Bewältigungsversuche weiter verschlechtert, hatten häufiger die Strategien „Gespräche mit dem Angreifer geführt“, „Betriebs- bzw. Personalrat eingeschaltet“, „häufiges Fehlen am Arbeitsplatz“, „eigene Kündigung“ eingesetzt als Personen, deren Situation am Arbeitsplatz sich „voll und ganz“ verbesserte hatte. Keine der untersuchten Strategien wurde von den erfolgreichen „Bewältigern“ häufiger eingesetzt als von den nicht erfolgreichen (Knorz u. Zapf, 1996).

Im Hinblick auf die Bewältigungsprozesse bei Mobbingbetroffenen zeigt sich zusammenfassend ein großes Wissensdefizit, sowohl im Hinblick auf die Frage, welche Bewältigungsstrategien in einer solchen Situation als vorteilhaft angesehen werden können, als auch im Hinblick auf die Frage, wie Ressourcen und insbesondere soziale Unterstützung und Bewältigungsverhalten zusammenwirken und mit welchen Auswirkungen auf den Mobbingprozess, das Belastungserleben und den Gesundheitszustand (vgl. Leppin u. Schwarzer 1997)

Folgen

Die Folgen von Mobbing sind erheblich. Auf individueller Ebene zeigen sich konsistent höhere Beschwerderaten bei den Betroffenen im Vergleich mit Nichtbetroffenen. Das Ausmaß der Beschwerden scheint mit der Häufigkeit der Mobbinghandlungen zuzunehmen. Nach einer Befragung des Bundesverbands der Betriebskrankenkassen 1991/1992 wurde ermittelt, dass in Deutschland jeder sechste Arbeitnehmer unter Beschwerden aufgrund eines schlechten Betriebsklimas leidet. Übereinstimmend wird beschrieben, dass in der Anfangsphase eines Mobbingprozesses allgemeine Stressreaktionen dominieren wie Niedergeschlagenheit, Konzentrationsschwierigkeiten, Kopfschmerzen, Magen-Darmprobleme oder Schlafstörungen. Im weiteren Verlauf verstärken sich die Symptome, Angstzustände, Depressionen, Verschlechterungen des Allgemeinbefindens bis hin zur Suizidgefährdung können auftreten. Damit verknüpfen sich hohe Fehlzeiten, verringertes Leistungsvermögen und sozialer Rückzug. Im ungünstigsten Fall markiert die Kündigung und der Ausschluss aus der Arbeitswelt das Ende des Mobbingprozesses. Mobbingopfer berichteten in 44 Prozent von Krankheitsepisoden wegen des Mobbings, dreißig Prozent hatten freiwillig den Arbeitsplatz innerhalb des Betriebes gewechselt, zweiundzwanzig Prozent gekündigt und fünfzehn Prozent war gekündigt worden (Meschkutat et al. 2002).

Mobbing führt auf betrieblicher Ebene unter anderem zu einer fortlaufenden Reduktion verfügbaren Humankapitals, zu einer Verschlechterung des Betriebsklimas, hohem Krankenstand, Produktivitätsverlust und steigenden Produktionskosten. Die ökonomischen Kosten werden als erheblich eingeschätzt, auch wenn genaue Zahlen bisher nicht vorliegen.

Schlussfolgerungen für Intervention und Prävention

Interventions- und Präventionsansätze können sich auf vorhandene Erkenntnisse und plausible Annahmen insbesondere bzgl. der betrieblichen Ursachen von Mobbing stützen. Insgesamt ist die empirische Grundlage der Mobbingforschung jedoch dünn und die Befunde sind teilweise widersprüchlich. Es fehlt an methodisch hochwertigen Untersuchungen und an umfassenderen theoretischen Erklärungsmodellen. Ein offenes Problem der bisherigen Mobbingforschung ist auch, dass all ihre Erkenntnisse aus der Betroffenenperspektive und nie aus der Perspektive der „Täter" erhoben und entwickelt wurden. Über deren Motive, Bewältigungsstrategien und eventuelle Belastungen ist nichts bekannt.

Grundsätzlich ist ein paralleles Vorgehen mit den Zielen gleichzeitiger Mobbingbekämpfung und -vorbeugung angezeigt. Im Hinblick auf bereits ablaufende Mobbingprozesse stehen Maßnahmen im Vordergrund, die die Mobbinghandlungen aufdecken und beenden helfen und die Folgen für Individuum und Betrieb minimieren. Präventiv geht es vor allem um Schaffung von geeigneten organisatorischen und sozialen Bedingungen sowie um die Stärkung individueller insbesondere sozialer Kompetenzen bei Mitarbeitern und Vorgesetzten, um zukünftig andere Konfliktbewältigungsstrategien zu ermöglichen.

Intervention

Wichtig ist, dass die Interventionsmethoden dem jeweiligen Eskalationsgrad und den Rahmenbedingungen des Mobbingprozesses entsprechen, je früher eine Konfliktintervention erfolgt, desto größer sind die Chancen auf eine konstruktive Konfliktlösung. In einem ersten Schritt wird es also immer darum gehen, Mobbingprozesse so früh wie möglich aufzudecken, um dann im einen zweiten Schritt geeignete Interventionen auszuwählen. Es erscheint für die betriebliche Praxis wenig sinnvoll, Mobbingbetroffene durch individuumbezogene Screeningverfahren, z.B. regelmäßige Fragebogenerhebungen, zu erfassen. Statt dessen sollte die Früherkennung von Mobbingprozessen durch eine Reihe von systembezogenen Maßnahmen im Vorfeld sichergestellt werden. Zu solchen Maßnahmen zählen:

- Weiterbildungs- und Informationsveranstaltungen für Mitarbeiter, in denen Kenntnisse über Mobbing, seine Ursachen, Symptome und Folgen vermittelt werden, um dadurch das Erkennen von ablaufenden Mobbingprozessen zu erleichtern,
- die Einrichtung von Mobbinganlaufstellen, die die Funktion von Beratung und Initiierung weiterer Interventionen haben, sie ermöglichen für Betroffene ebenso wie für Kollegen der Betroffenen, einen bestehenden Verdacht anzusprechen, eine Aufklärung einzuleiten und Unterstützung bei weiteren Schritten zu erhalten,
- die Auswahl und Einbindung externer Experten, die z.B. durch Supervision vor Ort eine neutrale Aufklärung des Mobbingprozesses gewährleisten, und damit die Voraussetzung für Interventionen im Team oder - falls das nicht möglich ist - für individuelle Schritte der Betroffenen zur Beendigung der Mobbingsituation schaffen.

Alle diese Maßnahmen zur Früherkennung fallen zugleich in den Bereich der Prävention und werden deshalb dort zusammenfassend noch einmal erwähnt. Sie können nur wirksam werden, wenn sie bereits im Vorfeld von akuten Konflikten umgesetzt wurden.

Individuumbezogene Interventionen können in einem zweiten Schritt darin bestehen, die Betroffenen zu überzeugen, Hilfsangebote in Anspruch zu nehmen. Geeignete Hilfsangebote können Angebote zum Erwerb individueller kommunikativer Kompetenzen und geeigneter Bewältigungsstrategien oder bei bereits bestehenden psychischen und gesundheitlichen Beeinträchtigungen psychotherapeutische Behandlungsangebote sein. Hilfreich sind Beratungsangebote im Hinblick auf rechtliche Möglichkeiten der Betroffenen oder/ und zu alternativen beruflichen Perspektiven bzw. einer Kündigung.

Auf der betriebliche Ebene wird wegen der potentiellen Involviertheit ganzer sozialer Gruppen, der Vorgesetzten und der Kollegen in die Mobbinghandlungen empfohlen, unbeteiligte professionelle Drittparteien für Moderation, Supervision, Mobbingberatung, Schiedsverfahren oder Machteingriffe einzubeziehen. Darüber hinaus werden Maßnahmen der Organisationsentwicklung und -beratung empfohlen. Erst wenn alle Möglichkeiten versagt haben, sollte auf betrieblicher Ebene die Freisetzung der betroffenen Person erwogen werden.

Prävention

1. Individuumbezogene Ansätze

- Stärkung individueller Konfliktmanagement-Fähigkeiten, Selbsterfahrung, Selbstreflexionsfähigkeit
- Erweiterung der sozialen Kompetenzen

2. Betriebliche Prävention

- Gestaltung der organisatorischen Arbeitsbedingungen (Transparenz, flexible Arbeitsplätze, die auf das Leistungsniveau der Mitarbeiter abgestimmt sind)
- Schaffung von Kommunikations- und Kooperationsmöglichkeiten in der Arbeitsorganisation durch organisationsbezogene Maßnahmen, z.B. partizipative Arbeitsgestaltung, partizipativer Führungsstil (zugleich als implizite Formen sozialer Unterstützung und sozialen Rückhalts wirksam)
- Gesundheitszirkel
- Führungskräftetraining zur Verbesserung der fachlichen und sozialen Kompetenzen, insbesondere im Hinblick auf Konfliktmanagement und Kommunikation.
- Institutionalisierung eines Problembewusstseins für Mobbing, z.B. über Fort- und Weiterbildungsseminare,
- die Etablierung von innerbetrieblichen Mobbingansprechpartner und Anlaufstellen, Betriebsvereinbarungen zum Umgang mit Mobbing.

Betriebliche Vereinbarungen zum Umgang mit Mobbing sollten unabhängig von aktuellen Mobbingproblemen getroffen werden, am besten im Vorfeld. Sie legen das Procedere für akute Mobbingfälle fest, z.B. wer einen Verdacht melden kann, wer die Ansprechpartner sind, welche Stellen in welcher Reihenfolge mit welchen Maßnahmen darauf reagieren. Auch über den Zeitpunkt für die Hinzuziehung externer Experten und deren Auswahl müssen detaillierte Vorgaben vorliegen, damit für den Ernstfall klare Regeln existieren, die einzelnen Personen Sicherheit für ihr Vorgehen geben und die Entscheidung im Einzelfall erleichtern.

Literatur

Badura B, Kaufhold G, Lehmann H, Pfaff H, Schott T, Waltz M (1987) Leben mit dem Herzinfarkt. Springer, Berlin
Badura B, Grande G, Janßen H, Schott T (1995) Qualitätsforschung im Gesundheitswesen. Juventa, Weinheim
Berkman LF, Glass T (2000) Social Integration, Social Networks, Social Support and Health. In: Berkman LF, Kawachi I (eds) Social Epidemiology. Oxford University Press, Oxford, pp 137-173
Berkman LF, Leo-Summers L, Horwitz RI (1992) Emotional support and survival after myocardial infarction. A prospective, population-based study of the elderly. Ann.Intern.Med 117(12): 1003-1009
Cassel J (1976) The contribution of the social environment to host resistence. American Journal of Epidemiology 104(3): 253-286
Cobb (1976) Social support as a moderator of life stress. Psychosomatic Medicine 38: 300-314
Dücker B (1995) Streß, Kontrolle und soziale Unterstützung im industriellen Bereich. Holos-Verlag, Bonn
House JS, Landis KR, Umberson D (1988) Social relationships and health. Science 241: 540-545
Knorz C, Zapf D (1996) Mobbing eine extreme Form sozialer Stressoren am Arbeitsplatz. Zeitschrift für Arbeits- und Organisationspsychologie 40: 12-21
Kolodej C (1999) Mobbing. WUV, Wien
Lazarus RS, Folkman S (1984) Stress, appraisal, and coping. Springer, New York
Leppin A, Schwarzer R (1997) Sozialer Rückhalt, Krankheit und Gesundheitsverhalten. In: Schwarzer R (Hrsg) Gesundheitspsychologie. Ein Lehrbuch. 2. Aufl., Hogrefe, Göttingen, S 349-376
Leymann H (1993) Mobbing - Psychoterror am Arbeitsplatz und wie man sich dagegen wehren kann. Rowohlt, Reinbek
Meschkutat B, Stackelbeck M, Langenhoff G (2002) Der Mobbingreport. Repräsentativstudie für die Bundesrepublik Deutschland. Wirtschaftsverlag NW, Dortmund
Niedl K (1995) Mobbing/ Bulling am Arbeitsplatz. Eine empirische Analyse zum Phänomen sowie zu personalwirtschaftlich relevanten Effekten von systematischen Feinseligkeiten. Hampp, München
Neuberger O (1999) Übel mitspielen in Organisationen. Hampp, München
Pfaff H (1989) Stressbewältigung und soziale Unterstützung. Juventa, Weinheim
Schröder K, Schwarzer R (1997) Bewältigungsressourcen. In: Tesch-Römer C, Salewski C, Schwarz G (Hrsg) Psychologie der Bewältigung. Beltz, PVU, Weinheim, S 174-195
Schwarzer R, Leppin A (1989) Social support and health. A meta-analysis. Psychology & Health Vol 3(1): 1-15
Van Dick R, Wagner U, Petzel T (1999) Arbeitsbelastung und gesundheitliche Beschwerden von Lehrerinnen und Lehrern: Einflüsse von Kontrollüberzeugungen, Mobbing und sozialer Unterstützung. Psychol.Erz.Unterr. 46: 269-280
Zapf D (1999) Mobbing in Organisationen - Überblick zum Stand der Forschung. Zeitschrift für Arbeits- und Organisationspsychologie 43: 1-25
Zapf D, Warth K (1997) Mobbing. Subtile Kriegsführung am Arbeitsplatz. Psychologie Heute 8: 20-26

Burnout

A. Leppin

Universität Bielefeld, Fakultät für Gesundheitswissenschaften
School of Public Health
Postfach 10 01 31
33501 Bielefeld

Was ist Burnout?

Der in den siebziger Jahren von Freudenberger geprägte Begriff „Burnout" bezeichnet eine kumulative Rückzugsreaktion auf chronisch-stressreiche Anforderungen am Arbeitsplatz bei Personen, die ihre berufliche Tätigkeit ursprünglich mit viel Engagement und Idealismus begonnen haben (s. Cherniss 1980; Maslach u. Jackson 1984). Anfänglich ging man davon aus, dass Burnout vor allem Personen in sogenannten „Helferberufen" betrifft, also Berufsgruppen, die Patienten oder Klienten behandeln, betreuen oder beraten. Gefährdet wären demnach vor allem Mediziner und Pflegerpersonal, Lehrer, Psychotherapeuten, Sozialarbeiter etc. Inzwischen ist das Konzept jedoch so populär geworden, dass es häufig auch für Stressreaktionen bei völlig anderen Berufsgruppen wie Journalisten, Verkaufsleitern oder Börsenanalysten verwendet wird.

Zu den Symptomen, die Burnout charakterisieren, gehören u.a. Gefühle von Entmutigung und Gleichgültigkeit, Müdigkeit und Erschöpfung, eine ablehnend-zynische Haltung den Klienten oder generell der Arbeit gegenüber, zunehmender „Dienst nach Vorschrift" und Ausfallzeiten, Verschiebung von Klienten- oder Publikumskontakten bzw. anderer unliebsamer Arbeitsaufgaben bei gleichzeitigen Schuldgefühlen und Versagenserleben. Diese Symptomatik bildet sich meist in einem langwierigen und schleichenden Prozess heraus, der von den Betroffenen selbst erst relativ spät wahrgenommen wird. Gesundheitliche Folgen von Burnout äußern sich vor allem in Angst, Depression und/ oder der ganzen Palette psychosomatischer Beschwerden, die im allgemeinen mit Stressbelastung assoziiert werden.

Nach Edelwich und Brodsky (1984) verläuft der Burnout-Prozess in vier Phasen. Am Anfang steht idealistische Begeisterung, gekennzeichnet durch große Hoffnungen bezüglich der eigenen Möglichkeiten, etwas zu bewirken und zu verändern, eine starke Identifikation mit den Klienten und ein entsprechend ausgeprägter Wunsch zu helfen sowie daraus resultierend eine exzessive, oft ineffektive Verausgabung von Energie. Ersten Erfahrungen des Scheiterns - sei es an den oft als übermächtig erfahrenen bürokratischen Regeln der

Institutionen, in denen Helfer beschäftigt sind oder den in vielen Fällen als „Fass ohne Boden“ erlebten Bedürfnissen und Problemen der Klienten - wird zuerst mit einer Intensivierung der eigenen Anstrengung begegnet. Erst die Erfahrung, dass auch eine andauernde und intensive Verausgabung nur von begrenztem Erfolg gekrönt ist, leitet einen Zermürbungsprozess ein. Die Betroffenen erleben sich als festgefahren und sind mit vielen Aspekten ihrer Arbeitssituation wie Überstunden, schlechte Bezahlung und mangelnde Aufstiegsmöglichkeiten unzufrieden (Stagnationsphase). Wenn diese Unzufriedenheit längerfristig anhält, kommt es zu umfassenden Gefühlen der Machtlosigkeit, zum grundsätzlichen Infragestellen der eigenen Effektivität und der Einschätzung, dass die Einrichtung, in der man tätig ist, den Bedürfnissen der Klienten nicht gerecht wird (Frustrationsphase). Das letzte Stadium des Burnout schließlich ist durch Aufgabe gekennzeichnet. Die Helferinnen schützen sich vor weiterer Enttäuschung und Frustration durch emotionalen Rückzug, Vermeiden von Klientenkontakten und Zynismus. Die ursprünglichen idealistischen Ziele werden aufgegeben. Burnout ist insofern sowohl ein Prozess, der eine Person von Engagement an einem Ende des Kontinuums zu resignativem Rückzug am anderen Ende führt als auch der Zustand am Ende dieses Prozesses selbst. Der am häufigsten verwendeten Burnout- Definition von Maslach und Jackson (1984) zufolge kann dieser Endzustand durch drei Kerndimensionen beschrieben werden.

1. Emotionale Erschöpfung: Die Betroffenen erleben sich als überbeansprucht, energie-, kraftlos, müde und verbraucht.
2. „Depersonalisation“: bezieht sich auf die Haltung, die Klienten gegenüber eingenommen wird. Was in vielen Fällen als „distanzierte Anteilnahme“ beginnt, kann als überwiegend negative, kalte bis zynische und dehumanisierende Haltung Patienten oder Klienten gegenüber enden.
3. Reduzierte persönliche Leistungsfähigkeit ist der Verlust an Erfolgs- und Kompetenzerleben. Die Betroffenen fühlen sich unproduktiv und zunehmend unfähig, den Anforderungen, mit denen sie an ihrem Arbeitsplatz konfrontiert werden, gerecht zu werden.

Diese dreidimensionale Definition von Burnout liegt auch dem am häufigsten eingesetzten Messinstrument zur Erfassung von Burnout, dem Maslach Burnout Inventory (MBI: Maslach u. Jackson 1986, dt. Version von Enzmann u. Kleiber 1989), zugrunde. Um die spezifischen Stressreaktionen auch von anderen Berufsgruppen erfassen zu können, die in ihrer beruflichen Tätigkeit nur wenig oder gar nicht in Kontakt mit Klienten bzw. Kunden kommen, wurden inzwischen weitere Versionen des MBI entwickelt.

Wie häufig ist Burnout?

Angaben zur Prävalenz von Burnout variieren erheblich und sind nur schwer vergleichbar, da zum Teil unterschiedliche Messinstrumente verwendet werden, zum Teil Gesamtscores für Burnout, dann wiederum nur Werte für einzelne Komponenten, wie emotionale Erschöpfung genannt werden. Unabhängig von den untersuchten Berufsgruppen oder den Ländern, in denen Studien durchgeführt wurden, ergaben sich stets die höchsten Betroffenenquoten für die Dimension emotionale Erschöpfung. Für den Lehrerberuf werden in deutschen Studien in der Regel zwischen 10 Prozent und 30 Prozent Betroffener identifiziert, wobei die höheren Prozentraten nur für emotionale Erschöpfung erreicht werden (s. Barth 1992; Buschmann u. Gamsjäger 1999). Für Ärzte und Pflegepersonal werden meist Quoten zwischen 20 Prozent - 30 Prozent genannt (Grassi u. Magani 2000; Campbell et al. 2001), vereinzelt werden auch höhere Anteile berichtet. Besonders gefährdet scheint medizinisches und Pflegepersonal in Notaufnahmen und auf Krebsstationen, wobei Ärzte noch belasteter sind als andere Health Professionals. Hier steigen die Betroffenenraten zum Teil auf Werte von über 50 Prozent für emotionale Erschöpfung, knapp unter 50 Prozent für mangelndes persönliches Leistungserleben und über 20 Prozent für Depersonalisierung (s. Grunfeld et al. 2000).

Einige kulturvergleichende Studien haben gezeigt, dass Burnoutwerte länderspezifisch differieren. So sind z.B. deutsche Lehrer und Lehrerinnen nach eigenen Angaben weniger erschöpft und schätzen ihre persönliche Leistungsfähigkeit besser ein als Hongkong-Chinesische Kollegen; während Depersonalisationstendenzen sich nicht signifikant unterscheiden. Im Vergleich zu US- amerikanischen Lehrern weisen die Deutschen sogar auf allen drei Dimensionen günstigere Werte auf (Schwarzer et al. 2000).

Wer ist besonders burnout-gefährdet?

Ursachen für Burnout wurden und werden sowohl in den Persönlichkeitsstrukturen, den Erwartungen und Motiven der Betroffenen selbst als auch in den Arbeitsplatzbedingungen gesucht. Als individuelle Ursachenfaktoren werden z.B. Motivlagen, wie „Helfermotivation" und Wertüberzeugungen oder eine starke Orientierung an fachlichen Leistungen bei gleichzeitig hohem Anspruchsniveau und Streben nach Anerkennung genannt. Auch die leistungs- und konkurrenzorientierte Typ A-Persönlichkeit ist als burnoutgefährdet beschrieben worden. In einigen Studien konnten tatsächlich Zusammenhänge für solche personbezogenen Merkmale wie starker Idealismus, externale Kontrollüberzeugungen, Neurotizismus, Typ A und ein negatives Selbstbild gefunden werden. Alles in allem legt die Mehrheit der bisherigen Studien zu den Ursachen von Burnout jedoch nahe, dass personale Merkmale im Vergleich zum Einfluss der Arbeitsplatzbedingungen eine geringe Vorhersagekraft haben.

Eine entscheidende Rolle scheint vor allem die (quantitative) Arbeitsbelastung zu spielen. Sowohl in Studien bei Medizinern, Pflegepersonal wie Lehrern konnten starke Zusammenhänge gerade zwischen emotionaler Erschöpfung, aber auch mangelnder Leistungsfähigkeit und der Menge an Arbeit festgestellt werden (s. z.B. eine Meta-Analyse über 61 Studien von Lee u. Ashforth 1996). Bedeutsam ist darüber hinaus auch die Art der Arbeitsbelastung. So konnte bei Personen, die unter extremen Bedingungen arbeiten, wie z.B. Ambulanz- bzw. Notaufnahmepersonal, festgestellt werden, dass Beschäftigte, die häufiger mit schwerwiegenden, potenziell traumatisierenden Vorfällen zu tun hatten, stärker durch Burnout belastet waren (Alexander u. Klein 2001).

Weitere arbeitsplatzbezogene Einflussfaktoren, die ihre Relevanz unter Beweis stellen konnten, waren vor allem mangelnde Rollenklarheit und Rollenambiguität, ein Fehlen an zeitlichen, materiellen, oder finanziellen Ressourcen zur Erledigung der Arbeit, d.h. irrationale Anforderungen an die Arbeitsleistung unter gegebenen Voraussetzungen sowie mangelndes Feedback oder fehlende positive Rückmeldung durch die Klienten. Auch fehlende Autonomie und mangelnde Beteiligung an Entscheidungsfindungsprozessen sowie Konflikte mit dem Vorgesetzten bzw. Kollegen wurden immer wieder als Einflussfaktoren genannt.

Besonders problematisch scheint ein Zusammentreffen mehrerer dieser Faktoren. In einer Studie bei Pflegepersonal konnten Hillhouse und Adler (1997) z.B. zeigen, dass weniger die Anzahl der Patienten per se entscheidend war oder das Auftreten von Konflikten mit anderen Angehörigen des Pflegepersonals. Burnout entstand vor allem dort, wo mehrere dieser Faktoren zusammenkamen, also eine hohe Patientenzahl mit Konflikten innerhalb der Pflegegruppe einherging und dies dann auch noch durch Konflikte mit den Ärzten verstärkt wurde. Pflegende, die zwar ein hohes Patientenaufkommen zu bewältigen hatten, aber gleichzeitig wenig Konflikte mit den behandelnden Ärzten erlebten, waren dagegen auch weniger burnoutgefährdet.

Neben diesen Risikofaktoren, konnten jedoch auch Merkmale von Personen wie von Arbeitsplätzen identifiziert werden, die als Ressourcen vor Burnout schützen. Hierzu gehören als Umwelt- oder soziale Ressourcen vor allem die Unterstützung durch den Vorgesetzten und die Kollegen, die sich in vielen Studien immer wieder als äußerst relevante Faktoren herausgestellt haben. Aber auch eine individuelle Ressource, wie das Erleben von Selbstwirksamkeit, als generelles persönliches Gefühl, die eigene Welt „im Griff" zu haben, schützt vor der Entwicklung von Burnout.

Person und Umwelt sind als Verursacher von Burnout oder auch als Schutz vor solchem letztlich nicht voneinander zu trennen, sondern können nur als gemeinsames Bedingungsgefüge verstanden werden. Das Erleben von Stress und die Reaktion hierauf ist somit Produkt einer Auseinandersetzung der Person mit ihrer Umwelt. In diesem Sinn haben Maslach und Leiter (1997) in Anlehnung an frühere Forschungsarbeiten zum Arbeitsstress (z.B. French et al. 1962) ein Person-Umwelt-Modell zur Erklärung der Entstehung von Burnout entwickelt, bei dem individuelle Ressourcen der Person und situative Anforderungen durch die Umwelt einander gegenübergestellt werden. Passen Umweltanforderungen und Ressourcen nicht zusammen, das heißt überfordern z.B.

die Umweltanforderungen die Ressourcen der Person, kann es zu Burnouterleben kommen.

Maslach und Leiter (1997) unterscheiden sechs kritische Bereiche, in denen mangelnde Person-Umwelt-Passung zum Entstehen von Burnout führen kann:

1. Quantitative Arbeitsbelastungen,
2. Kontrolle über Arbeitsabläufe und Arbeitsbedingungen (versus mangelnde Kontrolle und Mitbestimmungsmöglichkeit),
3. Belohnungssysteme(materielle und immaterielle),
4. Gemeinschaftserleben (versus soziale Isolation/ soziale Konflikte),
5. Fairness bei der Zuteilung von Arbeitsaufgaben, Entlohnung etc. (versus Unfairness)
6. Werte (versus Wertkonflikte, vor allem zwischen den Anforderungen des Jobs und den persönlichen Wertvorstellungen der Beschäftigten).

Prävention von Burnout

Aufgrund der hohen persönlichen, aber auch ökonomischen Kosten, die Burnout z.B. durch Fehlzeiten verursacht, gibt es - vor allem in den USA - seit vielen Jahren zahlreiche Versuche, das Problem präventiv oder interventiv anzugehen, so dass dieser Bereich schon als „Multi-Million-Dollar-Business" für Berater und Therapeuten bezeichnet wurde. Globale ökonomische Entwicklungen, wie „mergers und acquisitions" und strikte Kostensenkungsmaßnahmen in der Wirtschaft sowie chronische Finanznot der öffentlichen Haushalte, die zu permanentem Personalabbau bei höheren Anforderungen an Leistung, Flexibilität und Mobilität führen, lassen für die Zukunft eher höheren Bedarf an solchen Interventionen ahnen.

Bis heute gibt es jedoch keine systematische Evaluationsforschung, die Aufschluss darüber geben könnte, wie erfolgreich solche Anti-Burnout-Programme sind. Die meisten Ansätze kommen aus der Praxis, sind wenig systematisch hergeleitet und wurden keiner Überprüfung unterzogen.

Auffällig ist auch, dass als Ansatzpunkt für Interventionen meist die Betroffenen oder potenziell Betroffenen selbst, seltener dagegen die Arbeitsbedingungen oder -umstände gewählt werden - dies obwohl die Forschung zur Entstehung von Burnout (s.o.) deutlich gezeigt hat, dass es primär diese Arbeitsbedingungen sind, die für das Problem verantwortlich sind. Der US-amerikanische Organisationspsychologe Kasl vermerkte in diesem Kontext bereits Anfang der neunziger Jahre, es sei erstaunlich festzustellen, dass die überwältigende Mehrheit aller Gesundheitsförderungsprogramme am Arbeitsplatz in ihren Bemühungen nicht einmal auf die Idee kämen, dass die pathogenen Zustände, die sie zu verhindern suchten, etwas mit dem Arbeitsplatz selbst zu tun hätten (Kasl 1992 S 74).

Ausgangspunkt ist stattdessen meist die Überlegung, dass die Betroffenen ein besseres Verständnis ihrer eigenen Persönlichkeit, ihrer Bedürfnisse und

Motive entwickeln müssen, wobei diese Einsichten es ihnen dann ermöglichen, sich selbst und ihr potenziell pathologisches Verhältnis zur Arbeit zu verändern (s. Maslach u. Goldberg 1998). So sollen Burnout-Kandidaten z.B. lernen, ihre Arbeitszeiten dauerhaft zu reduzieren, eine größere Balance zwischen Arbeit und Privatleben herzustellen und an ihre Arbeitsaufgaben mit einer veränderten, gelasseneren Einstellung heranzugehen. Wenn Burnout eine problematische Bewältigungsstrategie darstellt, dann muss es entsprechend darum gehen, andere, konstruktivere Strategien zu entwickeln. Angeboten wird hier fast die gesamte Trainingspalette traditioneller individueller Bewältigungsstrategien wie Suche nach sozialer Unterstützung von Vorgesetzen und Kollegen, Erlernen neuer Konfliktlöse- und Aushandlungsstrategien, Zeit-Management- oder Delegations-Techniken.

Eine besondere Rolle spielen Maßnahmen kognitiver Restrukturierung, d.h. Uminterpretation. Betroffene sollen vor allem lernen, ihre Erwartungen an die eigenen Leistungen und eine Bedürfnisbefriedigung durch die Arbeit zu reduzieren, Interaktionen mit Klienten sollen nicht oder weniger als Maßstab individueller Leistungsfähigkeit verstanden werden, Scheitern nicht mehr nur als Versagen der eigenen Person erlebt, sondern auch auf die Restriktionen der situativen Umstände zurückgeführt werden. Ein dritter Bereich betrifft das emotionale Erleben. Dieses soll z.B. durch Einsatz von Entspannungstechniken und Fokussierung auf positive Erlebnisse („Gegenerfahrung") positiv beeinflusst werden. Ein weiterer Ansatz liegt schließlich in der generellen Ressourcenstärkung durch Förderung der Gesundheit mittels verbesserter Ernährung, sportlicher Aktivität etc.

Solche Bemühungen können durchaus sinnvoll sein. Jemand mit stärkeren Ressourcen, realistischeren Erwartungen etc. wird auch bei ungünstigen situativen Bedingungen am Arbeitsplatz weniger burnoutgefährdet sein. Werden solche individuellen Strategien jedoch als Ersatz für eine ausbleibende Veränderung von potenziell pathogenen Arbeitsplatzstrukturen gesehen, dürften sie mittel- und langfristig ins Leere gehen. Wenn man das Person- Umwelt- Modell von Maslach und Leiter zugrundelegt, dann müssten Änderungen eben nicht nur auf die (Selbst-) Wahrnehmung der Person, sondern auch auf die organisatorischen Strukturen, in denen diese Person sich bewegt, zielen. Genuine Primärprävention müsste insofern wesentlich stärker als dies bisher der Fall gewesen ist, Kommunikations- und Führungsstrukturen von Organisationen, Betrieben oder Institutionen in ihre Arbeit einbeziehen. Es wäre mittel- und langfristig wenig sinnvoll, lediglich die von Burnout betroffenen Individuen zu „therapieren"; Erfolg ist nur da wahrscheinlich, wo auch Vorgesetzte, deren Führungsverhalten, die Interaktionsstrukturen von Arbeitsgruppen bzw. ganze Organisationsstrukturen von Institutionen einbezogen werden. Das heißt, Ressourcenstärkung von Beschäftigten kann nur dort sinnvoll sein, wo Arbeitsaufgaben angesichts vorhandener Vorgaben („schneller, billiger und gleichzeitig besser") nicht von vorneherein einer Quadratur des Kreises gleichkommen. Die Burnout-Forschung könnte ihren Wirkungsgrad insofern sicherlich erhöhen, wenn sie ihr Augenmerk von einer primär individuellen verstärkt einer systemischen Perspektive zuwenden und Antworten auf die Frage suchen würde, was „gesunde Organisationen“ ausmacht (s. Maslach 2001).

Literatur

Alexander DA, Klein S (2001) Ambulance personnel and critical incidents: impact of accident and emergency work on mental health and emotional well-being. British Journal of Psychiatry 178: 76-81

Barth AR (1992) Burnout bei Lehrern. Theoretische Aspekte und Ergebnisse einer Untersuchung. Hogrefe, Göttingen

Buschmann I, Gamsjäger E (1999) Determinanten des Lehrer-Burnout. Psychologie in Erziehung und Unterricht 46: 281-292

Cherniss C (1980) Professional burnout in human service organizations. Präger, New York

Edelwich J, Brodsky D (1980) Burnout. Stages of disillusionment in the helping professions. The Human Sciences Press, New York

Enzmann D, Kleiber D (1989) Helfer-Leiden. Streß und Burnout in helfenden Berufen. Asanger, Heidelberg

French JRP jr, Caplan RD, Harrison RV (1982) The mechanisms of job stress and strain. Wiley, Chichester UK

Grassi L, Magnani K (2000) Psychiatric morbidity and burnout in the medical profession: An Italian study of general practitioners and hospital physicians. Psychotherapy and Psychosomatics 69: 329-334

Grunfeld E, Whelan TJ, Zitzelsberger L, Willan AR, Montesanto B, Evans WK (2000) Cancer care workers in Ontario: prevalence of burnout, job stress and job satisfaction. Canadian Medical Association Journal 163: 166-169

Hillhouse JJ, Adler CM (1997) Investigating stress effect patterns in hospital staff nurses: Results of a cluster analysis. Social Science and Medicine 45: 1781-1788

Kasl SV (1992) Surveillance of psychological disorders in the workplace. In:, Keita GP, Sauter SL (eds) Work and well-being. APA, Washington, DC, pp 73-95

Lee RT, Ashforth BE (1996) A meta-analytic examination of the correlates of the three dimensions of job burnout. Journal of Applied Psychology 81: 123-133

Maslach C (2001) What have we learned about burnout and health? Psychology and Health 16: 607-611

Maslach C, Goldberg J (1998) Prevention of burnout: New perspectives. Applied and Preventive Psychology 7: 63-74

Maslach C, Jackson SE (1984) Burnout in organizational settings. Applied Social Psychology Annual 5: 133-153

Maslach C, Jackson SE (1986) Maslach Burnout Inventory Manual (2nd ed.) Consulting Psychologists Press, Palo Alto

Maslach C, Leiter MP (2000) Burnout. In: Fink E (ed) Encyclopedia of Stress. Academic Press, New York, Vol 1 pp 358-362

Schwarzer R, Schmitz GS, Tang C (2000) Teacher burnout in Hong Kong and Germany: A cross-cultural validation of the Maslach Burnout Inventory. Anxiety, Stress and Coping 13: 309-320

Innere Kündigung und Gesundheit

G. Richter

Universität der Bundeswehr München
Institut für Soziologie und Gesellschaftspolitik
85577 Neubiberg

Was ist „Innere Kündigung"?

Das Thema „Innere Kündigung" ist seit Jahren fester Bestandteil personalpolitischer Erörterungen in praxisorientierten Beiträgen ebenso wie in der wissenschaftlichen Personalforschung. Eine Auseinandersetzung mit dem Problemkomplex ist zum einen aus betriebswirtschaftlichen Gründen angezeigt: In Zeiten sich verschärfenden Wettbewerbs und der damit verbundenen Notwendigkeit von Rationalisierungsmaßnahmen und Kostenersparnissen bei gleichzeitiger Verbesserung der Qualitätsstandards stellt die Leistungszurückhaltung von innerlich gekündigten Mitarbeitern eine weitere Verknappung der ohnehin knappen Humanressourcen in betrieblichen Organisationen dar. Zum anderen gilt es dem Phänomen im Sinne einer humanen Gestaltung der modernen Arbeitswelt entgegenzuwirken, da es mit negativen Konsequenzen für die Person des innerlich Gekündigten verbunden ist, der seine als frustrierend empfundene Situation am Arbeitsplatz oftmals in das private soziale Umfeld mit hinüber trägt. Die Vermeidung von Innerer Kündigung ist somit eine Aufgabe für Führungskräfte und die Personalarbeit, welche über die Systemgrenzen betrieblicher Organisationen hinausreicht. Sie ist auch Aufgabe für das betriebliche Gesundheitsmanagement, da Innere Kündigung sich negativ auf die psychische wie körperliche Gesundheit der Mitarbeiter auswirkt.

Um einen ersten Eindruck zu erhalten, was Innere Kündigung ist und mit welchem Phänomen man es zu tun hat, ist es hilfreich, einige Assoziationen einzufangen, die man hierzu in der Literatur findet (s. Tab. 9) (vgl. Hilb 1992; Faller 1991; Löhnert 1990; Raidt 1989; Krystek et al. 1995; Richter 1999). Auch eine Vergegenwärtigung des begrifflichen Bildes macht den Problemkomplex transparenter: Die Rede von der Inneren Kündigung weist darauf hin, dass es sich um einen inneren, psychischen Vorgang handelt, der sich einer außenstehenden Person nicht ohne weiteres zu erkennen gibt. Selbst wenn die „getarnte Leistungsverweigerung" für eine Führungskraft sichtbar wird - was in größeren Abteilungen und überall dort nicht unbedingt der Fall zu sein braucht, wo Vorgesetzte zu breite Kontrollspannen haben - hat sie damit noch keineswegs Einblick in die objektiven Ursachen und subjektiven Auslöser der Inneren Kündigung sowie in die seelische Befindlichkeit des Mitarbeiters. Die

Rede von der Inneren Kündigung meint, dass sich der Mitarbeiter in einem Zustand befindet, der einer Kündigung gleichkommt, d.h. dass für ihn das „Innere Vertragsverhältnis“ mit dem Arbeitgeber oder der Organisation nicht mehr in der Form existiert, wie zum Zeitpunkt der Einstellung, gleichwohl das rechtliche, „äußere“ Arbeitsverhältnis unberührt bleibt. Diese vertragstheoretische Sichtweise ist der Schlüssel zum Verständnis des Phänomens und somit Ausgangspunkt für seine Diagnose und für Lösungsansätze.

Im folgenden wird geklärt, was man unter einem „Inneren Vertrag“ zu verstehen hat und welche Konsequenzen sich ergeben, wenn ein Mitarbeiter diesen kündigt. Diese Konkretisierung des Verständnisses von Innerer Kündigung und ihrer Logik ist unverzichtbar, da nur so eine Abgrenzung gegenüber auf der Oberfläche ähnlichen Phänomenen wie dem Burnout oder der Entfremdung von der Arbeit möglich ist.

Tabelle 9 Assoziationen zum Begriff „Innere Kündigung“

Innere Kündigung ist:	**Innere Kündigung zeigt sich in:**
• Dienst nach Vorschrift	• Unzufriedenheit
• Leistungsverweigerung	• mangelndem Engagement
• passiver Widerstand	• hohen Fehlzeiten
• Selbstpensionierung	• hohem Krankenstand
• grassierende Lustlosigkeit	• zunehmender Freizeitorientierung
Innere Kündigung bedeutet für den Mitarbeiter:	**Innere Kündigung hat ihre Ursachen in:**
• Sinnverlust	• fehlerhaftem Führungsverhalten
• Resignation, Frustration	• Fehlern in der Personalentwicklung
• Demotivation, Kreativitätsarmut	• fehlenden Karriereperspektiven
• Konformismus	• ungenügenden Mitsprachemöglichkeiten
• „Innere Emigration“	

Wie entsteht „Innere Kündigung“?

Die Organisationspsychologie geht davon aus, dass beim Beginn eines Arbeitsverhältnisses nicht nur ein formaler, äußerer Arbeitsvertrag geschlossen wird, sondern es zu einem „Inneren Vertrag“ zwischen dem Mitarbeiter und der Organisation kommt, dem sog. „psychological contract“ (Schein 1970: 76). Mit dem Inneren Vertrag ist gemeint, „... dass sowohl das Individuum als auch die Organisation sich gegenseitig mit vielfältigen Erwartungen gegenüberstehen, die vertraglich nicht fixiert sind und auch rechtlich nicht gesichert werden können.“ (Faller 1991: 32) Ein für beide Seiten befriedigendes Arbeitsverhältnis ist nur bei gleichzeitiger Einlösung und Aufrechterhaltung beider Vertragsarten zu erwarten. Auf Seiten des Arbeitnehmers gehören in den Inneren Vertrag Vorstellungen über akzeptable Arbeitsbedingengen, eine berufsadäquate Verwendung, angemessene berufliche Entwicklungsmöglichkeiten, ein angenehmes soziales Umfeld und vieles mehr. Die Bestandteile des Inneren Vertrags dürften stark variieren und abhängig von individuellen Dispositionen und Werthaltungen des Mitarbeiters sein - was schon ein erster Hinweis darauf ist, dass Personalarbeit zur Wiederherstellung eines Inneren Vertrags nicht mit standardisierten Verfahren operieren kann, sondern dass eine individuelle Auseinandersetzung mit der Person des innerlich Gekündigten erfolgen muss. Wichtig ist festzuhalten, dass Innere Verträge eine subjektive Konstruktion des Mitarbeiters sind, d.h. seine Vorstellungen über einen gerechten und loyalen Arbeitgeber zum Ausdruck bringen: Sie lassen sich formal-rechtlich nicht einklagen.

Verträge leben von ihrer Verbindlichkeit für die Vertragsparteien. Die Verbindlichkeit besteht auf beiden Seiten. Wird ein Vertrag von einer der beiden Seiten nicht mehr eingelöst, so wird das Verhältnis zum Vertragspartner von der anderen Seite in Frage gestellt, es wird überdacht, reflektiert und es wird nach Reaktionen gesucht. Dies ist bei Inneren Verträgen ebenso der Fall wie bei äußeren Verträgen. Man kann drei typische Reaktionen des Mitarbeiters auf den Bruch eines Inneren Vertrags unterscheiden (Richter 1999: 120 f.): Der Arbeitnehmer kann erstens eine echte Kündigung aussprechen und die Organisation verlassen. Diese Option ist in vielen Fällen unter der angespannten Arbeitsmarktsituation nicht realistisch. Zweitens besteht die Möglichkeit, den Arbeitgeber auf den Vertragsbruch hinzuweisen und eine Wiederherstellung der „moralischen Ökonomie", d.h. eine Einlösung der Erwartungen und Ansprüche des Arbeitnehmers, zu fordern. Diese Option dürfte in vielen Fällen kaum Erfolg versprechen, da aufgrund des informellen Charakters des Inneren Vertrags eine argumentative Plattform für die Forderungen des Mitarbeiters fehlen dürfte.

Sind diese beiden Handlungsoptionen aussichtslos, kann eine Wiederherstellung des Gleichgewichts zwischen Individuum und Organisation drittens dadurch erreicht werden, dass der Mitarbeiter in die Innere Kündigung geht. Der Innere Vertrag wird neu geschlossen, an die „neuen" Bedingungen angepasst und mit geringerem Engagement und unter Leistungszurückhaltung fortgeführt. Damit wird folgendes deutlich: Innere Kündigung ist eine bewusste Strategie, sie ist eine Anpassungsreaktion auf nicht eingelöste Erwartungen an die Organisation und sie ist nicht zu verwechseln mit bloßer Lustlosigkeit und Desinteresse an der Arbeit: Für den innerlich Gekündigten ist sein Verhalten legitim, da es nur eine Neudefinition seiner Arbeitsrolle in einem Arbeitsverhältnis ist, das er aus welchen Gründen auch immer nicht beenden kann, aber aus seiner Sicht folgerichtig - wenn man so will - neu justiert. Äußere und Innere Kündigung unterscheiden sich zwar in ihren formal-rechtlichen Konsequenzen, weisen aber von der Logik her Gemeinsamkeiten auf (s. Tab. 10).

Tabelle 10 Gegenüberstellung von Äußerer und Innerer Kündigung

	Äußere Kündigung	**Innere Kündigung**
Grundlage	Arbeitsvertrag	Innerer Vertrag
Reaktionsform	Auflösung des Arbeitsvertrags, i.d.R. verbunden mit einer Veränderung/ Verbesserung der beruflichen Situation	Neujustierung des Inneren Vertrags, Reaktionsform „in Ermangelung besserer Alternativen“: Innere Kündigung ist oftmals eine Vorstufe zur echten Kündigung!
Status	Verlassen der Organisation	Verbleib in der Organisation
Bewusstheitsgrad für den Mitarbeiter	bewusste Entscheidung	bewusste Entscheidung
Erkennbarkeit für den Vorgesetzten	leicht	schwer
Arbeitsleistung	fällt völlig weg	wird zurückgefahren
Reversibilität?	ja, durch Wiedereinstellung des Mitarbeiters	ja, durch Personalarbeit und mitarbeiterorientiertes Führungsverhalten
Auswirkungen auf der Organisationsebene	Erhöhung der Fluktuationsrate	Verschlechterung des Arbeitsklimas

Mit dieser vertragstheoretischen Sichtweise auf das Phänomen der Inneren Kündigung wird auch der Unterschied zum Burnout und zur Entfremdung deutlich. Burnout ist das Resultat eines andauernden, sehr intensiven und oft mit emotionaler Belastung verbundenen Leistungseinsatzes. Ausgebranntsein ist das letzte Stadium körperlicher, geistiger und emotionaler Belastung bei der Arbeit. Es findet sich häufig im Sozial- und Gesundheitssektor in Fällen, in denen der Helfende trotz seiner hohen psychischen und sozialen Anstrengungen letztlich kapitulieren muss (vgl. Pines et al. 1990: 25). Burnout ist auch eine Reaktion darauf, dass man den eigenen Ansprüchen an die Arbeit nicht gerecht werden kann; demgegenüber entsteht Innere Kündigung als Reaktion darauf, dass der Arbeitgeber/ die Organisation den Ansprüchen des Mitarbeiters nicht gerecht wird!

Entfremdung hingegen beruht darauf, dass die Produkte der Arbeit ein vom menschlichen Wollen und Planen unabhängiges Dasein annehmen können. Sie ist die Erfahrung von mangelnden Verfügungsmöglichkeiten über den Arbeitsprozess („powerlessness“) und von Sinn- und Bedeutungsverlust bei der täglichen Arbeit („meaninglessness“), etwa durch zu hohe Routineanteile oder weil man keinen Einblick hat, ob und in welcher Weise die eigenen Arbeitsergebnisse im Betrieb weiterverwendet werden. Diese Erfahrungen müssen beim innerlich Gekündigten nicht notwendig vorhanden sein. Er kann durchaus mit seiner Arbeit Sinn verbinden, er engagiert sich aber nicht in ihr, da die Bedingungen des Arbeitens nicht seinen Vorstellungen von moralischer Ökonomie entsprechen. Alle drei Phänomene haben in ähnlicher Weise einen negativen Einfluss auf die gesundheitliche Befindlichkeit des Mitarbeiters - sind also auf dieser Ebene nicht zu unterscheiden.

Zusammenhang zwischen Innerer Kündigung und Gesundheit

Zwar ist Innere Kündigung ein Zustand, in den sich ein Mitarbeiter bewusst begibt, sie ist ein Versuch, einen neuen Gleichgewichtszustand zu erzeugen, allerdings reicht sie, wenn überhaupt, nur zur Herstellung eines kurzfristigen Gleichgewichts: Eigentlich würde man lieber das ursprüngliche innere Vertragsverhältnisses zwischen sich und der Organisation wiederhergestellt sehen. Wenn dieser vorübergehende Zustand dann auch noch andauert, sich gar die Arbeitsbedingungen weiter verschlechtern und keine Alternativen für einen Arbeitsplatzwechsel in Aussicht sind, können Resignation und Frustration über die eigene Lage entstehen. Dieser psychische Spannungszustand, in der Organisation verbleiben zu müssen, wo doch die inneren Vertragsbedingungen schon lange nicht mehr erfüllt sind, kann zum Erleben von Hilflosigkeit und zum Verlust individuellen Kontrollempfindens führen (Löhnert 1990: 207 ff.; Richter 1999: 129 ff.). Die Folgen dieser psychischen Belastungen und der sozialen Reaktionen des direkten Arbeitsumfeldes auf einen unzufriedenen Mitarbeiter können von einer Verschlechterung des allgemeinen Wohlbefindens bis hin zu psychosomatischen Reaktionen reichen. Eine empirische Untersuchung zu den gesundheitlichen Folgen von Innerer Kündigung erbrachte folgende Ergebnisse (Richter 1999: 130 f.):

- Innerlich Gekündigte leiden häufiger und stärker als andere Mitarbeiter unter psychosomatischen Beschwerden wie Kopfschmerzen, Konzentrationsproblemen, Abgespanntheit, Erschöpfung, Magen- und Verdauungsproblemen, Schlafstörungen, Appetitlosigkeit, Rücken- und Kreuzschmerzen, Niedergeschlagenheit, Nervosität und Antriebslosigkeit.
- Innerlich Gekündigte weisen eine höhere Zahl an krankheitsbedingten Fehltagen auf als ihre Kollegen.

An das betriebliche Gesundheitsmanagement wird u.a. die Forderung gestellt, ganzheitlich ausgerichtet zu sein, eine Gemeinschaftsaufgabe für das ganze Unternehmen zu sein und zur Entwicklung auch mittelbarer gesundheitsförderlicher organisatorischer, organisationskultureller und personaler Strukturen beizutragen (Brandenburg et al. 2000: 13 f.). Gerade für den Problemkomplex „Innere Kündigung“ kann dies als „Präventionsmaxime“ gelten: Es gilt im Fall der Inneren Kündigung weniger, Strategien zu entwickeln, wie man mit ihren gesundheitlichen Folgen in betrieblichen Organisationen umgehen kann, sondern Strategien zu entwickeln, Innere Kündigung im Entstehungsprozess zu vermeiden.

Personalpolitische Strategien im Umgang mit Innerer Kündigung

Bevor Maßnahmen eingeleitet werden können, mit denen Innere Kündigung bekämpft werden kann, ist es erforderlich, das Problem bei einem Mitarbeiter oder innerhalb eines ganzen Arbeitsbereiches überhaupt erst einmal zu erkennen. Eine Diagnose gestaltet sich aus folgenden Gründen als schwierig:

Innere Kündigung kann als ein schleichender Prozess verstanden werden, bei dem die negativen Auswirkungen auf die Person zunehmen, wenn immer wieder Versuche fehlschlagen, etwas gegen die unbefriedigende Situation am Arbeitsplatz zu unternehmen. Andauernde Misserfolgserlebnisse führen dazu, dass die subjektiv erlebte Handlungskontrolle sinkt. Zwar nimmt die Innere Kündigung mit zunehmender Dauer auch in der Intensität ihrer negativen Wirkungen für den Betroffenen zu, sie dringt deshalb aber nicht notwendig stärker nach außen, d.h. sie wird nicht leichter erkennbar für den Vorgesetzten.

Wie bereits erwähnt, ist Innere Kündigung in ihren inneren Folgen für die Betroffenen und was die sichtbare Verhaltensebene betrifft schwer von Burnout und Entfremdung zu unterscheiden. Leistungseinbrüche in der Arbeit bei einzelnen Mitarbeitern oder in Abteilungen können in einer nicht ausreichenden Sinnvermittlung durch die Führungskräfte begründet sein, in fehlender Identifikation mit dem Unternehmen, auf Mobbing am Arbeitsplatz zurückzuführen sein oder schlicht Ausdruck von Desinteresse und Unlust sein. Innere Kündigung zu erkennen heißt, ausgehend von dem was hier darunter verstanden wird, bei einem Mitarbeiter zu erkennen, in welchen Punkten aus dessen Sicht Ansprüche und Erwartungen an die Organisation nicht erfüllt werden, wo also der Innere Vertrag verletzt wurde.

Innere Kündigung ist kein irreversibler Prozess. In vielen Fällen stellt ihre Diagnose durch den Vorgesetzten bereits einen ersten Schritt zu ihrer Abmilderung und u.U. zu ihrer Lösung dar. Wege zur Umkehrung ebenso wie zur Prävention von Innerer Kündigung führen über eine aktive Personalarbeit und ein mitarbeiterorientiertes Führungsverhalten. Innere Kündigung findet sich häufiger auf den unteren Ebenen der Organisationshierarchien.

Man kann sich natürlich grundsätzlich auf den Standpunkt stellen, dass Innere Verträge eine subjektive Konstruktion des Mitarbeiters sind, dass sie keine formal-rechtliche Grundlage haben und somit kein Thema zu sein brauchen. Sie sind aber real in ihren Auswirkungen für den Mitarbeiter und bei Innerer Kündigung real in ihren Konsequenzen für den betrieblichen Leistungserstellungsprozess. Deshalb ist das Thema ein Thema für die Personalarbeit und die Führungskräfte im Unternehmen. An sie können folgende Anforderungen gestellt werden:

Der Stand und die Entwicklung des Inneren Vertrags eines Mitarbeiters mit seiner Organisation sollten kontinuierlich im Rahmen von Mitarbeitergesprächen verfolgt werden. Zwar wird es nicht immer möglich sein, dass die informellen Ansprüche eines Mitarbeiters durch die Organisation eingelöst werden können. Vielfach dürfte aber eine Aussprache mit dem Vorgesetzten oder der

Personalabteilung auf Verständnis beim Mitarbeiter treffen und eine Neujustierung des Vertragsverhältnisses als Innere Kündigung verhindern helfen.

Der Inneren Kündigung kann vorgebeugt werden, indem ausreichend Maßnahmen zur beruflichen Weiterentwicklung der Mitarbeiter geschaffen werden. Dies kann über Fort- und Weiterbildungsmaßnahmen und einer gezielten innerbetrieblichen Berufsverlaufs- und Karriereentwicklungsplanung erfolgen. Soweit wie möglich sollten Bedingungen geschaffen werden, die eine Entwicklung erlauben, die mit dem „Inneren Laufbahnvertrag“ (Richter 1999: 132) zur Deckung gebracht werden kann. Die beste Strategie zur Vermeidung von Innerer Kündigung ist ein „aktives Laufbahnmanagement“ (Büchi 1992: 71).

Beim Eintritt in die Organisation sollten realistische Angaben über berufliche Entwicklungsmöglichkeiten erfolgen. Überzogene Zukunftserwartungen, d.h. unrealistische Innere Verträge, kommen nicht zuletzt dadurch zustande, dass dem Mitarbeiter beim Einstellungsgespräch falsche Versprechungen gemacht werden.

Zur Vermeidung von Innerer Kündigung trägt auch eine Transparenz über die Unternehmenspolitik bei. Die Mitarbeiter sollten rechtzeitig über relevante betriebliche Entscheidungen und Umstrukturierungsmaßnahmen informiert werden, damit sie sich in ihren eigenen Entwicklungsplanungen entsprechend einrichten und vorbereiten können.

Führungskräfte sollten ein Sensorium dafür ausbilden, wo es in ihrem Verantwortungsbereich „ungerecht“ zugeht. Zu einer Verletzung des eigenen Inneren Vertrags kommt es gerade dann, wenn man sieht, wie Kollegen positive Veränderungschancen erhalten, die einem „eigentlich eher selbst zustehen würden“. Der Vorgesetzte sollte dies zur Vermeidung der Inneren Kündigung in seinem eigenen Bereich soweit wie möglich bei Personalentwicklungsmaßnahmen berücksichtigen.

Literatur

Brandenburg U, Nieder P, Susen B (2000) Leistung fordern - Gesundheit fördern. In: Brandenburg U, Nieder P, Susen B (Hrsg) Gesundheitsmanagement im Unternehmen. Grundlagen, Konzepte und Evaluation. Weinheim und München, S 9-20

Büchi W (1992) Die aktive Laufbahngestaltung als Instrument zur Überwindung und Verhinderung der Inneren Kündigung. In: Hilb M (Hrsg) Innere Kündigung: Ursachen und Lösungsansätze. Zürich, S 65-73

Faller M (1991) Innere Kündigung. Ursachen und Folgen. München und Mering

Hilb M (1992) (Hrsg) Innere Kündigung: Ursachen und Lösungsansätze. Zürich

Krystek U et al. (1995) Innere Kündigung. Ursachen, Wirkungen und Lösungsansätze auf Basis einer empirischen Untersuchung. München und Mering

Löhnert W (1990) Innere Kündigung. Eine Analyse aus wirtschaftspsychologischer Sicht. Frankfurt am Main

Pines AM et al. (1990) Ausgebrannt: Vom Überdruß zur Selbstentfaltung. 5. Aufl. Stuttgart

Raidt F (1989) Innere Kündigung. In: Strutz H (Hrsg) Handbuch Personalmarketing. Wiesbaden, S 68-73

Richter G (1999) Innere Kündigung. Modellentwicklung und empirische Befunde aus einer Untersuchung im Bereich der öffentlichen Verwaltung. In: Zeitschrift für Personalforschung, 13. Jg Heft 4: 113-138

Schein E (1970) Organizational Psychology. Englewood Cliffs, N.J.

Muskel-Skelett-Erkrankungen

W. Slesina

Sektion Medizinische Soziologie
Medizinische Fakultät
Martin-Luther-Universität Halle-Wittenberg
Postfach 302
06097 Halle (S)

Problemhintergrund

Muskel- Skelett- Erkrankungen sind ein herausragendes Gesundheitsproblem in der Erwerbsbevölkerung. Für die Betriebe verursachen sie u.a. hohe Arbeitsunfähigkeitszeiten und damit verbundene organisatorische und ökonomische Folgen (Kuhn 1996). Ein erheblicher Anteil an den Rehabilitationsmaßnahmen und vorzeitigen Berentungen sowie damit verbundener Kostenvolumina ist auf muskulo- skelettale Erkrankungen der Erwerbspersonen zurückzuführen.

Arbeitsunfähigkeit:

Muskel- Skelett- Erkrankungen stehen an der Spitze der Arbeitsunfähigkeitstage. Auswertungen des AOK-Bundesverbands für die ca. 12 Mio. AOK-versicherten Erwerbstätigen (Vetter et al. 2001; Küsgens et al. 2002) ergaben z.B. für die Jahre 1999/2000:

- In allen Wirtschaftsbereichen waren die meisten Arbeitsunfähigkeits- (AU) Tage durch Muskel- Skelett- Erkrankungen bedingt, am ausgeprägtesten mit über 30 Prozent der AU- Tage im Baugewerbe, am wenigsten mit gut 20 Prozent der AU- Tage bei Banken/ Versicherungen; insgesamt über alle Branchen waren es 27 - 28 Prozent der AU- Tage.
- Die häufigsten Krankmeldungen wegen Muskel- Skelett- Erkrankungen gab es u.a. in der öffentlichen Verwaltung, im Baugewerbe, im Verarbeitenden Gewerbe, am seltensten in Banken/ Versicherungen.
- Muskel- Skelett- Erkrankungen ziehen oft lange AU- Zeiten nach sich. Die mittlere Dauer der Krankmeldungen betrug ca. 17 Tage. Etwa ein Drittel der AU- Tage bei Langzeitarbeitsunfähigkeit (> 6 Wochen) war durch muskulo- skelettale Erkrankungen verursacht.

Bei den Muskel- Skelett- Erkrankungen dominieren quer durch alle Branchen die Rückenerkrankungen (Dorsopathien) und hier insbesondere der Rückenschmerz im Bereich der Lendenwirbelsäule (unterer Rückenschmerz) sowie der Nacken- bzw. Schulterschmerz. Danach folgen Gelenkleiden und rheumatische Erkrankungen.

Rehabilitationsmaßnahmen:

42 Prozent aller medizinischen Rehabilitationsmaßnahmen der Rentenversicherung (Erwachsene) im Jahr 2000 wurden wegen Krankheiten des Skeletts, der Muskeln und des Bindegewebes durchgeführt - in absoluten Zahlen: ca. 325.000; auch hier wieder mit einem beträchtlichen Anteil an Dorsopathien (VDR-Statistik 2001 b).

Berentungen: Rund ein Viertel der vorzeitigen Berentungen wegen verminderter Erwerbsfähigkeit entfiel auf Muskel- Skelett- Erkrankungen - in absoluten Zahlen: ca. 56.000 Fälle im Jahr 1999, ca. 54.000 im Jahr 2000. Dabei dominieren wieder die Dorsopathien. Das Durchschnittsalter bei vorzeitiger Berentung infolge muskulo-skelettaler Erkrankungen lag bei Frauen um 53, bei Männern um 55 Jahre, Arbeiter waren stärker betroffen als Angestellte (Bundesministerium 2001; VDR-Statistik 2001 a).

Verbreitung, Entstehung, Verlauf

Für muskulo-skelettale Erkrankungen und vor allem für Dorsopathien ist seit den 70er Jahren ein starker Prävalenzanstieg zu verzeichnen (Lenhardt et al. 1997: 22ff). Bevölkerungsumfragen ergaben eine aktuelle Rückenschmerz-Prävalenz von 30 bis 40 Prozent. Über die Ursachen des Anstiegs liegen keine eindeutigen Erkenntnisse vor. Angenommen wird ein komplexes Ursachenbündel aus faktischen Belastungsveränderungen, verminderten Ressourcen, aber auch veränderten Gesundheitseinstellungen und Schmerzkulturen, Arbeits- und Betriebskulturen (dies. 33ff, 41). Ausschließlich biomechanische Modelle, die sich auf veränderte physische Belastungen und Beanspruchungen als Erklärungsmuster konzentrieren, greifen in jedem Fall zu kurz.

Für die Entstehung von Rückenschmerzen - als wichtiger Teilgruppe von Muskel- Skelett- Erkrankungen - gibt es kein einfaches Ursachenmodell. Rückenschmerzen haben häufig episodische Verläufe mit einer Tendenz zur Chronifizierung. Es wird von einem Modell der „Wechselwirkungen zwischen dem natürlichen Alterungsprozess, akuter Schädigung, beruflichen Belastungen, dem allgemeinen Gesundheitszustand, der physischen Fitness sowie psychosozialen Faktoren ausgegangen“ (Lenhardt et al. 1997: 45). Hildebrandt et al. zufolge spielen beim Krankheitsverlauf neben ungünstigen Arbeitsbedingungen und sozialen Bedingungen auch „das persönliche Verhalten (passive Lebenseinstellung, maladaptives Krankheitsverhalten), überholte Therapieansätze sowie sonstige Unzulänglichkeiten des medizinischen Versorgungssystems (Empfehlung zur Schonung, passive oder übermäßige Therapien, längere

Krankschreibung bei fehlenden Rehabilitationsansätzen und mangelnde Information des Patienten)“ eine Rolle (1996: 8). Objektive somatische Befunde und die subjektive Beeinträchtigung und Arbeitsfähigkeit stehen nur in einem lockeren Zusammenhang. Der Einfluss psychologischer Faktoren (Emotionen, Krankheitsverarbeitung, Krankheitsvorstellung) bei der Aufrechterhaltung chronischer Schmerzsyndrome ist belegt (dies.: 9).

Einfluss von Arbeitsbedingungen

Untersuchungen über den Zusammenhang von Arbeitsbedingungen und muskulo- skelettalen Erkrankungen haben eine Reihe relativ übereinstimmender Ergebnisse erbracht. In einer umfassenden Literaturauswertung über physikalische Risikofaktoren für verschiedene Muskel-Skelett-Erkrankungen (Bernard 1997) wurden die gefundenen Risikofaktoren nach der Beweisstärke geordnet. Für Nacken- und Schulterschmerzen fanden sich deutliche Zusammenhänge mit Tätigkeitsmerkmalen wie: repetitive Arbeit, Kraftanstrengung, ungünstige Körperhaltungen wie Hocken, Knien, Rumpfbeugungen. Rückenschmerzen standen in engerem Zusammenhang mit Heben, kraftvollen Bewegungen, ungünstiger Körperhaltung, körperlicher Schwerarbeit, Ganzkörperschwingungen (Tab. 11) Die genannten Zusammenhänge gelten insbesondere bei starker, längerer und kombinierter Belastungseinwirkung.

Tabelle 11 Hinweise auf Kausalbeziehungen zwischen physikalischen Arbeitsbelastungen und muskulo-skelettalen Erkrankungen (nach Bernard 1997)

Körperregion	Risikofaktor	Evidenz der Kausalität		
		stark	begrenzt	unzureichend
Nacken- und Schulterbereich	Repetitive Arbeit		++	
	Kraftanstrengung		++	
	Körperhaltung	+++		
	Vibration			+
Schulterbereich	Repetitive Arbeit		++	
	Kraftanstrengung			+
	Körperhaltung		++	
	Vibration			+
Rückenbereich	Heben, kraftvolle Bewegung	+++		
	Ungünstige Körperhaltung		++	
	Körperliche Schwerarbeit		++	
	Ganzkörpervibration	+++		
	Statische Arbeitshaltung			+

Hoogendoorn et al. (1999) fanden als Resultat ihrer umfangreichen Literaturauswertung über physikalische Risikofaktoren des unspezifischen Rückenschmerzes starke Evidenz für die Wirksamkeit folgender Merkmale: manuelle Lastenhandhabung (Heben, Bewegen, Tragen, Halten von Lasten), Körperbeugungen, Körperdrehungen und Ganzkörperschwingungen. Eine begrenzte Beweisqualität bestand für die Verursachung von Rückenschmerzen durch patientenbezogene körperliche Arbeit (Pflegeberuf) und durch körperliche Schwerarbeit, während z.B. Stehen, Sitzen oder Gehen nicht als Risikofaktoren für Rückenschmerz eingestuft wurden. Andere Literaturauswertungen erbrachten tendenziell vergleichbare Befunde (z.B. Hildebrandt et al. 1996; Landau et al. 1996; Müller 2001). Über Schwellenwerte, ab denen ein Faktor ätiologisch bedeutsam wird und sich in Symptomen niederschlägt, ist bisher jedoch wenig bekannt (Landau et al. 1996: 24). Für bandscheibenbedingte Erkrankungen gelten als Risikofaktoren das langjährige Heben oder Tragen schwerer Lasten, Arbeiten in extremer Rumpfbeugehaltung, Ganzkörpervibrationen (Bolm-Audorff 1994).

Landau et al. (1996: 113ff) geben eine Übersicht über Berufe mit erheblichen Anteilen ungünstiger Körperhaltungen, mit erheblichem Heben und Tragen schwerer Lasten sowie von Berufen, bei denen ursächliche Zusammenhänge zwischen dem Heben bzw. Tragen von Lasten und muskulo- skelettalen Erkrankungen vermutet werden, z.B. Bergleuten, Waldarbeitern, Bauarbeitern, Krankenschwestern bzw. -pflegern. Insgesamt wird ein erheblicher Teil der Muskel-Skelett-Erkrankungen auf Arbeitsbelastungen zurückgeführt (Bödeker et al.2002; Kuhn 1996).

Außer biomechanischen Belastungen wird auch psychosozialen Arbeitsaspekten eine Wirksamkeit für Muskel- Skelett- Erkrankungen zugeschrieben. Als bedeutsame Faktoren für Nacken- bzw. Schulterschmerzen werden insbesondere wahrgenommene hohe Arbeitsanforderungen (Zeit- und Leistungsdruck, Arbeitsmenge), monotone Arbeit und geringe soziale Unterstützung genannt. Auch geringe Arbeitsautonomie und Arbeitsunzufriedenheit könnten einen Einfluss haben (Bernard 1997). Beim unteren Rückenschmerz zeichnen sich die wahrgenommene Arbeitsintensität (Zeitdruck, Arbeitstempo) und Arbeitsunzufriedenheit, mit Einschränkung auch geringe Arbeitsautonomie, d.h. geringer Handlungs- und Entscheidungsspielraum, als Risiken ab (Bernard 1997; Bongers et al. 1993; Osterholz 2000).

Besonders interessant erscheint, dass diese Zusammenhänge zwischen psychosozialen Arbeitsaspekten und Muskel- Skelett- Erkrankungen bei einer Vielzahl von Berufen und Arbeitssituationen erhoben wurden. Die geschilderten Zusammenhänge ermöglichen auch eine Deutung der Verbreitung von muskulo- skelettalen Erkrankungen in körperlich entlasteten Berufen. Psychosoziale und physikalische Arbeitsbelastungen können sich vielfältig überlagern. Der spezifische Beitrag psychosozialer Faktoren bei der Genese von Rückenerkrankungen ist noch unzureichend geklärt. Nach Bernard (1997) kommt ihnen ein geringer Risikograd zu. Hildebrandt et al. (1996: 121) gelangen zu dem Schluss, dass für die Arbeitsunfähigkeit wegen Rückenschmerz das subjektive Belastungserleben der Personen wie die Wahrnehmung hoher Arbeitsanforderungen, von Zeitdruck, geringer Gruppenkohäsion, Erleben starker Außenkontrolle, geringes Autonomieerleben, geringe Unterstützung durch Vorgesetzte wesentlich ist.

Prävention und Gesundheitsförderung

Gegen das „Betriebsproblem Rückenschmerz" wurden diverse Ansätze mit dem Ziel der Verringerung von Arbeitsbelastungen und der Verbesserung von personalen und organisationalen Ressourcen entwickelt. Allgemein nach verhaltens- und verhältnisorientierten Ansätzen gegliedert, werden im einzelnen unterschieden (Osterholz 1993; Lenhardt et al. 1997; Stößel et al. 2001):

- verhaltenspräventive Maßnahmen: Rückenschulprogramme, Fitness-Programme/ Muskeltraining, Unterrichtung in Arbeitstechniken,
- verhältnispräventive Maßnahmen: ergonomische Arbeitsplatzgestaltung, arbeitsorganisatorische Gestaltung, Mitarbeiterführung und -partizipation.

Rückenschulen umfassen als Kernelement die Unterrichtung in rückengerechter Körperhaltung und Bewegung, häufig ergänzt durch weitere Elemente wie Kenntnisvermittlung über die Funktionsweise der Wirbelsäule, rückenspezifische gymnastische Übungen, Entspannungsübungen u.a. (Maier-Riehle u. Härter 1996). Rückenschulprogramme außerhalb der Arbeitsplatzumgebung werden in ihrer primär- und sekundärpräventiven Wirksamkeit skeptisch beurteilt (Lühmann et al. 1998). Nur bei intensiven Rückenschulprogrammen wurden positive gesundheitsbezogene Effekte festgestellt. Neben einer Verbesserung des rückengerechten Verhaltens und des Gesundheitswissens können sich positive Wirkungen auf die Schmerzintensität, die Rückenfunktionskapazität und die Häufigkeit und Dauer der Arbeitsunfähigkeit ergeben (Stößel u. Michaelis 2001; Schwartz et al. 2001). Bei arbeitsplatzbezogenen ergonomieorientierten Rückenschulen werden günstigere Wirkungen gesehen

Für intensive *Fitness- und Muskeltraining*s wurden teilweise Effekte im Sinne eines besseren allgemeinen Gesundheitszustands, der Rückenschmerzreduktion und z.T. auch verringerter Arbeitsunfähigkeitszeiten ermittelt (Stößel u. Michaelis 2001).

Die Vermittlung von *Arbeitstechniken* zielt auf verbessertes Hebe-, Trage- und Bewegungsverhalten, aber auch auf die angemessene Nutzung von Arbeitsmitteln und ergonomischen Hilfsmitteln. Erfolge konnten, bei hinreichender Programmintensität, durch Reduzierung von Arbeitsunfähigkeitszeiten, aber weniger von Beschwerderaten erzielt werden (dies.).

Ergonomische Arbeitsgestaltung zur Reduzierung von Muskel-Skelett-Beschwerden umfasst z.B. die Verbesserung von Arbeitsmitteln und -geräten, der Arbeitsplatzausstattung, der räumlichen Anordnung, der Umgebungseinflüsse, ferner technische Arbeitshilfen. Für entsprechende Aktivitäten konnten positive Effekte wie Rückenschmerzverringerung und AU- Verringerung belegt werden (Osterholz 1993; Lenhardt et al. 1997).

Arbeitsorganisatorische Gestaltungsmaßnahmen zur Verringerung von Rückenschmerzen setzten z.B. an der Arbeitszeit- und Pausenregelung, dem Arbeitsablauf, der Aufgabenerweiterung (job rotation) an. Damit konnten Verringerungen der Prävalenz und der Anzahl von Rückenbeschwerden erzielt werden (dies.). Zahlreiche weitere arbeitsorganisatorische Ansatzpunkt kommen in Betracht.

Mitarbeiterführung und *-partizipation*: Maßnahmen wie stärkere Mitarbeiterbeteiligung, mehr Mitarbeiterbesprechungen, Änderung von Kommunikationsstrukturen, Führungskräfteschulungen, supportiver Managementstil, Projektgruppen/ Gesundheitszirkel, Eingliederungsmanagement für Erkrankte, Krankmeldungskontrolle können auch mit dem Ziel der Rückenschmerzprävention und Krankenstandskontrolle durchgeführt werden. Im Zuge solcher Maßnahmen waren mehrfach Verringerungen des Krankenstands, der rückenschmerzbedingten AU- Fälle und -Tage zu verzeichnen (dies.).

Literatur

Bernard BP (1997) (ed) Musculoskeletal disorders (MSDs) and workplace factors. National Institute for Occupational Safety and Health (ed) online-Dokument, 1997, http://www.cdc.gov/niosh/ergoscil.html

Bödeker W, Friedel H, Röttger C, Schröer A (2002) Kosten arbeitsbedingter Erkrankungen. Wirtschaftsverlag NW, Bremerhaven

Bolm-Audorff U (1994) Wirbelsäulenerkrankungen aus gewerbeärztlicher Sicht. In: Hofmann F, Michaelis M, Siegel A, Stößel U (Hrsg) Wirbelsäulenerkrankungen im Pflegeberuf. ecomed Verlagsgesellschaft, Landsberg, S 49-68

Bongers PM, de Winter CR, Kompier MAJ, Hildebrandt VH (1993) Psychosocial factors at work and musculoskeletal disease. In: Scand J Work Environ Health 19: 297-312

Bundesministerium für Gesundheit (2001) Daten des Gesundheitswesens, Ausgabe 2001. Nomos, Baden-Baden

Hildebrandt J, Pfingsten M, Saur P (1996) Intervention und Prävention bei arbeitsbedingten Muskel-Skelett-Erkrankungen. Wirtschaftsverlag NW, Bremerhaven

Hoogendoorn WE, van Poppel MNM, Bongers PM, Koes BW, Bouter LM (1999) Physical load during work and leisure time as risk factors for back pain. In: Scand J Work Environ Health 25: 387-403

Kuhn K (1996) Krankenstand im Betrieb als Alltagsproblem. In: Zeitschrift für Arbeits- und Organisationspsychologie 40: 200-203

Küsgens I, Vetter C, Yoldas, B (2002) Krankheitsbedingte Fehlzeiten in der deutschen Wirtschaft. In: Badura B, Litsch M, Vetter C (Hrsg) Fehlzeiten-Report 2001. Springer, Berlin, S 257- 476

Landau K, Rohmert W, Imhof-Gildein B, Mücke F, Brauchler R (1996) Risikoindikatoren für Wirbelsäulenerkrankungen. Wirtschaftsverlag NW, Bremerhaven

Lenhardt U, Elkeles T, Rosenbrock R (1997) Betriebsproblem Rückenschmerz. Juventa, Weinheim

Lühmann D, Kohlmann T, Raspe H (1998) Die Evaluation von Rückenschulprogrammen als medizinische Technologie. Nomos, Baden-Baden

Maier-Riehle B, Härter M (1996) Die Effektivität von Rückenschulen aus empirischer Sicht - Eine Metaanalyse. In: Zeitschrift für Gesundheitspsychologie IV: 197-219

Müller R (2001) Arbeitsbedingte Gesundheitsgefahren und arbeitsbedingte Erkrankungen als Aufgaben des Arbeitsschutzes. Wirtschaftsverlag NW, Bremerhaven

Osterholz U (1993) Kritische Bewertung der Wirksamkeit verschiedener Maßnahmen zur Lösung des Problems ‚Rückenschmerz'. Wissenschaftszentrum Berlin für Sozialforschung, Berlin

Osterholz U (2000) Der Einfluss von psycho-sozialen Faktoren am Arbeitsplatz auf die Genese von Muskel-Skelett-Erkrankungen. In: Badura B, Litsch M, Vetter C (Hrsg) Fehlzeiten-Report 1999. Springer, Berlin, S 153-170

Schwartz FW, Walter U et al. (2001) Evaluation präventiver Maßnahmen. Abschlußbericht Bd. 1, ISEG/MHH. Hannover

Stößel U, Michaelis M, Nübling M, Hofmann F (1998) Evaluationskriterien für Arbeitsplatzprogramme zur Prävention von Muskel- und Skeletterkrankungen. Wirtschaftsverlag NW, Bremerhaven

Stößel U, Michaelis M (2001) Interventionsstrategien und evaluierte Effekte betrieblicher Gesundheitsförderung zur Verhütung arbeitsbedingter Muskel- und Skelett-Erkrankungen. In: Pfaff H, Slesina W (Hrsg) Effektive betriebliche Gesundheitsförderung. Juventa, Weinheim, S 63-73

VDR (2001a) (Hrsg) VDR Statistik Bd. 137, Rentenzugang 2000. Frankfurt aM

VDR (2001b) (Hrsg) VDR Statistik Bd. 138, Rehabilitation 2000. Frankfurt aM

Vetter C, Dieterich C, Acker C (2001) Krankheitsbedingte Fehlzeiten in der deutschen Wirtschaft. In: Badura B, Litsch M, Vetter C (Hrsg) Fehlzeiten-Report 2000. Springer, Berlin, S 277-527

Suchtproblem Rauchen im Betrieb

B. Schmidt

Bundeszentrale für gesundheitliche Aufklärung
Ostmerheimer Str. 220
51109 Köln

Gründe für betriebliche Tabakprävention

Verbreitung des Tabakkonsums und dessen gesundheitlichen Folgen

In Deutschland ist das Rauchen weit verbreitet. Zur Zeit gelten in der erwachsenen Wohnbevölkerung 39 Prozent der Männer und 31 Prozent der Frauen als RaucherInnen (Kraus u. Augustin 2001). Zusätzlich sind 21,5 Prozent der nicht-rauchenden Bevölkerung zu Hause dem Tabakrauch rauchender Familienmitglieder ausgesetzt, bei den unter 15jährigen sind dies sogar 50,6 Prozent (Junge 1999). Nach Schätzungen der Deutschen Nichtraucherinitiative sind außerdem rund 4 Mio. nichtrauchende ArbeitnehmerInnen - ohne Beschäftigte im Gaststättengewerbe - ständig oder gelegentlich betrieblichem Passivrauch ausgesetzt (NID 2001).

Nach aktuellen Schätzungen sterben derzeit in Deutschland jedes Jahr rund 100.000 Menschen an den Folgen ihres Tabakkonsums, vor allem an Krebs- und Herzkreislauferkrankungen (Sachverständigenrat 2001). Außerdem wird die Gesundheit von Nichtrauchern, wenn diese dem Tabakrauch von Rauchern ausgesetzt sind, stark beeinträchtigt. Allein durch Lungenkrebs in Folge des ‚Mitrauchens' sterben hierzulande jährlich mindestens 400 Menschen (DKFZ 2001). Neben den Lungen- werden wiederum vor allem Herzkreislauferkrankungen mit der Belastung durch Passivrauch in Verbindung gebracht. Inzwischen ist außerdem bekannt, dass Kinder durch das Rauchverhalten ihrer Eltern belastet werden; erhöhte Auffälligkeiten finden sich etwa bei Bronchitis, Pneumonie, Asthma, Mittelohrerkrankungen, plötzlichem Kindstod sowie Entwicklungsstörungen in der Kleinkindphase (Sachverständigenrat 2001).

Betriebe als geeignete Orte für den Raucher- und Nichtraucherschutz

In den letzten Jahren hat das Interesse an Tabakkontrollmaßnahmen folgerichtig deutlich zugenommen. Vor allem die Betriebe sind in den Blickpunkt des Interesses gerückt. Nicht nur weil die arbeitende Bevölkerung rund ein Drittel ihres Wachzustands am Arbeitsplatz verbringt, sind Betriebe gut geeignete Orte für flächendeckende Tabakkontrollinitiativen. Zentral ist außerdem, dass durch wirksame betriebliche (Nicht) Raucherschutzregularien sowohl NichtraucherInnen als auch RaucherInnen vor gesundheitlichen Schäden bewahrt werden können. Arbeitsplatzmaßnahmen können dazu beitragen, einerseits Schutz der NichtraucherInnen vor Passivrauch zu gewährleisten. Andererseits können solche Regelungen außerdem Unterstützung der RaucherInnen bei der Konsumbegrenzung sicherstellen, insofern als Tabakkontrollmaßnahmen zu einer Stärkung des Nichtraucherklimas (auch im übertragenen Sinne des Wortes) beitragen, in dem es für RaucherInnen leichter wird, den eigenen Konsum zu reduzieren, bzw. dauerhaftes Engagement zum Aufhören aufzubringen oder Rückfälle in Entwöhnungsphasen zu verringern (Parry et al. 2000).

Gerade die neueren Kenntnisse über die Gefahren des Rauchens und insbesondere über die des Passivrauchens bergen in Betrieben deutliches Konfliktpotenzial zwischen den rauchenden und nichtrauchenden Beschäftigten, die sich durch Betriebsvereinbarungen reduzieren lassen (Fleischle u. Brenner 1996). Es zeigt sich darüber hinaus, dass betriebliche Tabakkontrollregeln sowohl bei den rauchenden als auch bei den nichtrauchenden MitarbeiterInnen auf große Akzeptanz stoßen (Brenner et al. 1997). Gerade Raucher erleben Raucherregelungen häufig eher als Unterstützung, und nicht als diskriminierende oder bevormundende Maßnahme (Fleischle u. Brenner 1997).

Bislang sind dennoch verbindliche betriebliche Regeln zum Schutz vor Aktiv- und Passivrauch erst begrenzt verbreitet (Brenner et al. 1997). Dies ist erstaunlich, denn nicht nur die Weltgesundheitsorganisation hat ausführlich auf die Bedeutung von Settings (z.B. Städte, Schulen, Betriebe) als organisatorische Rahmen für gesundheitsförderliche Infrastrukturen hingewiesen. Auch der Sachverständigenrat für das Gesundheitswesen weist darauf hin, dass für wirksame Prävention „zielgruppenspezifische Maßnahmen notwendig sind. Zentrale Zielgruppen [...] sind spezifisch in ihren jeweiligen sozialen Zusammenhängen der Arbeit und der Freizeit (‚settings') zu erreichen. Als geeignete Settings sind insbesondere Betriebe [...] denkbar" (Sachverständigenrat 2001). Solche lebensweltbezogenen Orte, wie z.B. der Betrieb, an denen Menschen sich häufig aufhalten, bieten einen strategisch günstigen Ausgangspunkt für gesundheitsbezogene Maßnahmen, denn dort lassen sich ohne viel organisatorischen Aufwand vergleichsweise homogene Personengruppen gezielt erreichen, für die passgenaue gesundheitsbezogene Unterstützungsangebote bereitgestellt werden können (Hartmann u. Traue 1997).

Betriebliche Gesundheitsförderung (nicht nur) in Bezug auf Tabakkontrolle erscheint nicht nur aus gesundheitspolitischer Sicht sinnvoll, sondern findet auch aufgrund seiner erfolgversprechenden betriebsbedingten Vorteile breite Akzeptanz bei Arbeitgebern und Arbeitnehmern. Von betrieblicher Prävention wird eine Erhöhung der Arbeitsleistung, -qualität und -zufriedenheit sowie eine Verbesserung des Arbeitsklimas sowie des betrieblichen Images erhofft (Hartmann u. Traue 1997). Betriebe profitieren insofern, als Nichtraucher und Exraucher geringere Arbeitsfehlzeiten aufweisen und höhere Produktivitätswerte erreichen als Raucher (Halpern et al. 2001). Eine Reduktion der tabakassoziierten Krankheiten und des damit einhergehenden Krankenstandes bei den Beschäftigten sowie der Kosten wären die gewünschten Folgen. Für Lehrlinge mit einer wenn überhaupt erst kurzen Raucherbiografie sind Tabakkontrollmaßnahmen zusätzlich von großer Bedeutung (Gschwend 2000).

Methoden des Raucher- und Nichtraucherschutzes und ihre Wirksamkeit

Ganz offensichtlich besteht also derzeit in Deutschland ein gutes öffentliches, aber auch politisch-legislatives Klima für die Etablierung von betrieblichen Tabakkontrollmaßnahmen, denn auch die Gesetzeslage unterstützt die Einführung von Arbeitsplatzmaßnahmen zur Kontrolle des Rauchens.

Rechtliche Rahmenbedingungen

Durch die aktuelle Änderung der Arbeitsstättenverordnung (ArbStVO, gültig ab Oktober 2002) wurde eine Neuregelung zum Rauchen am Arbeitsplatz beschlossen. Mit Inkrafttreten gilt, dass der „Arbeitgeber die erforderlichen Maßnahmen zu treffen hat, damit die nichtrauchenden Beschäftigten in Arbeitsstätten wirksam vor den Gesundheitsgefahren durch Tabakrauch geschützt sind." Davon ausgenommen sind Arbeitsstätten mit Publikumsverkehr, also beispielsweise Gastronomiebetriebe, denn hier hat der Arbeitgeber Schutzmaßnahmen „nur insoweit zu treffen, als die Natur des Betriebes und die Art der Beschäftigung es zulassen". Ergänzend dazu wurde die Bundesregierung dazu aufgefordert, innerbetriebliche Maßnahmen der Prävention und der freiwilligen Raucherentwöhnung ausarbeiten zu lassen, und akzeptable Lösungsansätze für RaucherInnen in rauchfreien Betrieben sollen erprobt werden.

Die Neuregelung des § 20 Sozialgesetzbuch V im Jahr 2000 erleichtert zusätzlich die Einführung von betrieblichen Maßnahmen unter der Federführung der Krankenkassen. Mit der Neuregelung wurde die betriebliche Gesundheitsförderung wieder aus dem engen Korsett der „Verhütung arbeitsbedingter Gesundheitsgefahren" befreit. Die Maßnahmen zur betrieblichen Tabakkontrolle werden dadurch wieder zu originären gesundheitspolitischen und krankenkassenfinanzierten Aufgaben, denn im § 20 ist eindeutig geregelt, dass Arbeitsschutz ergänzende Maßnahmen der betrieblichen Gesundheitsförderung, etwa im Bereich der Tabakprävention, initiative Aufgabe der Krankenversicherungen sein kann. Das Setting „Arbeitsplatz bzw. Betrieb" wird als geeignete Zugangsplattform explizit aufgeführt, dort sollen unter aktiver Beteiligung der Beschäftigten individuelle Gesundheitspotenziale sowie gesundheitsgerechte Arbeitsverhältnisse geschaffen werden. Die Tabakprävention gehört dabei als ein Bestandteil der Suchtprävention zu den vier formulierten, prioritären Handlungsfeldern.

Klassische Verfahren des betrieblichen Raucher- und Nichtraucherschutzes

Insgesamt lassen sich zwei zentrale Verfahren der betrieblichen Tabakkontrolle unterscheiden: Neben begrenzten Rauchrestriktionen, z.B. Rauchverboten in der Kantine, und totalen Rauchverboten auf dem gesamten Betriebsgelände, gehören die Bereitstellung von Entwöhnungsprogrammen und andere Unterstützungssysteme zwecks Ausweitung der Nikotinabstinenz zu den Maßnahmen des betrieblichen Raucher- und Nichtraucherschutzes.

Zu den klassischen Methoden des Nichtraucherschutzes im Betrieb gehören Maßnahmen, die das Rauchen innerhalb des Betriebs einschränken oder gar komplett verbieten. Begrenzte Rauchverbote, etwa an Orten mit Publikumsverkehr oder an Arbeitsplätzen, wo sowohl RaucherInnen als auch NichtraucherInnen arbeiten, sind derzeit noch weiter verbreitet als totale Rauchverbote (Evans et al. 1999), was sicherlich auch auf die größere Akzeptanz von beschränkten Rauchverboten zurückzuführen ist (Parry et al. 2000). Interessant ist, dass in Betrieben mit überproportionalem Frauenanteil häufiger eine dezidierte Kontrollpolitik besteht, was damit erklärt wird, dass evtl. Frauen stärker für betriebliche Gesundheitsförderung eintreten, oder aber dass sich betriebliche Regularien in Betrieben mit größerem Frauenanteil leichter durchsetzen lassen (Gurdon 1996)

Die Ergebnisse von Wirksamkeitsstudien verweisen zumeist auf die Wirksamkeit von betrieblichen Tabakkontrollmaßnahmen (Eriksen u. Gottlieb 1998). Nach der Einführung von bundesweiten betrieblichen Tabakkontrollmaßnahmen (in den USA) sank der Anteil der Raucher in der arbeitenden Bevölkerung stärker als in der nicht-arbeitenden Bevölkerung (Evans et al. 1999). Zusätzlich sinken nach Einführung solcher Regeln die Raucherprävalenzen bei den Beschäftigten (Fleischle u. Brenner 1997). Insbesondere Frauen profitieren durch überdurchschnittliche Entwöhnungsraten (Brenner u. Mielk 1992). Weitgehend gesichert ist außerdem, dass nach Einführung von Rauchergesetzen die Anzahl der täglich gerauchten Zigaretten deutlich sinkt, wobei in einzelnen Studien auf die Gefahr des steigenden Konsums in der arbeitsfreien Zeit verwiesen wird. Außerdem steigen in Betrieben mit Rauchergesetzgebung Aufhörmotivation (Fleischle u. Brenner 1997) und Entwöhnungsversuche. Allerdings sind die langfristigen Entwöhnungserfolge in rauchfreien Betrieben nicht unbedingt größer (Longo et al. 2001). Dass manchmal keine spürbaren Veränderungen durch die Einführung von Raucherregelungen erkennbar werden, liegt u.a. in der unzureichenden Umsetzung und fehlenden Compliance: Häufig führen Rauchrestriktionen bloß zu einer Verlagerung des Problems. Eine Senkung der Konsumraten ist entsprechend nicht erkennbar und auch nicht erwartbar (Biener u. Nyman 1999). Auch die bloße Beschränkung statt eines Komplettverbots kann die Wirksamkeit einer betrieblichen Raucherpolitik durch Kompensationen begrenzen. Zusätzlich führen z.B. Raucherzimmer dazu, dass RaucherInnen unter sich bleiben; dies schützt zwar die NichtraucherInnen, führt aber innerbetrieblich zum vermeintlichen Verschwinden des Problems. Das Thema Rauchen wird nicht länger kritisch erörtert, und mögliche Einstellungs- und sogar Verhaltensänderungen bei den RaucherInnen bleiben aus (Parry et al. 2000).

Offenbar ist es bei weitem nicht ausreichend, allein auf betriebliche Rauchverbote zu setzen, da solche Maßnahmen umgangen werden können und ggf. auch deutliche Nachteile mit sich bringen. Zu denken ist hierbei z.B. an eine Verschärfung der Konflikte zwischen RaucherInnen und NichtraucherInnen oder an eine als belastend (und ggf. konsumsteigernd) erlebte Veränderung der Betriebs- oder Pausenkultur. Darum ist es zweckmäßig, für die RaucherInnen ergänzende Unterstützung bereitzustellen, das heißt Entwöhnungsmaßnahmen anzubieten sowie begleitende Anreizsysteme einzuführen, um den Ausstieg aus dem Tabakkonsum zu erleichtern (Parry et al. 2000).

Bisher haben Hilfemaßnahmen für die rauchenden KollegInnen noch nicht die größtmögliche Verbreitung gefunden (Lang et al. 2000). Die Methoden der Raucherentwöhnung, die in Betrieben Anwendung finden können, sind weitgefächert und reichen von der Verbreitung von Selbsthilfemanualen bis hin zu therapeutischen Gruppenangeboten und Nikotinsubstitution (Kröger 2000). Mit steigender Intensität und steigenden Partizipationsraten lässt sich die Wirksamkeit der Angebote noch zusätzlich steigern (Eriksen u. Gottlieb 1998; Kröger 2000). Betriebliche Entwöhnungsunterstützung, die gelegentliche Nachsorgeangebote einschließt, kann darüber hinaus einen bedeutsamen Beitrag zur Rückfallprophylaxe leisten (Lang et al. 2000). Raucherentwöhnungsprogramme, die kontinuierlich im Betrieb vorgehalten und durch Stabilisierungsangebote ergänzt werden, können für aufhörwillige KollegInnen schnellstmögliche Unterstützung bereitstellen, Rückfälle vorbeugen bzw. diese begleiten und somit auch langfristig Rauchfreiheit sicherstellen (Pinney 1994). Betriebliche Tabakkontrollprogramme, die umfassend angelegt und in ein Gesamtkonzept der betrieblichen Gesundheitsförderung eingebettet sind, versprechen größtmöglichen Erfolg (Eriksen u. Gottlieb 1998).

Für die betriebliche Tabakentwöhnung bieten sich gruppentherapeutische Verfahren an, da sie wirksamer sind als Selbsthilfemaßnahmen (Eriksen u. Gottlieb 1998). Außerdem lassen sie sich innerbetrieblich gut etablieren und sind gleichzeitig kostengünstiger als einzeltherapeutische Maßnahmen (Kröger 2000). In der Übersicht von Kröger über die derzeit in Deutschland verfügbaren Raucherentwöhnungsprogramme werden 13 gruppenbezogene Behandlungsverfahren aufgeführt. Gut geeignet für die betriebliche Raucherentwöhnung erscheint - obwohl derzeit eine systematische Evaluation noch fehlt - beispielsweise das Programm „Raucherentwöhnung im Betrieb“, das ausdrücklich für den Einsatz im betrieblichen Setting konzipiert wurde (Salmen u. Klein 1995). Es wendet sich an Betriebsärzte, die mit Hilfe eines Kursleitermanuals dazu befähigt werden sollen, die MitarbeiterInnen ihres Betriebs bei der Aufgabe des Rauchens zu unterstützen. Das Programm ist als 7 mal 90minütiges Gruppenangebot (6 bis 20 Teilnehmer) konzipiert und basiert auf lern- und verhaltenstherapeutischen Konzepten. Entspannungstechniken,

Selbstkontrollstrategien, Bewegungsübungen und Atemgymnastik sowie ggf. Nikotinersatzpräparate werden begleitend angeboten, um Rauchabstinenz zu ermöglichen und Rückfallprophylaxe sicherzustellen. Das Kursleitermanual kostet etwa 12 €, die Teilnehmergebühren betragen zwischen 25 und 60 € (Kröger 2000 S. 164).

Neben Raucherentwöhnungsprogrammen sind auch andere Anreizsysteme denkbar, die zusätzlich zu einer Steigerung der betrieblichen Nichtraucherquote beitragen. Hierbei sollte stärker auf positive (etwa die Renovierung der betriebsinternen Kantine nach Einführung eines dortigen Rauchverbots) statt auf negative Sanktionen gesetzt werden, um Widerstände und Reaktanz zu vermeiden. Eine Methode kann die Kostenübernahme der Entwöhnungsmaßnahme durch den Arbeitgeber oder die Freistellung von der Arbeit während der Inanspruchnahme sein (Pinney 1994). Monetäre Vergünstigungen in Form von Bonussystemen nur für die nichtrauchenden Beschäftigten oder Gewinnspiele während laufender Entwöhnungsphasen sind weitere denkbare Optionen zur Förderung der Nichtraucherbereitschaft (Eriksen u. Gottlieb 1998). Möglich ist außerdem, bereits die Vergabe von Stellen an die Tabakabstinenz - oder milder - an die Teilnahme an einem Entwöhnungsprogramm zu koppeln. Denkbar ist auch eine belohnende Arbeitsbefreiung in gewissem Stundenumfang für die nichtrauchenden MitarbeiterInnen, begründet z.B. damit, dass RaucherInnen mehr Pausen machen (Pinney 1994).

Grundlegende Bedingungsfaktoren für eine erfolgreiche Implementierung

In Deutschland bietet es sich u.a. an, betriebliche Nichtraucherinitiativen in Zusammenarbeit mit örtlichen Krankenkassen durchzuführen. In Form von Kooperationen zwischen allen relevanten betriebsinternen und betriebsexternen Akteuren - neben BetriebsärztInnen, Sicherheitsfachkräften, der Betriebsleitung und der Personal- bzw. Betriebsleitung sind dies auch die Mitarbeiter der Krankenkassen oder des Arbeitsmedizinischen Diensts - können in gemeinsamer Anstrengung betriebliche Tabakkontrollprogramme entwickelt, erprobt und verbindlich etabliert werden.

Entsprechend der Empfehlungen der Spitzenverbände sind bei der Umsetzung der betrieblichen Gesundheitsförderung zentrale Grundsätze zu beachten (Spitzenverbände der Krankenkassen 2000). Für die betriebliche Tabakkontrolle lassen sich diese Grundsätze folgendermaßen übersetzen: Maßnahmen werden nur entsprechend eines feststellbaren Bedarfs durchgeführt; die einzuführenden Maßnahmen sollen klar konzeptioniert, langfristig und umfassend angelegt sein und sowohl verhaltens- als auch verhältnisbezogene Elemente beinhalten; der Anbieter soll adäquat qualifiziert sein; in den Betrieben ist Tabakkontrolle als Bestandteil der betrieblichen Gesundheitsförderung eine Führungsaufgabe, die in sozialer Verantwortung wahrzunehmen ist; umfassende Partizipation von der Planung bis zur Umsetzung und Evaluation ist sicherzustellen; fortlaufende Dokumentationen und Evaluationen (u.a. im Hinblick auf

Umsetzungsgrad, Compliance, Zufriedenheit, Arbeitsklima, Krankenstand, Konsumreduktion, Entwöhnungserfolge, Arbeitsproduktivität und Kosten) sowie bedarfsgerechte Anpassungen sind zu gewährleisten; nicht vergessen werden darf die Überprüfung potenzieller unerwünschter Wirkungen, z.B. leistungsmindernde Entzugserscheinungen, verringerte Arbeitszufriedenheit, verschlechtertes Arbeitsklima, vermehrtes Rauchen während der arbeitsfreien Zeit, örtliche Verlagerung des Konsums sowie vermehrte Abwesenheit vom Arbeitsplatz (Parry et al 2000). Je nach Betriebsgröße können gesonderte Anforderungen wirksam werden. Eine flexible Anpassung der betrieblichen Tabakkontrollmaßnahmen an die Bedingungen individueller Firmenbesonderheiten ist zweckmäßig (Hartmann u. Traue 1997). Es hat sich bewährt, Gesundheitszirkel zu etablieren und diese mit der Durchführung zu betrauen (Slesina et al. 1998).

Bei der Umsetzung von Tabakkontrollstrategien auf politischer Ebene ist außerdem zu beachten, dass die Tabakindustrie mit massiven Mitteln gegen die Einführung und Ausweitung von betrieblichen Tabakkontrollstrategien kämpft: Analysen aus den USA zeigen, dass die Tabakwirtschaft dabei auf starke Kooperation mit mächtigen anderen Wirtschaftszweigen, z.B. aus Handel und Gastronomie, setzt. Mit Hilfe ausgedehnter Medienpräsenz und auf der Grundlage insbesondere ökonomischer Argumente - etwa, dass Nichtraucherregeln in Restaurants zu existenzbedrohendem Besucherschwund führen - soll breite Unterstützung der Öffentlichkeit für die Ablehnung politischer Regelungen zu betrieblichen Antitabakkampagnen mobilisiert werden (Mangurian u. Bero 2000).

Resümierend ist zu konstatieren, dass ein von Arbeitnehmern und Arbeitgebern gleichermaßen getragener betrieblicher Raucher- und Nichtraucherschutz dazu beitragen kann, die gesundheitlichen Belastungen der Beschäftigten zu reduzieren. Allerdings darf eine in Firmen angesiedelte Tabakpolitik nicht allein darauf beschränkt werden, die Mitarbeiter und Mitarbeiterinnen ausschließlich vor Passivrauch zu schützen bzw. zum Nichtrauchen zu befähigen, und dabei vernachlässigen, dass auch Belastungsquellen des Arbeitslebens das Rauchen der MitarbeiterInnen verstärken können. Die Humanisierung der Arbeit durch personenbezogene, unternehmenskulturbezogene und organisationsstrukturelle, meist gesundheitsunspezifische Maßnahmen (z.B. in Form von Maßnahmen zum Konfliktmanagement, zur Erweiterung der vertikalen und horizontalen Kooperation und Partizipation sowie zur Verschlankung von Hierarchien) trägt dazu bei, die Organisation und Qualität des Arbeitslebens zu erhöhen (Slesina et al. 1998). Dies kann Potenziale für gesundheitsförderliches Handeln freisetzen und damit einen entscheidenden zusätzlichen Beitrag zur Tabakkonsumreduktion leisten.

Literatur

Biener L, Nyman AL (1999) Effect of workplace smoking policies on smoking cessation: results of a longitudinal study. Journal of Environmental and Occopational Medicine 41: 1121-1127

Brenner H, Mielck A (1992) Einschränkungen des Rauchens am Arbeitsplatz. Sozial- und Präventivmedizin 37: 162-167.

Brenner H, Born J, Novak P, Wanek V (1997) Smoking behavior and attitude toward smoking regulations and passive smoking in the workplace. Preventive Medicine 26: 138-143.

DKFZ - Deutsches Krebsforschungsinstitut (2001) http://www.dkfz.de/

Eriksen, M.P. & Gottlieb, N.H. (1998). A review of the health impact of smoking control at the workplace. American Journal of Health Promotion, 13, 83-104

Evans WN, Farrelly MC, Montgomery E (1999) Do workplace smoking bans reduce smoking? American Economic Review 89: 728-747

Fleischle BMM, Brenner H (1996) Die Bedeutung betrieblicher Regelungen zum Rauchen am Arbeitsplatz für die Prävention und Reduktion des Zigarettenrauchens. Praxis der Klinischen Verhaltensmedizin und Rehabilitation 34: 122-133

Gschwend P, Steffen T, Martin-Diener E, Uchtenhagen A (2000) Tabakprävention im Betrieb. Prävention 23: 55-58

Halpern MT, Shikiar R, Rentz AM, Khan ZM (2001) Impact of smoking status on workplace absenteeism and productivity. Tobacco Control 10: 233-238

Hartmann SAL, Traue HC (1997) Gesundheitsförderung und Krankheitsprävention am Arbeitsplatz. In: Weitkunat R, Haisch J, Kessler M (Hrsg) Public Health und Gesundheitspsychologie. Huber, Bern, S 151-157

Junge B (1999) Tabak - Zahlen und Fakten zum Konsum. In: Deutsche Hauptstelle gegen die Suchtgefahren (Hrsg) Jahrbuch Sucht 2000. Neuland, Geesthacht, S 22-51

Kraus L, Augustin R (2001) Repräsentativerhebung zum Gebrauch psychoaktiver Substanzen bei Erwachsenen in Deutschland 2000 (Bundesstudie). Sucht, Sonderband (in Druck)

Kröger C (2000) Raucherentwöhnung in Deutschland. BzgA, Köln

Lang T et al. (2000) Smoking cessation at the workplace. Results of a randomised controlled intervention study. Journal of Epidemiology and Community Health 54: 349-354

Longo DR, Johnson JC, Kruse RL, Brownson RC, Hewett JE (2001) A prospective investigation of the impact of smoking bans on tobacco cessation and relapse. Tobacco Control 10: 267-272

Mangurian CV, Bero LA (2000) Lessons learned from the tobacco industry‘s efforts to prevent the passage of a workplace smoking regulation. American Journal of Public Health 90: 1926-1930

NID - Nichtraucher-Initiative Deutschland eV (2001) http://www.nichtraucherschutz.de/

Parry O, Platt S, Thomson C (2000) Out of sight, out of mind: workplace smoking bans and the relocation of smoking at work. Health Promotion International 15: 125-133

Pinney J (1994) Raucherentwöhnung im Arbeitsbereich: Ein Überblick über die derzeitige Entwicklung. In: Opitz K, Tölle R, Wirth W, Witting U (Hrsg) Raucherentwöhnung im Betrieb. Gustav Fischer, Stuttgart

Sachverständigenrat für die Konzertierte Aktion im Gesundheitswesen (2001) Bedarfgerechtigkeit und Wirtschaftlichkeit. Band III Über- Unter und Fehlversorgung. Gutachten 2000. Nomos, Baden-Baden

Salmen S, Klein K (1995) Raucherentwöhnung im Betrieb. Gabriele Klein Verlag, Köln

Slesina W, Beuels FR, Sochert, R (1998) Betriebliche Gesundheitsförderung. Juventa, Weinheim

Spitzenverbände der Krankenkassen. (2000) Gemeinsame und einheitliche Handlungsfelder und Kriterien der Spitzenverbände der Krankenkassen zur Umsetzung von § 20. AOK Bundesverband u.a. Bonn

Suchtproblem Alkohol im Betrieb

P.-E. Schnabel

Universität Bielefeld, Fakultät für Gesundheitswissenschaften
School of Public Health
Postfach 10 01 31
33501 Bielefeld

Sucht und Arbeit

Obwohl staatlicherseits lizenziert und von der Öffentlichkeit sogar mehr als nur toleriert, stellt der Konsum von Alkohol ein individuelles und gesellschaftliches Problem ersten Ranges dar. Regelmäßig und im Übermaß genossen, gilt er nicht nur als Mitverursacher (Risikofaktor) für eine Reihe versorgungs-, versicherungs- und rentenpolitisch bedeutsamer degenerativer Krankheiten, wie z.B. Herzinfarkt, Schlaganfall, Diabetes, Leberzirrhose und Psychopathien dar. Alkoholmissbrauch zerstört in seinen Konsequenzen soziale Strukturen, die für das gedeihliche Aufwachsen und geordnete Überleben in Massengesellschaften besonders wichtig sind. Und er kann darüber hinaus, sofern er sich während der Arbeitszeit und dort in Verbindung mit der Handhabung sensibler Apparaturen (z.B. beim Fahren einer Maschinenstraße) und/oder mit der Ausführung verantwortlicher Überwachungsfunktionen (z.B. Wartungsarbeiten in der Petrochemie) ereignet, zu kostenintensiven Störungen des Arbeitsablaufes und zu Umweltschäden beträchtlichen Ausmaßes führen (9).

Vor allem die störenden Einflüsse auf die Arbeitsmoral und den Arbeitsprozess sind es gewesen, die die hoch technisierten und durch organisierten Industriegesellschaften dazu veranlassten, sich schon relativ früh (Mitte des 19. Jahrhunderts) mit dem Tatbestand des um sich greifenden Alkoholmissbrauchs auf medizinpolizeiliche Weise auseinander zu setzen (7). Die überwiegend an Schadensminimierung interessierte Umgangsweise, ist bis in die Gegenwart hinein, charakteristisches Merkmal der meisten Maßnahmen und Programme geblieben, die sich mit dem Alkoholkonsum und seinen Folgen auseinandersetzen; einerlei ob es dabei um problemanamnestische, versorgungspraktische oder sozialpolitische Aktivitäten geht. Gehandelt wird erst, wenn Krankheiten entstanden sind oder sich die Folgen des Missbrauchs in Form von Fehlzeiten, Therapiekosten, Produktivitätsverlusten usw. beziffern lassen. Wie Trinkmotive entstehen und was getan werden kann, um durch rechtzeitiges Eingreifen auf der psychischen und sozialen Ebene der Ausprägung von riskanten Konsumformen vorzubeugen, gerät kaum in den Blick und wird deshalb auch nur selten zum Ansatzpunkt für betriebliche noch außerbetrieblicher Gegenmaßnahmen gemacht.

Aktuelle Ausmaße des Problems

In der Bundesrepublik gibt es gegenwärtig mehr als 4 Mill. süchtige Raucher, 2,5 Mill. Alkoholkranke (darunter vor allem geschiedene Frauen, ledige Männer, verheiratete Ehepaare ohne Kinder, Vollzeitbeschäftigte), 1,4 Mill. Medikamentenabhängige und 150.000 Konsumenten illegaler, hpts. so genannter „harter" Drogen. Jährlich werden nach Angaben der Rentenversicherer im Bundesgebiet mehr als 50.000 Reha-Anträge, darunter etwa zwei Drittel auf stationäre Entwöhnung (Alkoholiker = 70 Prozent) gestellt, die nach einer durchschnittlichen Dauer von 121,5 Tagen abgeschlossen wurden (8). Die (direkten) Behandlungskosten für alle Drogenabhängigen in der Bundesrepublik lagen 1995 bei insgesamt 910 Mill. DM und dürften inzwischen die Milliardengrenze bei weitem überschritten haben.

In diesem Zusammenhang, sollte ein aktuelles Problem nicht unerwähnt bleiben, über das Arbeitsmediziner in jüngster Zeit berichten. Immer mehr junge ArbeitnehmerInnen können die am Übergang vom Privat- ins Ausbildungs- und Berufsleben kumulierenden Belastungen offenbar nicht mehr bewältigen, ohne Substanzmissbrauch zu betreiben. Genaue Zahlen zur Verbreitung fehlen, weil sich die Wissenschaft bisher, u.a. auch zum Nachteil der Ausarbeitung angemessener Interventionsstrategien, mit diesem Thema so gut wie überhaupt noch nicht beschäftigt hat. Es ist aber wohl in Übereinstimmung mit den Erkenntnissen der Jugendforschung (14) anzunehmen, dass unter jugendlichen Arbeitnehmern (14 bis 24 Jahre) der Anteil von Alkohol konsumierenden Personen knapp 20 Prozent (davon ¼ Frauen, ¾ Männer), der der Alkoholabhängigen rd. 10 Prozent beträgt, dass etwa die Hälfte von ihnen den Gebrauch von legalen und illegalen Drogen miteinander kombiniert und durchschnittlich im Alter zwischen 16 und 18 Jahren - Tendenz sinkend - mit dem Erstkonsum beginnt.

Je nach Definition, sind zwischen 3 und 4 Mill. (3 - 5 Prozent) der Berufstätigen in Deutschland allein von Alkoholproblemen betroffen. Der jährliche volkswirtschaftliche Schaden wird auf 1.4 Mrd. DM an direkten (Arbeitsunfähigkeit, Versorgung) und 3,2 Mrd. an indirekten (Produktivitätseinbußen, Arbeitsplatzverluste, chronische Erkrankungen, verfrühte Mortalität, außerbetriebliche Sozialausgaben usw.) veranschlagt. 11 Prozent der Berufstätigen trinken täglich am Arbeitsplatz, weitere 23 Prozent halten Alkohol bei Leistungsdruck stets griffbereit. Mindestens 15 Prozent aller Führungs- (!) und 10 Prozent aller Arbeitskräfte betreiben Alkoholmissbrauch (14). Von ihnen gelten 5 Prozent als akut behandlungsbedürftig. Alkoholiker fehlen 16mal häufiger kurzfristig und sind 2,5 mal häufiger krank als andere Arbeitnehmer. In den 3-6 Jahren vor einer ambulanten und/oder stationären Behandlung fehlen sie 40 bis 60 Tage im Jahr, direkt vor der Intervention etwa die Hälfte der Arbeitszeit. Durch Ausfälle und Fehlzeiten erarbeiten sie nur 75 Prozent ihres Entgeltes selber. Bei fast jedem dritten Arbeits- oder Wegeunfall ist Alkohol von 0,5 bis 2,0 Promille im Spiel und jede sechste Kündigung wird überwiegend aufgrund von Alkoholproblemen ausgesprochen.

Bedingungen und Ursachen betrieblichen Alkoholmissbrauchs

Trotz dieser erheblichen wirtschaftlichen Schäden, die die durch Alkoholproduktion, -verkauf und -steuern erzielten Gewinne inzwischen übersteigen (9), wird vom Alkoholmissbrauch in der Arbeitswelt relativ viel geredet, insgesamt aber zu wenig dagegen und wenn, dann selten das Sachnotwendige, unternommen. Das hat nicht nur (s.u.), aber auch mit gesellschaftlichen Rahmenbedingungen zu tun, die sich vier großen Gruppen zuordnen lassen und häufig übersehen werden.

Erstens existieren in Deutschland seit Beginn des zwanzigsten Jahrhunderts sozial-, arbeits- und versicherungsrechtliche Vorschriften, die dazu geführt haben, die Aufmerksamkeit und das Handeln von Arbeitgebern, Arbeitnehmern und Öffentlichkeit fast ausschließlich auf die Rehabilitation Abhängigkeitskranker und deren berufliche Wiedereingliederung zu richten (15). Denn nur solche Maßnahmen können der gesetzlich geregelten Finanzierung durch die Solidarfonds sicher sein. In der Folge sind deshalb zweitens, Dienstleistungsangebote und Professionen entstanden, die sich auf die Versorgung in akuten Problemlagen und auf die Rückfallprophylaxe und weniger auf die ursächliche oder primär-präventive Bekämpfung der Alkoholismusproblematik verstehen und ihr Berufsfeld vor Veränderungen und sich selbst vor möglichen Konkurrenten zu bewahren suchen (10). Fokusverengend wirkt drittens, der Umstand, dass unserer Gesellschaft den Alkoholkonsumenten gegenüber ein hohes Maß an Toleranz walten lässt. Grenzlinien zwischen normalem und süchtigem Konsum sind deshalb nur schwer zu ziehen und Hilfen werden zu spät eingefordert (5). Und viertens legt fast alles, was wir inzwischen über die Entstehung und Verlauf von AlkoholikerInnenkarrieren wissen, das Ergreifen von Maßnahmen nahe, die nicht nur die Einstellungen und das Verhalten einzelner Menschen, sondern darüber hinaus auch die Verhältnisse verändern, unter denen Menschen leben und arbeiten (12). Das ruft Abwehrhaltungen all derjenigen hervor, die immer noch meinen, von einer Beibehaltung bestehender Verhältnisse mehr profitieren zu können, als von deren gesundheitsdienlicher Gestaltung.

Die eigentliche Entstehung der Sucht, d.h. eines Missbrauchsverhaltens, das sich vom Konsumierenden selbst nicht mehr steuern lässt, ist - einerlei, ob sich dabei um legale oder illegale Drogen handelt - auf den Einfluss zweier großer Faktorengruppen zurückzuführen.

Die eine hat mit der Beschaffenheit der Persönlichkeit des Menschen und mit der Art und Weise zu tun, wie deren Entwicklungs-, bzw. Sozialisationsprozesse, organisiert sind. Für Menschen, die dazu neigen, Über- oder Unterforderungsempfindungen im Privatleben und während der Arbeit, durch Alkoholmissbrauch zu kompensieren, sind nicht nur starke Selbstwertdefizite, mangelnde soziale Anerkennung und ein überdurchschnittlich hohes Maß an Misserfolgserfahrungen charakteristisch. AlkoholikerInnen haben in der Regel auch massive und andauernde Störungen der normalen Beziehungs- und Kommunikationsabläufe in der Herkunftsfamilie erlebt und darauf hin Bewältigungsmechanismen entwickelt, die sie später darin hindern, auf Überlebensprobleme kompensatorisch und selbstzerstörerisch statt konstruktiv, zu reagieren (13).

Die zweite entscheidende Gruppe von Einflussfaktoren, hat mit der sozialen Umwelt zu tun, innerhalb deren sich die Persönlichkeit der AlkoholikerInnen entwickelt. Sie ist nicht nur in Gestalt besonders lieblos und identitätsschädigend sozialisierender Familien an der Suchtgenese beteiligt (11). Die private und die Arbeits-Umwelt von Alkoholabhängigen zeichnet sich durch besonders günstige Zugriffsmöglichkeiten auf die Droge aus. Als besonders einflussreich und veränderungsresistent hat sich dabei ein betriebliches Umfeld erwiesen, in dem der Konsum von Alkohol zu den Regelbestandteilen einer ausgiebigen Feier- und Belohnungskultur gehören und das Verhalten von Kollegen und Vorgesetzten durch so genannten Co- Alkoholismus, d.h. falsch verstandene Toleranz gegenüber alkoholbedingten Störungen und Ausfallerscheinungen, gekennzeichnet ist. Schließlich konfrontiert die Arbeitsorganisation, als Teil der betrieblichen Umwelt, Menschen mit Anpassungs-, Konkurrenz- und Leistungsanforderungen, die AlkoholikerInnen, aufgrund ihrer Persönlichkeits- und Kompetenzdefizite, meinen, nicht anders als durch Trinken bewältigen zu können.

Der herkömmliche Umgang mit Alkoholproblemen im Betrieb

Die aktuellen Maßnahmen gegen den Alkoholmissbrauch in der Arbeitswelt können drei Typen zugeordnet werden, die sich in methodischer und strategischer Hinsicht von einander unterscheiden lassen.

Die überwiegende Mehrzahl der Aktivitäten hat mit der Intervention zugunsten von Individuen in Krisensituationen zu tun. Im Mittelpunkt stehen kurative und rehabilitative Vorgehensweisen, die sich auf eine Phase in de AlkoholikerInnekarriere konzentrieren, in der der Sucht aufgrund körperlicher und seelischer Folgewirkungen die Qualität eines Krankheitsereignisses zugeschrieben werden kann und in der Ausfallerscheinungen, von den Betroffenen selber und von ihrer Umwelt nicht mehr verheimlicht werden können. Akuter Leidensdruck, die Sorge um den Verlust des Arbeitsplatzes, erfolgreiche Schuldzuweisungen bilden die wichtigsten Voraussetzungen dafür, dass dieses Nothilfe-System überwiegend physio-, selten psychotherapeutischer Hilfen, erfolgreich funktioniert.

Sehr viel weniger, meist größere Betriebe, leisten sich aufgrund praktizierter Mitverantwortung für die Alkoholprobleme ihrer Belegschaftsmitglieder und im Vertrauen auf die personal- und betriebswirtschaftlichen Vorteile, eine Suchthilfe als ständige Institution. Die Besonderheiten einer derartigen Lösungen bestehen zum Einen darin, dass sie nicht nur von den unmittelbar Betroffenen, sondern auch von sonstigen Betriebsangehörigen und wichtiger noch - bereits vor dem Eintritt akuter Krisen - genutzt werden können. Zum Anderen ist ständig vorhandenes Fachpersonal, in der Lage, Interventionskonzepte zu planen und anzubieten, die über die Einzelfallversorgung hinausgehen, sich an den Problemen und Bedürfnissen der Arbeitnehmer orientieren, den Betriebsablauf nicht stören und Vorbeugungselemente, wie die Kontrolle von Risikopersonen und/oder die Schulung der Betriebsangehörigen enthalten können .

Im Unterschied zur Einzelfall- und zur institutionalisierten Suchthilfe stellen integrierte Interventionsprogramme die absolute Ausnahme dar. Ihre Realisatoren gehen davon aus, dass fast nie das Privat- oder das Arbeitsleben allein, sondern immer beide und, in Verbindung damit, die vorberufliche Lebensgeschichte eines Menschen sowie deren Organisatoren (Familie, Peers, Schule usw.), an der Entstehung des Trinkmotivs (12) und an der Entwicklung von Suchtkarrieren beteiligt sind. Daraus ziehen sie den Schluss, dass chronischer Alkoholmissbrauch nicht nur durch die zeitgleiche Beseitigung von Risikofaktoren (Überforderung, Unterforderung, Gratifikationskrisen, Angst vor dem Arbeitsplatzverlust usw.) in Arbeit und Freizeit bekämpft werden sollte. Sie sind darüber hinaus auch der Meinung, dass im Interesse eines nachhaltigen Erfolges vorbeugend, insbes. durch Stärkung von Gesundheitspotenzialen auf der individuellen (Selbstbewusstsein, Problembewältigungskompetenzen, Stressverarbeitungsfähigkeiten usw.) und arbeitsorganisatorischen Ebene (1) interveniert werden sollte. Dieses gälte es auch und gerade dann zu beherzigen, wenn die betriebliche Suchtprävention unter Berücksichtigung des inzwischen aufscheinenden Gefährdungsgrades und im Rückgriffe auf einschlägige Interventionserfahrungen mit Angehörigen dieser Altersgruppe damit beginnen würde, sich künftig besonders um Auszubildende und jungen ArbeitnehmerInnen zu kümmern.

Bedingungen für eine nachhaltige Lösung der betrieblichen Suchtproblematik

Maßnahmen die sich allein auf die individuellen Symptome des Alkoholmissbrauchs konzentrieren, laufen immer wieder Gefahr, an den ihrerseits suchtbedingenden, meistens aber unveränderten Verhältnissen der Arbeits- und Lebenswelt zu scheitern (6). Programme hingegen, die das Alkoholproblem von den Ursachen her bekämpfen wollen und deshalb kurative und präventive Maßnahmen mit einander zu verbinden versuchen, sind in ihrem Erfolg nicht nur davon abhängig, wie sach- und problemangemessen sie organisiert sind. Ebenso wichtig ist es, wie stark sie sich an den Lebensbedingungen und Bedürfnissen arbeitender Menschen orientieren, in wie weit sie in der Lage sind, nachhaltige, d.h. dauerhafte und sich selbst aktivierende Betreuungsstrukturen aufzubauen und ob sie sich betriebs- und volkswirtschaftlich rechnen (12).

Das Gros alkoholbezogener Maßnahmen, die augenblicklich die überwiegende Mehrheit der mit Suchtproblemen in der Arbeitswelt beschäftigten Interventionsprogramme repräsentieren, ist angebotsorientiert und kümmert sich um die Bedürfnisse von Belegschaft und Alkoholabhängigen nur wenig. Der multifaktoriellen Entstehungs- und Verlaufswirklichkeit der TrinkerInnenkarriere werden sie nur insofern gerecht, als sie sich auf individuelles (Fehl-) Verhalten, nicht aber auf die Beseitigung suchtgenerierender Umweltfaktoren konzentrieren. Dauerhafte und sich selbst initiierende Suchthilfe-Strukturen findet man ausgesprochen selten. In den meist größeren Betrieben, in denen es sie aber gibt, hat sich gezeigt, dass die durch sie eingesparten Ausfall- und Behandlungskosten, abzüglich der für eine stehende Suchthilfe nötigten Investitionen, fast immer niedriger sind, als diejenigen Verluste, die der jeweilige Betrieb bei fortdauernder Untätigkeit hätte in Kauf nehmen müssen (4). Trotzdem können Firmenleitungen aus Unkenntnis des betriebswirtschaftlichen Nutzens und in Sorge um mögliche betriebliche Veränderungen, von den Vorteilen ihrer Einführung noch viel zu selten überzeugt werden.

Viele weltweite und wenige deutsche Erfahrungen (2, 6) in Betrieben und anderen sozialen Settings, machen deutlich, dass der durchgreifende Erfolg suchtbezogener und anderer Interventionsprogramme davon abhängig ist, in welchem Masse es den Realisatoren nicht nur gelingt, akutintervenierende mit strikt vorbeugenden, sondern darüber hinaus auch betriebliche mit außerbetrieblichen Programmelementen zu verbinden. Zwei strukturelle Besonderheiten haben sich dabei als besonders wirksam erwiesen.

Auf der innerbetrieblichen Ebene sind paritätisch besetzte Arbeitskreise und von ihnen zu wechselnden Themen eingesetzten Gesundheitszirkel gut geeignet, diejenigen Belastungsfaktoren vorbeugend zu bearbeiten, die mit den Organisationsformen der Arbeit und den Umgangsweisen der Menschen im beruflichen Alltag zu tun haben. Darüber hinaus hat es sich in den noch viel zu wenigen Modellfällen ihres Zustandekommens bewährt, spezielle Maßnahmen, wie die Kontrolle von Trinksitten im Betrieb, bis hin zur Einschränkung von Trinkgelegenheiten und die Aufklärung gegen Co- Alkoholismus, mit Betriebsvereinbarungen zum Thema Abstinenz, der speziellen Schulung von Personal und Vorgesetzten, der möglichst belastungsfreien Gestaltung von Arbeitsplätzen sowie einem vorausschauenden Personalmanagement zu kombinieren (3).

Außerdem kann es neben der Wirtschaftlichkeit auch der Nachhaltigkeit interner Maßnahmen erheblich nützen, wenn sich Betriebe zur Durchführung missbrauchsbezogener Maßnahmen mit den medizinischen (hpts. niedergelassenen Ärzten, Kliniken), den sozialen Einrichtungen (z.B. Kindergärten, Schulen) einer Region, und darüber hinaus auch noch mit denjenigen Institutionen zusammentun, die Alkohol (z.B. Läden, Gaststätten, Tankstellen) in Umlauf bringen. Auf diese Weise können nicht nur Früherkennung und Behandlung optimiert, sondern Familien informiert, entlastet und Gelegenheitsstrukturen kontrolliert werden. Im Übrigen können Klein- und Kleinstbetriebe, in der gegenwärtig rund die Hälfte aller Deutschen berufstätig sind und in deren Arbeitsalltag der Drogenkonsum eine nicht mindergroße Rolle spielt, aus Kompetenz- und Kostengründen gar nicht anders, als mit den Diensten einer Region zu kooperieren, wenn sie die mit der Alkoholabhängigkeit ihrer Mitarbeiter verbundenen Probleme auf andere, als rein kriseninterventionistische Weise lösen wollen.

Literatur

[1] Badura B, Münch E, Ritter W (1997) Partnerschaftliche Unternehmenskultur und Gesundheitspolitik. Fehlzeiten durch Motivationsverlust. Verlag Bertelsmann Stiftung, Gütersloh

[2] Brandenburg U, Kuhn K, Marschall (1998) Verbesserung der Anwesendheit im Betrieb. Instrumente und Konzepte zur Erhöhung der Gesundheitsquote. Dortmund, Berlin

[3] Engler R (2001) Neue Entwicklungen und Modelle in der betrieblichen Suchtarbeit. In: Deutsche Hauptstelle gegen Suchtgefahren (Hrsg) Sucht und Arbeit. Lambertus, Freiburg im Breisgau, S 101-107

[4] Feser H (1997) Umgang mit suchtgefährdeten Mitarbeitern. In: Bienert W, Crisan E (Hrsg) Arbeitshefte Führungspsychologie Bd 26, Sauer-Verlag, Heidelberg

[5] Fuchs R (1992) Sucht am Arbeitsplatz - ein nicht mehr zu verleugnendes Thema. Sucht 1: 48-55

[6] Fuchs R, Rainer L, Rummel M (1998) Betriebliche Suchtprävention. Verlag für Angewandte Psychologie, Göttingen

[7] Henkel D (2001) Zur Geschichte und Zukunft des Zusammenhanges von Sucht und Arbeit. In: Deutsche Hauptstelle gegen die Suchtgefahren (Hrsg) Sucht und Arbeit. Lambertus, Freiburg im Breisgau, S 9-30

[8] Hüllinghorst R (1997) Zur Versorgung Suchtkranker in Deutschland. In: Deutsche Hauptstelle gegen die Suchtgefahren (Hrsg) Jahrbuch Sucht 98. Neuland-Verlagsgesellschaft, Geesthacht, S 123-141

[9] Meise U, Günter V (1993) Schädigen Alkoholabhängigkeit und Alkoholmissbrauch die Volkswirtschaft ? In: Meise U (Hrsg) Die Sucht Nr. 1: Eine Standortbestimmung. Verlag Integrative Psychiatrie, Innsbruck, Wien, S 281-287

[10] Pott E (1994) Zur Entwicklung der Sucht- und Drogenprävention. In: Deutsche Hauptsstelle gegen die Suchtgefahren (Hrsg) Suchtprävention. Lambertus, Freiburg im Breisgau, S 38-48

[11] Schnabel PE (2001) Belastungen und Risiken im Sozialisationsprozess Jugendlicher. In: Raithel J (Hrsg) Risikoverhaltensweisen Jugendlicher. Leske & Budderich, Opladen, S 79-96

[12] Schnabel PE, Hillenkamp R (2000) Sozialökonomie als Bewertungs- und Planungsgrundlage betrieblicher Suchtprävention. Sucht 46 (6): 439-451

[13] Silbereisen K A, Reese R (2001) Substanzgebrauch Jugendlicher: Illegale Drogen und Alkohol. In: Raithel J (Hrsg) Risikoverhaltensweisen Jugendlicher. Leske & Buderich, Opladen, S 131-154
[14] Simon R, Janßen HJ (1997) Jahresstatistik der professionellen Suchtkrankenhilfe und der Selbsthilfe. In: Deutsche Hauptsstelle gegen die Suchtgefahren (Hrsg) Jahrbuch Sucht 98, Neuland Verlagsgesellschaft, Geesthacht, S 142-155
[15] Stähler TP (2001) Wiederherstellung der Erwerbsfähigkeit als Aufgabe der Rentenversicherung. In: Deutsche Hauptstelle gegen die Suchtgefahren (Hrsg) Sucht und Arbeit. Lambertus, Freiburg im Breisgau, S 31-44

Rehabilitation

T. Schott

Universität Bielefeld, Fakultät für Gesundheitswissenschaften
School of Public Health
Postfach 10 01 31
33501 Bielefeld

In Deutschland scheiden jährlich mehr als 200.000 Menschen vor dem Erreichen der gesetzlichen Altersgrenze aus dem Erwerbsleben aus und werden wegen einer verminderten Erwerbsfähigkeit berentet. Ihr Anteil an den gesamten Rentenneuzugängen beträgt ca. 15 Prozent (vgl. VDR-Statistik). Die Gründe sind überwiegend in langanhaltenden, meist progredient verlaufenden chronischen Erkrankungen zu suchen, wie z.B. Erkrankungen der Muskeln und Gelenke oder des Herz-Kreislauf-Systems. Betroffen sind meist ältere Arbeitnehmer, für die eine dauerhafte Reintegration in die Arbeitswelt nach einer schweren Erkrankung immer schwieriger wird. So lag z.B. 1998 das durchschnittliche Zugangsalter der Empfänger neu zugegangener Renten wegen verminderter Erwerbsfähigkeit für die Männer bei 52,25 Jahren und für die Frauen bei 50,32 Jahren. Betrachtet man im Vergleich das mittlere Zugangsalter bei den Altersrenten, das bei Männern und Frauen bei ca. 62 Jahren liegt, so kann pro Rentenjahrgang von einem Verlust von mehr als 2 Mio. Erwerbsjahren ausgegangen werden.

Der vorzeitigen Berentung voraus gehen häufig länger andauernde Krankheitsepisoden und Zeiten der Arbeitsunfähigkeit mit all den negativen Begleiterscheinungen für die betroffenen Arbeitnehmer selbst als auch für den Arbeitgeber, die Krankenkasse, und in letzter Konsequenz für die Rentenversicherung. Eine Frühberentung ist für den Arbeitnehmer i.d.R. nicht nur mit erheblichen finanziellen Einbußen verbunden, sondern kann auch eine Reihe immaterieller Verluste nach sich ziehen. Die Berufstätigkeit vermittelt wichtige Aspekte der persönlichen Identität und des Selbst, über sie findet eine Verortung in der gesellschaftlichen Statushierarchie statt, und sie ist Mittel des sozialen Prestiges und Aufstiegs. Weiter bewirkt die Berufstätigkeit eine sinnhafte Strukturierung der Zeit und bindet den Einzelnen in wichtige soziale Netze ein. Es ist nicht zu übersehen, dass insbesondere die Frühberentung von dem Betroffenen ein erhebliches Maß an Anpassungsleistungen an ein verändertes Leben erfordert, häufig verbunden mit einem Verlust an Lebensqualität (Schott 1987). Auch für den Arbeitgeber kann eine vorzeitige Ausgliederung älterer Arbeitnehmer mit negativen Konsequenzen einhergehen: Ältere Arbeitnehmer verfügen mit steigendem Lebensalter über neue und positive Fähigkeiten wie Zuverlässigkeit, Genauigkeit, Beständigkeit und Lebenserfahrung. Dem Arbeitgeber verloren geht also über die vorzeitige Ausgliederung älterer Arbeitnehmer ein erhebliches Maß an Humankapital und sozialer Kompetenz. Mit dem Problembereich der Frühberentung ist unmittelbar das im SGB IX kodifizierte Sozialrecht der Rehabilitation angesprochen. Hier sind Leistungen zusammengefasst, die das Ziel haben, Menschen, die behindert sind oder denen eine Behinderung droht, zur Teilhabe am gesellschaftlichen Leben zu befähigen. Hierzu zählt auch und insbesondere die Sicherung der Teilhabe am Arbeitsleben. Für Erwerbstätige, denen eine Erwerbsunfähigkeit droht, ist die Rentenversicherung Ansprechpartner und Kostenträger einer rehabilitativen Maßnahme.

Maßnahmen der Rehabilitation werden üblicherweise wenig in Zusammenhang gebracht mit der betrieblichen Prävention und Gesundheitsförderung. Und entsprechend der Trennung zwischen Leistungen der Prävention und der Rehabilitation, die sich auch an der unterschiedlichen Kostenträgerschaft festmachen lässt, werden Leistungen der Rehabilitation eher selten und unsystematisch in Strategien des betrieblichen Gesundheitsmanagements mit einbezogen.

Leistungen der Rehabilitation beinhalten jedoch zumindest drei Ebenen, auf denen sie sich systematisch und lohnend im betrieblichen Gesundheitsmanagement umsetzen lassen:

- In der Verknüpfung von Prävention und Rehabilitation
- In der Flankierung der beruflichen Wiedereingliederung nach einer schweren Erkrankung
- In der Unterstützung der Langzeit-Rehabilitation

Verknüpfung von Prävention und Maßnahmen der Rehabilitation

Auch das SGB IX - Rehabilitation und Teilhabe behinderter Menschen - sieht den Vorrang von Prävention. „Die Rehabilitationsträger wirken darauf hin, dass der Eintritt einer Behinderung einschließlich einer chronischen Krankheit vermieden wird.“ (§ 3 SGB IX). In der betrieblichen Praxis sind zur Erreichung dieses Ziels folgende Strategien empfehlenswert:

- Früherkennung von Risikofaktoren oder gesundheitlichen Schädigungen im Zusammenhang mit arbeitsmedizinischen Vorsorgeuntersuchungen
- Entwicklung von „Frühwarnsystemen“ auf der Basis von AU- Zeiten
- Evtl. Durchführung von ergänzenden betrieblichen Screening-Maßnahmen
- Frühzeitige Anregung medizinischer Vorsorgeleistungen und Maßnahmen der medizinischen Rehabilitation
- Enge Kooperation und gegenseitige Unterstützung zwischen Betriebsarzt, Hausarzt, Krankenkassen und Rentenversicherung (vgl. § 12 u. 13 SGB IX). Zwischen diesen Akteuren abgestimmte Beratung und Betreuung in Fragen der Rehabilitation auf Betriebsebene

Im Zusammenspiel dieser Strategien könnte erreicht werden, dass Maßnahmen der medizinischen Rehabilitation nicht nur früher als bisher, sondern auch stärker problem- und bedarfsorientiert eingesetzt werden.

Betriebliche Wiedereingliederung

Die Rückkehr zur Arbeit nach einer schweren Erkrankung und einer an die Krankheit anschließenden Rehabilitationsmaßnahme ist einer der wichtigsten Schritte im Prozess zur Wiedererlangung der Normalität. Vielen Menschen gelingt dieser Schritt nicht oder nicht dauerhaft. So kehren z.B. nach einem Herzinfarkt oder einer Bypass-Operation lediglich 50 Prozent bis 60 Prozent relativ problemlos zu ihrer gewohnten Erwerbstätigkeit zurück.

Die Gründe für die Nicht-Rückkehr sind vielfältig und keineswegs allein in der angegriffenen Gesundheit zu suchen. Lediglich ca. 20 Prozent - so die Schätzungen - können ihre Arbeit aus rein gesundheitlichen Gründen nicht wieder aufnehmen. Für die restlichen Personen müssen andere Gründe angenommen werden, die häufig in der subjektiven Einschätzung der jeweiligen Person liegen (Schott 1997; Budde u. Keck 2001). Vor dem Hintergrund einer latenten Ängstlichkeit oder depressiven Grundstimmung und häufig verbunden mit einer mangelnden Beratung können folgende Punkte die Wiedereingliederungsbereitschaft negativ beeinflussen:

- Subjektive Fehleinschätzungen der eigenen Leistungsfähigkeit
- Subjektive Fehleinschätzungen der beruflichen Beanspruchungen und Belastungen
- Subjektiv wahrgenommene Hindernisse bei der Wiedereingliederung durch Vorgesetzte und Kollegen
- Falsche Erwartungen und Hoffnungen an ein „Leben ohne Arbeit“

Darauf aufbauend können folgende Ansatzpunkte eines betrieblichen Gesundheitsmanagements im Zusammenhang mit der betrieblichen Wiedereingliederung von Personen nach einer schweren Erkrankung gesehen werden:

- Frühe Kontaktaufnahme zum Betriebsangehörigen noch während seiner Reha-Maßnahme zur individuellen Beratung und Vorbereitung der betrieblichen Wiedereingliederung unter Berücksichtigung seiner persönlichen Präferenzen und wiedererlangten Leistungsfähigkeit sowie der betrieblichen Anforderungen
- Evtl. Vorbereitung und Unterstützung bei der Durchführung von Maßnahmen der stufenweisen Wiedereingliederung im Sinne von § 74 SGB V, einschließlich Beratung des Betriebsangehörigen und seiner Angehörigen - falls erwünscht - sowie Mitwirkung bei der Aufstellung des Wiedereingliederungsplans und Überwachung der Maßnahme

- Evtl. Kontaktaufnahme und Kooperation mit sonstigen betrieblichen Stellen und dem Rehabilitationsträger zur Veranlassung von rehabilitativen Maßnahmen am Arbeitsplatz und der Inanspruchnahme von Leistungen zur Teilhabe am Arbeitsleben (§§ 33, 34 SGB IX)

Auch diese Aktivitäten setzen ein hohes Maß an Kooperation zwischen dem Betrieb, der Reha-Einrichtung, dem Rehabilitationsträger, den Krankenkassen sowie dem erkrankten Betriebsangehörigen voraus.

Langzeit-Rehabilitation

Auch wenn über 3- bis 4-wöchige stationäre oder ambulante Maßnahmen der medizinischen Rehabilitation meist initiale Erfolge erzielt werden können, ist die Wahrscheinlichkeit einer Verstetigung dieser Erfolge nur dann erfolgversprechend, wenn es dem Patienten gelingt, das während der Rehabilitation Erlernte und Erfahrene auch im Alltag und am Arbeitsplatz dauerhaft umzusetzen. Eine dauerhafte flankierende Unterstützung und Betreuung chronisch Kranker als Teil des betrieblichen Gesundheitsmanagementss scheint deshalb geboten. Folgende Strategien können angemessen sein:

- Einbeziehung inner- und außerbetrieblicher Einrichtungen zur Verbesserung der rehabilitativen Betreuung wie z.B. Betriebssportgruppen, Selbsthilfegruppen bzw. -organisationen, Beratungsstellen, Sozialpsychiatrische Dienste etc
- Durchführung eines regelmäßigen obligatorischen Gesundheits-Checks durch den Betriebsarzt
- Kooperation mit dem Rehabilitationsträger zur Durchführung von Maßnahmen der intensivierten Reha-Nachsorge. In diesen Angeboten durch den Rehabilitationsträger wird ein tragfähiges Konzept gesehen, kurzfristigen Reha-Erfolg zu verstetigen

Alle diese Vorschläge setzen ein hohes Maß an Bereitschaft aller Akteure voraus, über Organisationsgrenzen hinaus zu kooperieren und engere Versorgungsbereichsgrenzen zu überschreiten. Und sie sollten ergänzt sein durch betriebliche Investitionen in das Humankapital insbesondere über Weiterqualifizierungsangebote auch für ältere Arbeitnehmer. Nur dann werden sich die Strategien eines umfassenden betrieblichen Gesundheitsmanagements gewinnbringend für alle Beteiligten umsetzen lassen.

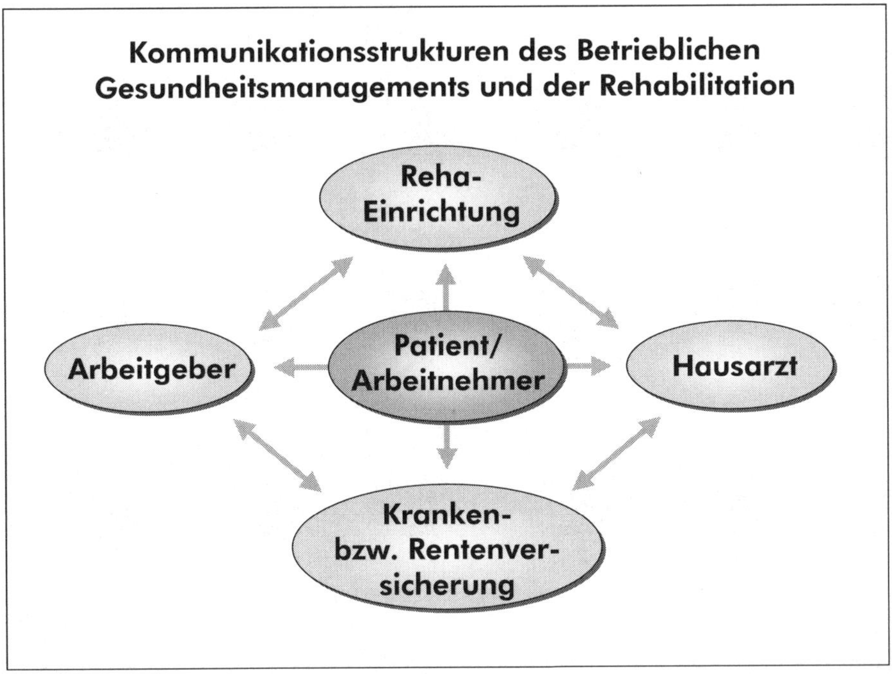

Abb. 16 Kommunikationsstrukturen des Betrieblichen Gesundheitsmanagements und der Rehabilitation

Literatur:

Budde HG, Keck M (2001) Prädiktoren der beruflichen Wiedereingliederung nach stationärer kardiologischer Rehabilitation im Rahmen der Arbeiterrentenversicherung. Rehabilitation 40: 208-216

Bundesverband der Betriebskrankenkassen, Verband Deutscher Betriebs- und Werksärzte eV (1990) Vereinbarung zur Zusammenarbeit zwischen Betriebskrankenkassen und Betriebsärzten. (Broschüre)

Korsukéwitz C (2001) Wohin entwickelt sich die Rehabilitation? - Sicht der BfA. In: Rauch B, Held K (Hrsg) Der schwerkranke und multimorbide Herzpatient. Steinhoff, Darmstadt, S 13-17

Schott T (1987) Frühberentung nach Herzinfarkt - Folgen und Auswirkungen auf Krankheitsbewältigung und Lebensqualität. In: Badura B, Kaufhold G, Lehmann H, Pfaff H, Schott T, Waltz M (1987) Leben mit dem Herzinfarkt. Eine sozialepidemiologische Studie. Springer, Berlin, S 257-285

Schott T (1996) Rehabilitation und die Wiederaufnahme der Arbeit. Eine sozialepidemiologische Untersuchung über den Erfolg medizinischer Rehabilitation nach Herzerkrankung bei der Wiederherstellung der Erwerbsfähigkeit. Juventa, Weinheim u. München

VDR-Statistik: http://www.vdr.de/statistik

4 Methoden, Instrumente, Verfahren

Das folgende Kapitel enthält Methoden, Instrumente und Verfahren bzw. Vorgehensweisen, die sich bisher im betrieblichen Gesundheitsmanagement bei der Bearbeitung einzelner Kernprozesse bewährt haben. Wegen ihrer Multifunktionalität, d.h. ihrer Einsatzmöglichkeiten zu mehreren Zwecken - z.B. lassen sich Mitarbeiterbefragungen sowohl zur Diagnostik und zur Planung als auch zur Evaluation durchgeführter Interventionen verwenden - haben wir auf eine entsprechende Zuordnung verzichtet. Gleichwohl eignen sie sich teilweise für unterschiedliche Ziele unterschiedlich gut. Darüber zu entscheiden muss dem Einzelfall und der Expertise und Erfahrung der damit Beauftragten überlassen bleiben.

Eine mögliche Systematik der vorgestellten Wege zur Datengewinnung lässt sich gleichwohl mit Blick auf Datenquellen und die (bisher) damit verbundenen Kausalmodelle (pathogenetische oder salutgenetische) herstellen sowie mit Blick auf ihre prognostische Relevanz. Frühindikatoren dienen in der Sprache des Controlling dazu, zu einem möglichst frühen Zeitpunkt Aussagen über den zu erwartenden Grad der Zielerreichung eines Herstellungsprozesses machen zu können, um präventiv korrigierend einzugreifen, wenn sich dadurch höhere Kosten einer zeitlich später angesetzten Korrektur vermeiden lassen.

Ein analoges Vorgehen lässt sich auch auf die Wohlbefinden und Gesundheit beeinflussenden Prozesse anwenden. Soziale, psychische und somatische Prozesse hängen - wie mehrfach betont - auf das Engste zusammen. Je mehr wir darüber wissen, umso eher können wir mit geringen Kosten dahingehend wirken, ein dauerhaftes Absinken psychischen Wohlbefindens (Frühindikatoren: Selbstwertgefühl, Arbeitszufriedenheit z.B.) zu verhindern, damit daraus kein Risiko für die psychische und körperliche Gesundheit z.B. Burnout, Herzprobleme, Rückenprobleme) entsteht.

Tabelle 12 versucht die wichtigsten standardisierten bzw. standardisierbaren Methoden der Datengewinnung entsprechend zuzuordnen. Weiterhin können wir Verfahren unterscheiden, die zur Datengewinnung methodisch stark auf den Dialog mit den Beschäftigten setzen. Diese Verfahren sind auf das Zusammentragen des Wissens von Experten, einzelnen Gruppen oder den Beschäftigten vor Ort ausgerichtet. Sie ermöglichen uns, präzise Detailfragen zu klären oder betriebsklimatische Bedingungen zu erkunden. Dialogorientierte Verfahren liefern nicht nur Erkenntnisse über Ursache- Wirkungszusammenhänge, sie sind oftmals bereits selbst eng mit dem Prozess der Intervention verbunden. So kann der Gesundheitszirkel z.B. einerseits die Aufgabe haben, Fakten zu bestimmten Problem in einem Betrieb zu sammeln. Auf der anderen Seite kann ein Gesundheitszirkel mit der Erarbeitung von Lösungsvorschlägen direkt Veränderungsprozesse einleiten. Die Methodik des Projektmanagements stellen wir als erste vor, weil sie für jede Art der Auftragsabwicklung im Rahmen des betrieblichen Gesundheitsmanagements z.B. für die Planung, Durchführung, Aufbereitung und Rückmeldung einer Mitarbeiterbefragung und ihrer Ergebnisse unverzichtbar ist.

Tabelle 12 Möglichkeiten zur Gewinnung standardisierbarer Daten für das Controlling des Betrieblichen Gesundheitsmanagements

Datenquellen	Kausalmodell	Frühindikatoren	Spätindikatoren
Daten aus der Personalabteilung		• Verbesserungsvorschläge • Fortbildungsengagement • Überstunden	• Fluktuation • Fehlzeiten • Frühberentung
Daten aus der Arbeitsmedizin	• Pathogenetisch	• Risikofaktoren • Körperlicher Zustand	• Behandlungsbedarf • Psychische bzw. körperliche Schäden
Daten aus Mitabeiterbefragungen	• Pathogenetisch • Salutogenetisch	• Wohlbefinden • Selbstwertgefühl • Arbeitszufriedenheit	• Angst • Depression • Schlafstörungen etc.
AU- Daten der Kassen	• Pathogenetisch		• Fehlzeiten
An die Träger der Unfallversicherung gemeldete Daten	• Pathogenetisch		• Arbeitsunfälle • Berufskrankheiten

Projektmanagement

E. Münch

Friedrich-Ebert-Str. 134 a
42117 Wuppertal

Vom Projekt zum Projektmanagement

Aktivitäten und Aufgabenstellungen, die nicht in der „normalen" Linienorganisation eines Unternehmens oder als Routineaufgabe bearbeitbar sind, werden häufig als Projekt angelegt. Projektarbeit ist daher eine mittlerweile weit verbreitete Arbeitsform, die den meisten Beschäftigten bekannt ist. Beim genaueren Hinsehen wird jedoch deutlich, dass die Bezeichnung „Projekt" sehr Unterschiedliches meinen kann.

Ein Projekt ist vor allem gekennzeichnet durch die Einmaligkeit der Aufgabenstellung. So wird z.B. eine bestimmte Brücke nur einmal gebaut oder ein Betriebliches Gesundheitsmanagement nur einmal in ein Unternehmen eingeführt. Hingegen wird man für routinemäßig durchzuführende Aufgaben kein Projekt auflegen. Daraus resultiert auch, dass ein Projekt zu bestimmten, fest definierten Zeitpunkten beginnt und endet. Die Projektdurchführung erfolgt in aller Regel im Rahmen einer speziellen Projektorganisation. Charakteristische Merkmale hierfür sind z.B. eine eindeutige Aufgabenstellung und eine klare Zielsetzung, die Verantwortung für ein Projektergebnis sowie ein begrenzter Ressourceneinsatz. Projektmanagement hingegen bezieht sich auf die Art und Weise der Durchführung von Projekten und umfasst spezielle Methoden und Instrumente, die eine professionelle Planung, Steuerung und Überwachung eines Projektes über dessen gesamte Laufzeit unterstützen sollen.

Definition:

»Projektmanagement ist ein umfassendes Führungskonzept, das ermöglichen soll, komplexe Vorhaben termingerecht, kostengünstig und mit hoher Qualität durchzuführen.« (Litke u. Kunow 1998, 16)

Der Zweck von Projektmanagement ist es, alle Arbeitsschritte und Aktivitäten so zu planen, zu organisieren und zu kontrollieren, dass ein Projekt trotz aller bestehenden Risiken und Unwägbarkeiten erfolgreich abgeschlossen wird. Methoden, Techniken und Instrumente des heutigen Projektmanagements basieren im wesentlichen auf Erfahrungen der unter einem enormen Zeit- und Erfolgsdruck stehenden US-amerikanischen Großvorhaben in der Raumfahrt und Rüstungsindustrie in der zweiten Hälfte des 20. Jahrhunderts.

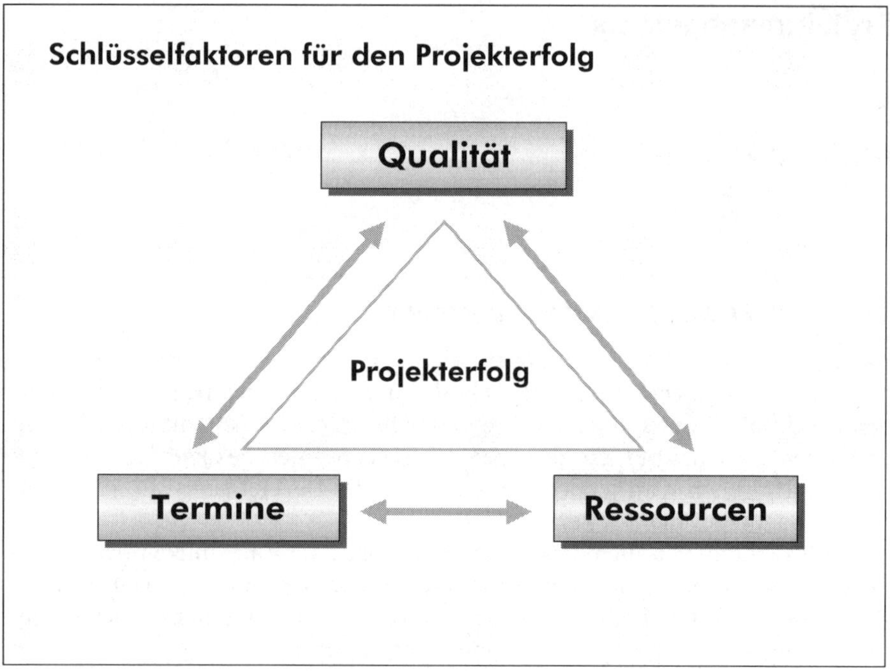

Abb. 17 Schlüsselfaktoren für den Projekterfolg, nach Probst u. Haunerdinger 2001

Entscheidend für den Erfolg von Projekten ist die Einhaltung von getroffenen Vereinbarungen zu drei zentralen Faktoren:

- Termine,
- Ressourcen und
- Qualität

Diese drei Schlüsselfaktoren beeinflussen sich wechselseitig (Abb. 17). Können z.B. Termine nicht eingehalten werden, nimmt dies Einfluss auf die Ressourcen bzw. Kosten des Projektes - wird auf der anderen Seite auf unbedingte Termintreue gepocht, kann dies u.U. zu Lasten der geforderten Qualität gehen. Aus diesem Grund besteht eine wesentliche Aufgabe der Projektleitung im Controlling dieser drei Faktoren.

Projektphasen

Ein Projekt gliedert sich üblicherweise in drei Phasen: die Projektvorbereitung und -planung, die Projektdurchführung sowie den Projektabschluss. Häufig wird gerade der ersten Phase (Projektvorbereitung/-planung) zu wenig Aufmerksamkeit und Zeit geschenkt, weil ganz schnell „etwas geschehen" soll. Beim Blick auf den Verlauf der Projektkosten wird jedoch deutlich, wie wichtig eine optimale Projektvorbereitung und -planung ist.

Verlaufskurve zum Einfluss auf die Projektkosten und deren Verlauf

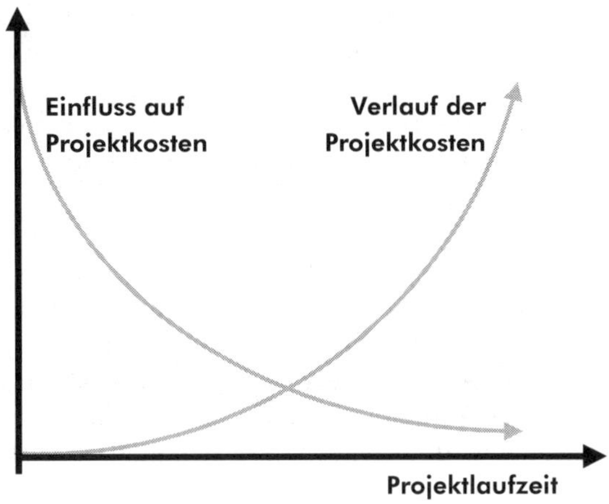

Abb. 18 Verlaufskurve zum Einfluss auf die Projektkosten und deren Verlauf

Zu Beginn des Projektes bestehen noch nahezu alle Möglichkeiten der Einflussnahme auf den Projektverlauf und die damit verbundenen Kosten - zugleich sind bis zu diesem Zeitpunkt kaum Kosten angefallen. Mit fortschreitendem Projektverlauf nehmen die anfallenden Kosten überproportional zu, während sich die Möglichkeiten der Einflussnahme überproportional reduzieren (vgl. Abb. 18). Wesentlich für die Projektdurchführung ist daher, dass Entscheidungen über Aufwendungen und Ressourcen bereits während der Planungsphase getroffen werden und nicht erst während der Projektumsetzung, wenn die dazu erforderlichen Spielräume immer enger werden.

Projektvorbereitung und -planung

Eine gute Projektplanung bildet die Grundlage für eine erfolgreiche Projektrealisierung. Je besser die Planung erfolgt, um so einfach und effizienter erfolgt die Durchführung des gesamten Vorhabens. Aus diesem Grunde sollte für den Planungsprozess ausreichend Zeit eingeräumt werden. Die Projektplanung umfasst im wesentlichen drei Elemente:

- die Projektdefinition (incl. Ziel- und Meilensteinplanung)
- den Projektstrukturplan, Projektphasenplan und Projektablaufplan sowie
- die Termin-, Kapazitäts- und Kostenplanung

Projektdefinition

Die Phase der Projektvorbereitung und -planung beginnt mit der Formulierung des Projektauftrages durch den Auftraggeber (z.B. Vorstand eines Unternehmens) und der Vergabe an ein Projektteam (s.u.). In aller Regel ist der Auftrag zunächst noch relativ offen formuliert und hinsichtlich der Ziele und anzustrebenden Ergebnisse sowie der erforderlichen Ressourcen (zeitlich, personell, finanziell) wenig präzise. Erst nach einer Analyse der Ausgangssituation sowie einer Risikoanalyse erfährt der Projektauftrag eine Konkretisierung und mündet in einer Präsentation vor dem Auftraggeber, um dort verabschiedet zu werden.

Im nächsten Schritt wird eine möglichst präzise Zieldefinition vorgenommen. Dabei werden übergeordnete Globalziele des Projektes in klar definierte Teil- bzw. Etappenziele unterteilt. Die Teilziele sollten dabei möglichst konkret und operationalisierbar sein, da der Projekterfolg später auch daran bemessen wird, in welchem Ausmaß diese Teilziele erreicht wurden. Die Zieldefinition sollte daher präzise Auskunft geben darüber, was genau (Inhalt), bis wann (Zeitpunkt), wie bzw. in welcher Weise (Qualität) erreicht werden soll.

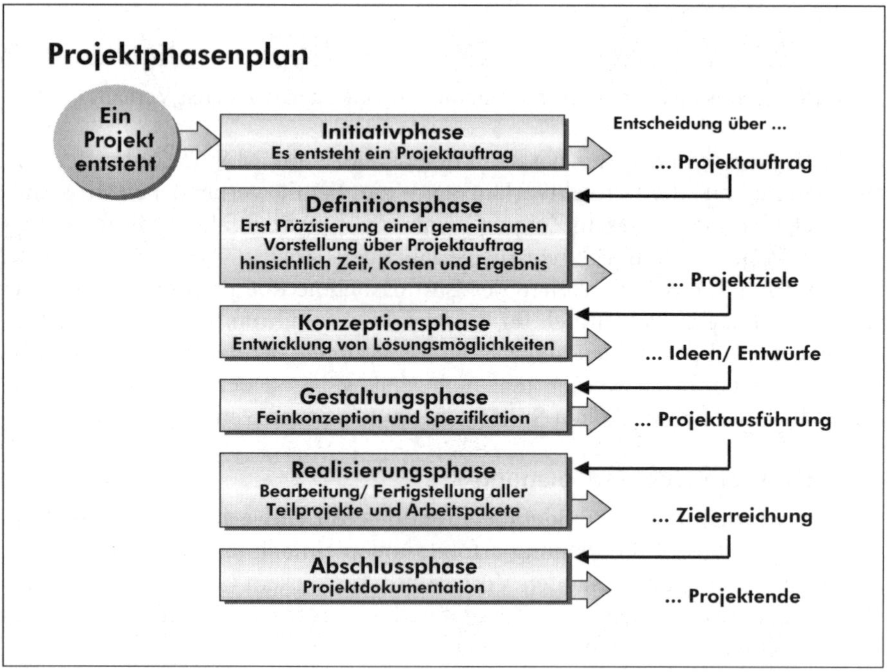

Abb. 19 Projektphasenplan

Neben der hierarchischen Zielstrukturierung erfolgt in diesem Zusammenhang auch die Festlegung von Projekt-Meilensteinen. Meilensteine erleichtern die Orientierung, indem sie Zeitpunkte kennzeichnen, zu denen ein Teilziel erreicht oder ein konkretes (Teil-)Ergebnis fertiggestellt wird. Zentrale Arbeitsschritte können ebenfalls als Meilensteine bezeichnet werden. Mit der Definition von Meilensteinen sind oftmals auch Zeitpunkte fixiert, zu denen wichtige Entscheidungen über den weiteren Projektverlauf getroffen werden (vgl. Abb. 20 Projektphasenplan).

Projektstruktur-, Projektphasen- und Projektablaufplan

Wichtige Instrumente der Planungsphase sind der Projektstrukturplan, der Projektphasenplan sowie der Projektablaufplan. Der Projektstrukturplan (vgl. Abb. 19) gliedert ein Gesamtprojekt - unabhängig von der zeitlichen Reihenfolge - in einzelne Teilprojekte. Innerhalb der Teilprojekte kann eine weitere Unterteilung in einzelne Aufgabenstellungen - sog. Arbeitspakete - sinnvoll sein. Arbeitspakete sind möglichst klar voneinander abzugrenzen; sie werden geschlossen und mit einem klar definierten Ziel zur Bearbeitung an eine Arbeitsgruppe oder Organisationseinheit delegiert.

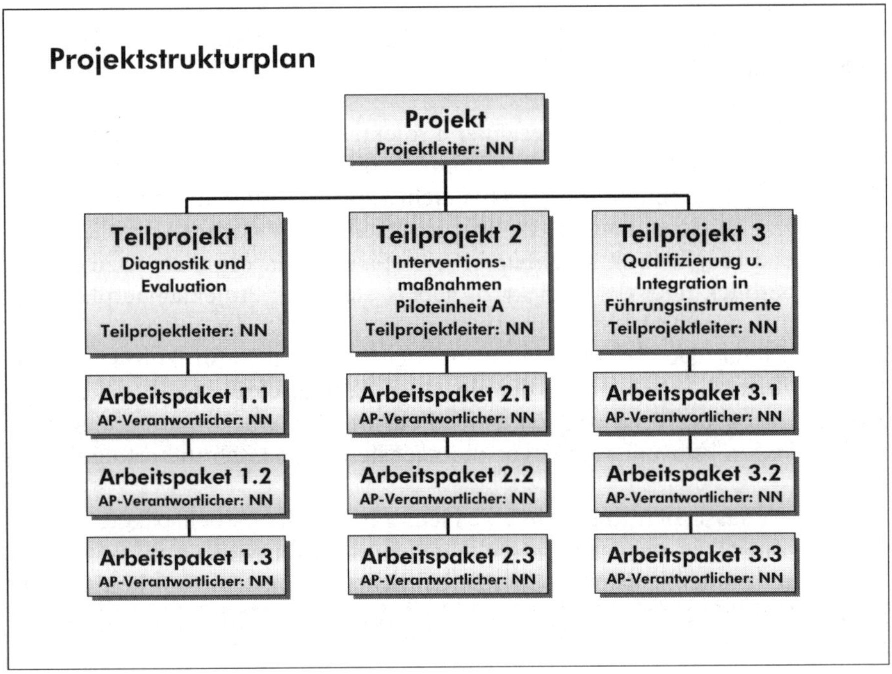

Abb. 20 Projektstrukturplan

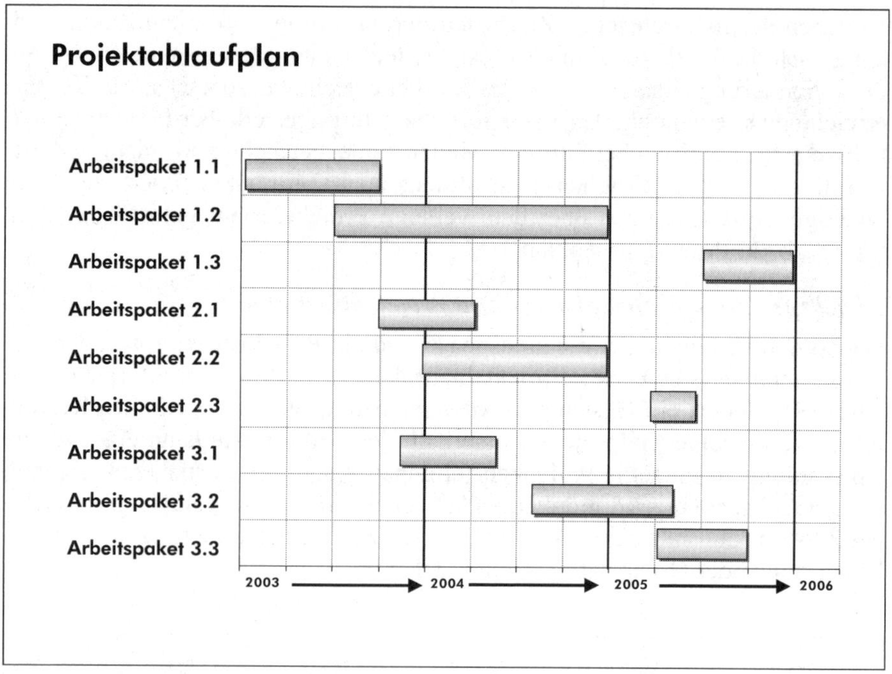

Abb. 21 Projektablaufplan

Die zeitliche Abfolge des gesamten Projektes wird mit dem Projektphasenplan dargestellt. Meist sind die einzelnen Projektphasen als Meilensteine des Projektverlaufs definiert (s.o.). Daher steht zum Abschluss einer Projektphase oftmals eine Entscheidung des Auftraggebers über das weitere Vorgehen an.

Während Projektstrukturplan und Projektphasenplan vor allem dazu dienen, einen Überblick über das Projekt zu geben, stellt der Projektablaufplan (vgl. Abb. 21) das zentrale Steuerungsinstrument während der gesamten Umsetzungsphase dar. Der Projektablaufplan leitet sich aus dem Strukturplan ab und legt detailliert die Reihenfolge der einzelnen Arbeitsschritte bzw. -pakete fest. Aus ihm wird idealerweise auch ersichtlich, welche Arbeitsschritte unbedingt abgeschlossen sein müssen, bevor die nächsten Arbeitsschritte erfolgen können.

Dadurch lässt sich zugleich erkennen, für welche Arbeitspakete Konsequenzen entstehen oder gar Entscheidungen getroffen werden müssen, wenn es z.B. in vorangehenden Paketen zu zeitlichen Verzögerungen kommt. Aus dem Ablaufplan leitet sich darüber hinaus die exakte Terminplanung für das Projekt ab.

Kapazitäts- und Kostenplanung

Mit Hilfe der Kapazitätsplanung werden alle für das Projekt erforderlichen Ressourcen ermittelt und dokumentiert. Aufgabe der Kapazitätsplanung ist es, für eine optimale Ressourcenauslastung zu sorgen und möglichen Engpässen, die den Projektverlauf beeinträchtigen können, vorzubeugen. Besteht eine Differenz zwischen den ermittelten und tatsächlich gegebenen Ressourcen, empfiehlt es sich, entweder die Kapazitäten anzupassen oder den Projektablauf entsprechend zu modifizieren. Der Projektkostenplan enthält die Kalkulation für alle im Rahmen des Projektes anfallenden Eigen- und Fremdleistungen (z.B. Mitarbeiter- und Fachkräfteeinsatz, externe Prozessbegleitung, Qualifizierungsmaßnahmen und Öffentlichkeitsarbeit). Unentbehrlich ist der Kostenplan darüber hinaus, wenn die Erfolgsbewertung des Projektes eine Kosten-Nutzen-Analyse vorsieht.

Projektdurchführung

Projektbeteiligte

Mit der Auswahl der „richtigen" Mitarbeiter für das Projektteam werden entscheidende Weichen für das Gelingen eines Projektes gestellt. Das Projektteam hat gegenüber der Unternehmensleitung bzw. dem Auftraggeber die Rolle eines Auftragnehmers. Es besteht in der Regel vom Beginn bis zum Ende des Projektes; entsprechend des jeweiligen Bedarfs kann sich die Zusammensetzung allerdings zeitweilig verändern. Das Projektteam setzt sich zumeist aus Mitarbeitern unterschiedlicher Abteilungen, Professionen und Funktionen zusammen, die alle ihr aufgaben- bzw. funktionsbezogenes Fachwissen einbringen. Das Projektteam bzw. die Projekt-Kerngruppe sollte der Arbeitsfähigkeit wegen nur in Ausnahmefällen aus mehr als acht Personen bestehen. Bei der Zusammenstellung des Projektteams sollte nicht nur auf die fachliche und methodische Kompetenz, sondern auch auf die Teamfähigkeit der entsprechenden Personen geachtet werden. Dem Projektteam können angehören:

- der Projektleiter
- für das Projekt abgestellte Mitarbeiter
- zeitweilig mitwirkende Mitarbeiter
- externe Kooperationspartner
- externe Berater

Verantwortlich für die Arbeit des Projektteams ist ein Projektleiter. Die mit der Leitung und Steuerung des Projektes verbundenen Aufgaben erfordern neben den üblichen Führungsqualitäten und methodischen Kompetenzen auch einen kooperativen Arbeitsstil und die Fähigkeit, Teammitglieder anzuleiten, zu integrieren und zu motivieren. Um ihre Aufgabe verantwortlich und erfolgreich wahrnehmen zu können, muss die Projektleitung über entsprechende, vom Auftraggeber erteilte Kompetenzen verfügen. Dazu gehören innerhalb vorgegebener Grenzen: fachliche Entscheidungs- und Weisungsbefugnis, Entscheidungen über den Einsatz finanzieller und personeller Ressourcen, „Forderungsrechte" (Information, Personal etc.) gegenüber beteiligten Organisationseinheiten (vgl. Litke u. Kunow 2000).

Kick-off-Meeting

Mit einem „Kick-off-Meeting" fällt der Startschuss für ein Projekt. Diese Veranstaltung wird zumeist genutzt, alle Beteiligten über die Ausgangssituation und Zielsetzung sowie den geplanten Ablauf des Projektes zu informieren. Sie stellt damit auch sicher, dass alle Beteiligten den gleichen Informationsstand besitzen. Zusätzlich kann in diesem „Kick-off-Meeting" auch der betriebsinternen Öffentlichkeit gegenüber ein Signal gesetzt und die Belegschaft informiert werden.

Projektdokumentation

Die regelmäßige und umfassende Dokumentation ist eine nicht zu unterschätzende Aufgabe im Projekt. Als „Gedächtnis des Projektes" (Probst u. Haunerdinger 2001, 77) bildet eine lückenlose Dokumentation das Nachschlagewerk während der gesamten Projektlaufzeit und danach. Die Dokumentation umfasst alle relevanten Eckdaten, Planungsunterlagen, Absprachen und Entscheidungen sowie die Projektergebnisse.

Gliederung Projekthandbuch

1. Grundsätzliches
- Organisation Projektteam
- Adressen der Projektbeteiligten
- Adressen der Ansprechpartner
- Richtlinien für die Projektarbeit
- Richtlinien der Projektdokumentation

2. Vertragliche Grundlagen
- Projektauftrag
- Vertragliche Absprachen

3. Projektplanung
- Projektstrukturplan
- Projektphasenplan
- Projektablaufplan
- Terminplan
- Kapazitätsplan
- Kostenplan
- Qualitätsplan

4. Risikomanagement
- Risikoanalyse
- Maßnahmenkatalog und -verfolgung

5. Projektsteuerung
- Projektstatusberichte
- Arbeitsaufträge
- Protokolle der Projektsitzungen
- Problemmeldungen
- Liste offener Punkte

6. Schriftverkehr u.Gesprächsnotizen

7. Dokumentation d. Projektergebnisse
- Konzepte
- Berichte
- Gutachten
- Projektergebnisbeschreibungen

8. Projektabschluss
- Abnahmeprotokoll
- Projektabschlussbericht
- Projektnachkalkulation

Anhang:Checklisten, Formulare, Muster

Abb. 22 Mustergliederung Projekthandbuch, nach Probst u. Haunerdinger 2001

Die Notwendigkeit einer umfassenden Dokumentation ergibt sich nicht zuletzt daraus, dass ein guter Informationsfluss eine wesentliche Voraussetzung für die erfolgreiche Zusammenarbeit der unterschiedlichen Akteure darstellt.Ferner bildet sie eine wichtige Informationsgrundlage für die Erfolgsbewertung (Evaluation) und kann als Erfahrungswissen für zukünftige Projekte herangezogen werden. Die durch eine gute Projektdokumentation geschaffene Transparenz erleichtert zudem die gezielte Information und Öffentlichkeitsarbeit zum Projekt. Gemeinsam mit dem Projektteam ist daher abzustimmen:

- welche Informationen zu dokumentieren sind,
- wer für die Dokumentation verantwortlich ist,
- in welcher Weise Informationen dokumentiert und abgelegt werden,
- nach welcher Systematik die Ablage erfolgt,
- an welchem Ort die Dokumente aufbewahrt werden sowie
- wer Zugriffsberechtigung auf die Dokumentation erhält.

Ebenso wie alle anderen Projektunterlagen sollten diese „Spielregeln" in einem Projekthandbuch (vgl. Abb. 22) hinterlegt sein.

Projektsteuerung

Ein professionell durchgeführtes Projekt ist neben der sorgfältigen Planung auch durch eine aktive und kontinuierliche Steuerung gekennzeichnet. Die Steuerung umfasst alle Aktivitäten, die notwendig sind, um den im Rahmen der Planung eingeschlagenen Kurs beizubehalten und die anfangs definierten Ziele zu erreichen. Sie konzentriert sich dabei vor allem auf das Controlling der geplanten Termine, Ressourcen (Kosten, Personal etc.) und Qualität.

Zweck der Projektsteuerung ist es, Abweichungen zwischen dem geplanten und dem tatsächlichen Verlauf des Projektes rechtzeitig zu erkennen und mit geeigneten Maßnahmen zu begegnen. Der permanente Ist-Soll-Abgleich folgt der Systematik eines Regelkreises. Treten Abweichungen zwischen dem tatsächlichen Ist und dem geplanten Soll auf, so sind die dafür in Frage kommenden Ursachen zu analysieren, zu bewerten und entsprechen Korrekturmaßnahmen einzuleiten. Die dadurch eintretenden Veränderungen sind wiederum zu beobachten, und anhand eines erneuten Ist-Soll-Vergleichs zu prüfen. Je früher Abweichungen erkannt werden, um so einfacher und wirkungsvoller lassen sie sich beheben. Verantwortlich für die Steuerung ist die Projektleitung - ggf. auch in Kooperation mit dem Projektteam.

Erfolgreiches Projektcontrolling bedarf einiger Grundvoraussetzungen, die sich bei der Durchführung von Projekten als relevant erwiesen haben (vgl. Probst u. Haunerdinger 2001, 169). Dazu gehören:

- die Formulierung zugleich herausfordernder wie erreichbarer Projektziele,
- das Vorhandensein nur eines, verbindlichen Terminplans,
- die Einhaltung der Kosten und Termine ist das Ziel, nicht deren Über- bzw. Unterschreitung,

- die Beteiligung der zur Zielerreichung verantwortlichen Personen an der Zieldefinition,
- die Hinterlegung der zu erreichenden Ziele mit konkreten Maßnahmen,
- die ehrliche Dokumentation von Soll und Ist des Projektverlaufs,
- die Bereitstellung von Ergebnissen der Soll-Ist-Vergleichen für Projektverantwortliche,
- die Projektplanung soll während des Verlaufs möglichst nicht verändert werden,
- die „Meldung nach oben" beim Überschreiten definierter Grenzen (Termin, Ressourcen, Qualität),
- das Grundverständnis, dass Abweichungen zwischen Soll und Ist keine Schuldbeweise sind, sondern Anlass für Lernprozesse.

Projektabschluss

Das formale Projektende erfolgt mit der Abnahme des Projektes durch den Auftraggeber. Meist erfolgt dies im Rahmen einer Präsentation der Projektergebnisse (z.B. „Kick-out-Meeting"). Ob der Auftraggeber das Projekt abnimmt, hängt in aller Regel davon ab, ob die vereinbarten Bedingungen für das Projekt eingehalten und die vorgegebenen Ziele erreicht wurden. Neben der Zielerreichung orientiert sich der Auftraggeber dabei vor allem an den eingangs vorgestellten Schlüsselfaktoren: Termine, Ressourcen und Qualität.

Um auch zukünftigen Projekten die gemachten Lernerfahrungen zur Verfügung zu stellen, erfolgt darüber hinaus idealerweise eine systematische Reflexion des Projektverlaufs und seiner Ergebnisse.

Literatur:

Boy J, Dudek C, Kuschel S (1994) Projektmanagement. Gabal Verlag, Offenbach

Kessler H, Winkelhofer G (1997) Projektmanagement. Leitfaden zur Steuerung und Führung von Projekten. Springer Verlag, Berlin Heidelberg New York

Litke HD (1995) Projektmanagement. Methoden, Techniken, Verhaltensweisen. Hanser Verlag, München Wien

Litke HD, Kunow I (2000) Projektmanagement. STS-Verlag, Planegg

Probst HJ, Haunerdinger M (2001) Projektmanagement leicht gemacht. Wie behält man die Nerven, wenn alles schief geht? Wirtschaftsverlag Überreuther, Frankfurt Wien

Analyse von Arbeitsunfähigkeitsdaten in der arbeitsweltbezogenen Gesundheitsberichterstattung

E. Zoike

BKK Bundesverband
Betriebliche Gesundheitsförderung
Kronprinzenstr. 6
45128 Essen

Einleitung und methodischer Hintergrund

Die Analyse von Arbeitsunfähigkeitsdaten (AU-Daten) der Krankenkassen für betriebliche, branchen- und berufsgruppenbezogene Gesundheitsberichte gehört heute zum Instrumentarium vieler Krankenkassen und dokumentiert sich in regelmäßig veröffentlichten - je nach Kassenart unterschiedlich bezeichneten - jährlichen Berichten (1) sowie in der betrieblichen Gesundheitsberichterstattung für Unternehmen. Des Weiteren wurden branchenbezogene Berichte von der Krankenversicherung im Rahmen ihrer Kooperationen mit Berufsgenossenschaften entwickelt (2)(2a). Derzeit sind etwa 22 Mio. erwerbstätige Mitglieder in die regelmäßige Berichterstattung der gesetzlichen Krankenkassen einbezogen. Hiermit liegen für über drei Viertel der sozialversicherungspflichtig Beschäftigten in Deutschland Gesundheitsberichte mit Bezug zu den beruflichen Tätigkeiten vor.

Ihren Ursprung fand diese Art der Gesundheitsberichterstattung Ende der siebziger Anfang der achtziger Jahre in mehreren Forschungsvorhaben im Rahmen der Strukturforschung im Gesundheitswesen zum Thema „Krankheit und Arbeitswelt"(3). Seitdem ist über die Vor- und Nachteile der für administrative Zwecke erhobenen GKV-Prozessdaten als Sekundärdaten für Morbiditätsanalysen immer wieder gestritten worden, wobei letztlich ihre Vorteile die ebenfalls zu beachtenden Restriktionen überwiegen (4).

Zu den Vorteilen gehören

- die Vollständigkeit der Information bei routinemäßiger Erhebung
- die Möglichkeit von Längsschnittbetrachtungen und
- die Replizierbarkeit für verschiedene Regionen und Zeiträume

Zu den Nachteilen zählen

- die Begrenzung der Krankheitsinformation auf AU- Diagnosen
- die Begrenzung der Arbeitsplatzinformationen auf die Merkmale Branche und Tätigkeit (Beruf, Ausbildung, Stellung im Beruf).

Die ärztlichen Diagnoseangaben (Klartexte) wurden bis zu Beginn des Jahres 2000 auf Basis der dreistelligen ICD 9. Revision durch die Sachbearbeitungen der Kassen verschlüsselt. Hierbei konnten sich Verschlüsselungsprobleme auf Grund der mangelnden Eindeutigkeit in der Zuordnung unklarer Diagnosen (z.B. „fieberhafter Grippeinfekt") oder durch sonstige fehlerhafte Zuordnungen - z.B. Bevorzugung von „Restgruppen" - ergeben. Diese Verschlüsselungsprobleme waren allerdings auf der Ebene der ICD- Hauptgruppen und Untergruppen von nur geringer Bedeutung.

Seit 2000 werden die Diagnosen auf der Basis der ICD 10. Revision von den Leistungserbringern (Ärzten, Krankenhäusern) selber verschlüsselt. Dies führt bereits jetzt zu erkennbar stärkeren Differenzierungen der Krankheitsarten und somit zu gewissen Verschiebungen gegenüber früheren Berichtszeiträumen - v.a. auf Ebene der Einzeldiagnosen.

Neben den AU- Diagnosen werden bei neueren Forschungsprojekten zum Thema „Arbeit und Gesundheit" zunehmend weitere Informationen zum Gesundheitszustand der Beschäftigten mit einbezogen - wie betriebsärztlich erhobene Befunde, Arzneimittel- und Arztdaten sowie Befragungsdaten (5). Ebenso werden die Belastungen am Arbeitsplatz differenziert erhoben. Zu erwähnen sind überdies die in diesem Kontext entwickelten Studien über Krankheitskosten (6).

Neben den Forschungsberichten zu speziellen Fragestellungen gehört heute die regelmäßige Berichterstattung mittels Arbeitsunfähigkeitsdaten zum selbstverständlichen Fundus für Gesundheits- und Sozialpolitik sowie Wirtschaft und Tarifparteien. Die mit branchen- und tätigkeitsbezogenen, regionalen wie soziodemografischen Merkmalen angereicherten AU- Statistiken bieten nicht nur wichtige Kenngrößen für die Prävention, sondern geben auch Hinweise zum arbeits- und allgemeinmedizinischen sowie zum rehabilitativen Versorgungsbedarf. Darüber hinaus dokumentieren sie die allgemeine Entwicklung der gesundheitlichen Lage in der Bevölkerung.

Entwicklung der Arbeitsunfähigkeit

Der folgende Beitrag befasst sich mit einigen zentralen Aspekten der statistischen Ergebnisse. Die in Deutschland längste Zeitreihe einer branchenbezogenen Krankheitsartenstatistik wird vom Bundesverband der Betriebskrankenkassen auf Grund der traditionellen Anbindung der Kassenart an Wirtschaftsunternehmen geführt (7), sie erscheint bereits seit 1977 (erste Datenbasis 1976). Nicht nur die Arbeitsunfähigkeit insgesamt sondern auch das Krankheitsspektrum hat sich in den hier zu beobachtenden zweieinhalb Dekaden erheblich verändert (s.u.). Hierbei ist allerdings zu berücksichtigen, dass sich auch die Mitgliederstruktur der bei Betriebskrankenkassen versicherten Erwerbstätigen insbesondere seit 1996 mit Beginn der Wahlfreiheit verändert hat.

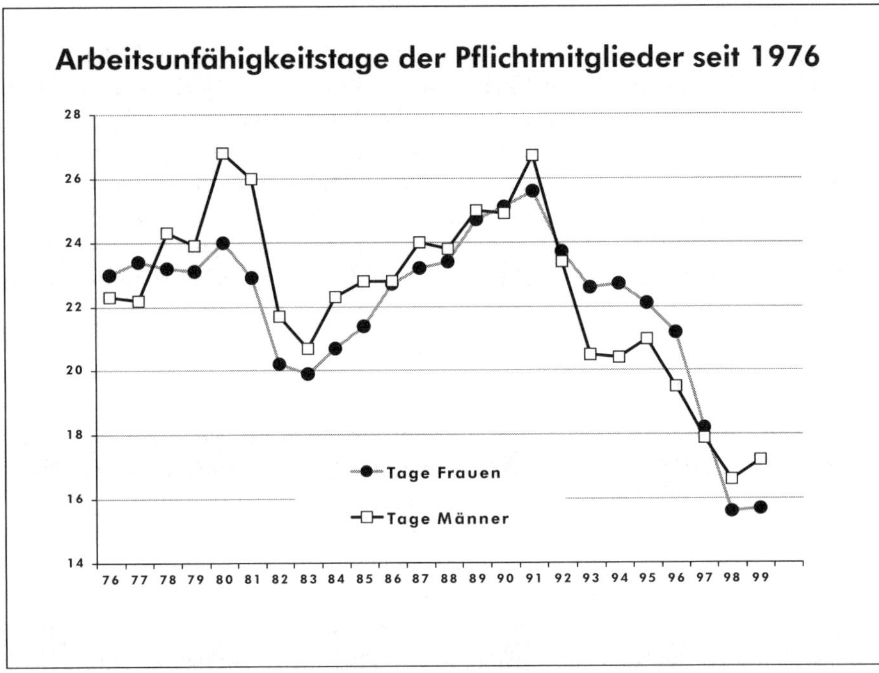

Abb. 23 AU-Tage je BKK-Pflichtmitglied seit 1976

Lagen vor 1996 die Erwerbsschwerpunkte der aktiv Versicherten in der Eisen-, Metall- und Chemie- Industrie sowie bei der öffentlichen Verwaltung und den öffentlichen Verkehrsunternehmen, haben sich seither zunehmend Beschäftigte der Dienstleistungsunternehmen oder aus dem Gesundheitswesen und vor allem auch mehr weibliche Angestellte für eine BKK- Mitgliedschaft entschieden.

Durch die Struktureffekte sank das früher im GKV- Vergleich überdurchschnittlich hohe Krankenstandsniveau der BKK-Versicherten sukzessive, wenn es sich auch immer noch oberhalb der für Angestellten- Ersatzkassen üblichen Höhe befindet. Abb. 23 gibt einen Überblick über die unter anderem konjunkturell mitbedingten Schwankungen der Arbeitsunfähigkeit (in den alten Bundesländern) seit Mitte der siebziger Jahre sowie über die Unterschiede bei Männern und Frauen. Mit durchschnittlich 16,4 AU- Tagen je BKK-Pflichtmitglied in Gesamtdeutschland liegt das Niveau 1999 ähnlich niedrig wie im Vorjahr (16,1 Tage) (8).

Geschlechtsbezogen ist erkennbar, dass in den meisten Jahren die Krankenstände der Männer über denen der Frauen lagen - allerdings war es in der Zeitspanne zwischen 1993 und 1997 umgekehrt. Während vor 1992 bei den Frauen weniger Arbeitsunfähigkeitstage als bei den männlichen BKK-Mitgliedern anfielen, sank in den Neunzigerjahren die Arbeitsunfähigkeit bei den Männern überproportional. Wie die altersgruppenbezogenen Analysen der Krankheitsartenstatistiken 1992-1996 ergeben, konzentrierten sich die niedrigeren AU-Werte bei Männern vorrangig bei den über 50-Jährigen. Hierbei dürften Sozialpläne im Montanbereich und zunehmende Frühberentung zum niedrigeren Krankenstand der älteren männlichen Beschäftigten beigetragen haben.

Seit 1996 sinkt die Zahl der durchschnittlichen Krankheitstage der bei BKK versicherten Frauen rapide. Diese Entwicklung hängt, wie unten noch gezeigt wird, entscheidend mit den im Vergleich zu den Männern günstigeren Beschäftigungsstrukturen - insbesondere den höheren Anteilen in Angestellten- und Dienstleistungsberufen - zusammen (vgl. Abschnitt über Ergebnisse nach Versichertenstatus).

Krankheitsarten

Das Arbeitsunfähigkeitsgeschehen konzentriert sich auf wenige Krankheitsgruppen. Etwa 80 Prozent aller AU- Fälle und AU- Tage entfallen auf sechs Hauptgruppen (vgl. Tabelle 13). Auch wenn sich weiterhin noch einige Unterschiede zwischen den alten und neuen Bundesländern zeigen, so nähern sich die Verteilungen in Ost und West doch immer stärker an. So liegen im Westen zwar noch häufiger Muskel- und Skeletterkrankungen als Krankheitsursachen vor (22,2 Fälle je 100 Pflichtmitglieder im Westen, gegenüber 16,6 Fällen im Osten), dennoch hat sich die Differenz im Vergleich zum Stand unmittelbar nach der Wiedervereinigung deutlich verringert.

Tabelle 13 Die wichtigsten Krankheitsgruppen der Arbeitsunfähigkeiten 1999

Krankheitsarten	Fälle 1999 in Prozent			Tage 1999 in Prozent			Veränderungen der Fälle zu 1999		
	Gesamt	Ost	West	Gesamt	Ost	West	Gesamt	Ost	West
1. Atemwege	31,6	28,7	32,1	18,6	18,5	18,6	4,5	-4,0	5,2
2. Muskel- und Skeletterkrankungen	17,9	16,0	18,1	27,2	23,0	27,9	-4,0	3,9	-4,2
3. Verdauungsorgane	13,9	14,3	13,8	14,0	15,5	13,8	0,0	-0,6	-0,1
4. Verletzungen/ Vergiftungen	10,4	11,4	10,2	7,7	8,1	7,7	-1,5	-1,1	-1,7
5. Herz- Kreislaufsystem	3,6	4,5	3,4	6,3	7,3	6,1	-0,9	-1,2	-1,0
6. Psychiatrische Erkrankungen	2,5	2,6	2,5	6,1	5,3	6,3	0,7	0,7	0,7
Summe	79,8	77,6	80,2	80,0	77,8	80,3	-1,3	-2,2	-1,0

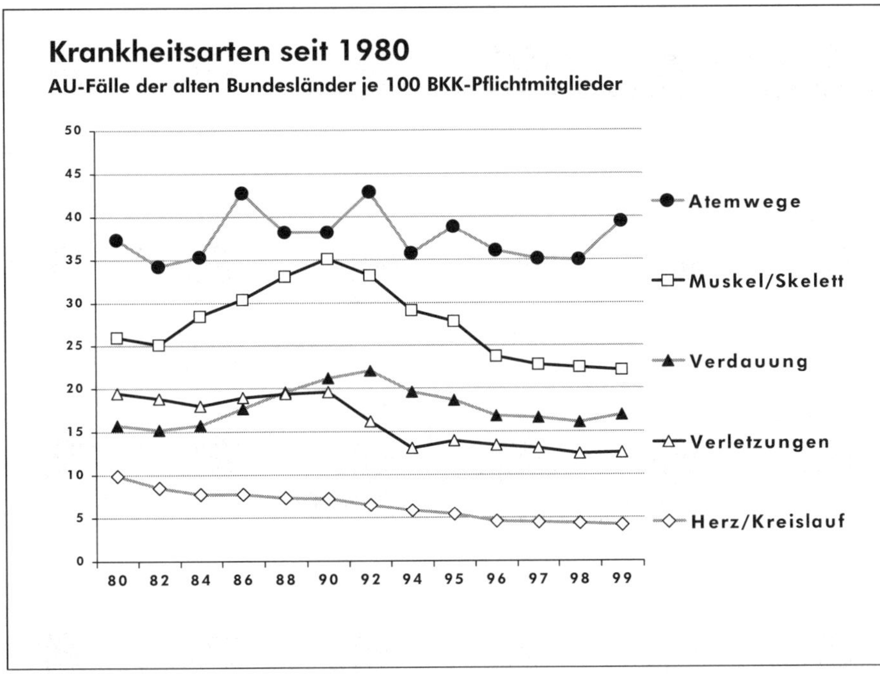

Abb. 24 Verlauf der Krankheitsarten seit 1980 (Fälle je 100 BKK-Pflichtmitglieder der alten Bundesländer)

Auch erkranken die ostdeutschen BKK-Mitglieder etwas häufiger an Herz- oder Kreislauferkrankungen (4,8 Fälle auf 100 Pflichtmitglieder im Osten gegenüber 4,2 Fällen im Westen). Der Entwicklung folgend schlägt sich der allgemeine Rückgang der Arbeitsunfähigkeit nach 1990 in fast allen großen Krankheitsgruppen nieder - so besonders deutlich bei den Muskel- und Skeletterkrankungen (vgl. Abb. 24). Diese nehmen allerdings nach AU- Tagen immer noch den ersten Rang ein, erreichen aber mit nur 4,6 Arbeitsunfähigkeitstagen je BKK-Pflichtmitglied den niedrigsten Stand seit 20 Jahren. Bemerkenswert ist auch der seit vielen Jahren rückläufige Trend der Herz- und Kreislauferkrankungen in der Arbeitsunfähigkeit, wobei sich hier die krankheitsbedingten Ausfalltage von drei (1980) auf nur noch einen Krankheitstag je BKK-Pflichtmitglied reduziert haben. Nur bei den Atemwegserkrankungen ist durch die Grippewelle Anfang 1999 ein leichter Anstieg zu verzeichnen.

Während im Einklang mit der allgemeinen Entwicklung in den genannten Krankheitsgruppen der Trend rückläufig ist, wächst die Bedeutung der psychiatrischen Erkrankungen. Dies dürfte nicht nur mit realen Morbiditätsveränderungen sondern auch zum Teil mit veränderten Diagnosestellungen in den Arztpraxen zusammenhängen.

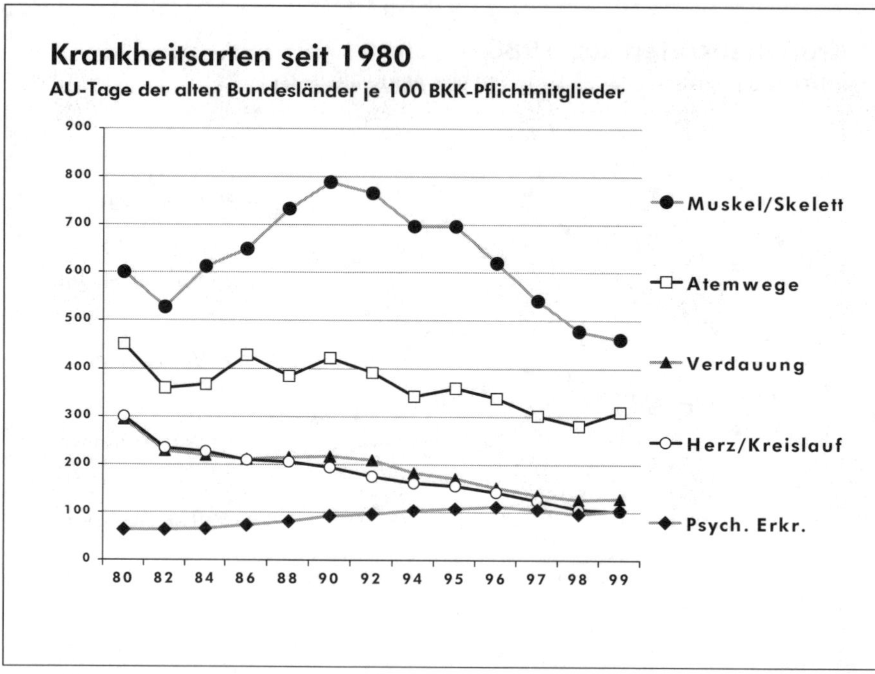

Abb. 25 Verlauf der Krankheitsarten seit 1980 (AU-Tage je 100 BKK-Pflichtmitglieder der alten Bundesländer)

Mit 6,1 Prozent aller Krankheitstage liegt diese noch in den achtziger Jahren in den alten Bundesländern nachrangige Krankheitsgruppe inzwischen bei der Arbeitsunfähigkeit auf dem 5. Rang (vgl. Abb. 25). Im Krankenhaus stellt sie mit über 11 Prozent der Behandlungstage die drittwichtigste Diagnosegruppe dar. Auch hier zeigen sich für die Mitglieder ohne Rentner deutliche Anstiege.

Schließlich sind nicht zuletzt die geschlechtsbezogenen Differenzen im Krankheitsspektrum zu beachten (vgl. Abb. 26). So werden bei den Männern erheblich mehr AU- Tage durch Verletzungen und durch Muskel- und Skeletterkrankungen verursacht als bei Frauen. Während etwa 17 Prozent der Krankheitstage bei Männern verletzungsbedingt sind, haben diese bei den Frauen mit nur knapp 10 Prozent eine wesentlich geringere Bedeutung. Bei Frauen fallen hingegen die psychiatrischen Erkrankungen stärker ins Gewicht und stehen mit fast 8 Prozent der Krankheitstage an vierter Stelle, während sie bei den Männern mit 5 Prozent „nur" den 6. Rang einnehmen. Das enorme Anwachsen der psychiatrischen Erkrankungen ist auch in Anbetracht der langen durchschnittlichen Falldauern von fast 33 Tagen in dieser Krankheitsgruppe - nur die Ausfallzeiten bei Krebserkrankungen dauern im Schnitt ca. einen Tag länger - von großer Relevanz für das Fall- und Versorgungsmanagement der Krankenkassen.

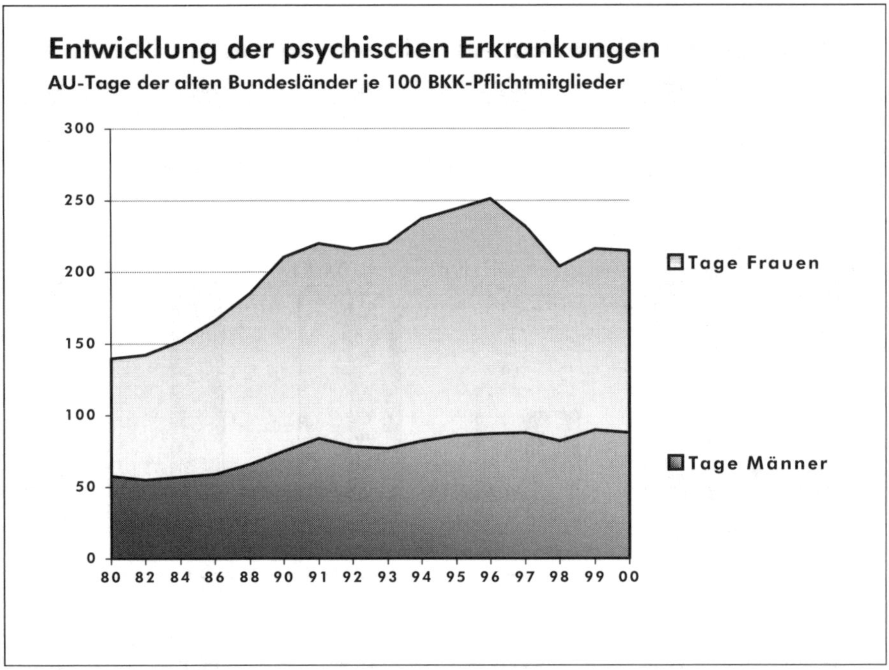

Abb. 26 Krankheitstage durch psychiatrische Erkrankungen nach Geschlecht

Die mittlere Falldauer bei Arbeitsunfähigkeit beträgt 1999 bei den BKK 13,6 Kalendertage. Hierbei enden allerdings die meisten Arbeitsunfähigkeitsfälle (59 Prozent) nach spätestens einer Woche. Durch diese kurzzeitigen Erkrankungen werden nur 16 Prozent der Krankheitstage verursacht, während auf der anderen Seite durch Langzeiterkrankungen mit über sechswöchiger Arbeitsunfähigkeit (nur 4 Prozent aller Fälle) gut 39 Prozent der Arbeitsunfähigkeitstage entstehen.

Beschäftigungsstatus

Der durchschnittliche Gesundheitszustand wird außer durch Alter und Geschlecht maßgeblich von der sozialen Lage beeinflusst. Daher sollen hier ein Überblick die Unterschiede nach Versichertengruppen gegeben werden, da diese auch die bereits dargestellten geschlechtsbezogenen Unterschiede in der Höhe der Arbeitsunfähigkeit mit beeinflussen. So lassen sich Arbeiter, Angestellte, freiwillig Versicherte und Arbeitslose deutlich differenzieren. Dies gilt sowohl für die Betrachtung der Gesamtergebnisse als auch für die Verteilungen nach Krankheitsarten.

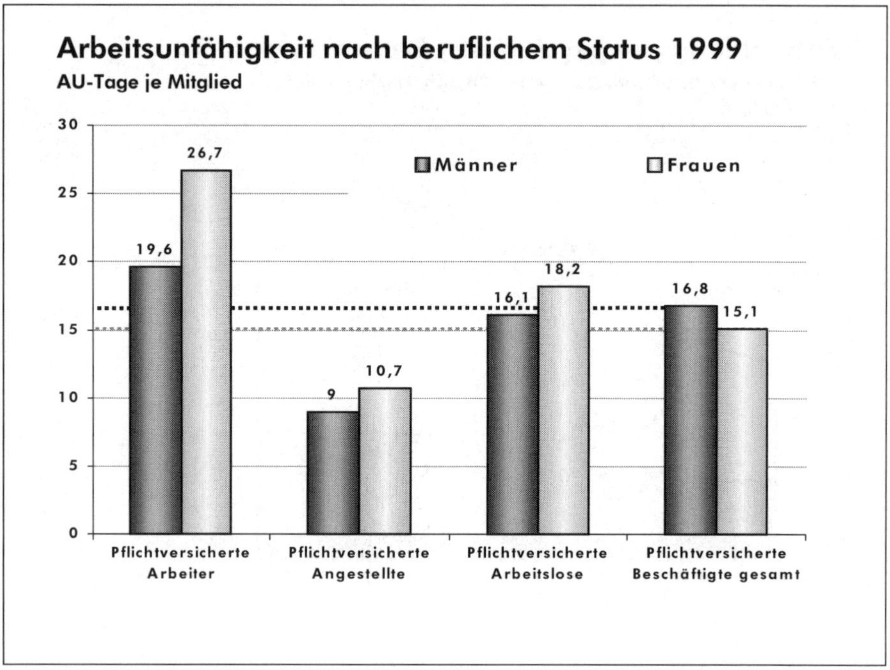

Abb. 27 Arbeitsunfähigkeit nach Geschlecht und beruflichem Status 1999

Die bei den BKK 1999 versicherten weiblichen Erwerbstätigen sind zu über zwei Dritteln als pflichtversicherte Angestellte tätig, während der Arbeiteranteil bei den männlichen BKK- Pflichtmitgliedern 58 Prozent beträgt. Die höheren Krankenstände der BKK- versicherten Männer resultieren insbesondere aus dem hohen Arbeiteranteil, da Arbeiter im Vergleich zu pflichtversicherten Angestellten im Durchschnitt mehr als doppelt so viele Krankheitstage im Jahr aufweisen (vgl. Abb. 27). So zeigt sich, dass die bei den BKK-pflichtversicherten Frauen geringeren Krankheitstage vor allem auf den oben geschilderten Unterschieden im Beschäftigungsstatus beruhen.

Der dominierende Anteil der Angestellten unter den weiblichen Pflichtmitgliedern - mit hohen Anteilen in den Dienstleistungs- und Gesundheitssektoren mit branchenspezifisch niedrigen Krankenständen (s.u.) - führt zu diesem Ergebnis. Innerhalb der jeweiligen Versichertengruppen hingegen weisen die Männer weniger Krankheitstage auf. Dies hängt mit der unterschiedlichen Lebenslage, der geschlechtsspezifischen Arbeitsteilung, der Segregation des Arbeitsmarktes und Statusunterschieden innerhalb der Gruppen zusammen (9).

Für Arbeitslose werden zwar weniger Arbeitsunfähigkeitsfälle als für die beschäftigten Pflichtmitglieder gemeldet, jedoch liegen sie auf Grund der sehr langen durchschnittlichen Falldauern von 29,6 Tagen je Fall nach Arbeitsunfähigkeitstagen höher als die beschäftigten Pflichtmitglieder. Die Krankheitsfälle der Arbeitslosen dauern mehr als doppelt so lange wie die der Beschäftigten, was sich durch Morbiditätsunterschiede, wie unten beispielhaft aufgeführt, erklärt. Insgesamt deuten die Ergebnisse darauf hin, dass Arbeitslose bei kürzeren Erkrankungen auf eine Krankschreibung verzichten.

Deutliche Unterschiede der Krankheitsausprägungen zeigen sich beispielsweise bei den Herz- und Kreislauferkrankungen, die bei Arbeitslosen im Vergleich zu den beschäftigten Pflichtmitgliedern sehr viel stärker das Krankheitsgeschehen bestimmen. Bei den Arbeitslosen beträgt ihr Anteil an den Krankheitstagen 11 Prozent, während die beschäftigten Pflichtmitglieder mit 6 Prozent bei den Arbeitern und 5 Prozent bei den Angestellten einen wesentlich geringeren Anteil an den Arbeitsunfähigkeitstagen durch Herz- und Kreislauferkrankungen aufweisen (bei den freiwillig Versicherten ist der Anteil mit 9 Prozent ebenfalls höher als bei den beschäftigten Pflichtmitgliedern).

Auch fällt der sehr hohe Anteil psychiatrischer Erkrankungen (13 Prozent der Tage mit steigender Tendenz gegenüber dem Vorjahr) bei Arbeitslosen im Vergleich zu den übrigen Gruppen (Arbeiter: 5 Prozent, Angestellte: 7 Prozent und freiwillig Versicherte: 5 Prozent der Tage) besonders auf. Neubildungen verursachen bei Arbeitslosen ebenfalls mehr Krankheitstage als bei den anderen Versichertengruppen. Mit 5 Prozent liegen sie deutlich über den Anteilen der beschäftigten Pflichtmitglieder (2 bis 3 Prozent). Insgesamt spiegeln sich in diesen Ergebnissen Selektionsprozesse des Arbeitsmarktes wider, der eher leistungsgeminderte als gesunde, leistungsstarke Arbeitnehmer in die Arbeitslosigkeit entlässt.

Wirtschaftszweige und Berufe

Die branchenbezogenen Ergebnisse variieren erheblich um den Durchschnittswert von 16 Tagen (vgl. Abb. 28). Unter zusätzlicher Betrachtung der Untergruppen und kleinerer Wirtschaftszweige liegen die Extreme noch weiter auseinander. An der Spitze stehen mit 27,9 Arbeitsunfähigkeitstagen die Beschäftigten der Abfallwirtschaft, es folgen die Beschäftigten der Post- und Kurierdienste mit 23,9 Krankheitstagen. An dritter Stelle stehen die öffentlichen Verwaltungen (23,5 Tage je Pflichtmitglied) gefolgt von den Verkehrsunternehmen mit 21,3 Krankheitstagen. Für viele Beschäftigten dieser Bereiche gilt, dass sie ihre Arbeit oft unter belastenden Bedingungen (wie Schichtarbeit, körperliche Belastungen, Arbeiten im Freien) verrichten. In der Industrie treten 1999 die Metallerzeugung und -bearbeitung (20,1 AU- Tage) sowie die Glas- und Keramikindustrie (18,4 AU- Tage) mit überdurchschnittlichen Fehlzeiten in Erscheinung.

Die niedrigsten Krankenstände erreichen, wie in den Vorjahren, die Beschäftigten von Banken und Versicherungen mit 10,4 Krankheitstagen je Pflichtmitglied sowie Dienstleistungsunternehmen mit 11,8 Tagen. In den Dienstleistungsunternehmen wurden im Bereich „Datenverarbeitung und Forschung" sogar nur 8,9 Krankheitstage registriert.

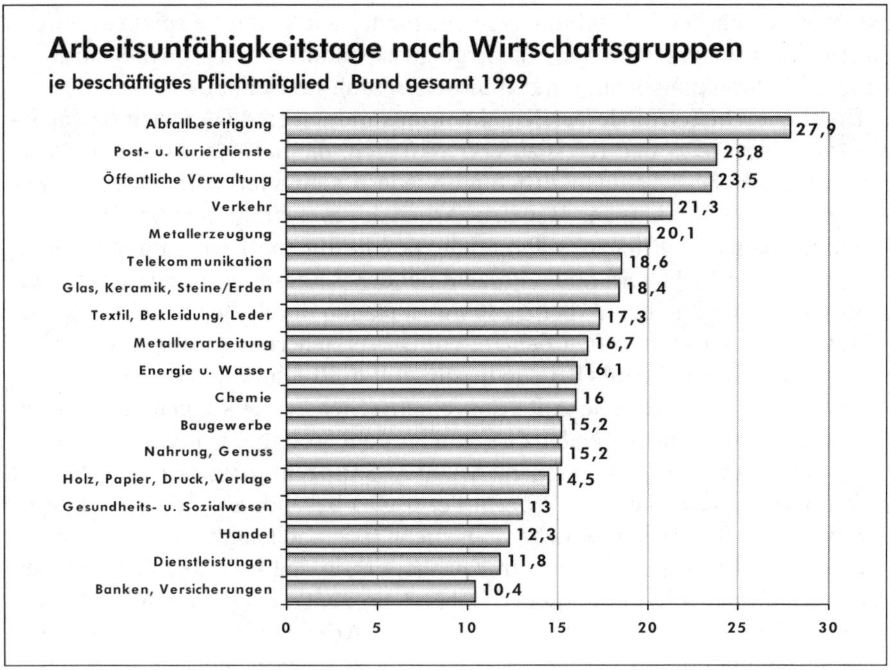

Abb. 28 AU-Tage nach Wirtschaftsgruppen

Zum Teil resultieren die hier gezeigten Differenzen aus den branchenspezifischen Altersstrukturen der dort Beschäftigten. So sinken die AU- Tage nach der rechnerischen Bereinigung des Alters- und Geschlechtseffektes (direkte Standardisierung) in der Abfallwirtschaft um 4,6 Tage, bei der Post um 1,2 und in den öffentlichen Verwaltungen um 2,4 Tage. In den meisten Dienstleistungssektoren stellen wir hingegen auf Grund der dort jüngeren Altersstruktur nach Standardisierung um ein bis zwei Tage höhere Arbeitsunfähigkeitswerte fest. So würden sich bei gleicher Alters- und Geschlechtsstruktur die Branchenergebnisse zwar annähern, dennoch bleiben die Rangfolgen und eine auch nach Standardisierung beträchtliche Spannbreite von rd. 11 Krankheitstagen (Datenverarbeitung, Banken, Versicherungen) bis hin zu rd. 23 AU-Tagen (Abfallwirtschaft und Postdienste) erhalten.

Noch deutlichere Unterschiede zeigen erwartungsgemäß die berufsbezogenen Analysen (vgl. Tab. 14). Während Fahrzeugreiniger, Straßenreiniger, Gleisbauer, Reinigungsberufe, Bauhilfsarbeiter und auch Kranführer 1999 durchschnittlich vier bis sechs Wochen im Jahr krankheitsbedingt fehlten, liegen die Fehlzeiten bei den Ingenieuren und den wissenschaftlichen Berufen (z.B. Natur-, Wirtschafts- und Sozialwissenschaftler), im Unternehmensmanagement und bei den freien Gesundheitsberufen mit durchschnittlich nur einem bis vier Krankheitstagen deutlich unter einer Kalenderwoche im Jahr.

Weitere Analysen der berufsspezifischen Verteilungen nach Krankheitsarten geben zusätzliche Anhaltspunkte für präventive Handlungsbedarfe (10). So sind bei Männern in einigen Berufen - z.B. Fahrzeugreiniger, Gleisbauer und weitere Bauberufe - die Krankheitstage wegen Herz- und Kreislauferkrankungen um das Drei- bis Vierfache gegenüber dem Durchschnittswert erhöht.

Tabelle 14 Arbeitsunfähigkeit nach Berufen 1999

Berufsbezeichnung	Fälle je Mitglied	Tage je Mitglied
Berufe mit den meisten AU- Tagen		
Fahrzeugreiniger, -pfleger	1,8	40,2
Straßenreiniger, Abfallbeseitiger	1,9	32,4
Gleisbauer	1,6	31,4
Glas-, Gebäudereiniger	1,5	28,4
Raum-, Hausratreiniger	1,5	27,8
Bauhilfsarbeiter	1,6	27,8
Kranführer	1,4	27,7
Gärtner, Gartenarbeiter	1,9	27,6
Maschinen-, Behälterreiniger und verwandte Berufe	1,6	27,2
Straßenwarte	1,9	26,3
Halbzeugputzer und sonstige Formgießerberufe	1,8	25,5
Wächter, Aufseher	1,4	25,1
Stahlschmiede	1,6	24,5
Zimmerer	1,3	23,9
Postverteiler	1,3	23,8
Gummihersteller, -verarbeiter	1,7	23,5
Berufe mit den wenigsten AU- Tagen		
Chemietechniker, Physikotechniker	0,4	4,0
Handelsvertreter, Reisende	0,4	3,7
Apotheker	0,3	3,6
Industriemeister, Werkmeister	0,3	3,5
Maschinenbautechniker	0,3	3,4
Hochschullehrer, Dozenten an höheren FS u. Akademien	0,3	3,2
Ärzte	0,2	2,8
Architekten, Bauingenieure	0,3	2,7
Publizisten	0,3	2,7
Wirtschafts- und Sozialwissenschaftler, a.n.g., Statistiker	0,3	2,6
Unternehmer, Geschäftsführer, Geschäftsbereichsleiter	0,2	2,0
Unternehmensberater, Organisatoren	0,2	1,8
Übrige Fertigungsingenieure	0,2	1,6
Chemiker, Chemieingenieure	0,1	1,1
Ingenieure des Maschinen- und Fahrzeugbaues	0,1	1,0
Elektroingenieure	0,1	1,0

Bei den psychiatrischen Krankheiten, die wie oben ausgeführt besonders bei den Frauen eine stärkere Bedeutung haben, lassen sich in ähnlicher Weise Problemgruppen identifizieren. Hier sind es insbesondere die Raum- und Hausratreinigerinnen, Helferinnen in der Krankenpflege und auch arbeitslose Frauen, die von diesen Krankheiten am stärksten betroffen sind.

Schlussfolgerungen

Mit Krankenkassendaten kann für einen Großteil der Bevölkerung das Morbiditätsgeschehen entlang einer Vielzahl soziodemografischer und tätigkeitsbezogenerer Merkmale sowie regional differenziert abgebildet werden. Restriktionen sind zu berücksichtigen bei Forschungsfragen, die detaillierte medizinische und/ oder arbeitsplatzbezogene Informationen erfordern. So sind mit Sekundärdaten der Krankenversicherung keine Kausalitätsanalysen möglich, wohl aber detaillierte Erkenntnisse über Risiko- und Zielgruppen für Prävention zu gewinnen.

Die wesentlichen Ziele einer routinemäßigen Berichterstattung sind:

- die Identifikation von Zielgruppen mit erhöhten Morbiditätsrisiken
- die Entwicklung spezifischer Präventions-, Rehabiltations- und Versorgungs-Angebote für Risikogruppen oder gesundheitlich bereits beeinträchtigte Arbeitnehmer/innen
- sowie auch die Evaluation der praktisch durchgeführten Maßnahmen.

Die arbeitsweltbezogene Gesundheitsberichterstattung hat sich zu einer wichtigen Basis in der Zusammenarbeit von Kranken- und Unfallversicherung nach § 20 SGB V und § 14 SGB VII entwickelt. Weitere Entwicklungsmöglichkeiten sind in den heutigen Modellprojekten bereits erkennbar.

Dabei stehen zurzeit Kooperationen zwischen Krankenkassen, Unfallversicherungsträgern und Betrieben im Vordergrund, die fortgeführt und ausgebaut werden. So haben beispielsweise der BKK Bundesverband und der Hauptverband der gewerblichen Berufsgenossenschaften nach dem erfolgreichen Abschluss des „Integrationsprogramms Arbeit und Gesundheit von Unfallversicherung und Krankenkassen (IPAG)"(11) Anfang des Jahres 2002 die „Initiative Gesundheit und Arbeit" (IGA) gegründet, die auf die Weiterentwicklung gemeinsamer Präventions- und Interventionsansätze zielt. Der Arbeitsschwerpunkt wird in den folgenden drei Handlungsfeldern liegen:

- Ermittlung von Zusammenhängen zwischen Arbeitsbedingungen und Erkrankungen und die Entwicklung geeigneter Präventions- und Interventionsansätze
- Umsetzung von Methoden und Erkenntnissen in die betriebliche Praxis
- Wissenstransfer durch Veranstaltungen zum Themenbereich "Arbeitsschutz und betriebliche Gesundheitsförderung - eine neue Qualität der Arbeit".

Die arbeitsweltbezogene Gesundheitsberichterstattung befindet sich in Deutschland auf einem guten Weg. Zu hoffen bleibt, dass gerade auch unter den Bedingungen der wirtschaftlichen Globalisierung die erreichten Standards erhalten und darüber hinaus kontinuierlich weiterentwickelt werden.

Literatur

[1] so sind zuletzt (nach redaktioneller Fertigstellung dieses Beitrags) erschienen:
a) BKK Bundesverband (Hrsg) (2002) Krankheitsartenstatistik 2000/2001. Essen
b) Vetter C et al (2002) Krankheitsbedingte Fehlzeiten in der deutschen Wirtschaft. In: Badura B et al. Fehlzeiten- Report 2001. Springer, Berlin
c) IKK-Bundesverband (Hrsg) (2002) IKK-Bericht 2002. Arbeit und Gesundheit im Handwerk.
d) Im Bereich der Ersatzkassen: DAK - Gesundheitsreport 2002. GEK - Gesundheitsreport 2002.

[2] Wolters J et al (2000) Branchenbericht für die Elektrotechnik- und- und Feinmechanikindustrie. Gesundheitsrisiken und Präventionspotentiale.
Wolters J et al (2001) Branchenbericht für die Metall- und Maschinenbauindustrie. Gesundheitsrisiken und Präventionspotentiale. Nordwest Verlag, Bremerhaven

[2a] Bonitz D, Bödeker W (2000) Routineberichterstattung auf der Basis von Arbeitsunfähigkeitsmeldungen der gesetzlichen Krankenversicherung. Das Gesundheitswesen 62: 525-537

[3] Eine Übersicht über die damaligen Ansätze liefert der BASIG-Sammelband 5: Schräder W, Thiele W (1985) Krankheit und Arbeitswelt - Möglichkeiten der Analyse mit Daten der Gesetzlichen Krankenversicherung.

[4] vgl. auch von Ferber L, Behrens J (1997) Public Health Forschung mit Gesundheits- und Sozialdaten, S 19f

[5] Bödeker W, Ochsmann A, Bieniek S, Friedrichs M, Hanßen R (2000) Eignen sich Daten über Arzneimittelverordnungen für das Erkennen arbeitsbedingter Gesundheitsgefahren? In: Hasman A et al. (Hrsg) Medical Infobahn for Europe. IOS Press, Amsterdam, S 91-95

[6] Bödeker W, Fiedel H, Röttger C, Schröer A (2001) Kosten arbeitsbedingter Erkrankungen. Schriftenreihe der Bundesanstalt für Arbeitsschutz und Arbeitsmedizin. NW-Wirtschaftverlag, Dortmund

[7] BKK Bundesverband (Hrsg) Krankheitsartenstatistik. Erscheint jährlich seit 1977, Essen.

[8] Da zum Zeitpunkt der redaktionellen Fertigstellung dieses Beitrags der Bericht 2000/2001 noch nicht erschienen war, wird auf die zuletzt veröffentlichte Datenbasis 1999 Bezug genommen.

[9] Bundesministerium für Familie, Senioren, Frauen und Jugend (Hrsg) (2001) Bericht zur gesundheitlichen Situation von Frauen in Deutschland. Kapitel 7

[10] Zoike E (2001) Krankheitsartenstatistik in der Gesundheitsberichterstattung. Die BKK 5/2001: 223-229

[11] Hauptverband der gewerblichen Berufsgenossenschaften (Hrsg) (2001) Integrationsprogramm Arbeit und Gesundheit - Abschlussbericht

Mitarbeiterbefragung

H. Pfaff u. F. Pühlhofer[1, 2]

[1, 2] Universität zu Köln
Abt. Medizinische Soziologie der Medizinischen Fakultät
Joseph- Stelzmann-Str. 9
50924 Köln

Definition und Sinn der Mitarbeiterbefragung

Was ist eine Mitarbeiterbefragung (MAB) und wie führt man sie im Rahmen des Betrieblichen Gesundheitsmanagements professionell durch? Diese zwei Fragen stehen im Mittelpunkt der folgenden Skizze zum Thema Mitarbeiterbefragung.

Ein wirkungsvolles betriebliches Gesundheitsmanagement ist ohne Informationen über das Denken, Fühlen und Handeln der Mitarbeiter (z.B. Fehlzeitenverhalten) kaum zu bewerkstelligen. Nur wenn man Kenntnisse über die Einstellungen, die Denkweisen und die Gesundheit der Mitarbeiter besitzt, kann man die Gesundheitsförderung angemessen planen und durchführen. Die notwendigen Informationen hierzu kann eine Mitarbeiterbefragung liefern.

Bei der Mitarbeiterbefragung handelt es sich um eine Methode der Datengewinnung, welche die Wahrnehmungen, Bewertungen, Einstellungen, Gefühle und Verhaltensweisen der Mitarbeiter bezüglich der Arbeit, der Organisation sowie der eigenen Person systematisch über die Technik der Befragung erfasst. Unter Befragung wird in der empirischen Sozialforschung eine asymmetrische Kommunikation zwischen zwei oder mehr Personen verstanden, bei der durch Fragen Antworten hervorgerufen werden (Pfaff u. Bentz 1998). Der Begriff der MAB sollte aus Gründen der Qualitätssicherung nicht für Befragungen verwendet werden, die entgegen den Regeln der Sozialforschung durchgeführt oder ausgewertet werden (zu den Regeln: Schnell et al. 1989; Bortz u. Döring 1995; Diekmann 1995; Flick 1995; Kaase 1999).

Das Potenzial einer Mitarbeiterbefragung kann im Rahmen der betrieblichen Gesundheitspolitik nur dann voll ausgeschöpft werden, wenn es in ein Betriebliches Gesundheitsmanagement eingebettet ist (Badura et al. 1999). Sinn und Zweck der Befragung sollten im optimalen Falle aus der strategischen Zielsetzung der betrieblichen Gesundheitspolitik abgeleitet sein. Wir gehen bei der folgenden Darstellung davon aus, dass diese Arbeit geleistet wurde und beschränken uns auf die praktischen Aspekte der Planung und Durchführung (vgl. dazu im Anhang S. 311 ff.).

Planung und Durchführung einer Mitarbeiterbefragung

Eine MAB ist recht komplex und erfordert eine sorgfältige Planung der verschiedenen Vorgänge, wobei Entscheidungen bezüglich Zielpopulation, Fragebogeninhalt, Methode und Organisation der Befragung zu treffen sind.

1. Befragungsteilnehmer: Wen befragen?

Die Planer von Mitarbeiterbefragungen stehen immer vor der Frage, ob sich die Befragung auf das gesamte Unternehmen oder auf einen Teil beziehen soll. Im letzteren Fall können sich Mitarbeiterbefragungen auf einzelne Organisationseinheiten (z.B. Produktionsabteilung) beschränken und/oder sich an bestimmte Zielgruppen richten (z.B. Führungskräfte). Die Entscheidung wird von der Strategie des betrieblichen Gesundheitsmanagements abhängen. Geht es z.B. um eine zielgerichtete Bekämpfung von Krankheiten, kann es sinnvoll sein, die Mitarbeiterbefragung in den Organisationsbereichen durchzuführen, in denen die höchsten Krankheitsraten zu verzeichnen sind.

Befragungsteilnehmer: Vollerhebung oder Stichprobenziehung?

Nach der Auswahl der Befragungseinheit ergibt sich die Frage, ob alle Mitarbeiter der ausgewählten Zielpopulation befragt werden sollen (Vollerhebung) oder nur eine Stichprobe aus dieser Population (Teilerhebung). Entscheidet man sich für die Stichprobe, hat man die Wahl zwischen einer probabilistischen (z.B. einfache, mehrstufige Zufallsstichprobe) und einer nicht- probabilistischen Stichprobe (z.B. Quotenstichprobe) (Bortz u. Döring 1995). Methodisch gesehen liefert eine sauber durchgeführte Erhebung mittels einer Zufallsstichprobe in der Regel genauso valide Daten wie eine Vollerhebung (Borg 2000). Wenn es das Ziel ist, lediglich Informationen über die Meinungen eines großen Kreises der Mitarbeiter zu einem bestimmten Thema zu bekommen (Diagnosefunktion der MAB), genügt es, die Erhebung auf eine Stichprobe zu beschränken. Ist es dagegen das Ziel, auch kleine Organisationseinheiten anonym zu befragen und einen unternehmensweiten Veränderungsprozess einzuleiten, an dem alle Beschäftigten mitwirken sollen, so ist die Vollerhebung die richtige Wahl.

2. Befragungsinhalte: Wonach fragen?

Allgemeine Mitarbeiterbefragungen versuchen ein möglichst umfassendes Bild der Situation in der Organisation zu zeichnen. Dabei werden Themen wie Tätigkeit, Arbeitsbedingungen, Entgelt/Sozialleistungen, Kommunikation, Zusammenarbeit, Entwicklungsmöglichkeiten, Vorgesetztenverhalten und Unternehmensimage abgefragt (Domsch u. Siemers 1995). Ein gutes Beispiel für einen entsprechenden Fragebogen ist im Anhang dieses Buches zu finden. Der Erhebung einer Vielzahl von Themen steht oft im Wege, dass man aus Gründen der Wirtschaftlichkeit oder der Erhöhung der Rücklaufquote die Zahl der Fragebogenseiten oder der Fragen begrenzt. Viele Befragungsunternehmen umgehen dieses Problem dadurch, dass sie pro Thema meist nur eine Frage stellen. Dieses Vorgehen ist methodisch problematisch, da solche Ein-Item-Messinstrumente sehr messfehleranfällig sind. Um messfehlerarme Instrumente zu erhalten, sollten standardisierte Mehr-Item-Messinstrumente (Skalen) eingesetzt werden, deren psychometrische Güte (Reliabilität und Validität) unter anderem durch Faktoren- und Reliabilitätsanalysen abgesichert wurde.

Themenspezifische Mitarbeiterbefragungen widmen sich dagegen einem oder mehreren Spezialthemen. Eine typische themenspezifische Mitarbeiterbefragung im Rahmen des Betrieblichen Gesundheitsmanagements ist die Gesundheitsbefragung. Sie dient der Erfassung der gesundheitlichen Situation der Mitarbeiter. Im Rahmen einer Evaluation des Betrieblichen Gesundheitsmanagements kann es zudem sinnvoll sein, die Mitarbeiter direkt zu befragen, ob sich seit dem Zeitpunkt der Einführung des Gesundheitsmanagements ihre Arbeits- und Gesundheitssituation verbessert hat. Entsprechende Messinstrumente sind vorhanden (z.B. Pfaff u. Bentz 2001a).

Die wichtigste Form der Mitarbeiterbefragung im Rahmen des Gesundheitsmanagements ist die sozialepidemiologische Mitarbeiterbefragung. Sie stellt eine Kombination aus allgemeiner Mitarbeiterbefragung und Gesundheitsbefragung dar (Pfaff et al. 2000). Eine sozialepidemiologische Mitarbeiterbefragung ist gegeben, wenn in der Befragung neben der Arbeits- und Organisationssituation auch die Gesundheit des Mitarbeiters erfasst wird und dazu standardisierte und validierte Messinstrumente eingesetzt werden, die sich in sozialepidemiologischen Studien bewährt haben. Mit diesem Befragungstyp kann man Erkenntnisse darüber gewinnen, welche Faktoren in der Arbeit die Gesundheit der Mitarbeiter in besonderer Weise potenziell beeinträchtigen, so dass die Präventionsmaßnahmen gezielt auf diese wahrscheinlichen Krankheitsursachen hin ausgerichtet werden können.

3. Befragungsmethode

Die Wahlmöglichkeiten bei den Befragungsmethoden sind so zahlreich, dass hier nur die wichtigsten Alternativen, Form der Befragung und Kontaktart, vorgestellt werden können (vgl. Bortz u. Döring 1995; Diekmann 1995; Flick 1995; Pfaff u. Bentz 1998). Darüber hinaus wird kurz geschildert, worauf bei Mitarbeiterbefragungen im Rahmen des Betrieblichen Gesundheitsmanagements zu achten ist.

a) Form der Befragung

Es gibt mündliche, schriftliche und elektronische Befragungen. Eine mündliche Befragung erfolgt im Rahmen eines Interviews. Interviews können von Angesicht zu Angesicht oder per Telefon geführt werden. Die traditionelle Form der Mitarbeiterbefragung ist die schriftliche Form mittels standardisiertem Fragebogen. Standardisierung bedeutet hierbei, dass „die Fragen ... festgelegt worden sind und mit dem gleichen Wortlaut und mit der gleichen Reihenfolge allen Befragten gestellt werden" (Maccoby u. Maccoby 1957, 39). Je stärker die Standardisierung der Fragen und die Strukturierung der Antwortmöglichkeiten ist, desto besser können die Ergebnisse verglichen werden. Internationale Dienstleistungsunternehmen, die fast alle Arbeitsplätze mittels Intranet vernetzt haben, gehen zunehmend dazu über, Mitarbeiterbefragungen per Intranet durchzuführen. Dies setzt allerdings glaubhafte Anonymitätsvorkehrungen voraus. In Industrieunternehmen ist dagegen - zumindest im Produktionsbereich - weiterhin der Einsatz von Fragebögen das Mittel der Wahl.

b) Postalische Befragung, Klassenzimmer-Befragung oder sonstige Kontaktformen?

Zu den wissenschaftlich abgesicherten Formen der schriftlichen Befragung zählen die postalische Befragung und die Klassenzimmer-Befragung. Bei der postalischen Befragung bekommt der Mitarbeiter den Fragebogen nach Hause zugeschickt und sendet den ausgefüllten Fragebogen an das Befragungsinstitut zurück. Als Sonderform der postalischen Befragung ist der Versand des Fragebogens mittels Lohnzettel oder Gehaltsabrechnung zu nennen. Bei der „Klassenzimmer"-Befragung füllen die Mitarbeiter in einem Befragungsraum („Klassenzimmer") den Fragebogen aus und werfen ihn beim Hinausgehen in die Befragungsurne. Es gibt in der Praxis viele alternative Formen der Verteilung des Fragebogens. Eine beliebte Form stellt die Verteilung des Fragebogens über die Betriebsräte/Personalräte oder den Vorgesetzten dar. Diese wissenschaftlich nicht abgesicherte Vorgehensweise ist kritisch zu betrachten, weil zum einen sozial erwünschte Antworten gefördert werden und weil zum anderen der Rücklauf weder genau kontrolliert noch gezielt durch Erinnerungen gefördert werden kann.

c) Worauf ist unbedingt zu achten?

Beim Einsatz von Mitarbeiterbefragungen im Rahmen des Betrieblichen Gesundheitsmanagements müssen zur Sicherstellung der Qualität der Messung und zur Steigerung des Nutzwerts der Befragung drei Bedingungen erfüllt sein:

- Verwendung standardisierter Befragungsverfahren.
- Ausschließlicher Gebrauch von nachweislich reliablen und validen Messinstrumenten.
- Verwendung von Messinstrumenten, die sich in sozialepidemiologischen Studien bewährt haben.

4. Organisation der Befragung:

a) Regelmäßige Mitarbeiterbefragungen?

Eine Befragung kann als einmaliges Mittel zur Diagnose, zur Intervention oder zur Evaluation genutzt werden. Sie kann aber auch übergreifend als Motor eines langfristigen Lernprozesses begriffen werden (Pfaff et al. 2000; Pfaff u.

Bentz 2001b). Werden Mitarbeiterbefragungen als Mittel des organisationalen Lernens eingesetzt, sollten Befragungen regelmäßig durchgeführt werden. Einzelbefragungen sind dann sinnvoll, wenn sie z.B. der Evaluation von Einzelmaßnahmen dienen.

b) Welche Form der Anonymität?

Es gibt zwei Formen der Anonymität: die vollständige und die bedingte. Bei der vollständigen Anonymität weiß man nicht, wer geantwortet hat. Dies ist z.B. dann der Fall, wenn der Fragebogen einfach in der Kantine ausgelegt wird oder wenn ein nicht gekennzeichneter Fragebogen ohne Namensnennung oder ohne sonstige Identifikationsmöglichkeit ausgefüllt wird. Diese Form der Anonymität hat den Nachteil, dass sie offen lässt, für welche Personen die Ergebnisse gelten. Die bedingte Anonymität ist z.B. gegeben, wenn ein nummerierter Fragebogen an den betreffenden Adressaten ausgeteilt wird und über die Nummer registriert werden kann, ob er den Fragebogen zurückgesandt hat. Diese Form der Anonymität weist mehrere Vorteile auf: Zum einen können Nicht-Antworter gezielt erinnert werden, zum anderen kann die Repräsentativität der Antwortenden objektiv überprüft werden. Schließlich können Längsschnittuntersuchungen durchgeführt werden. Auf dieser Stufe der Anonymität weiß der Befragende, wer wie geantwortet hat, teilt dies aber dem Adressaten der Ergebnisrückmeldung nicht mit. Die Mindestbedingung zur Sicherstellung der Anonymität des Befragten ist in diesem Fall gewährleistet, solange bei einer betriebsinternen Präsentation der Ergebnisse keiner der Adressaten der Rückmeldung erkennen kann, wer konkret hinter den Aussagen und Zahlenwerten steht. Wissen hingegen die Befragenden und die Adressaten der Ergebnisrückmeldung, welcher Befragte wie geantwortet hat, so ist keine Anonymität gegeben. Dies ist zum Beispiel bei Beurteilungen des Vorgesetzten durch die Mitarbeiter der Fall, wenn der Vorgesetzte seine Mitarbeiter mit Hilfe eines Frageleitfadens zum eigenen Führungsverhalten interviewt.

c) Wer bekommt welche Ergebnisse?

Die Art der Rückmeldung der Ergebnisse ist für den Erfolg einer Befragung zentral. Die Form der Rückmeldung hängt davon ab, ob die MAB nur der Informationsgewinnung dient oder darüber hinaus in einen größeren Prozess eingebunden ist. Sie kann schriftlich oder mündlich erfolgen sowie zentral oder dezentral. Dient die Rückmeldung der Informationsgewinnung für das Top-Management, so ist ein schriftlicher Abschlussbericht für die Geschäftsleitung nötig. Soll die Befragung selbst eine Intervention dienen, so empfiehlt sich eine dezentrale Rückmeldung der Ergebnisse an die einzelnen Bereiche in Form einer mündlichen Präsentation und Diskussion der Ergebnisse (Survey-Feedback-Technik). In der Praxis hat sich eine dezentrale, mündliche und in die Organisationsentwicklung eingebettete Form der Rückmeldung durchgesetzt (Borg 1995; Freimuth u. Kiefer 1995; Kowalski 1996; Bungard u. Jöns 1997).

Voraussetzungen für eine erfolgreiche Mitarbeiterbefragung

Mitarbeiterbefragungen sind dann auf Dauer ein wertvolles Instrument des Gesundheitsmanagements, wenn folgende Bedingungen erfüllt werden (vgl. Bowers u. Franklin 1977; French u. Bell 1994; Comelli 1997; Bungard et al. 1997):

1. Die Unternehmensleitung muss hinter der Befragung stehen und den Willen haben, die Ergebnisse der Befragung umzusetzen.
2. Alle Mitarbeiter und politischen Gruppierungen (z.B. Betriebsrat) müssen informiert und über Stellvertreter in die Planung einbezogen werden.
3. Der Fragebogen sollte standardisiert und qualitätsgesichert sein sowie die methodischen Standards der empirischen Sozialforschung erfüllen.
4. Die Ergebnisse der Mitarbeiterbefragung sollten keine Geheim- oder Chefsache sein, sondern allen Beschäftigten zugänglich gemacht werden.
5. Für die Mitarbeiter muss hinsichtlich der Regeln zur Durchführung der MAB und der Ergebnisrückmeldung Transparenz herrschen.

Gelingt es nicht, diese kritischen Punkte zu beachten, kann eine Mitarbeiterbefragung für das Betriebliche Gesundheitsmanagement zur Last werden, weil sich dann langfristig Misstrauen oder gar soziale Konflikte einstellen.

Zusammenfassung

Mitarbeiterbefragungen sind ein nützliches Instrument des betrieblichen Gesundheitsmanagements und können in vielfältiger Form durchgeführt werden. Die wichtigsten organisatorischen Alternativen wurden in diesem Kapitel kurz mit ihren Vor- und Nachteilen vorgestellt. Die Wahl der einzelnen Alternativen hängt unter anderem davon ab, welche Ziele mit dem betrieblichen Gesundheitsmanagement und der Mitarbeiterbefragung verfolgt werden. Schließlich sollte immer der Grundsatz beachtet werden, » [...] lieber keine Mitarbeiterbefragung als eine Schlechte durchzuführen [...] « (Bungard et al. 1997, 441). Nur eine professionell durchgeführte Mitarbeiterbefragung, die valide und standardisierte Instrumente verwendet, kann den Anspruch auf gültige Ergebnisse erheben.

Literatur

Badura B, Ritter W, Scherf M (1999) Betriebliches Gesundheitsmanagement - ein Leitfaden für die Praxis. Edition Sigma, Berlin

Borg I (1995) Mitarbeiterbefragungen. Verlag für Angewandte Psychologie, Göttingen

Borg I (2000) Führungsinstrument Mitarbeiterbefragung. Theorien, Tools und Praxiserfahrungen. Verlag für Angewandte Psychologie, Göttingen

Bortz J, Döring N (1995) Forschungsmethoden und Evaluation. Springer, Berlin

Bowers DG, Franklin JL (1977) Survey-Guided Development I: Data-Based Organizational Change. La Jolla. University Associates, California

Bungard W, Jöns J (1997) (Hrsg) Mitarbeiterbefragung. Beltz, Weinheim

Bungard W, Jöns J, Schultz-Gambard J (1997) Sünden bei Mitarbeiterbefragungen - Zusammenfassung der wichtigsten Fehler und Fallgruben. In: Bungard W, Jöns I (Hrsg) Mitarbeiterbefragung. Beltz, Weinheim

Comelli G (1997) Mitarbeiterbefragungen und Organisationsentwicklungsprozesse. In: Bungard W, Jöns I (Hrsg) Mitarbeiterbefragung. Beltz, Weinheim

Diekmann A (1995) Empirische Sozialforschung. Rowohlt, Reinbek

Domsch ME, Siemers SHA (1995) Mitarbeiterbefragungen. In: Freimuth J, Kiefer BU, (Hrsg) Geschäftsberichte von unten. Verlag für Angewandte Psychologie, Göttingen

Flick U (1995) Qualitative Forschung. Rowohlt, Reinbek

Freimuth J, Kiefer BU (1995) (Hrsg) Geschäftsberichte von unten. Verlag für Angewandte Psychologie, Göttingen

French WL, Bell CH jr (1994) Organisationsentwicklung. Haupt, Bern

Kaase M (1999) (Hrsg) Qualitätskriterien der Umfrageforschung. Berlin, Denkschrift

Kowalski H (1996) Mitarbeiterumfrage im Betrieb. In: Brandenburg U, Kuhn K, Marschall B, Verkoyen C (Hrsg) Gesundheitsförderung im Betrieb. Wirtschaftsverlag NW, Dortmund

Maccoby EE, Maccoby N (1957) Das Interview: Ein Werkzeug der Sozialforschung. In: König R (Hrsg) Das Interview. Verlag für Politik und Wirtschaft, Köln

Pfaff H, Bentz J (1998) Qualitative und quantitative Methoden der Datengewinnung. In: Schwartz FW, Badura B, Leidl R, Raspe H, Siegrist J (Hrsg) Das Public Health Buch. Urban, München

Pfaff H, Bentz J, Weiland E (2000) Kernprozesse: Diagnostik, Intervention, Evaluation In: Bertelsmann-Stiftung, Hans-Böckler-Stiftung (Hrsg) Erfolgreich durch Gesundheitsmanagement. Beispiele aus der Arbeitswelt. Verlag Bertelsmann Stiftung, Gütersloh

Pfaff H, Bentz J (2001a) Intervention und Evaluation im DaimlerChrysler Werk Berlin: Das Change Assessment Inventar (CAI) als Evaluationsinstrument des Gesundheitsmanagements. In: Badura B, Litsch M, Vetter C Fehlzeiten-Report 2000. Springer, Berlin.

Pfaff H, Bentz J (2001b) Lernbasiertes Gesundheitsmanagement. In: Pfaff H, Slesina W (Hrsg) Effektive betriebliche Gesundheitsförderung. Juventa, Weinheim

Schnell R, Hill PB, Esser E (1998) Methoden der empirischen Sozialforschung. Oldenbourg, München

Experteninterview

U. Vogt

Universität Bielefeld, Fakultät für Gesundheitswissenschaften
School of Public Health
Postfach 10 01 31
33501 Bielefeld

Im betrieblichen Gesundheitsmanagement werden Mitarbeiterbefragungen eingesetzt, um möglichst umfassende Informationen über die gesundheitliche „Situation“ der Beschäftigten in einem Betrieb zu erhalten. Wie im vorhergehenden Beitrag von Pfaff ausgeführt, werden dazu eine Reihe unterschiedlicher Themen (z.B. Tätigkeiten, Arbeitsbedingungen, Kommunikation) mit Hilfe eines standardisierten Fragebogens erhoben und ausgewertet. Die Ergebnisse der Mitarbeiterbefragung sind eine wichtige Grundlage für die Planung von Maßnahmen zur Gesundheitsförderung. Eine andere Möglichkeit, Wissen über gesundheitliche Themenfelder im Betrieb zu erhalten, sind Experteninterviews.

Definition von Experteninterviews

Experteninterviews sind Interviews, bei denen einzelne Personen eines Betriebes in ihrer Eigenschaft als Experten für ein bestimmtes Themengebiet befragt werden. Gegenstand der Interviews sind die Aufgaben und Tätigkeiten und das daraus entstehende „Spezialwissen“ dieser Personen. Experteninterviews zeichnen sich durch ein offenes aber inhaltlich vorstrukturiertes Vorgehen aus. In der Sozialforschung zählen sie zur Gruppe der teilstandardisierten Leitfadeninterviews. Teilstandardisiert bedeutet, dass sich das Gespräch zwar an zuvor festgelegten Fragestellungen orientiert, dass der Interviewte jedoch offen, d.h. ohne dass Antwortmöglichkeiten vorgegeben sind, auf die Fragen antwortet.

Zur Vorbereitung des Experteninterviews erstellt der Interviewer zunächst einen Fragenkatalog. Dieser Fragenkatalog oder Leitfaden dient lediglich als Orientierungsrahmen für das Interview. Im Gespräch selbst können Fragen umformuliert und spontane Nachfragen gestellt werden. Auch die Reihenfolge der Fragen kann im Gesprächsverlauf verändert werden. Im Experteninterview ist das Interesse des Interviewers einerseits darauf ausgerichtet, Neues zu erfahren. Dementsprechend sind viele Fragen sehr ergebnisoffen formuliert. Andererseits bringt der Interviewer auch sein Fachwissen und seine Vorinformationen zum Befragungsgegenstand in das Gespräch ein. Er kann dadurch das Erinnerungsvermögen des Befragten anregen und ihn dazu bringen, seine spezielle Sichtweise zu einem bestimmten Thema stärker herauszuarbeiten. Dadurch wird eine tiefere Auseinandersetzung mit dem Befragungsthema möglich.

Wer wird befragt?

Personen, die im Rahmen von Experteninterviews befragt werden, zeichnen sich zunächst einmal dadurch aus, dass sie bezüglich eines bestimmten Interessengebietes als „Sachverständige" oder Experten gelten und diesbezüglich über exklusives Sachwissen verfügen. Anders als in anderen offen strukturierten Interviews (z.B. biographische oder narrative Interviews) ist in Experteninterviews nicht die persönliche Einstellung als Privatperson wichtig, sondern die Einschätzung „als Funktionsträger innerhalb eines organisatorischen und institutionellen Kontextes" (Meuser u. Nagel 1991, 444). Im Rahmen von Betrieblichem Gesundheitsmanagement kommen in diesem Zusammenhang verschiedene Personengruppen als Experten in Betracht. Zum einen ist an die betrieblichen Arbeits- und Gesundheitsschutzakteure (Betriebsarzt, Fachkraft für Arbeitssicherheit, Sicherheitsbeauftragter) zu denken.

Daneben sind Geschäftsführer, Personalleiter, Mitarbeitervertreter, Betriebsleiter, Abteilungsleiter und auch Mitarbeiter selbst mögliche Gesprächspartner. Anders als in Mitarbeiterbefragungen werden im Rahmen von Experteninterviews nicht alle Mitarbeiter sondern lediglich einige stellvertretend für andere befragt, um einen bestimmten Sachverhalt aus der Mitarbeiterperspektive stärker zu beleuchten. Je nach der Zielrichtung der Interviews und je nach der Größe des Unternehmens können weitere Gesprächspartner (z.B. Schwerbehindertenvertretung, Gleichstellungsbeauftragte, Qualitätsmanagementbeauftragter) im Rahmen von Experteninterviews befragt werden. Die Befragten können vor Gesprächsbeginn über die Themenblöcke informiert werden. Die genauen Fragen sind ihnen jedoch nicht vorher bekannt.

Dauer der Interviews und Verschriftlichung

Die Dauer des Experteninterviews variiert stark. In der Regel ist mit einer Interviewdauer zwischen einer und drei Stunden zu rechnen. Die Interviews sollten nach Möglichkeit auf Tonband aufgenommen werden. Das Gespräch wird anschließend abgetippt und vergleichend ausgewertet, womit jedoch ein hoher zeitlicher Aufwand verbunden ist. Der zeitliche Aufwand bei der Verschriftlichung der Interviews kann dadurch reduziert werden, dass nur solche Interviewpassagen vollständig abgetippt werden, die direkt mit dem Befragungsthema zu tun haben.

Einsatz von Experteninterviews

Experteninterviews werden im Betrieblichen Gesundheitsmanagement sowohl im Kernprozess Diagnose als auch im Kernprozess Evaluation eingesetzt. Im Rahmen der Diagnose haben sie die Funktion der „Feld"-erschließung und dienen dazu, einen Einblick in den Untersuchungsgegenstand zu bekommen. Der Interviewer gewinnt einen Überblick über die bisher durchgeführten Aktivitäten, über Motive sich mit dem Themenfeld zu beschäftigen, über Erwartungen, über Arbeitsbedingungen oder Arbeitsbelastungen vor Ort. In der Evaluationsphase liegt die Funktion von Experteninterviews vor allem darin, zu erfahren, wie das gewählte Vorgehen von den beteiligten Akteuren eingeschätzt und bewertet wird, welche fördernden und hemmenden Faktoren aufgetreten sind und wo darauf aufbauend „Kurskorrekturen" vorzunehmen sind. In kleinen Betrieben, in denen keine Mitarbeiterbefragungen durchgeführt werden, können durch Experteninterviews Informationen über Wirkungen der durchgeführten Aktivitäten erhoben werden.

Experteninterviews sollten von Personen durchgeführt werden, die mit dem Themenfeld des Betrieblichen Gesundheitsmanagements vertraut sind und darüber hinaus über Erfahrungen in der Planung, Durchführung und Auswertung von qualitativen Interviews verfügen.

Literatur:

Brinkmann C, Deeke A, Völkel B (Hrsg) (1995) Experteninterviews in der Arbeitsmarktforschung. Diskussionsbeiträge zu methodischen Fragen und praktischen Erfahrungen. Institut für Arbeitsmarkt- und Berufsforschung, Nürnberg

Flick U (2000) Qualitative Forschung. Ein Handlbuch. Rowohlts Enzyklopädie, Reinbek bei Hamburg

Hohl J (2000) Das qualitative Interview. In: Zeitschrift für Gesundheitswissenschaften, 2/02

Meuser M, Nagel U (1991) ExpertInneninterviews - vielfach erprobt, wenig bedacht. Ein Beitrag zur qualitativen Methodendiskussion. In: Garz D, Kraimer K (Hrsg) Qualitativ-empirische Sozialforschung. Konzepte, Methoden, Analysen. Westdeutscher Verlag, Opladen

Pfaff H, Bentz J (1998) Qualitative und quantitative Methoden der Datengewinnung. In: Schwartz FW, Badura B, Leidl R, Raspe H, Siegrist J (Hrsg): Das Public Health Buch. Urban, München, Wien, Baltimore

Walter W (1994) Strategien der Politikberatung. Die Interpretation der Sachverständigen-Rolle im Lichte von Experteninterviews. In: Hitzler R, Honer A, Maeder, C. (Hrsg) Expertenwissen. Westdeutscher Verlag, Opladen

Gesundheitszirkel

U. Vogt

Universität Bielefeld, Fakultät für Gesundheitswissenschaften
School of Public Health
Postfach 10 01 31
33501 Bielefeld

In jedem Betrieb, in jeder Behörde und in jeder anderen Institution, in der Menschen zusammen arbeiten, gibt es widrige äußere Bedingungen sowie Reibungspunkte und Probleme im Arbeitsablauf. Sie können bei den Beschäftigten seelische, kognitive, oder motivationale Beanspruchungen bis hin zu gesundheitlichen Beeinträchtigungen erzeugen. Die Aufgabe von Gesundheitszirkeln ist es, solche Reibungspunkte und Belastungen am Arbeitsplatz zu identifizieren und durch die Erarbeitung von Lösungsvorschlägen zu deren Reduzierung beizutragen.

Definition

Gesundheitszirkel sind eine Form der betrieblichen Kleingruppenarbeit. Sie ähneln in ihrem Aufbau und Ablauf den betrieblichen Qualitätszirkeln, setzen den Fokus jedoch auf Belastungen und gesundheitliche Probleme am Arbeitsplatz. In Gesundheitszirkeln treffen sich Beschäftigte, um über Belastungen am Arbeitsplatz und daraus resultierende gesundheitliche Beschwerden zu sprechen, deren Ursachen zu analysieren und Verbesserungsvorschläge zu entwickeln. Der Grundgedanke des Gesundheitszirkel-Konzepts ist der, dass Arbeitsbelastungen und gesundheitliche Beeinträchtigungen nicht von oben, sondern am besten durch die Mitarbeiter selbst bearbeitet werden können, da sie die Experten für ihren Arbeitsplatz sind (Stichwort: Betroffene zu Beteiligten machen) (vgl. Westermayer u. Bähr 1994).

Was muss bei der Einrichtung eines Gesundheitszirkels beachtet werden?

Soll ein Gesundheitszirkel eingerichtet werden, dann müssen zunächst die Rahmenbedingungen abgesteckt werden. Festgelegt werden muss beispielsweise, wer dort mitarbeitet, wie oft (Sitzungsanzahl), wie lange (Sitzungsdauer), wann und wo sich der Gesundheitszirkel trifft, welche Themen bearbeitet werden, was mit den Lösungsvorschlägen des Zirkels geschieht und wie, wo und durch wen über die Arbeit des Zirkels informiert wird.

Zu diesen Fragen gibt es bereits vielfältige Erfahrungen aus der betrieblichen Praxis: Gesundheitszirkel setzten sich in der Regel aus Beschäftigten und betrieblichen Experten (z.B. Personalleitung, Betriebsarzt, Fachkraft Arbeitssicherheit) zusammen, wobei die betrieblichen Experten nicht immer teilnehmen müssen, sondern je nach Bedarf zu einzelnen Sitzungen hinzugezogen werden können. Die Auswahl der Mitarbeiter erfolgt in der Regel durch ein Wahlverfahren: Interessierte Mitarbeiter eines Arbeitsbereiches melden sich zunächst für die Teilnahme an. Das jeweilige Abteilungs- bzw. Arbeitsteam bestätigt entweder die „Kandidatur" oder benennt weitere Kandidaten. Gibt es mehrere Interessenten, dann sollte durch einen Abstimmungsprozess im Team entschieden werden, wer die Abteilung im Gesundheitszirkel vertritt. Dies ist insofern von Bedeutung, als die Teilnehmern nicht allein aus Eigeninteresse im Gesundheitszirkel mitarbeiten, sondern immer Stellvertreter für die nicht teilnehmenden Kollegen sind. Die Teilnahme an einem Gesundheitszirkel sollte jedoch freiwillig sein, selbst wenn einzelne Mitarbeiter gezielt angesprochen werden. Bei der Anzahl der Sitzungen eines Gesundheitszirkels hat sich eine Sitzungsanzahl von zehn bis zwölf Treffen bewährt. Der Sitzungsabstand sollte maximal zwei Wochen betragen, da sonst vieles wieder aus dem Blickfeld gerät. Die Teilnehmerzahl ist auf maximal zwölf Personen begrenzt. Die Sitzungen finden in der Regel während der Arbeitszeit im Betrieb statt. Wenn sie außerhalb der Arbeitszeit stattfinden, dann wird die Zirkelzeit wie Arbeitszeit bezahlt. Jede Sitzung dauert anderthalb bis zwei Stunden.

Vorgehensweise

Grundlage für die Arbeit eines Gesundheitszirkels ist in der Regel eine Mitarbeiterbefragung, die im ganzen Betrieb oder in einer Abteilung durchgeführt wurde. Die auf der Basis dieser Befragung als besonders belastend identifizierten Themen (z.B. baulich-räumliche Arbeitsumgebung, körperliche schwere Arbeit, Zusammenarbeit im Team, Verhältnis zwischen Mitarbeitern und Vorgesetzten) werden in einem Arbeitsauftrag für den Gesundheitszirkel festgehalten. Der Arbeitsauftrag signalisiert, dass die Betriebsleitung die Arbeit des Gesundheitszirkels unterstützt und bereit ist, Veränderungen zuzulassen. In kleinen Betrieben, in denen aufgrund der geringen Beschäftigtenzahl keine Mitarbeiterbefragung durchgeführt werden kann, bietet sich der Gesundheitszirkel als ideales Analyseinstrument an.

Die Sitzungen des Gesundheitszirkels werden protokolliert, und die Protokolle im Betrieb ausgehängt, damit auch die Kollegen über die Arbeit des Gesundheitszirkels informiert sind. Ein weiterer wichtiger Weg, um über die Arbeit innerbetrieblich zu informieren, ist das direkte Gespräch zwischen Teilnehmern und Nichtteilnehmen. Die Teilnehmer eines Gesundheitszirkels sind Stellvertreter für ihre nichtteilnehmenden Kollegen und in diesem Sinne „verpflichtet" über die Arbeit zu informieren. Sie sollen außerdem Anregungen von Nichtteilnehmern in den Gesundheitszirkel einbringen. Es ist davon auszugehen, dass sich die Akzeptanz für die erarbeiteten Lösungsvorschläge erhöht, je stärker unter Kollegen und Vorgesetzten über die Arbeit des Zirkels gesprochen wird.

Themen und Lösungsvorschläge aus Gesundheitszirkeln

Die Themen, die im Rahmen von Gesundheitszirkeln bearbeitet werden können, sind vielfältig. Zum Teil handelt es sich um Dinge, die in den Bereich des klassischen Arbeitsschutzes fallen. Zu nennen sind hier z.B. Themen, die die unmittelbare Arbeitsumgebung betreffen (z.B. Zugluft, Klima, Lärm) oder die sich auf körperliche Belastungen beziehen (z.B. Heben und Tragen von schweren Lasten). Es werden aber auch Themen bearbeitet, die häufig (noch) nicht durch die betrieblichen Arbeitsschutzakteure bearbeitet werden. Dazu zählen z.B. solche Themen, die sich auf die Zusammenarbeit im Team oder auf die Reorganisation von Arbeitsabläufen beziehen (Kommunikation und Kooperation, Umorganisation administrativer Tätigkeiten, Zeit- und Leistungsdruck) (vgl. Müller et al. 1997; Slesina et al. 1998; Vogt 1999).

Ähnlich vielfältig wie die Themen, die in Gesundheitszirkeln bearbeitet werden, sind auch die Lösungsvorschläge. Sie reichen von Veränderungen in der baulich-räumlichen Gestaltung (z.B. Anbringen einer Schwingtür gegen Zugluft), über Veränderungen in der Arbeitsorganisation (z.B. bessere Personaleinsatzplanung, Ersatzleute vor ihrem Einsatz gut einweisen) bis hin zur Festlegung persönlicher Zuständigkeiten zwischen Arbeitskollegen (z.B. Vorausplanungen über LKW-Einsatz an Kollegen weiter geben) (vgl. Schröer u. Sochert 1997).

Themenbearbeitung anhand der Moderationsmethode

Gesundheitszirkel werden durch einen erfahrenen Moderator geleitet. Der Moderator ist Experte für das methodische Vorgehen, in Bezug auf die inhaltliche Arbeit aber neutral. Für die inhaltliche Bearbeitung und die Entwicklung der Verbesserungsvorschläge sind die Teilnehmer zuständig, dabei sollte der Moderator Hilfestellungen geben. Die Themenbearbeitung in Gesundheitszirkeln erfolgt in der Regel mit der Moderationsmethode oder Pinnwandtechnik, wobei verschiedene methodische Bausteine eingesetzt werden (z.B. ISHIKAWA-Diagramm, W-Fragen-Analyse, Kreiseldiagramm). Dieses Vorgehen hat den Vorteil, dass die Arbeitsergebnisse fortlaufend festgehalten werden und für jeden gut nachvollziehbar sind. Sie lockern zudem den Bearbeitungsprozess sehr auf und tragen dazu bei, dass jeder zu Wort kommt (vgl. Seifert u. Pattay 1989).

Das nachstehende Kreiseldiagramm in Abb. 29 entstammt einem Gesundheitszirkel, der in einem Altkleidersortierbetrieb durchgeführt wurde (vgl. Vogt 1999). Es bildet einen Ausschnitt der Themenbearbeitung zum Thema „Belastungen im Umgang miteinander - Kommunikation" ab.

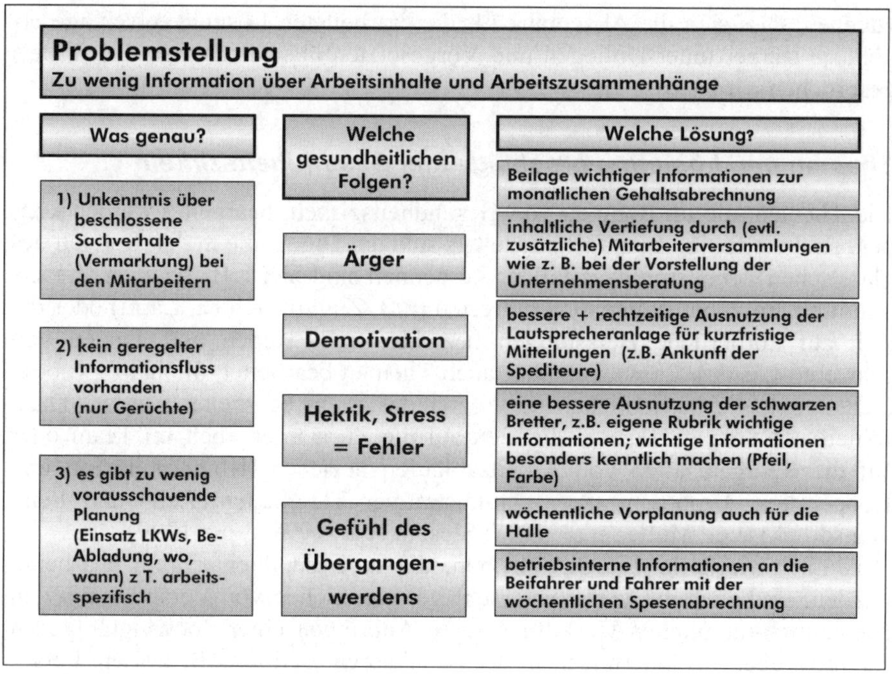

Abb. 29 Gesundheitszirkel mit der Themenbearbeitung „Belastungen im Umgang miteinander/ Kommunikation“

Alternativen zur Gesundheitszirkelarbeit

Gesundheitszirkel sind ein bewährtes und gängiges Diagnose- und Interventionsinstrument im betrieblichen Gesundheitsmanagement. Dennoch sind sie aufgrund ihrer zeitlichen Dauer (ca. vier bis sechs Monate) nicht für jeden Betrieb geeignet.

Zeitlich weniger aufwendig, im Verfahren jedoch ähnlich sind z.B. die Arbeitssituationserfassung, Fokusgruppen (s. Beiträge in diesem Handbuch) oder Gesundheitsworkshops. Letztere sind eine zeitlich stark verkürzte Gesundheitszirkelvariante, die vor allem für Kleinbetriebe interessant ist (vgl. Genz u. Vogt-Akpetou 2001).

Anbieter von Gesundheitszirkeln

Gesundheitszirkel werden sowohl von Krankenkassen als auch von freien Beratern aus dem Arbeitsfeld betriebliche Gesundheitsförderung angeboten. Betriebe, die Gesundheitszirkel durchführen möchten, selbst aber nicht über die fachliche Kompetenz zur Durchführung verfügen, können sich an diese Institutionen bzw. Personen wenden.

Literatur

Genz HO, Vogt-Akpetou U (2001) Gesundheitsworkshops in Kleinbetrieben. Erschienen in der Reihe „Ratgeber Gesundheitsmanagement" der Berufsgenossenschaft für Gesundheitsdienst und Wohlfahrtspflege, Hamburg

Müller B, Münch E, Badura B (1997) Gesundheitsförderliche Organisationsgestaltung im Krankenhaus. Juventa, Weinheim, München

Schröer A, Sochert R (1997) Gesundheitszirkel im Betrieb. Modelle und praktische Durchführung. Universum Verlagsanstalt, Wiesbaden

Seifert J, Pattay S (1989) Visualisieren - Präsentieren - Moderieren. 3. Auflage, Gabal-Verlag

Slesina W, Beuels FR, Sochert R (1998) Betriebliche Gesundheitsförderung. Entwicklung und Evaluation von Gesundheitszirkeln zur Prävention arbeitsbedingter Erkrankungen. Juventa, Weinheim, München

Vogt U (1999) Gesundheitsprojekt Betriebe Bethel, Zwischenbericht. Erschienen in der Reihe „Berichte zur Prävention arbeitsbedingter Gesundheitsgefahren" der Berufsgenossenschaft für Gesundheitsdienst und Wohlfahrtspflege, Hamburg

Westermayer G, Bähr B (Hrsg) (1994) Betriebliche Gesundheitszirkel. Verlag für Angewandte Psychologie, Göttingen, Stuttgart

Fokusgruppen

U. Walter

Universität Bielefeld, Fakultät für Gesundheitswissenschaften
School of Public Health
Postfach 10 01 31
33501 Bielefeld

Fokusgruppen sind ihrem Ursprung nach ein bewährtes Instrument der kommerziellen Markt- und Meinungsforschung. Seit geraumer Zeit findet diese Methode zunehmend Einsatz auch in der qualitativen Sozialforschung.

Kennzeichen einer Fokusgruppe

Fokusgruppen stellen eine spezielle Form der moderierten Gruppendiskussion dar, bei der eine kleine Gruppe von Personen ihre unterschiedlichen Meinungen, Erfahrungen und Ideen zu einem bestimmten Thema bzw. Problembereich (sprich: Fokus) einbringt. Ziel der Diskussion ist es, in möglichst kurzer Zeit möglichst viele unterschiedliche Facetten ein und desselben Themas zu beleuchten.

Dem Konzept der Fokusgruppen liegen zwei Annahmen zugrunde:

1. Durch die Diskussionen in der Gruppe werden wertvolle gruppendynamische Effekte angestoßen, die dazu führen, dass die Teilnehmer ihre Meinungen engagiert und ehrlich äußern.
2. Die Meinungsäußerungen einer Gruppe spiegeln die Alltagserfahrungen realistischer wider, als individuelle Äußerungen in einem Einzelinterview.

Im Kontext von Betrieblichem Gesundheitsmanagement können Fokusgruppen als Diagnose- und auch als Interventionsmethode zum Einsatz kommen. Sie knüpfen dabei an Methoden und Vorgehensweisen von Qualitäts- bzw. Gesundheitszirkeln an. Gemeinsames Merkmal der verschiedenen „betrieblichen Kleingruppenmodelle“ ist ihr mitarbeiterorientierter, partizipativer Ansatz. In Bezug auf zu bearbeitende Themen besteht prinzipiell keine Begrenzung: Die Themen können von Verbesserungen am unmittelbaren Arbeitsplatz bis hin zu Interventionen in die Gesamtorganisation reichen. Fokusgruppen ermöglichen die schnelle und effiziente Bearbeitung auch komplexer Aufgabenstellungen. Das konzentrierte Arbeiten an einem Thema über einen Zeitraum von ca. einem halben bis einem ganzen Tag begünstigt einen intensiven und lösungsorientierten Diskussions- und Arbeitsprozess. Die zügige

Bearbeitungsweise ermöglicht zudem eine schnelle Rückmeldung von Ergebnissen an betriebliche Entscheidungsträger und gewährleistet dadurch rasche Umsetzungs- und Realisierungserfolge für Führungskräfte und Mitarbeiter.

Zusammensetzung

Die Zusammensetzung einer Fokusgruppe - entweder ausschließlich Mitarbeiter und/oder andere betriebliche Akteure (z.B. Führungskräfte, betriebliche Gesundheitsexperten) - ist letztlich von dem zu bearbeitenden Thema bzw. der speziellen Aufgabenstellung abhängig und dem dazu erforderlichen „Expertenwissen". Generell empfiehlt es sich darauf zu achten, dass die Teilnehmer über einen weitgehend vergleichbaren Kenntnisstand bzw. ähnliche Vorerfahrungen in Bezug auf das Thema verfügen. Wünschenswert ist zudem, dass in der Gruppendiskussion ein möglichst breites Spektrum unterschiedlicher Meinungen und Ansichten zum Tragen kommt.

Die Gruppengröße liegt idealerweise zwischen sieben und zehn Personen. Bei mehr als zwölf Teilnehmern besteht die Gefahr, dass sich einzelne Personen nicht in ausreichendem Maße in die Diskussion einbringen können. Zu kleine Gruppen (weniger als sechs Personen) wiederum können dazu führen, dass die gewünschte Meinungsvielfalt zu sehr eingeschränkt wird.

Die Auswahl der Teilnehmer kann entweder über einen Aushang (z.B. am schwarzen Brett) oder über eine direkte Ansprache (schriftlich oder mündlich) der jeweiligen Personen erfolgen. Die Teilnahme an einer Fokusgruppe sollte in jedem Fall freiwillig sein. Auch ein einzelner Arbeitsbereich kann - sofern er die erforderliche Teilnehmergröße aufweist - geschlossen eine Fokusgruppe bilden.

Vorgehensweise

Im Betrieblichen Gesundheitsmanagement können Fokusgruppen prinzipiell bei allen Arbeitsschritten zum Einsatz kommen, angefangen von der Problembenennung und -beschreibung bis hin zur Entwicklung und Umsetzung konkreter Verbesserungsmaßnahmen.

Bei der Planung und Durchführung sind folgende vier Kernarbeitsschritte zu unterscheiden:

- Schritt 1: Problemidentifikation und -beschreibung
- Schritt 2: Vertiefende Problemanalyse
- Schritt 3: Finden von Ansatzpunkten zur Problemlösung
- Schritt 4: Entwicklung eines Katalogs konkreter Verbesserungsmaßnahmen

Die Arbeit der Fokusgruppen beschränkt sich - im Unterschied zu Qualitäts- oder Gesundheitszirkeln - in der Regel auf zwei bis drei halb- bis ganztägige Treffen mit einem Abstand von ca. zwei bis drei Wochen. Die definitive Anzahl der Sitzungen ist letztlich abhängig von dem konkreten Thema und der für die adäquate Bearbeitung erforderlichen Zeitdauer. Je nach Art und Umfang des Themas sollte die Arbeit einer Fokusgruppe aber nach zwei bis maximal drei Monaten beendet sein. Im Idealfall findet bereits parallel zum Arbeitsprozess die Prüfung bzw. Entscheidung über die Umsetzung von Verbesserungsvorschlägen statt.

Für die konkrete Durchführung der einzelnen Sitzungen empfiehlt es sich, einen Ort außerhalb des täglichen Arbeitsbereiches auszuwählen: um Einflüsse bzw. Störungen von außen weitestgehend zu vermeiden und einen ungestörten Diskussions- und Arbeitsprozess zu ermöglichen. Halb- bis ganztägige Gruppendiskussionen stellen allerdings eine Herausforderung an die Konzentrationsleistung der Teilnehmer dar. Dies sollte bei der Planung einer Fokusgruppe entsprechend berücksichtigt werden. Auf Grund der Dauer der Sitzung kann es zudem erforderlich sein, diese außerhalb der regulären Arbeitszeit durchzuführen oder für die entsprechenden Tage flexible Arbeitzeit- und Dienstplanregelungen zu finden.

Die Fokusgruppendiskussionen und deren Ergebnisse werden protokolliert und anschließend ausgewertet. Als technische Hilfsmittel können beispielsweise Metaplanmethode, Tonbandgerät oder Videokamera eingesetzt werden. In jedem Fall empfiehlt sich eine möglichst zeitnahe mündliche oder schriftliche Rückmeldung der Ergebnisse an alle relevanten betrieblichen Akteure (z.B. Mitarbeiter, Führungskräfte etc.). Die Rückmeldung kann entweder als mündliche Präsentation und/oder in Form eines schriftlichen Berichtes erfolgen.

Moderation

Fokusgruppen werden - ebenso wie Qualitäts- oder Gesundheitszirkel - durch einen erfahrenen Moderator geleitet. Der Moderator ist verantwortlich für Methodik und Vorgehensweise, bewahrt darüber hinaus aber inhaltliche Neutralität. Die Beschäftigten sind die Experten, wenn es um den Zusammenhang zwischen ihrer Arbeit und ihrem Wohlbefinden und um die Entwicklung von Verbesserungsvorschlägen geht. Die Aufgabe der Moderation besteht in erster Linie darin, den Diskussionsverlauf zu lenken, für eine gute Arbeitsatmosphäre zu sorgen und eine möglichst breite Beteiligung der Teilnehmer am Diskussionsprozess zu ermöglichen. Der Moderator sollte nach Möglichkeit bereits in die Vorbereitung der Gruppendiskussion einbezogen werden und mit dem zu bearbeitenden Thema ausreichend vertraut sein. Bei der Bearbeitung komplexerer Aufgabenstellungen kann u.U. auch der Einsatz eines Moderatorenteams bzw. einer Komoderation sinnvoll sein.

Literatur:

Littig B, Wallace C (1997) Möglichkeiten und Grenzen von Fokus-Gruppendiskussionen für die sozialwissenschaftliche Forschung. Reihe Soziologie Nr 21. Institut für Höhere Studien, Wien

Krueger RA (1990) Fokus groups. A practical guide for applied Research. Sage Publications, Newbury Park, London, New Delhi

Stewart DW, Shamdasani PN (1990) Fokus groups. Theory and practice. Sage Publications, Newbury Park, London, New Delhi

Arbeitssituationsanalyse

A. Baumeister

AOK für das Land Brandenburg
Betriebliches Gesundheitsmanagement
Potsdamer Straße 20
14513 Teltow

Einleitung

Die Arbeitssituationsanalyse ist ein Gruppendiskussionsverfahren, mit dem in kurzer Zeit die wichtigsten psychischen und körperlichen Belastungsfaktoren eines Unternehmens, einzelner Abteilungen oder Arbeitsbereiche identifiziert werden können. Die Methode geht ursprünglich auf die von Bernd Bitzer 1995 vorgestellte Arbeitssituationserfassung zurück, wurde in den letzten Jahren weiterentwickelt und ist inzwischen verstärkt unter der Bezeichnung Arbeitssituationsanalyse zu finden. Es handelt sich um ein qualitatives Verfahren, das einen ähnlichen Ansatz wie die Gesundheitszirkel verfolgt: Mitarbeiter/innen selbst werden als Experten ihrer Arbeitssituation begriffen.

In strukturierten Gruppendiskussionen werden sowohl gesundheitsfördernde und motivierende wie belastende, d.h. gesundheits- oder motivationsbeeinträchtigende sowie krankmachende Faktoren der Arbeitssituation herausgearbeitet und realisierbare Verbesserungsvorschläge entwickelt. Daraus können dann von den Entscheidungsträgern Maßnahmen abgeleitet werden, die auf Verbesserungen von Arbeitsumgebung, Arbeitstätigkeit, Arbeitsorganisation, Vorgesetztenverhalten und Betriebsklima abzielen.

Projektschritte zur Durchführung der Arbeitssituationsanalyse im Unternehmen

1. Verbindliche Projektplanung mit Vertretern von Geschäftsführung und Betriebs- oder Personalrat

Die Auswahl des zu analysierenden Arbeitsbereiches kann z.B. anhand einer Analyse der betriebsbezogenen Arbeitsunfähigkeitsdaten durch die Krankenkasse und/oder durch Krankenstandsanalysen des Unternehmens erfolgen. Auch Expertenbefragungen oder die Diskussion im Arbeitskreis Gesundheit oder ähnlichen Steuerkreisen können zur Entscheidung für die eine oder andere Abteilung führen. Eine Zustimmung der Arbeitnehmervertretung zur Durchführung der Methode ist erforderlich.

2. Führungskräfteworkshop

Ziel des Workshops ist, dass die Vorgesetzten die Methode kennen lernen und befürworten, da sie später auch für die Umsetzung der Maßnahmen mitverantwortlich sind. Eingeplant werden sollten mindestens drei Stunden. Teilnehmen sollten in jedem Fall die direkten, ggf. auch die übergeordneten Vorgesetzten des Analysebereichs, falls diese noch nicht über die Methode informiert wurden. In dieser Veranstaltung werden die Führungskräfte für betriebliche Einflussfaktoren auf die Gesundheit und Motivation ihrer Mitarbeiter/-innen sensibilisiert. Außerdem werden die eigenen Arbeitsbelastungen sowie ihre Sichtweise auf die Belastungen ihrer Mitarbeiter/innen erarbeitet. Ziel ist es, Verständnis für unterschiedliche Wahrnehmungen der betrieblichen Realität je nach persönlichen Erfahrungen und entsprechendem Arbeitshintergrund zu erzeugen. Zuletzt wird die Methode der Arbeitssituationsanalyse vorgestellt.

3. Information der Mitarbeiterinnen

Die Information erfolgt mündlich durch die direkten oder höheren Vorgesetzten und unbedingt zusätzlich in Form eines schriftlichen Informationsblattes. Das Informationsblatt sollte eine Kurzinformation zum Inhalt der Gruppendiskussionen, zur betrieblichen Motivation zur Methode und zu Ort, Zeit und den Gruppenzusammensetzungen enthalten und von Geschäftsführung bzw. Betriebsleitung sowie dem Betriebs- oder Personalrat unterzeichnet werden.

4. Durchführung der Arbeitssituationsanalyse in Gruppensitzungen

In Gruppen von acht bis fünfzehn Beschäftigten eines Arbeitsbereiches und einer Hierarchieebene (ohne die Teilnahme von Vorgesetzten) und einer/m (möglichst betriebexternen) Moderator/in werden zunächst positive Aspekte der Arbeitssituation zusammengetragen. Anschließend werden die wichtigsten Belastungen herausgearbeitet und realisierbare Verbesserungsvorschläge entwickelt. Diese werden zum Schluss durch die Gruppe gewichtet. Für eine Gruppendiskussion sollten 2,5 Stunden inklusive einer Pause von ca. fünfzehn Minuten eingeplant werden. Eine Anrechnung der Stunden als Arbeitszeit ist erforderlich. Bei Schichtbetrieb hat es sich als sinnvoll erwiesen, die Spätschicht vor Arbeitsbeginn und die Frühschicht nach Arbeitsende zu befragen. Dies ermöglicht es, zwei Gruppen pro Tag zu moderieren, ohne dass Produktionszeit ausfällt. Nach Möglichkeit sollten alle Mitarbeiter/innen des zu analysierenden Arbeitsbereiches an einer Gruppensitzung teilnehmen. Erforderlich ist ein geeigneter Raum mit entsprechender technischer Ausstattung (Flipchart, Metaplanwand, Bestuhlung im Halbkreis ohne Tische).

5. Ergebnisbericht

Nach Abschluss der Gruppendiskussionen wird ein schriftlicher Bericht der Diskussionsergebnisse erstellt. Der Bericht enthält exakt die Formulierungen, die in den Gruppen verabschiedet wurden sowie einen Überblick über die Ergebnisse der Fragen 1., 2. und 3. sowie der Größe und Anzahl der befragten Gruppen

6. Vorstellung der Ergebnisse und Maßnahmenplanung mit betrieblichen Entscheidungsträgern

Die Maßnahmenplanung kann z.B. in Form eines Tages-Workshops stattfinden. Teilnehmen sollten die Geschäftsführung bzw. Betriebsleitung, die Personalleitung oder deren Vertreter mit Entscheidungsbefugnis, Vertreter vom Betriebs- bzw. Personalrat, alle Führungskräfte des befragten Bereiches, die Fachkraft für Arbeitssicherheit, der Betriebsarzt sowie ein Vertreter der zuständigen Berufsgenossenschaft. In diesem (oder mehreren) Workshops, sinnvoller Weise ebenfalls extern moderiert, werden konkrete Maßnahmen (Was? Wer? Bis wann?) festgelegt. Bei Verbesserungsvorschlägen, die das Unternehmen nicht umsetzen kann bzw. will, sollte begründet werden, warum dies nicht möglich ist. Auch darüber sind die Mitarbeiter/innen zu informieren.

7. Information der MitarbeiterInnen über die geplanten Maßnahmen

Nach Abschluss der Maßnahmenplanung werden die Mitarbeiter/innen durch ein Informationsblatt und ggf. zusätzliche Informationsveranstaltungen über die geplanten Maßnahmen informiert.

8. Maßnahmenumsetzung durch das Unternehmen, ggf. weitere Beratung und Begleitung durch die beratende Institution

Die umzusetzenden Maßnahmen bewegen sich meist im finanziell machbaren Rahmen. Häufig sind es organisatorische Veränderungen oder Verhaltensänderungen sowie Verbesserungen von Kommunikation und Information. Hohe finanzielle Investitionen sind selten erforderlich, da mit den MitarbeiterInnen zu Beginn der Diskussionen vereinbart wurde, dass die Vorschläge realistisch und machbar sein sollen.

9. Evaluation

Nach ca. einem halben Jahr sollte die Arbeitssituationsanalyse noch einmal bewertet werden. Einerseits durch Interviews mit den Entscheidungsträgern z.B. anhand folgender Fragen:

1. Welches war Ihre Rolle bzw. Aufgabe beim Einsatz der Arbeitssituationsanalyse?
2. Welche Erwartungen bzw. Befürchtungen hatten Sie?
3. Wurden diese Erwartungen bzw. Befürchtungen erfüllt?
4. Wer hat welchen Nutzen aus der Arbeitssituationsanalyse gezogen?
5. Was hat sich aus Ihrer Sicht durch den Einsatz der Arbeitssituationsanalyse verbessert?

6. Wenn Sie die Arbeitssituationsanalyse heute wieder einsetzen würden, was würden Sie anders bzw. was würden Sie genauso machen?
7. Welche Tipps und Hinweise würden Sie anderen Abteilungen oder Betrieben zur Arbeitssituationsanalyse geben?

Andererseits in Form von strukturierten Interviews mit einzelnen Mitarbeiter/innen oder mit einer oder mehreren Gruppen z.B. anhand folgender Fragen:

1. Welche Erwartungen bzw. Befürchtungen hatten Sie bei der Arbeitssituationsanalyse?
2. Wurden diese Erwartungen bzw. Befürchtungen erfüllt?
3. Wer hat welchen Nutzen aus der Arbeitssituationsanalyse gezogen?
4. Was hat sich durch die Arbeitssituationsanalyse in Ihrem Bereich bzw. Ihrem Betrieb verbessert?
5. Welche Tipps und Hinweise würden Sie anderen Abteilungen oder Betrieben zur Arbeitssituationsanalyse geben?

Ablauf der Gruppensitzungen

Zu Beginn werden Regeln der Zusammenarbeit für die Dauer der Sitzung vorgestellt und die Zustimmung der Teilnehmer/innen eingeholt.

Beispiele für Regeln der Zusammenarbeit:

1. Jeder ist Experte, und zwar jeder auf seinem Gebiet.
2. Jeder hat die Möglichkeit, seine Meinung frei zu äußern und auszureden.
3. Es geht darum, gemeinsam Vorschläge zu erarbeiten.
4. Vorschläge sollen realistisch und machbar sein.
5. Meinungen und Probleme des anderen werden anerkannt, auch wenn es nicht die eigenen sind.
6. Die Diskussion bleibt beim Thema.
7. Der bzw. die Moderator/in nimmt keine inhaltliche Stellung. Er/sie kümmert sich um den Diskussionsverlauf.
8. Wir halten uns an Vertraulichkeit.

Anschließend werden drei Fragen beantwortet:

1. Was läuft gut bei Ihrer Tätigkeit? Was macht Ihnen Spaß?

Die Beiträge der Teilnehmer/innen werden am Flipchart zusammengetragen. Es folgen zwei Fragen, die sich auf Belastungen durch die Arbeitssituation beziehen. Diese Fragen werden auf Abstimmungszetteln anonym von den Teilnehmer/innen beantwortet, eingesammelt, gemischt und anschließend am Flipchart übertragen:

2. Halten Sie eine Verbesserung Ihrer Arbeitssituation für

- sehr wichtig,
- teilweise wichtig
- nicht wichtig?

(Für diese Frage hat jede/r Teilnehmer/in eine Stimme.)

3. In welchen Bereichen Ihrer Arbeitssituation sollte eine Verbesserung stattfinden?

- Umgebung des Arbeitsplatzes
- Arbeitstätigkeit
- Arbeitsorganisation
- Vorgesetztenverhalten
- Gruppen- bzw. Betriebsklima

(Hier hat jede/r Teilnehmer/in zwei Stimmen, die sie/er einem Bereich geben bzw. auf zwei Bereiche verteilen kann.) Vor der Abstimmung werden den Teilnehmer/innen die Bereiche anhand von Beispielen erläutert:

- Arbeitsumgebung: Hitze, Kälte, Zugluft, Nässe, Schmutz, Staub, Rutschgefahr, Gase, Dämpfe, Lärm, Blendung, Lichtmangel
- Arbeitstätigkeit: Kenntnisse (Ausbildung, Erfahrungen), Verantwortung, geistige- und/oder körperliche Belastung, Abwechslung, Monotonie,
- Arbeitsorganisation: Aufteilung von Arbeitsaufgaben, Was? Wer? Wann? Wie? Wo? Leerläufe, Spitzenzeiten, Unterbrechungen, Maschinen- und Werkzeugeinsatz, Arbeitszeitregelung, Absprachen mit anderen Bereichen und Arbeitsaufteilung, Information, Kommunikation
- Vorgesetztenverhalten: Führungsstil, Förderung von Teamgeist, Motivation, Unterstützung bei Problemen, Kontrolle, gerechte Behandlung, Anerkennung, Kritik, Mitbestimmungsmöglichkeiten
- Gruppen- bzw. Betriebsklima: Stimmungslage im Arbeitsbereich oder in der Gruppe, der Abteilung, im Unternehmen, Konkurrenz, Rivalitäten, gegenseitige Unterstützung, persönliche Kontakte, Vertrauen, gemeinsame Aktivitäten

Die Bereiche Arbeitsumgebung, Vorgesetztenverhalten und Arbeitsorganisation werden in der Regel am kritischsten beurteilt. Nach Beantwortung der letzten Frage werden die von den Mitarbeiter/innen als belastend empfundenen Aspekte bezogen auf die einzelnen Arbeitsbereiche gesammelt und Verbesserungsvorschläge entwickelt. Der Arbeitssituationsbereich mit der höchsten Stimmenzahl wird als erstes diskutiert. Der bzw. die Moderator/in fasst die Aussagen zusammen und unterstützt die Gruppe mit Formulierungshilfen. Nur die von der Gruppe verabschiedeten Formulierungen werden auf Metaplanwänden schriftlich festgehalten und gehen in den Ergebnisbericht für das Unternehmen ein. Die Ergebnisse reichen von konkreten Vorschlägen zur Verbesserung von Arbeitsmitteln und Arbeitskleidung, über Abbau körperlicher Belastungen durch Wechsel der Tätigkeiten bis zu Verbesserungsvorschlägen hinsichtlich des Kommunikations-, Kritik- und Informationsverhaltens der Vorgesetzten und Anregungen zur Verbesserung von organisatorischen Abläufen.

Zur Quantifizierung der visualisierten Aussagen wird nach der Diskussion jedes Arbeitssituationsbereiches die Wichtigkeit jedes Verbesserungsvorschlags von den Teilnehmer/innen bewertet. Jede/r Teilnehmer/in kann pro Verbesserungsvorschlag einen, einen halben oder null Punkte vergeben. Die Punkte werden pro Verbesserungsvorschlag aufaddiert (ein Punkt = sehr wichtig, ein halber Punkt = etwas wichtig, null Punkte = unwichtig). Eine weitere Möglichkeit der Quantifizierung ist die Beurteilung der einzelnen Belastungen durch die Teilnehmer/innen. Dabei kann jede/r Teilnehmer/in pro Belastung einen, einen halben oder null Punkte vergeben. Auch hier werden die Punkte pro Belastungsaspekt aufaddiert (ein Punkt = trifft bei mir ganz zu, ein halber Punkt = trifft teilweise zu, null Punkte = trifft gar nicht zu). Zum Abschluss der Sitzung werden die zu Beginn erarbeiteten positiven Aspekte der Arbeitssituation den Belastungen gegenübergestellt. Gefragt wird, inwieweit diese positiven Aspekte auch genutzt werden können, um besser mit den Belastungen umzugehen. Auch die Ergebnisse dieser Diskussion werden schriftlich festgehalten und gehen in den Ergebnisbericht ein.

Abschließende Bewertung des Instruments

Die Arbeitssituationserfassung ist ein lebendiges und offenes Instrument, dass hohe Anforderungen an die Kompetenzen der Moderatorinnen stellt. Neben der absoluten Neutralität und einem tiefen Respekt vor den Sichtweisen der Mitarbeiter/innen ist eine stringente Unterstützung der Gruppe, beim jeweiligen Thema zu bleiben, erforderlich. Insbesondere ist auch die zeitliche Balance zwischen Problemerörterung und Lösungsfindung zu halten. Gelingt es nicht, im Rahmen der Arbeitssituationsanalyse ad hoc Lösungen für gewichtige Probleme zu erarbeiten, so kann das Verfahren als Startpunkt für weitreichendere Diagnose- und Interventionsmethoden des betrieblichen Gesundheitsmanagement (wie z.B. Gesundheitszirkel, Fokusgruppen) dienen.

Literatur

Bitzer B (1995) Fehlzeiten als Chance - ein praktischer Leitfaden zum Abbau von Fehlzeiten. Expert-Verlag, Renningen

Baumeister A (2001) Die Arbeitssituationsanalyse - ein Gruppendiskussionsverfahren zur Ermittlung von Arbeitsbelastungen und Verbesserungsvorschlägen aus der Sicht der Mitarbeiter/innen. In: Schriftenreihe der Bundesanstalt für Arbeitsschutz und Arbeitsmedizin (2001) Tagungsbericht Tb 113 „Gefährdungsbeurteilung in der betrieblichen Praxis - Rolle des Betriebsarztes - Workshop vom 24. April 1999 in Berlin". Dortmund, Berlin

Mitarbeitergespräche

T. Hehlmann

AOK- Die Gesundheitskasse für Niedersachsen
Regionaldirektion Osterholz
Gesundheitszentrum
Marktplatz 8
27711 Osterholz-Scharmbeck

Mitarbeitergespräche gehören zu den Verfahren, mit denen sich ganz allgemein Meinungen, Trends und Entwicklungen in einem Unternehmen erfassen lassen. Sie werden in der Regel als Vier-Augen-Gespräche geführt, um Zielvereinbarungen abzuschließen, Jahresleistungen zu bewerten oder persönliche Belange des Mitarbeiters zu besprechen. Geläufig ist auch der Begriff Fördergespräche, die u.a. die persönliche Entwicklung und Qualifizierung des Mitarbeiters zum Inhalt haben.

Rückkehrgespräche

Eine spezielle Form des Mitarbeitergesprächs ist das sogenannten „Rückkehrgespräch". Rückkehrgespräche sind in einer Zeit hoher Arbeitslosigkeit, einer schwachen Konjunktur und vor allem hoher Fehlzeiten Mitte der neunziger Jahre ins Gespräch gekommen, um Fehlzeiten abzubauen. Das latente Misstrauen der Unternehmerseite, hohe Fehlzeiten würden durch sogenannte Blaumacher verursacht, war mit ein Grund dafür, dass diese Form des Mitarbeitergespräches in deutschen Unternehmen immer häufiger Verwendung fand.

Nach Bitzer (1995) werden drei Ziele mit den Rückkehrgesprächen verfolgt:

1. Die Erleichterung der Arbeitsaufnahme nach einer krankheitsbedingten Abwesenheit durch Informationen über Gegebenheiten, die sich am Arbeitsplatz und in der Arbeitsorganisation verändert haben,
2. Erkenntnisse über mögliche Zusammenhänge zwischen der Erkrankung und den Bedingungen der Arbeitsumgebung oder der Arbeitsorganisation,
3. Das Unterstreichen der Tatsache, dass die Abwesenheit des Mitarbeiters vom Vorgesetzten wahrgenommen wurde und der Mitarbeiter auch als Person „vermisst" wurde.

Zusätzlich werden die Gespräche protokolliert und sie verlaufen im Wiederholungsfall (nach erneuter Fehlzeit innerhalb eines fest definierten Zeitraums) in vier Stufen, bei denen dann auch die nächsthöheren Vorgesetzten und die Personalvertretung anwesend sind.

Das erste und das dritte Ziel - d.h. die sachliche Information und die Stärkung der sozialen Beziehung - sollten im Grunde selbstverständliche Rituale einer vertrauensvollen Zusammenarbeit zwischen einem Vorgesetzten und seinem Mitarbeiter sein. Wenn sich während der Abwesenheit eines Mitarbeiters die Verhältnisse an seinem Arbeitsplatz oder die Arbeitsorganisation geändert haben, so ist die sachgerechte Information über diese Veränderungen für den reibungslosen Betriebsablauf ohnehin unerlässlich. Dabei kann die aufrichtige Aussage des Vorgesetzten, dass er den zurückgekehrten Mitarbeiter vermisst hat und er sich über seine Rückkehr freut, zusätzlich im hohen Maße salutogen wirken. Diese ernstgemeinten - und vom Rückkehrer auch für ernst genommenen - Begrüßungsformeln sind bei einer intakten sozialen Beziehung unter Kollegen eine Selbstverständlichkeit.

Der eigentliche Anlass des Rückkehrgesprächs - nämlich der Gewinn an Erkenntnissen über mögliche Zusammenhänge zwischen der Erkrankung und den Bedingungen der Arbeitsumgebung oder der Arbeitsorganisation - lässt sich aus folgenden Gründen mit einer Festigung oder Entwicklung guter sozialer Beziehungen zwischen Mitarbeitern und Vorgesetzten nicht vereinbaren.

1. Beziehungsaspekt

Beide Gesprächspartner stehen in einem Abhängigkeitsverhältnis zueinander, und können so nicht neutral über gesundheitliche Belange des Mitarbeiters auf der einen Seite und über Arbeitsbedingungen auf der anderen Seite kommunizieren. Zusätzlich kann der Vorgesetzte u.U. selbst Auslöser (Stressor) für gesundheitliche Probleme des Mitarbeiters sein (und umgekehrt). Die Inhalte und die Ergebnisse dieser Form des Mitarbeitergesprächs müssen daher stets aus dem Blickwinkel des Beziehungsaspekts der Gesprächspartner bewertet werden.

2. Inhaltsaspekte

Inhalt des Gesprächs ist die Erkrankung des Mitarbeiters und die möglichen Zusammenhänge zwischen der Erkrankung und den Bedingungen in der Arbeitsumwelt. Der Gewinn von Erkenntnissen zu dieser Thematik ist zwar ein berechtigtes Anliegen des Arbeitgebers, nur ist dies der falsche Zeitpunkt, um derartige Auskünfte zu erhalten. Mögliche Gefährdungen in der Arbeitsumwelt werden im Rahmen der Gefährdungsanalyse erfasst (s.u.) und bestehende Gefährdungen müssen umgehend beseitigt werden. D.h., dass antizipatorisch schon im Vorfeld die Bedingungen beseitigt werden müssen, die zu Erkrankungen der Mitarbeiter führen könnten. Zum Zeitpunkt des Rückkehrgesprächs können diese Zusammenhänge nur retrospektiv erfasst werden.

Ist der Inhalt des Gesprächs jedoch der latente Verdacht des Arbeitgebers, dass die Fehlzeit des Mitarbeiters motivational bedingt ist, so ist die Konsequenz für den Mitarbeiter im Wiederholungsfall (vierte Stufe nach Bitzer, 1995) die Entlassung. Es ist äußerst unwahrscheinlich, dass ein Mitarbeiter motivationale Gründe für sein Fernbleiben im Rahmen eines solchen Gespräches angeben wird.

3. Qualifikation

Für beide möglichen Inhalte eines Mitarbeitergesprächs - mangelnde Motivation und tatsächlich vorhandene Zusammenhänge zwischen Arbeitsumfeld und Erkrankung - sind Vorgesetzte bis heute nicht ausreichend qualifiziert.

Vertrauensvolle Gespräche über Krankheit und deren Ursachen finden zur Zeit nur im Rahmen eines durch die Schweigepflicht des Arztes geschützten Arzt-Patienten-Gesprächs statt. Und selbst für die sogenannten Gesundheitsexperten gestaltet sich eine eindeutige Zuordnung von Ursache und Wirkung für den Bereich der arbeitsbedingten Erkrankungen oft als schwieriges Unterfangen. Arbeitsbedingter Stress durch Überforderung, durch Mobbing oder durch Einflüssen aus der physischen Arbeitsumfeld führen durch unterschiedliche Formen der körperlichen Ausprägung (Erkältung, Rückenschmerzen, Kopfschmerzen, ect.) nicht automatisch zu Erkrankungen, die einen Rückschluss auf Bedingungen des Erwerbslebens zulassen. Erschwerend kommt hinzu, dass es zu Wechselwirkungen - und damit zu Koproduktionseffekten - der Stressoren aus dem Arbeitsumfeld mit den Stressoren im privaten und familiären Umfeld kommen kann.

Ähnlich verhält es sich mit der Frage nach den Ursachen für motivationsbedingtes Fernbleiben von der Arbeit. Werden die Ursachen des Motivationsmangels allein dem Mitarbeiter zugeschrieben, so gerät dieser automatisch in eine Verteidigungshaltung, aus der heraus sich nur schwer akzeptable Lösungen entwickeln lassen, die für beide Parteien annehmbar sein werden. Geht der Vorgesetzte andererseits davon aus, dass das Arbeitsumfeld durchaus mitverantwortlich für eine motivationsbedingte innere Kündigung und Fehlzeit sein kann, so wird sich das Gespräch stärker auf die Wechselwirkungen privater und arbeitsbedingter Stressoren und deren gesundheitliche Folgen konzentrieren müssen. Hierfür ist jedoch neben einer fundierten Ausbildung in Techniken der Gesprächsführung zusätzlich eine hohes Maß an gesundheitswissenschaftlicher Kompetenz notwendig.

Die derzeitige Praxis der Rückkehrgespräche überfordert sowohl die Vorgesetzten als auch die Mitarbeiter durch die mangelnden Qualifizierung für eine inhaltlich sehr komplexe Thematik. Zudem gefährdet das bestehende hierarchische Gefälle zwischen den beiden Gesprächspartnern nicht zuletzt auch durch die Brisanz des Themas (Krankheit und Motivation) die Entwicklung guter sozialer Beziehungen. Für den Kernprozess Diagnose des Betrieblichen Gesundheitsmanagements lassen sich aus dem klassischen Ansatz der Rückkehrgespräche nur wenig zuverlässige Daten gewinnen.

Mitarbeiterentwicklungsgespräche

Im Zentrum des Rückkehrgesprächs steht die Erkrankung des Mitarbeiters, die problem- und nicht lösungsorientiert angegangen wird. Im Gegensatz dazu würde die lösungsorientierte Vorgehensweise eines Mitarbeiterentwicklungsgespräches weder die Gesprächspartner überfordern, noch ihre Beziehung zu einander nachhaltig negativ beeinflussen. Wie oben bereits angedeutet, werden Daten zu bestehenden bzw. möglichen Gefährdungen der Gesundheit der Mitarbeiter durch die Gefährdungsanalysen gewonnen.

Eine lösungsorientierte Vorgehensweise kann die Ergebnisse der Gefährdungsanalysen und die Lösungsvorschläge der Experten z.B. zum Anlass nehmen, um den persönlichen Bezug zu den gewonnen Erkenntnissen und die persönliche Entwicklung des Mitarbeiters im Unternehmen zu planen. Das Ziel des Mitarbeiterentwicklungsgesprächs ist damit der Verbesserung der persönlichen Ressourcen vor dem Hintergrund der Erkenntnisse, die Experten aus den Gefährdungsanalysen gewonnen haben.

Der Status quo der Qualifikation des Mitarbeiters und seine persönlichen Weiterbildungsmöglichkeiten sind Teil des lösungsorientierten Vorgehens eines Mitarbeiterentwicklungsgesprächs. Die Verbesserung der Qualifikation des Mitarbeiters wird hier als eine Lösungsmöglichkeit für die von Experten definierten Probleme zur Gefährdung der Gesundheit der Mitarbeiter diskutiert.

Mögliche Inhalte des Mitarbeiterentwicklungsgesprächs können sein:

- Abfrage zum Status Quo der Qualifikation des Mitarbeiters
- Weiterbildungsmöglichkeiten für den Mitarbeiter
- Antizipation möglicher physikalischer Gefährdungen und deren Beseitigung
- Antizipation möglicher psychischer Gefährdungen und deren Beseitigung
- Verbesserung des Informationsflusses
- Verbesserung der Gesundheit des Mitarbeiters

Zusätzlich sollen mögliche zukünftige Gefährdungen antizipiert werden und auch hierfür Lösungen im Vorfeld der Gefährdung erarbeitet werden. Die Verbesserung des Informationsflusses kann ebenfalls Thema eines Mitarbeiterentwicklungsgespräches sein. Von entscheidender Bedeutung ist jedoch die gemeinsame Suche nach Lösungen für die Verbesserung des Gesundheitszustandes des Mitarbeiters. Damit grenzt sich das Mitarbeiterentwicklungsgespräch mit seiner salutogenen Frage nach der Entwicklung von Ressourcen (sprich: „Was können wir gemeinsam tun, damit Sie gesund bleiben?“) deutlich von der traditionell pathogenen Frage nach betriebsinternen Bedingungen ab, die u.U. für die Erkrankung des Mitarbeiters verantwortlich sein könnten.

Fazit

Das Rückkehrgespräch folgt zum einen vordergründig der klassischen Formel „Arbeit macht krank“. Auf der anderen Seite soll im Falle des latenten Misstrauens bei sogenannten „Blaumachern“ genau dieser Zusammenhang widerlegt werden, und der Mitarbeiter selbst und Einflüsse aus seinem Privatleben für seine Fehlzeiten verantwortlich gemacht werden. Wechselwirkungen beider Einflussgrößen - Arbeitswelt und Privatleben - bleiben dabei ebenso unberücksichtigt, wie die Tatsache, dass Krankheit und innere Kündigung oft eine längere Vorgeschichte haben.

An der Theorie der Salutogenese orientierte Mitarbeitergespräche folgen dem Leitsatz: Gesundheit fördert die Arbeit. Das die guten Beziehungen der Gesprächspartner belastende Problem des Zusammenhangs von Arbeitsbedingungen und Krankheit kann dabei fast ausgeblendet werden. Ausgangspunkt eines Mitarbeiterentwicklungsgesprächs sind die vorhandenen und die zu entwickelnden Ressourcen des Mitarbeiters. Dabei müssen Vorgesetzte sowohl für den Bereich der Gesprächsführung als auch für den Bereich der Entwicklung von Gesundheitspotenzialen ausreichend qualifiziert werden.

Literatur

Bitzer B (1995) Fehlzeiten als Chance- einpraktischer Leitfaden zum Abbau von Fehlzeiten. Expert-Verlag, Renningen

Nieder P (1997) Erfolg durch Vertrauen - Abschied vom Management des Misstrauens. Gabler, Wiesbaden

Schulz v. Thun F, Ruppel J, Stratmann R (2000) Miteinader reden: Kommunikationspsychologie für Führungskräfte. Rowohlt, Reinbeck

Walter JL, Peller JE (1996) Lösungsorientierte Kurzzeittherapie. Verlag Modernes Lernen, Dortmund

Watzlawick P, Beavin JH, Jackson DD (2000) Menschliche Kommunikation. Formen, Störungen, Paradoxien. Huber, Bern

Qualifizierung für das Betriebliche Gesundheitsmanagement

B. Müller u. U. Westerhoff [1, 2]

[1] *medi*CON*cept*
Organisationsentwicklung im Gesundheitswesen
Analyse, Beratung, Realisation
Heinrich-Janssen-Str. 22
42289 Wuppertal

[2] BKK Bundesverband
Abteilung Gesundheit
Kronprinzenstr. 6
45128 Essen

Betriebliches Gesundheitsmanagement steht in engem Zusammenhang mit der Entwicklung einer Organisation insgesamt. Und Organisationsentwicklung geht nicht ohne Lernen. Das geschieht in Unternehmen oft „nebenbei" und ist unmittelbar an anstehende, praktische Aufgaben geknüpft. (Wagner 1999). Bei einer systematischen Betrachtungsweise und als Konsequenz aus bisherigen Erfahrungen in der betrieblichen Gesundheitsförderung lassen sich jedoch verschiedene Handlungsfelder und Zielgruppen identifizieren, die im Hinblick auf Qualifizierung berücksichtigt werden sollten.

In den Unternehmen und Verwaltungen können folgende Zielgruppen unterschieden werden:

- der in der Organisation eingesetzte (oder extern begleitende) „Gesundheitsmanager" (Badura et al. 1999). Er oder sie behält in erster Linie die Gesamtstrategie im Auge, koordiniert und unterstützt interne und externe Akteure.
- Expert/innen aus dem Arbeits- und Gesundheitsschutz, wie Betriebsärzte und Sicherheitsfachkräfte
- Vertreter/innen aus der Sozialberatung
- Vertreter/innen aus Personal- und Personalentwicklungsabteilungen, dem Qualitätsmanagement u.ä.m.
- Betriebs- oder Personalrät/innen, Mitarbeitervertreter/innen
- Führungskräfte allgemein
- interessierte Mitarbeiter/innen, die im Rahmen des betrieblichen Gesundheitsmanagements neue Aufgaben übernehmen (wollen).

Ob und inwieweit diese Zielgruppen tatsächlich in einem Unternehmen präsent sind und für betriebliches Gesundheitsmanagement qualifiziert werden können, hängt u.a. von der Größe und Branchenzugehörigkeit ab. So sind bspw. in Klein- und Mittelbetrieben häufig nur „Verbundlösungen" und der Austausch von Experten für betriebliches Gesundheitsmanagement möglich.

Ausgewählte Zielgruppen und Qualifizierungsangebote

Im folgenden werden Handlungsfelder und Qualifizierungsmöglichkeiten für die ausgewählten Zielgruppen der Betriebsärzte und Führungskräfte sowie ein Qualifizierungsangebot für Gesundheitszirkelmoderatoren vorgestellt.

Betriebsärzte

Im Arbeits- und Gesundheitsschutz ist der Betriebsarzt zusammen mit der Sicherheitsfachkraft, den Sicherheitsbeauftragten und dem Arbeitsschutzausschuss primär in beratender und unterstützender Funktion tätig. Soll Gesundheitsförderung eingeführt werden, wird dem Betriebsarzt häufig die Aufgabe übertragen, das Gesundheitsmanagement in Abstimmung mit der Arbeitssicherheit, der Personalabteilung und der Mitarbeitervertretung - im optimalen Fall im Rahmen eines Arbeitskreises Gesundheit - zu steuern. Eine derartige Aufgabenerweiterung bedeutet, dass er neben seiner präventivmedizinischen Tätigkeit vor allen Dingen in neuen Rollen gefordert ist, nämlich als Moderator, Koordinator, Impulsgeber, Controller und Experte. Diese Rollen beinhalten Funktionen, auf die Betriebsärzte in der Vergangenheit nicht vorbereitet wurden.

Zu den Qualifizierungserfordernissen gehört hier u.a., die eigenen Kompetenzen aus Fachausbildung und beruflicher Sozialisation, eigene Ressourcen sowie die anderer betrieblicher Experten vor dem Hintergrund der Erfordernisse für betriebliches Gesundheitsmanagement zu analysieren, zusammenzuführen und ggf. zeitweise durch externe Experten zu ergänzen.

Auch das Wissen um einen effizienten Ressourceneinsatz und die Gestaltung von Kooperationsbeziehungen und Anlässen, die eine befriedigende und ergebnisreiche Zusammenarbeit gewährleisten, muss häufig erlernt werden. Hierzu gehören u.a. Entscheidungs- und Konfliktfähigkeit. Häufig wird wie selbstverständlich unterstellt, dass Funktionsträger in der Lage seien, problemlos Entscheidungen zu treffen und produktive wie konstruktive Konfliktlösungsstrategien zu beherrschen. In der betriebsärztlichen aber auch in der Aus-Weiter- und Fortbildung der Sicherheitsfachkräfte wird es entscheidend darauf ankommen, durch entsprechende didaktisch gestaltete Angebote zukünftige Betriebsärzte in die Lage zu versetzen, ihre diesbezüglichen Fähigkeiten einschätzen zu lernen und ggf. weiterzuentwickeln.

In der Praxis ist das Erlernen neuer Rollensegmente am ehesten über Prozesse erreichbar, die als Projekte geplant werden. Bezogen auf das Projektmanagement, die Moderatorentätigkeit und das Konfliktmanagement - um hier drei zentrale Lernfelder zu benennen - können vorbereitend und begleitend Qualifizierungsangebote genutzt werden, die den Unternehmen inzwischen zum Teil auch durch einige Krankenkassen, Berufsgenossenschaften, die Bundesanstalt für Arbeitsschutz und Arbeitsmedizin (BAuA) und von einigen Hochschulen angeboten werden. Auch auf dem freien Markt gibt es eine Fülle von Angeboten. Bei der Auswahl ist darauf zu achten, dass die Maßnahmen auf die Betriebliche Gesundheitsförderung oder das Gesundheitsmanagement hin konzipiert sind.

Darüber hinaus - auch das ist eine Erfahrung aus bereits laufenden Gesundheitsförderungsprojekten - ist es förderlich, verschiedene Akteure und Zielgruppen eines Unternehmens gemeinsam zu qualifizieren, wie bspw. alle Mitglieder eines „Arbeitskreises Gesundheit“, dem zentralen Steuerungsgremium für das Gesundheitsmanagement. Mitarbeiter, die erstmalig neue Rollen übernehmen, z.B. die eines Moderators, sollten hierfür im Vorfeld qualifiziert zumindest eine Zeitlang begleitet, durch Coaching oder Supervision unterstützt und ihre Erfahrungen in der Konzeptionierung weiterer Qualifizierungsangebote einbezogen werden. (Müller 2000)

Führungskräfte

Führungskräfte spielen im Rahmen des Prozesses der betrieblichen Gesundheitsförderung in mehrfacher Hinsicht eine besondere Rolle. Sie sind wichtige Partner, indem sie die Unternehmensphilosophie mittragen und Führungsleitlinien berücksichtigen. Darüber hinaus sind sie ganz wesentlich beteiligt an der Gestaltung der Arbeitsbedingungen, insbesondere im Hinblick auf eine gesundheitsförderliche Arbeitsorganisation und das soziale Miteinander im Arbeitsbereich. Ihr Verhalten, gerade auch im direkten Kontakt mit Mitarbeitern, beeinflusst deren Wohlbefinden, Motivation, Leistungsfähigkeit (Angst macht dumm), Arbeitszufriedenheit, Gesundheit und schließlich krankheitsbedingte Fehlzeiten. Gleichzeitig sind Führungskräfte auch Zielgruppe bzw. „Endverbraucher" der betrieblichen Gesundheitsförderung. Sie sind auf Grund sich verschärfender Wettbewerbsbedingungen und ständiger Veränderungsprozesse steigenden Anforderungen ausgesetzt, was sich in längeren Arbeitszeiten und zunehmend durch mehr Stress als Ausdruck erhöhter Anspannung bemerkbar macht.

Trainings zu den Themen „Gesundheitsgerechte Mitarbeiterführung" und „Stressmanagement"

Trainings zu den Themen „Gesundheitsgerechte Mitarbeiterführung" und „Stressmanagement" der gesetzlichen Krankenkassen richten sich an Führungskräfte in beiden o.g. Rollen und verfolgen mit unterschiedlichen Schwerpunkten folgende Ziele:

- Das Bewusstsein von Führungskräften auf ihre Einflussmöglichkeiten im Hinblick auf die Gestaltung gesundheitserhaltender und -förderlicher Arbeitsbedingungen zu lenken
- Führungskräfte dafür zu sensibilisieren, dass sie mit ihrem Verhalten Mitarbeitern gegenüber im positiven oder negativem Sinn Einfluss nehmen auf deren Befinden, Leistungsbereitschaft und -fähigkeit, Gesundheit und Fehlzeiten
- Sie über psychosomatische Zusammenhänge und Erkenntnisse der Stressforschung zu informieren und in die Lage zu versetzen, Stressoren im eigenen Verantwortungsbereich und eigene stresserzeugende Einstellungen zu erkennen und diese zu verändern
- Führungskräften zu vermitteln, wie sie gerade in schwierigen Führungssituationen, durch Veränderung eigener hinderlicher Einstellungen und Überzeugungen, zu einem mitarbeiterorientierten, gesundheitsförderlichen und eigene Ressourcen schonenden Führungsverhalten kommen können. (Westerhoff 1999)

Im Rahmen des Seminars zur gesundheitsgerechten Mitarbeiterführung des BKK Teams Gesundheit erarbeiten die Führungskräfte zunächst aus ihrer eigenen Mitarbeitersicht, welche konkreten Auswirkungen positives und negatives Führungsverhalten auf ihre Leistungsbereitschaft, Leistungsfähigkeit, auf ihr Befinden und ihre allgemeine Einstellung der Arbeit und dem Vorgesetzten gegenüber haben kann.

In einem weiteren Schritt geht es um die Frage, wie sich schwierige Führungssituationen aus der Erfahrung der Teilnehmer auf die Person der Führungskraft auswirken und welche Reaktion das Verhalten des Vorgesetzten wiederum bei den Mitarbeitern auslösen kann. Um die Führungskompetenzen gezielt weiterzuentwickeln, geht es in den folgenden Seminarabschnitten im Wesentlichen um Denkweisen und Überzeugungen, die jedem Verhalten und somit auch dem Führungsverhalten zugrunde liegen.

Anhand von Beispielen aus dem Führungsalltag der Teilnehmer werden diejenigen Denkweisen und Überzeugungen ermittelt, die in schwierigen Führungssituationen einen konstruktiven und förderlichen Umgang mit Mitarbeitern, aber auch der eigenen Effektivität und dem eigenen Wohlbefinden im Wege sind. Auf dieser Basis erarbeiten die einzelnen Teilnehmer mit Unterstützung des Trainers/ der Trainerin mit ihren Zielen übereinstimmende förderliche Denkweisen und Einstellungen.

Hinderliche Einstellungen führen nicht nur zu unangemessenem und erschwertem Umgang mit anderen, sondern gehen auch mit emotionalen Überreaktionen wie starkem Ärger, Angst, Scham oder Schuldgefühlen einher. Durch Bewusstmachen eigener automatischer und oft stereotyper Denkweisen und deren konstruktiver Veränderung gehen die Teilnehmer wichtige Schritte in Richtung eines bewussteren und mitarbeiterorientierten Führungsverhalten. Die Beschäftigung mit dem Thema Kommunikation und Körpersprache,

Übungen zur Dialogführung, zum Konfliktmanagement und zum Umgang mit Emotionen der Mitarbeiter und mit innerer Kündigung runden die Veranstaltung ab.

Fortbildung zum Moderator von Gesundheitszirkeln

Eine der zentralen Vorgehensweisen im betrieblichen Gesundheitsmanagement ist die detaillierte Problemanalyse, Lösungsentwicklung, Maßnahmenplanung und z.T. auch Umsetzung durch Gesundheitszirkel.

Die erfolgreiche Durchführung eines Gesundheitszirkels wird ganz wesentlich von der Qualifikation des Moderators mitbestimmt. Für die Zielgruppe der im engeren und weiteren Sinne mit Fragen der betrieblichen Gesundheitsförderung und der Prävention arbeitsbedingter Gesundheitsgefahren befassten Interessenten werden seitens des BKK-Teams-Gesundheit drei- bis viertägige Fortbildungen zum Gesundheitszirkelmoderator angeboten, die folgende Inhalte umfassen:

- Gesetzliche Grundlagen
- Entwicklung und Varianten des Gesundheitszirkels
- Voraussetzungen für die Durchführung von Gesundheitszirkeln
- Planung und Organisation von Informationsveranstaltungen
- Belegschaftsbefragungen
- Arbeitsplatzbeobachtungen
- Aufgabe und Funktion des Moderators in Gesundheitszirkel
- Kommunikationsstile und Moderationsmethoden
- Umgang mit Konfliktsituationen
- Gesundheitszirkelsitzungen in Rollenspielen
- Evaluation der Gesundheitszirkelarbeit

Anbieter und Unterstützer von Qualifizierungsangeboten

Einige große Krankenkassen bieten schon seit Jahren Qualifizierungsprogramme zur Übernahme von Aufgaben in der Betrieblichen Gesundheitsförderung an. Auch andere Institutionen, wie bspw. die Bundesanstalt für Arbeitsschutz und Arbeitsmedizin (BAuA), die Landesanstalt für Arbeitsschutz NRW (LAfA) und die Berufsgenossenschaft für Gesundheitsdienst und Wohlfahrtspflege (BGW) führen Qualifizierungsmaßnahmen für bestimmte Akteursgruppen und z.T. Inhouse- Maßnahmen für einzelne Unternehmen durch. Einschlägige Angebote gibt es außerdem in Zusammenhang mit arbeitswissenschaftlichen- und Public Health Studiengängen, an Weiterbildungszentren einiger Hochschulen (Hannover, Bochum, Magdeburg, Augsburg, Berlin, Hamburg), in Unternehmen, oder sie werden durch private Dienstleister angeboten. Je stärker eine Qualifizierungsmaßnahme die Ausgangsbedingungen des jeweiligen Unternehmens, Vorerfahrungen, Ressourcen und mögliche

Verknüpfungen der Gesundheitsförderung mit anderen aktuellen Themenfeldern berücksichtigt, desto wahrscheinlicher wird der Transfer des Gelernten in die Praxis Aussicht auf Erfolg haben.

Literatur

Badura B, Ritter W, Scherf M (1999) Betriebliches Gesundheitsmanagement - ein Leitfaden für die Praxis. Edition sigma, Berlin

Grossmann R, Scala K (1994) Gesundheit durch Projekte fördern. Ein Konzept zur Gesundheitsförderung durch Organisationsentwicklung und Projektmanagement. Juventa, Weinheim, München

Müller B, Stößel U (1999) Betriebsärzte als Moderatoren in der Gesundheitsförderung im Krankenhaus. In: Hofmann F, Reschauer G, Stößel U (Hrsg) Arbeitsmedizin im Gesundheitsdienst, Bd. 12, Freiburg im Breisgau

Müller B (2000) Gesundheitsförderung durch Partizipation - Städtisches Klinikum Solingen. In: Bertelsmann Stiftung, Hans-Böckler-Stiftung (Hrsg) Erfolgreich durch Gesundheitsmanagement - Beispiele aus der Arbeitswelt. Verlag Bertelsmann Stiftung, Gütersloh

Wagner E (1999) Training und Personalentwicklung: Systematisches Lernen in Organisationsentwicklungsprojekten. In: Pelikan JM, Wolff S (Hrsg) Das gesundheitsfördernde Krankenhaus: Konzepte und Beispiele zur Entwicklung einer lernenden Organisation. Juventa, Weinheim, München

Westerhoff U (2000) Führungskräfteentwicklung als wichtiger Baustein der betrieblichen Gesundheitsförderung In: Schröer A (Hrsg) Betriebliches Gesundheitsmanagement. Strategische Investitionen in die Gesundheit des Unternehmens und der Mitarbeiter. Wirtschaftsverlag NW, Bremerhaven

Kennzahlen im Betrieblichen Gesundheitsmanagement

H. Erfkamp

Universität Bielefeld, Fakultät für Gesundheitswissenschaften
School of Public Health
Postfach 10 01 31
33501 Bielefeld

Definition

Unter Kennzahlensystemen wird eine Zusammenstellung von quantitativen Variablen verstanden, wobei die einzelnen Kennzahlen in einer sachlich sinnvollen Beziehung zueinander stehen, einander ergänzen bzw. erklären und insgesamt auf ein gemeinsam übergeordnetes Ziel ausgerichtet sind. Ein klassisches Hilfsmittel zur Führung komplexer Organisationen sind Kennzahlen über potentiell kritische Systemzustände. Ein Kennzahlensystem ist ebenso zur Steuerung des betrieblichen Gesundheitsmanagement praktikabel.

Für die ganzheitliche Steuerung des Gesundheitsmanagement benötigt man Informationen über den Gesundheitszustand und seine potentiellen Einflussgrößen, z.B. Belastungen und Ressourcen. Neben den bekannten Kennzahlen aus dem Arbeitsschutz über die Belastungssituation z.B. durch Lärm, chemischen und strahlenbedingten Belastungen, bedarf es Indikatoren, die dem modernen Verständnis von Betrieblichem Gesundheitsmanagement gerecht werden. Hier sind u.a. Wohlbefinden und die Arbeitszufriedenheit der Mitarbeiter zu nennen. Weitere Indikatoren sind aus den Daten der Personalabteilung, den Daten der Arbeitsmedizin, Daten aus Mitarbeiterbefragungen, Daten der Krankenkassen über Arbeitsunfähigkeit und Daten der Träger der Unfallversicherung zu ermitteln.

Der Zustand einer Organisation bezüglich Wohlbefinden und Arbeitszufriedenheit der Mitarbeiter lässt sich insbesondere über eine Mitarbeiterbefragung mit validen Befragungsinstrumenten erheben (Pfaff et al. 2000) Je nach Größe der Organisation und Budgetbemessung wird eine Mitarbeiterbefragung alle ein bis zwei Jahre empfohlen. Diese Dienstleistung wird auch extern von Beratern angeboten. Für den Zeitraum zwischen den Befragungen sind Frühindikatoren gefragt, die Problemlagen aufzeigen, auf die dann mit richtigen Entscheidungen steuernd reagiert werden kann. Der erste Schritt sollte aber immer eine vertiefende Diagnose sein.

Als Frühindikatoren bieten sich Kennzahlen aus Informationen der Personalabteilung sowie des Personalcontrolling an, die eine hohe Aussagefähigkeit über die Mitarbeitersituation und den Organisationszustand besitzen. Sie werden nun im Einzelnen vorgestellt.

Planung von Kennzahlen - Bestimmung des Soll-Werts

Für ein Steuern mit Kennzahlen werden immer zwei Werte benötigt: Ist-Werte und als Zielgröße Soll-Werte bzw. Plan-Werte.

- Ist-Werte: Tatsächlich erreichte und gemessene Werte einer definierten Periode
- Soll-Werte: geplante, als Ziel definierte Werte eines optimalen Zustandes

Bei den Ermittlung von den Soll-Werten der Kennzahlen gibt es mehrere Möglichkeiten. Die Beobachtung von Vergangenheitswerten und deren Entwicklung ist eine sinnvolle Informationsgrundlage um realistische Soll-Wert zu ermitteln. Der Diskurs über die Soll-Werte in unterschiedlichen Bereichen mit den verschiedenen Verantwortlichen sollte auf Basis dieser Informationslage erfolgen. Wo häufig organisations- und belastungsbedingt große Differenzen in Ergebnis-Kennzahlen und Indikatoren vorkommen, z.B. beim Krankenstand (Fehlzeiten) in der Produktion gegenüber dem Krankenstand der Verwaltung, sollte von vornherein mit differenzierten Soll-Kennzahlen gearbeitet werden. Ergo, vergleichbar sind die Kennzahlen für vergleichbare Abteilungen.

Benchmarks

Als weitere Möglichkeit wird hier die Orientierung an Benchmarks dargestellt. Hierbei wird sich nicht bei der Festlegung der Soll-Kennzahl an Durchschnittswerten im Haus orientiert, sondern eine weitere Sicht gewählt. Beispielsweise kann ein vierteljährliches Branchen-Benchmark initiiert werden. Hierbei fällt den Unternehmerverbänden, den Industrie- und Handelskammern und den Handwerkskammern eine Moderations- und Datensammelfunktion zu. Der beste Wert des Branchen-Benchmark wird als Sollwert übernommen, an dem dann die Ist-Werte gemessen werden. Der prozentuale Abstand vom Soll zum Ist bemisst das Defizit bzw. das Übertreffen des Benchmarks. Ab welchem Defizit in eine Organisation weitere Maßnahmen eingeleitet werden sollten, kann hier nicht vertiefend erörtert werden.

Krankenstand (Fehlzeiten)

Als eine Hauptkennzahl wird der Krankenstand der Mitarbeiter dargestellt. Über den Krankenstand eines Unternehmens sollte eine monatliche Übersicht für eine vergleichende Betrachtung mit Sollabgleich erstellt werden:

- Krankenstand je Bereich bzw. Abteilung (bereinigt um Schwangerschaften, Rehabilitationskuren und ggf. Langzeitkranke)
- Krankenstände der Verwaltung im Vergleich zu Benchmarkdaten der Verwaltung

- Krankenstände Fertigung, Dienstleistung, etc. verglichen mit entsprechenden vergleichbaren Benchmarkwerten.

Der Krankenstand sollte prozentual auf die Abteilungs- bzw. Bereichsmitarbeiter berechnet und mit den anderen Abteilungen/ Organisationseinheiten verglichen werden. Insbesondere nach einem Wechsel in der Führung/ Leitung hat die Krankenstandsentwicklung einen hohen Informationswert. Vor dem Einleiten von Maßnahmen bedarf es aber der Rücksprache mit dem Abteilungs- oder Bereichsverantwortlichen. Beispielsweise würde bei einer akuten Grippewelle kaum Maßnahmen des Gesundheitsmanagements greifen. Dieses hängt auch mit der zeitlichen Dimension dieses Zustandes zusammen. Die Gründe für nachhaltig erhöhte Krankenstände sollte man in dem diagnostizierten Bereich durch eine Befragung oder durch Initiierung eines Gesundheitszirkels oder Gesundheitsworkshops ermitteln. Wie in Kapitel 4 (s. S. 227 Gesundheitszirkel) genauer dargestellt wird, liegt der Vorteil der beiden Methoden darin, dass die Lösungserarbeitung dort maßgeblicher Bestandteil ist.

Fluktuationsrate

Als weiterer Frühindikator mit Warnfunktion hinsichtlich Problemen in der Organisation ist die Fluktuationsrate zu nennen:

- *Anzahl der freiwillig ausgeschiedenen und ersetzten Mitarbeiter eines Quartals (Jahres)*

- *Mitarbeiteranzahl eines Jahres*

Wie bei den Fehlzeiten können erhöhte Werte nachhaltig sowohl gegenüber dem Unternehmensdurchschnitt als auch gegenüber dem Branchendurchschnitt (Benchmark) anzeigen, dass es Probleme mit der Arbeitszufriedenheit in diesen Teilen der Organisation gibt. Artverwandte Indikatoren wie die Rate der Frühverrentungsanträge (Frühverrentungsanträge dividiert durch die Mitabeiterzahl des Bereiches) und Rate der Versetzungsanträge bzw. Rate der internen Bewerbungen (Anzahl interne Bewerbungen dividiert durch Anzahl Mitarbeiter des Unternehmens), lassen ähnliche Interpretationen zu. Sinnvoll ist auch die mittelfristige Betrachtung der durchschnittlichen Betriebszugehörigkeit der Mitarbeiter in den verschiedenen Bereichen des Unternehmens. Hieraus lassen sich, über eine Trendverfolgung, Indizien über den Zustand der Arbeitszufriedenheit in den Bereichen des Unternehmen ablesen.

Fortbildungsengagement

Die Betrachtung des Fortbildungsengagements kann Aufschlüsse über den Grad des Envolvement (Moser 1996) der Mitarbeiter geben. Die Anzahl der beantragten Fortbildungstage eines Quartals wird durch die Summe der Mitarbeiter des Bereiches dividiert. Fortbildungsengagements-Index:

- *Summe der beantragten Fortbildungstage eines Quartals*
- *Anzahl Mitarbeiter eines Bereiches*

Indikatoren aus dem betrieblichen Vorschlagswesen

Ein weiterer aussagefähiger Indikator über die Zufriedenheit, das Engagement und des Commitments lässt sich aus dem Betrieblichen Vorschlagswesens herleiten. Verbesserungsvorschlagsindex:

- *Anzahl der Verbesserungsvorschläge eines Jahres*
- *Anzahl Mitarbeiter der Abteilung/ eines Bereiches*

Die Übersicht der Positionen der Autoren von Verbesserungsvorschlägen in der Unternehmenshierarchie zeigt dabei, ob der o.g. Zustand über alle Hierarchiestufen hinweg gleich verteilt ist oder ob in verschiedenen Hierarchiestufen unterschiedlich stark „mitgedacht" bzw. „mitverbessert" wird. Für diese notwendige Transparenz sollte der Verbesserungsvorschlagsindex hierarchiestratifiziert aufgesplittet und dargestellt werden.

Überstundenentwicklung

Überstundenquote: Anzahl Überstunden eines Bereiches bzw. Abteilung dividiert durch die Anzahl der Arbeitsstunden insgesamt. Bei der Gegenüberstellung der Überstundenentwicklung und einer kumulierten Darstellung wird sichtbar, in welchen Bereichen durch permanente Überforderung ein Gesundheitsrisiko entstehen kann. Hier müssen bei entsprechenden Auffälligkeiten die Gründe für die Überstunden und das Befinden der Mitarbeiter in dieser Dauersituation ermittelt werden. Beispielsweise kann durch eine kapazitätsmäßige Anpassung (mehr Mitarbeiter) oder mit Maßnahmen der Gesundheitsförderung eine gesundheitsrelevante Entschärfung erreicht werden.

Fazit

Die dargestellten Kennzahlen stellen sich als hilfreiche Frühindikatoren für Veränderungen in der Organisation dar. Anzumerken ist hierbei, dass die meisten auf Erfahrungswerte aus der Praxis basieren und keine valide Überprüfung vorliegt. Dieses muss in der Zukunft von der Wissenschaft geleistet werden. Die Kennzahlen sind aber schon als hilfreiche Signale für die Mitarbeitersituation und den Organisationszustand einzusetzen.

Literatur

Friedag HR, Schmidt W (2001) My Balanced Scorecard. Freiburg im Breisgau

Wolter O (2000) TQM Scorecard. München

Pfaff H, Benz J, Weiland E (2000) Kernprozesse: Diagnostik, Intervention, Evaluation. DaimlerChrysler Arbeitskreis Gesundheit. In: Bertelsmann Stiftung. Hans-Böckler- Stiftung (Hrsg) Erfolgreich durch Gesundheitsmanagement - Beispiele aus der Arbeitswelt. Verlag Bertelsmannstiftung, Gütersloh, S 175-192

Pfaff H (1999) Organisationsdiagnose im Rahmen des Betrieblichen Gesundheitsmanagement. In: Badura B, Ritter W, Scherf M (1999) Betriebliches Gesundheitsmanagement - ein Leitfaden für die Praxis. Edition Sigma, Berlin, S 135-139

Moser K (1996) Commitment in Organisationen. Göttingen

Henze J, Kammel A (1993) Personalcontrolling. Stuttgart

Arbeitsmedizin im Betrieblichen Gesundheitsmanagement

M. Kentner

IAS Institut für Arbeits- und Sozialhygiene Stiftung
Steinhäuserstr. 19
76135 Karlsruhe

Paradigmenwechsel als Grundlage des effizienten Betrieblichen Gesundheitsmanagements

Die effiziente Umsetzung des BGM setzt zum Teil gravierende Veränderungen im Denken und Handeln der beteiligten Akteure aber auch in den zu Grunde liegenden Strukturen voraus. Hier lohnt sich ein Blick auf die Entwicklungen, die eine ganze Reihe von Industriezweigen in der jüngeren Vergangenheit durchgemacht und die zu nachhaltigen Erfolgen beispielsweise in der Automobilindustrie geführt haben. Diese Erfolge lassen sich ganz entscheidend auf die Anwendung neuer Organisationsstrukturen und Managementtechniken zurückführen. Die zwei wichtigsten sind der kontinuierliche Verbesserungsprozess (KVP) und das totale Qualitätsmanagement (TQM).

Der neue paradigmatische Ansatz bei KVP ist die Abwendung von der ergebnisorientierten Arbeitsweise hin zu einem prozessorientierten Vorgehen. Jedes Glied in einer Prozesskette, ob Person oder Institution, muss sich permanent fragen, ob die gestellten Aufgaben richtig und gut erledigt werden. Unnützes und Fehler sind möglichst sofort zu vermeiden. Zur Umsetzung von KVP hilft die Vorstellung, dass nicht die persönliche Ansicht oder eine normative Meinung über die Ergebnisqualität entscheidet, sondern die Bedürfnisse und Wünsche des Kunden. Kunde ist nicht der Endabnehmer, sondern das nachfolgende Glied in der Prozesskette. Dies ist nun die Systematik von TQM. Der Lieferant soll dem Kunden nicht vorschreiben, sondern ihn fragen, was er wünscht. Gute Qualität liegt dann vor, wenn der Kunde zufrieden ist. KVP und TQM sind also zwei teilweise komplementäre Managementtechniken. Während KVP mehr dazu dient, die Kosten zu verringern, steigert TQM vorrangig die Qualität.

Beide Techniken sind durchaus geeignet, Verbesserungen im traditionellen Gesundheits- und Arbeitsschutz zu induzieren. Die dort handelnden Akteure selbst tun aber auch gut daran, sich in KVP- und TQM-Abläufe im Betrieb einzubinden, oder sogar hier die Vorreiterrolle zu übernehmen (Stichwort: integrierte Managementsysteme). Im Einzelnen können kontinuierlicher Verbesserungsprozess und totales Qualitätsmanagement im Gesundheits- und Arbeitsschutz durch folgenden Paradigmenwechsel unterstützt werden (Kentner 1998).

Von retrospektiven zu prospektiven Umsetzungsstrategien

Viele immer noch gültige gesetzliche Regelungen und Vorschriften aus dem Gesundheits- und Arbeitsschutz reflektieren Verhältnisse aus den 60er und 70er Jahren. Die Anwendung von KVP/TQM fördert hier Deregulierung und stärkere Mitwirkung des einzelnen Mitarbeiters. Die meisten Arbeitsunfälle werden mittlerweile nicht durch mangelnden Arbeitsschutz, sondern durch Faktoren des persönlichen Verhaltens geprägt. Dabei spielen Überlastung, mangelnde Aufmerksamkeit oder Nichtbeachtung von Arbeitsschutzvorschriften häufig eine dominierende Rolle.

Vom korrektiven zum präventiven Handeln

Nachträgliche Korrekturen sind immer aufwändiger als vorausschauendes Handeln zur Schadensvermeidung. Das gilt für die Gestaltung von Arbeitsmitteln genauso wie für Planung und Durchführung von Arbeitsabläufen. Der Gesundheitsschutz ist deshalb als integraler Bestandteil von Planungs- und Beschaffungsprozessen zu verstehen. Es genügt nicht, die Einhaltung von Arbeitsschutzvorschriften zu überwachen und bei bestimmten Belastungen und Gefährdungen Vorsorgeuntersuchungen durchzuführen. Der Betriebsarzt muss das tradierte Rollenverhalten des Mediziners ablegen. Bildlich gesprochen muss der Arbeitsmediziner bereits beim potenziellen Kunden gewesen sein, bevor dieser Bedarf anmeldet. Dies fällt dann besonders leicht, wenn der Gesundheitsschutz integraler Bestandteil der KVP/TQM-Prozesskette des Betriebes ist.

Von monokausalen zu multikausalen gesundheitlichen Beeinträchtigungen

Die frühere Arbeitswelt wurde in vielen Bereichen durch teilweise erhebliche physiko-chemische Belastungssituationen geprägt - darauf wurde bereits hingewiesen -, in denen klar abgrenzbare und auch bestimmbare Schadensfaktoren eine dominierende Rolle spielten, beispielsweise Expositionen gegenüber Blei, Asbest oder schwerste körperliche Arbeit. Deswegen waren die Arbeitsmedizin stark klinisch-toxikologischen und die Arbeitssicherheit in Richtung Unfallverhütung ausgerichtet.

Der Gesundheitsschutz der Zukunft wird Konzepte entwickeln müssen, die Problembereiche wie Mehrfachbelastungen, Arbeitsstättenwechsel, Mobilität, psychomentale Belastungen usw. beherrschbar machen.

Von normativen zu zielorientierten Vorschriften

Vorschriften im Gesundheitsschutz sollten mehr als bisher daraufhin überprüft werden, ob sie zielführend, d.h. im Sinne der Verbesserung des Befindlichkeits- und Gesundheitszustandes der arbeitenden Bevölkerung oder der Verbesserung der Techniksicherheit wirken. Darüber hinaus müssen ähnlich wie Technikfolgenabschätzungen auch vorausschauende Betrachtungen hinsichtlich der Umsetzungsmöglichkeiten und der Folgen von Gesundheitsschutzvorschriften durchgeführt werden. Dabei sind nicht nur die Belange des Gesundheitsschutzes, sondern auch die Konsequenzen hinsichtlich Organisation, Wirtschaftlichkeit, Betriebsklima etc. darzustellen.

Von der solitären zur interdisziplinären Vorgehensweise

Arbeitsmedizin und Sicherheitstechnik können in Zukunft nur dann bestehen, wenn sie gemeinsam mit benachbarten Tätigkeitsbereichen und Fachdisziplinen in einem integrativen Ansatz komplexe Dienstleistungsformen entwickeln. Solche integrierten Managementsysteme können beispielweise neben dem Gesundheits- und Arbeitsschutz auch den Umweltschutz, die Medizingerätesicherheit oder das Qualitätsmanagement einschließen. Die Devise heißt hier: Alles aus einer Hand. Der betreute Betrieb muss den Rücken frei haben, um sich vollständig seiner Kernkompetenz widmen zu können.

Von externen zu prozessorientierten Aktivitäten

Die am Gesundheitsschutz beteiligten Institutionen müssen das Schwergewicht ihrer Aktivitäten an den Ort des Geschehens verlagern. Zentrale Strukturen sind zu Gunsten operativer Elemente abzubauen. Gesundheitsschutz muss Teil der Unternehmenskultur werden und das Handeln der Arbeitnehmer im Betrieb genauso beeinflussen, wie beispielsweise die Forderung nach Ordnung und Sauberkeit oder hoher Qualität und Produktivität. Gesundheitsschutz bedeutet daher nicht einmalige Belehrung und Kontrolle, sondern einen permanenten integrativen Begleitprozess in der Fertigung und bei der Dienstleistungserbringung. Jeder einzelne Vorgesetzte und auch die Mitarbeiter müssen über die Vorschriften und Möglichkeiten des Gesundheitsschutzes informiert sein und diese auch umsetzen. Verbesserungsmöglichkeiten bestehen auch bei den arbeitsmedizinischen Vorsorgeuntersuchungen. Sie sollten gezielter durchgeführt werden und nicht primär dazu dienen, Betätigungsverbote zu begründen. Darüber hinaus sollten sie mithelfen, die generellen Einsatzmöglichkeiten der Mitarbeiter zu definieren und die allgemeine Gesundheitsberatung zu erweitern.

Vom klinischen zum ganzheitlichen Ansatz

In der zukünftigen Arbeitswelt hat der Gesundheitsschutz nicht nur die Aufgabe, arbeitsbedingte Erkrankungen und Arbeitsunfälle zu verhindern. Vielmehr sind über die Gesunderhaltung hinaus alle Humanressourcen zu pflegen und zu verbessern. Das bedeutet unter anderem auch die positive Beeinflussung von Befindlichkeiten. Bei den Mitarbeitern sollte eine innere Haltung im Sinne von Motivation, Identifikation mit dem Unternehmen und Arbeitszufriedenheit hergestellt werden. Um diese Effekte zu erzielen, ist medizinischer Sachverstand sehr nützlich. Er alleine sichert aber kein Exklusivrecht zur Pflege der Humanressourcen.

Vom erfahrungsbasierten zum nachweisbasierten Methodenspektrum

Nachweisbasiert ist hier im Sinne des angloamerikanischen „evidence based" zu verstehen und nicht als Evidenz im Sinne von Augenscheinlichkeit. Das Methodenspektrum des Gesundheitsschutzes muss in Zukunft noch stärker als bisher danach ausgerichtet werden, ob überhaupt präventive Wirkungen erzielt werden können. Bestehende Vorschriften und Regeln sind permanent auf ihre Effizienz hin zu überprüfen.

Von der ideellen zur wertschöpfenden Umsetzung

Eine nach wie vor essenzielle Basis für den Gesundheitsschutz sind gültige ethisch-moralische Leitlinien. Wirkungsvolle Verhältnis- und Verhaltensprävention bildet aber auch eine Voraussetzung dafür, dass eine ungestörte Produktion gesichert werden kann. Der Gesundheitsschutz ist damit direkt am Wertschöpfungsprozess beteiligt. Er ist entgegen einer weit verbreiteten Meinung nicht direkt Bestandteil der exzessiv angestiegenen Lohnzusatzkosten. Guter Gesundheitsschutz ist damit einerseits ein wichtiger Aspekt bei der Realisierung der sozialen Marktwirtschaft: Verbesserung des Nutzen-Kosten-Verhältnisses unter humanen Bedingungen. Andererseits stellt der Gesundheitsschutz längerfristig einen eindeutigen Wettbewerbsvorteil gegenüber Betrieben oder Ländern ohne derartige Schutzsysteme dar.

Von der sanktionierenden zur beratenden Kompetenz

Überwachungs- und Kontrollfunktion im Gesundheitsschutz sind notwendig. Gleichzeitig aber muss die Beratungskompetenz stärker betont werden. Hierbei sind die Gesundheitsschutzziele mit den Unternehmenszielen und den Vorstellungen der beteiligten Arbeitnehmer zu synchronisieren.

Transfer-Faktoren und -Bedingungen

Europäisierung, Internationalisierung, Deregulierung, Zielorientierung, Nachhaltigkeit und Wertschöpfung sind Stichworte, die jetzt und in Zukunft noch mehr wirtschaftliches Handeln und gesellschaftliche Abläufe bestimmen werden. In diesem Zusammenhang wird auch der traditionelle Gesundheits- und Arbeitsschutz auf den Prüfstand gestellt werden. Zielorientierung und Outcome-Betrachtungen werden diesen notwendigen kontinuierlichen Verbesserungsprozess bestimmen. Nur die Regulierungen und Maßnahmen werden ihre Existenzberechtigung behalten, welche nachweislich die präventiven Endpunkte „Verbesserung der Lebensqualität", „Lebensverlängerung" und „Zugewinn an Lebensjahren" unterstützen.

Tabelle 15 Vergleich des traditionellen Gesundheits- und Arbeitsschutzes mit dem Betrieblichen Gesundheitsmanagement hinsichtlich Transferfaktoren und -bedingungen

	Traditioneller Gesundheits- und Arbeitsschutz	Betriebliches Gesundheitsmanagement
Ziele	• überwiegend Einhaltung von Vorschriften • Vermeidung von Arbeitsunfällen und Prävention von Berufskrankheiten und damit Unterstützung von unfallversicherungsrechtlichen Zielen • partielle Unterstützung der störungsfreien Produktion	• Verminderung psychosozialer Belastungen • Verbesserung von Motivation, Arbeitszufriedenheit, Identifikation mit Betrieb und Arbeit • partielle Unterstützung von Produktivität und Wertschöpfung
Nutzen	• Nutzen liegt teilweise weit in der Zukunft	• Nutzen stellt sich rasch ein
Angebot (Akteure)	• Arbeitsmedizin (AM) • Sicherheitstechnik (ST)	• in geringem Umfang durch AM und ST • Gesundheitswissenschaften • Arbeits- und Organisationspsychologie • Unternehmensberatung
Nachfrage	• durch Regulierung vorgeschrieben	• direkt, weil Durchführungsziel für Unternehmensziele (Produktivität, Wachstum, Beschäftigung)
Aufwand	• teilweise beträchtlich durch permanente Bereitstellung von qualifiziertem Personal	• evt. hohe Startaufwendungen für Veränderung der Organisation sowie des Informations- und Führungsverhaltens • nach Implementierung gering, weil integriert und selbstlernend
Akzeptanz im Unternehmen	• in der Breite mäßig, weil von außen aufgezwungen	• gut, weil freiwillig und wertschöpfend
Methodik (Operationalisierung)	• Vorschriften und enge Leitlinien	• auf das Unternehmen angepasste diagnostische und therapeutische Methodik • Indikatorenentwicklung
Marketing	• Hinweis auf Regulierungen (wie steuerliche Abgabe)	• Investition in Humankapital (wie Kosten für Unternehmensberatung)

Die Umsetzungsstringenz in den Unternehmen ist dann besonders hoch, wenn gleichzeitig die Produktivität unterstützt wird. Deswegen ist die Integration des Gesundheits- und Arbeitsschutzes in ein Betriebliches Gesundheitsmanagement nicht nur eine Option, sondern eine absolute Notwendigkeit. In Tabelle 15 wird der traditionelle Gesundheits- und Arbeitsschutz dem BGM hinsichtlich Zielen, Nutzen, Angebot, Nachfrage, Aufwand, Akzeptanz, Operationalisierung und Marketing gegenübergestellt. Dieser Vergleich lässt unschwer erkennen, dass die Zukunft dem Betrieblichen Gesundheitsmanagement gehört.

Literatur

Badura B, Münch E, Ritter W (1997) Partnerschaftliche Unternehmenskultur und betriebliche Gesundheitspolitik. Verlag Bertelsmann Stiftung, Gütersloh

Badura B, Ritter W, Scherf M (1999) Betriebliches Gesundheitsmanagement. Sigma-Verlag, Berlin

Bertelsmann Stiftung, Hans-Böckler-Stiftung (2000) (Hrsg) Erfolgreich durch Gesundheitsmanagement. Verlag Bertelsmann Stiftung, Gütersloh

Brandenburg U, Nieder P, Susen B (2000) (Hrsg) Gesundheitsmanagement in Unternehmen. Juventa Verlag, München

Kentner M, Kiparski Rv (2000) (Hrsg) Moderne Methoden im betrieblichen Gesundheitsmanagement - Softfactors I. IAS-Mitteilungen 25, Karlsruhe

Kentner M, Kiparski Rv (2001) (Hrsg) Moderne Methoden im betrieblichen Gesundheitsmanagement - Softfactors II. IAS-Mitteilungen 26, Karlsruhe

Kentner M (2001) Betriebliches Gesundheitsmanagement - Von der Individualprävention zur Unternehmensberatung. Arbeitsmed. Sozialmed. Präventivmed. 35: 2

Kentner M (1998) Paradigmenwechsel im Gesundheits- und Arbeitsschutz. Arbeitsmed. Sozialmed. Präventivmed. 33: 412-413

Pfaff H, Slesina W (2001) (Hrsg) Effektive betriebliche Gesundheitsförderung. Juventa Verlag, München

Rosenbrock R, Lenhardt U (1999) Die Bedeutung von Arbeitsabläufen in einer modernen betrieblichen Gesundheitspolitik. Herausgegeben von der Bertelsmann Stiftung. Verlag Bertelsmann Stiftung, Gütersloh

Rosenbrock R (2002) Positionspapier für die Expertenkommission der Bertelsmann Stiftung und der Hans Böckler Stiftung: Zukunft einer zeitgemäßen betrieblichen Gesundheitspolitik 1/2002

Arbeits- und Gesundheitsschutz im Qualitätsmanagement

A. Oppolzer

Hamburger Universität für Wirtschaft und Politik (HWP)
Rentzelstraße 7
20146 Hamburg

Integration des Arbeits- und Gesundheitsschutzes in das Qualitätsmanagement

Die Implementation und die Effizienz betrieblicher Systeme des Arbeitsschutz- oder des Gesundheits-Managements wird durch ihre Vereinbarkeit mit den Systemen des Qualitätsmanagements ohne Zweifel gefördert. In vielen Unternehmen wurden bereits Qualitätsmanagement-Systeme eingeführt, die meist entweder der Norm DIN EN ISO 9000ff:2000 oder dem EFQM-Modell folgen; in den meisten Unternehmen und Organisationen ist künftig mit der Einführung solcher Systeme zu rechnen, weil sie von den Kunden und anderen „interessierten Parteien" erwartet oder verlangt werden. Für einige Organisationen, wie z.B. Krankenhäuser, Altenpflegeeinrichtungen oder Werkstätten für Behinderte ist die Einführung eines Qualitätsmanagement-Systems sogar gesetzlich vorgeschrieben (vgl. § 137 SGB V, § 80 SGB XI und § 93a BSHG). Daher bietet es sich an, bei der Einführung oder bei der Modernisierung eines bereits installierten Systems des Qualitätsmanagements die Verbindungen zum Arbeits- und Gesundheitsschutz zu realisieren oder den Arbeits- und Gesundheitsschutz in das Qualitätsmanagement zu integrieren.

Die Berufsgenossenschaft für Gesundheitsdienst und Wohlfahrtspflege (BGW) empfiehlt diesen Weg ihren Mitgliedsunternehmen. Sie erprobt im Rahmen des auf fünf Jahre (1998-2003) angelegten Projektes „Qualitätsmanagement mit integriertem Arbeitsschutz" (QM+AS) ein Schulungs- und Beratungskonzept, das ambulante sozialpflegerische Dienste, Alteneinrichtungen, Krankenhäuser und Werkstätten für Behinderte auf diesem Wege unterstützen soll. Im Falle einer erfolgreichen Zertifizierung des implementierten QM+AS-Systems winkt den Unternehmen schließlich ein finanzieller Anreiz in Form einer Prämie.

Arbeits- und Gesundheitsschutz im Qualitätsmanagement nach der Normenfamilie DIN EN ISO 9000 ff (9001:2000 und 9004:2000)

Das System des Qualitätsmanagements nach der Normenfamilie DIN EN ISO 9000ff:2000 (insbesondere 9001:2000 und 9004:2000) soll in einem Prozess ständiger Verbesserung dazu beitragen, „die Erfordernisse und Erwartungen ihrer Kunden und anderer interessierter Parteien zu ermitteln und zu erfüllen, um Wettbewerbsvorteile zu erlangen, und dabei in wirksamer und effizienter Weise vorzugehen" (DIN EN ISO 9004:2000). Zu den „interessierten Parteien" gehören nicht nur die externen Kunden, Lieferanten und Eigentümer, sondern ganz wesentlich auch die Mitarbeiter, die als „interne Kunden" zu betrachten sind. Fragen des Arbeits- und Gesundheitsschutzes spielen daher bei den wichtigsten mitarbeiterbezogenen Kriterien (insbesondere bei den Anforderungen der Mitarbeiter und den Ergebnissen für die Mitarbeiter sowie beim Management von Ressourcen der Mitarbeiter) dieses in Deutschland am weitesten verbreiteten Qualitätsmanagementsystems eine wichtige Rolle: (vgl. Abb. 30: Arbeits- und Gesundheitsschutz im Modell des Qualitätsmanagementsystems nach DIN EN ISO 9000ff:2000.)

1. Anforderungen

Zu den Anforderungen der Mitarbeiter an die Organisation als interne Kunden und interessierte Partei gehören insbesondere die Erwartungen, dass die Qualität der Arbeitsbedingungen die Sicherung und Verbesserung von Arbeitssicherheit und Gesundheitsschutz gewährleistet, die Leistungsfähigkeit und Qualifikation erhält und fördert sowie Chancen zur Beteiligung an Entscheidungen und die Anerkennung der geleisteten Arbeit realisiert.

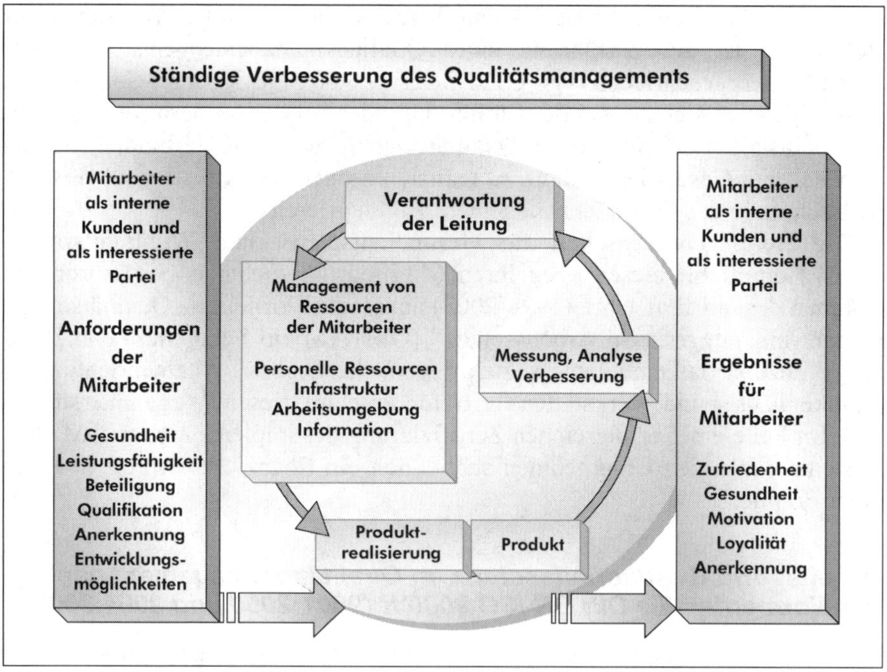

Abb. 30 Mitarbeiterorientierung im Modell eines prozessorientierten Qualitätsmanagementsystems nach DIN EN ISO 9000ff:2000

2. Ergebnisse

Zu den Ergebnissen der Organisation, die für die Mitarbeiter aus der Perspektive des Arbeits- und Gesundheitsschutzes von Bedeutung sind, gehören insbesondere die Erhaltung und Förderung der Gesundheit, die Zufriedenheit mit den Arbeitsbedingungen, die Anerkennung ihrer Leistung und die Gelegenheit zur Mitwirkung an Entscheidungen sowie die Motivation und die Loyalität der Beschäftigten.

3. Management von Ressourcen

Beim Management von Ressourcen der Mitarbeiter wird die Einbeziehung des Arbeits- und Gesundheitsschutzes in das Qualitätsmanagement am deutlichsten, denn es geht dabei um:

- **personelle Ressourcen**: Zu den personellen Ressourcen der Organisation gehören insbesondere die Fähigkeit, das Bewusstsein und die Schulung (z.B. Entwicklung und Deckung des Qualifizierungsbedarfes) sowie die Einbeziehung und Entwicklung der Mitarbeiter (z.B. Personalplanung und -entwicklung, Kommunikation in beiden Richtungen, Anerkennung und Belohnung, Einbeziehung in Entscheidungsfindung und Zielfestlegung, Zufriedenheit);
- **Infrastruktur**: Zur Infrastruktur der Organisation gehören bauliche und technische Einrichtungen und Ausrüstungen (einschließlich Hard- und Software) sowie unterstützende Dienstleistungen, die zur Erfüllung der Anforderungen erforderlich sind;
- **Arbeitsumgebung**: Die Arbeitsumgebung (im umfassenden Sinn als „work environment") umfasst alle Faktoren, die Einfluss auf die Motivation, Zufriedenheit und Leistung der Mitarbeiter ausüben, dazu gehören sowohl „harte" Faktoren (z.B. Ergonomie der Arbeitsmittel, Hygiene und Sauberkeit, Lärm und Vibrationen, Klima, Licht, Sicherheitseinrichtungen) als auch „weiche" Faktoren (z.B. Einbeziehung der Beschäftigten, soziale Wechselwirkungen, Arbeitsorganisation) der Arbeitsbedingungen.

Arbeits- und Gesundheitsschutz im „EFQM-Modell für Excellence"

Das von der Europäischen Kommission geförderte Qualitätsmanagement-Modell der European Foundation for Quality Management (EFQM) zielt auf eine „überragende Vorgehensweise beim Managen einer Organisation und Erzielen ihrer Ergebnisse" ab. Durch die jährliche Vergabe des Europäischen Qualitätspreises (European Quality Award EWA) werden Unternehmen und Organisationen ausgezeichnet, welche die Kriterien des „EFQM-Modells für Excellence" nach der externen Bewertung durch die EFQM-Assessoren in herausragender Weise erfüllt haben.

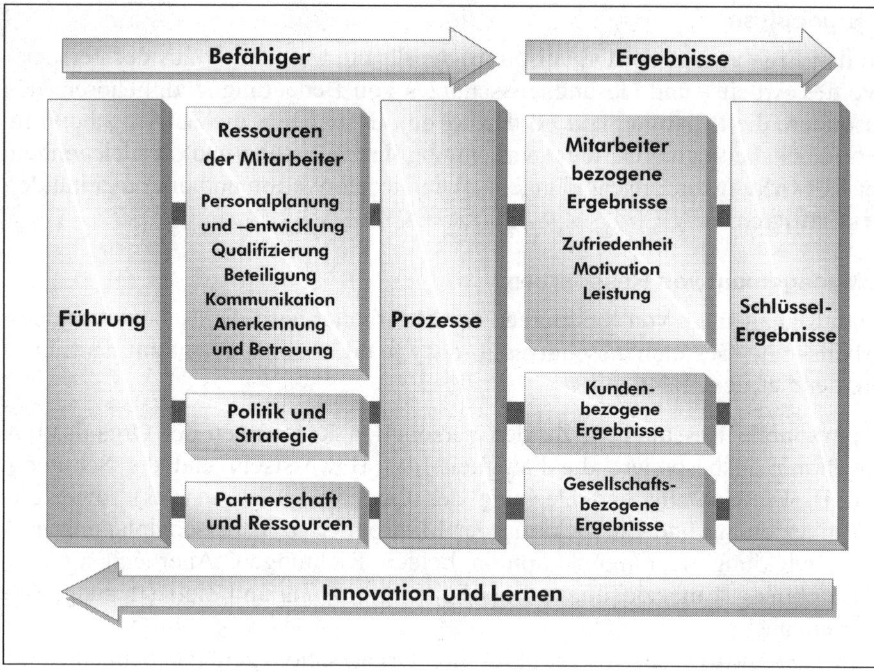

Abb. 31 Mitarbeiterorientierung im EFQM-Modell für Excellence (2000)

Sowohl für den internen Selbstbewertungsprozess, als auch für die Bewertung durch externe Assessoren gibt das aktuelle EFQM-Modell den Unternehmen und Organisationen neun Kriterien an die Hand, die zu zwei Gruppen zusammengefasst werden (vgl. Abb. 31: Arbeits- und Gesundheitsschutz im EFQM-Modell für Excellence): Zu den für den Arbeits- und Gesundheitsschutz wesentlichen „Befähiger-Kriterien" („enablers") einer Organisation gehören die Ressourcen der Mitarbeiter; bei den „Ergebnis-Kriterien" („results") handelt es sich um die mitarbeiterbezogenen Ergebnisse, die hierfür von Bedeutung sind.

1. Ressourcen der Mitarbeiter

Das Kriterium „Mitarbeiter" (in unserem Zusammenhang besser: Ressourcen der Mitarbeiter) gibt Aufschluss über die Fähigkeit der Organisation, das Wissen und das gesamte Potenzial ihrer Mitarbeiter auf individueller, teamorientierter und organisationsweiter Ebene zu managen, zu entwickeln und freizusetzen.

Für den Arbeits- und Gesundheitsschutz sind dabei insbesondere folgende Aspekte wichtig (vgl. EFQM: Excellence bestimmen, Eine Fragebogen-Methode und EFQM: „Assessoren-Bewertungsbuch"):

- Planung, Management und Verbesserung der Mitarbeiterressourcen (z.B. durch Personalplanung und -entwicklung, Beteiligung der Mitarbeiter und ihrer Vertretungen an Entscheidungen, Teamarbeit, Chancengleichheit und Fairness);
- Ermittlung, Ausbau und Aufrechterhaltung des Wissens und der Kompetenzen der Mitarbeiter (z.B. durch Ermittlung des Qualifizierungsbedarfes und Durchführung entsprechender Weiterbildungsmaßnahmen);
- Beteiligung der Mitarbeiter und Ermächtigung zu selbständigem Handeln (z.B. durch Ermutigung zu Verbesserungsvorschlägen und zur Zusammenarbeit in Teams, Unterstützung von innovativem Verhalten, sozialer Dialog zwischen Mitarbeitern und Organisation);
- Belohnung, Anerkennung und Betreuung der Mitarbeiter (z.B. durch Förderung der Gesundheit, Sicherheit und Umwelt der Mitarbeiter, Förderung sozialer und kultureller Aktivitäten und Einrichtungen).

2. Mitarbeiterbezogene Ergebnisse

Das Kriterium „Mitarbeiterbezogene Ergebnisse" gibt Aufschluss darüber, inwieweit es der Organisation gelingt, auf Dauer über eine motivierte und stark engagierte Belegschaft verfügen zu können. Für die hierfür wesentliche Zufriedenheit und Arbeitsmoral der Mitarbeiter sind insbesondere die Arbeitsbedingungen, die Gesundheit und Sicherheit bei der Arbeit, die Weiterbildungsmöglichkeiten, die Kommunikation und das Verhalten der Vorgesetzten sowie die Anerkennung und die Beteiligung der Mitarbeiter verantwortlich. Zum Beispiel durch Mitarbeiterbefragungen oder durch betriebliche Routinedaten bzw. Statistiken sind daher Ergebnisse zu erfassen, die folgende auch für den Arbeits- und Gesundheitsschutz bedeutsame Aspekte enthalten:

- Motivation, Aus- und Weiterbildung, Beteiligung und Führung der Mitarbeiter, Anerkennung der geleisteten Arbeit, Zufriedenheit, Arbeitssicherheit und Gesundheitsschutz, Verhältnis zu Vorgesetzten und Kollegen, Entlohnung und Sozialleistungen;
- Leistung der Mitarbeiter, wie sie z.B. ihren Ausdruck finden in krankheitsbedingten Fehlzeiten, Unfallhäufigkeit, arbeitsbedingten Gesundheitsbeschwerden, Fluktuation, Arbeitskonflikten oder in der Motivation und Beteiligung bei Verbesserungsvorschlägen und dem Erfolg von Aus- und Weiterbildung.

Fazit

Bei der Implementation eines Qualitätsmanagement-Systems und bei seiner kontinuierlichen Verbesserung oder der Aktualisierung auf dem jeweils neuesten Stand sollte insbesondere bei der Ausgestaltung der mitarbeiterbezogenen Kriterien vor allem bei der Bewertung und im QM- Handbuch darauf geachtet werden, dass die Aspekte des Arbeits- und Gesundheitsschutzes, wie sie beispielsweise in der Norm DIN EN ISO 9000ff:2000 und im EFQM- Modell (2000) vorgesehen sind, in vollem Umfang realisiert werden.

Literatur

DIN EN ISO 9000 (ISO 9000:2000) Dezember 2000. Qualitätsmanagementsysteme. Grundlagen und Begriffe

DIN EN ISO 9001 (ISO 9001:2000) Dezember 2000. Qualitätsmanagementsysteme. Anforderungen

DIN EN ISO 9004 (ISO 9004:2000) Dezember 2000. Qualitätsmanagementsysteme. Leitfaden zur Qualitätsverbesserung

European Foundation for Quality Management (2000) Excellence bewerten. Eine praktische Anleitung zur Selbstbewertung. Brüssel

European Foundation for Quality Management (2000) Assessoren-Bewertungsbuch. Brüssel

European Foundation for Quality Management (2000) Excellence bestimmen. Eine Fragebogen-Methode. Brüssel

Berufsgenossenschaft für Gesundheitsdienst und Wohlfahrtspflege (2001) Prävention - Aufgaben und Arbeitsergebnisse. Tätigkeitsbericht Prävention 2000. Hamburg

Präventionsstrategien der Berufsgenossenschaften

F. Bindzius

Hauptverband der gewerblichen Berufsgenossenschaften
Berufsgenossenschaftliche Zentrale für Sicherheit und Gesundheit (BGZ)
Alte Heerstraße 111
53754 Sankt Augustin

Die Berufsgenossenschaften sind bereits vor und insbesondere infolge des erweiterten Präventionsauftrages initiativ geworden, um ihre Präventionsinstrumente fachlich auszuweiten. Sie haben mit allen geeigneten Mitteln dafür zu sorgen, Arbeitsunfälle, Berufskrankheiten und arbeitsbedingte Gesundheitsgefahren zu verhüten und eine wirksame erste Hilfe sicherzustellen. Zu den langfristigen Zielen und nachhaltigen Strategien berufsgenossenschaftlicher Prävention gehören die

- sicherheitstechnische und betriebsärztliche Betreuung der Betriebe,
- Qualifikation, Motivation und Information der Handelnden in den Betrieben,
- bedarfsorientierte Beratung und Überwachung der Betriebe,
- Erstellung praxisnaher Vorschriften, Regeln und Informationen sowie die
- Zusammenarbeit zur Förderung der Prävention.

Arbeitsschutz ist eine Verpflichtung, die in den Betrieben umgesetzt werden muss. Die Aufgabe der Berufsgenossenschaften ist es, die Betriebe bei der Erfüllung dieser Pflichten zu unterstützen. Ihre Präventionsmaßnahmen sind jeweils am praxisbezogenen Bedarf der Betriebe ausgerichtet, wobei humanitäre und soziale Gesichtspunkte unter Beachtung wirtschaftlicher Effektivität zu Grunde liegen. Von besonderer Bedeutung ist in diesem Zusammenhang, dass für kleine und mittlere Betriebe branchenspezifische Präventionsansätze entwickelt werden. Die berufsgenossenschaftlichen Präventionsstrategien werden an den wirtschaftlichen Strukturwandel, neue Technologien und veränderte Arbeitsformen angepasst.

Beratung und Überwachung der Betriebe

Zunehmend interdisziplinär zusammengesetzte Aufsichtsdienste bzw. Präventionsabteilungen der Berufsgenossenschaften, zu denen Ingenieure, Arbeitsmediziner, Arbeitswissenschaftler, Naturwissenschaftler, Psychologen, Pädagogen und Sozialwissenschaftler gehören, stellen die Beratung und Überwachung der Betriebe sicher. Die Ausrichtung der Beratungs- und Überwachungsintensität der Betriebe erfolgt anhand von Prioritäten. Neben Unfallschwerpunkten und Berufskrankheiten mit hohen Fallzahlen oder hohen Rehabilitationskosten stellen vor allem auch arbeitsbedingte Gesundheitsgefahren einen Schwerpunkt dar. Hierzu gehören u. a. ergonomische Themenstellungen wie die Optimierung von Arbeitsplätzen und Arbeitsabläufen sowie physische Belastungen, Muskel- und Skeletterkrankungen, Hautschutzmaßnahmen, Lärmprävention, biologische Gefährdungen und auch Passivrauchen. Bei den betriebsbezogenen Projekten wurden in den letzten Jahren von vielen Berufsgenossenschaften insbesondere folgende Ziele verfolgt:

- Gefährdungsbeurteilungen, insbesondere die Beratung in kleinen und mittleren Unternehmen einschließlich der Berücksichtigung so genannter weicher Faktoren,
- Branchenvereinbarungen und -initiativen,
- Integration des Arbeits- und Gesundheitsschutzes in betriebliche Organisationssysteme,
- Erstellung von Handlungsanleitungen und Leitfäden für Betriebe,
- Intensivierung der Zusammenarbeit mit Krankenkassen,
- Gesundheitsberichte und Gesundheitszirkel,
- Mitarbeiterbefragungen zur Ermittlung der subjektiven Einschätzung von Belastungen und Gefährdungen sowie die
- Entwicklung von Seminaren und Schulungen zur Qualifizierung betrieblicher Handlungsträger des Arbeits- und Gesundheitsschutzes.

Psychische Belastungen

Bei der Verhütung arbeitsbedingter Gesundheitsfaktoren werden auch bisher in der Regel nicht berücksichtigte Faktoren, u. a. psychische Belastungen und, so weit arbeitsbedingte Ursachen maßgeblich sind und Präventionsmaßnahmen bei der Arbeit greifen können, die Verringerung von psychischen Fehlbelastungen in das Präventionshandeln der Berufsgenossenschaften einbezogen. Heute existieren bereits eine Reihe von Ansätzen bei

- der Ermittlung psychischer Belastungen,
- der Verringerung psychischer Fehlbelastungen in bestimmten Branchen,
- einschlägigen Qualifizierungsangeboten,
- Untersuchungen über Zusammenhänge zwischen psychischen Fehlbelastungen und Erkrankungen z.B. im Rahmen der Zusammenarbeit mit den Krankenkassen,
- Erstellung von Leitfäden,
- der Simulation von arbeitsbedingtem Stress und dessen Auswirkungen usw.

Erfahrungen zeigen, dass es für eine wirksame Prävention notwendig ist, das gesamte Gefährdungs- und Belastungsgefüge umschriebener Arbeitsplatztypen konkret zu ermitteln. Pauschale und allgemeine Bestandsaufnahmen erlauben in aller Regel keine gezielten Präventionsansätze.

Trotz der vorhandenen Ansätze zur Verhütung arbeitsbedingter psychischer Fehlbelastungen wird von den Berufsgenossenschaften hier zusätzlicher Bedarf gesehen. Die Entwicklung praxisgerechter Instrumente zum Erkennen und Beurteilen psychischer Belastungen, die Ableitung geeigneter Präventionsmaßnahmen, die auch den individuellen Umgang mit diesen Belastungen einschließen (Verhaltensprävention), aber auch Themen wie psychische Traumata z.B. infolge von Gewalteinwirkungen usw. sind Bereiche, die auch branchenübergreifend aufgegriffen werden. Ein Schritt in diesem Zusammenhang wird die Erstellung eines Leitfadens „Psychische Belastungen" für die Aufsichtspersonen der Berufsgenossenschaften sein, der z.Z. erprobt wird. Für den Bereich der Qualifizierung, Beratung und Forschung wurde eine sogenannte Stresskammer entwickelt. Ihre Aufgabe ist es, z.B. im Schulungsbereich Seminarteilnehmern die physiologischen und psychischen Auswirkungen von Stress in unterschiedlichen Arbeitssituationen zu veranschaulichen. Darüber hinaus dient die mobile Stresskammer aber auch Forschungszwecken sowie der Demonstration arbeitsbezogenen Stresses und seiner kurzzeitigen Auswirkungen.

Neue Arbeitsformen

Bei der Beratung und Überwachung der Betriebe wird es darauf ankommen, diese auch bei der Entwicklung neuer Arbeitsformen und den daran geknüpften Arbeitsschutzproblemen zu unterstützen. Ein Beispiel hierfür ist die Arbeit in Callcentern. In einem vom BMA geförderten Projekt wurden in Kooperation von Berufsgenossenschaft, Arbeitsschutzbehörden, Krankenkassen, Verbänden, Fach- und Forschungsstellen charakteristische Belastungen und Beanspruchungen sowie deren Folgen untersucht. Auf dieser Basis sind modellhafte Maßnahmen zur besseren Gestaltung dieser Arbeitsplatztypen und Arbeitsformen entwickelt worden. Ziel ist es, arbeitsbedingte Gesundheitsgefahren und mögliche negative Folgen zu verhüten. Dabei werden sicherheitstechnische, arbeitsmedizinische und arbeitspsychologische Aspekte berücksichtigt. Die Maßnahmen zielen u. a. auf Veränderungen der Arbeitsorganisation, der Arbeitsaufgabe und der Arbeitsumgebung ab. Wirtschaftlichkeitsbetrachtungen begleiten den Einsatz der Maßnahmen.

Forschungsbedarf

Die meisten Berufsgenossenschaften haben im Zusammenhang mit dem erweiterten Präventionsauftrag Forschungsvorhaben initiiert oder bereits durchgeführt. Derzeit werden Forschungsvorhaben zu den folgenden Themenbereichen benannt

- Chemische und biologische Gefährdungen (allergisierende Stoffe, Gefahrstoffe, Tonerstäube, Mikroben, Passivrauchen, Haut- und Atemwegserkrankungen);
- Ergonomie/ Arbeitsumgebung (Rückentraining, physische Belastungen, Muskel- und Skeletterkrankungen, Ergonomische Gestaltung von Arbeitsplätzen, Heben und Tragen von Lasten, Kältearbeitsplätze);
- Arbeitsbedingte Gesundheitsgefahren allgemein (Arbeitsmedizinische Betreuung in Kleinbetrieben, branchenbezogene Gefährdungsbeurteilungen arbeitsbedingter Gesundheitsgefahren in Kleinbetrieben, Reduzierung von Arbeitsunfähigkeitstagen, Zusammenarbeit von Unfall- und Krankenversicherung etc.);
- Psychische Fehlbelastungen (Psychosoziale Aspekte von Erkrankungen, psycho-soziale/psychomentale Belastungen am Arbeitspatz, psychische Traumata, mitarbeiterorientierte Gestaltung von Dienstplänen).

Künftigen Forschungsbedarf sehen die Berufsgenossenschaften vor allem im Zusammenhang mit der Verhütung arbeitsbedingter Gesundheitsgefahren. Eine besondere Bedeutung wird der Gewinnung von Erkenntnissen über Zusammenhänge zwischen arbeitsbedingten Gesundheitsgefahren und daraus resultierenden Erkrankungen beigemessen, ebenso der darauf basierenden Ableitung von Maßnahmen zur Prävention sowie deren Evaluation. Einige Berufsgenossenschaften erachten diese Erkenntnisgewinnung für alle Gefährdungen am Arbeitsplatz für notwendig, andere beziehen sie primär auf spezifische einzelne Gefährdungen wie z.B. Hitze oder Lärm. Wie bereits erwähnt, sehen die Berufsgenossenschaften bei der Ermittlung und Bewertung psychischer Belastungen am Arbeitsplatz (z.B. Belastungen durch Monotonie, Über- bzw. Unterforderung, posttraumatische Belastungen, Arbeiten bei hohem Luftdruck), der Entwicklung praktikabler Instrumente zur Beurteilung psychischer Belastungen und möglicher Maßnahmen zur Reduzierung der Beanspruchungen sowie der Evaluation geeigneter Maßnahmen Forschungsbedarf. Einen weiteren Forschungsschwerpunkt sehen die Berufsgenossenschaften im Bereich der chemischen Gefährdungen. Darunter fallen u. a. zu klärende Fragen nach der gesundheitlichen Bewertung von Ersatzstoffen im Gefahrstoffbereich, vergleichende Untersuchungen von Angeboten zum Schutz der Haut und der Untersuchung von Innenraumbelastungen in Fahrzeugen.

Qualifizierung

Von zentraler Bedeutung für einen an den Strukturwandel der Wirtschaft, neuen Technologien und veränderten Arbeitsformen orientierten Arbeitsschutz ist die Qualifizierung derjenigen Zielgruppen, die den Arbeitsschutz umsetzen. Dies hat bei den Berufsgenossenschaften als einem nach dem Staat größten Träger von Aus- und Fortbildungsmaßnahmen seit langem Tradition. Der erweiterte Präventionsauftrag führte zu einem zusätzlichen Bedarf an entsprechenden Angeboten für Sicherheitsfachkräfte, Betriebsärzte, Unternehmer, Sicherheitsbeauftragte, Betriebsräte und weiteren Zielgruppen, nicht zuletzt der Aufsichtspersonen der Berufsgenossenschaften selbst. Das Berufs- bzw. Funktionsbild der verschiedenen für den Arbeitsschutz verantwortlichen Zielgruppen orientiert sich dabei an den Anforderungen eines umfassenden Ansatzes des Arbeitsschutzes.

Die gemeinsam mit der BAuA neu entwickelte Ausbildung für Fachkräfte für Arbeitssicherheit zielt z.B. darauf ab, dass von diesen Fachleuten ein modernes Arbeitsschutzmanagement verfolgt wird. Hierzu gehört u. a. ein internes und externes betriebliches Kooperationsmanagement, umfassende Arbeitssystemgestaltungsansätze, methodische und soziale Kompetenzen aber auch Ansätze einer betrieblichen Gesundheitsförderung. Die Fachkraft für Arbeitssicherheit wird so zu einem Prozessbegleiter des betrieblichen Arbeits- und Gesundheitsschutzes, deren Kernelemente die jeweilige betriebliche Zieldefinition, die Maßnahmenentwicklung, das Controlling sowie die Evaluation des Prozesses und der Ergebnisse sind. Dabei werden moderne Methoden der Wissensvermittlung, unter anderem computerunterstützte Fernlerngänge eingesetzt, um optimale Ausbildungsergebnisse zu erzielen und die Abwesenheitszeiten der Fachkräfte vom Betrieb so gering wie möglich zu halten.

Neben den vielen von den einzelnen Berufsgenossenschaften realisierten Aus- und Fortbildungsmöglichkeiten ist im Zusammenhang mit der Qualifizierung der verschiedenen Arbeitsschutzzielgruppen das neu errichtete Berufsgenossenschaftliche Institut für Arbeit und Gesundheit (BGAG) in Dresden zu erwähnen. Das Institut hat als Gemeinschaftseinrichtung der gewerblichen Berufsgenossenschaften die Aufgaben Qualifizierung, Forschung und Beratung zur Förderung von Sicherheit und Gesundheitsschutz bei der Arbeit wahrzunehmen. 35 wissenschaftliche Mitarbeiterinnen und Mitarbeiter aus 15 Fachdisziplinen stehen zur Verfügung. Für die vielen Zielgruppen (u.a. Fachkräfte für Arbeitssicherheit, Betriebsärzte, Führungskräfte und Unternehmer, Betriebs- und Personalräte, Hersteller und Konstrukteure, Betriebliche Ausbilder, Mitarbeiter der Berufsgenossenschaften) können in mehreren Labors und Praxisfeldern sowie Modell- und Musterarbeitsplätzen vielfältige Themen veranschaulicht werden. Hierzu gehören u. a. die Bereiche Heben und Tragen, Klima, gefährliche Stoffe, biologische Gefährdungen, Psychologie, Soziologie, Ergonomie, Pflegeberufe, Musterarbeitsplätze usw.. Das BGAG bietet kundenorientierte, fachlich qualifizierte Seminare und Schulungsmaßnahmen an, es stimmt sein Qualifizierungsangebot mit den Berufsgenossenschaften ab, greift neue Trends auf und setzt neue Akzente in der Bildungsarbeit. Dabei legt es auf die Umsetzung neuer Erkenntnisse in die Betriebspraxis seinen Schwerpunkt. Die Forschung im BGAG wird sich auf die Bereiche „Arbeit und Gesundheit“ sowie „Ergänzung innovativer Entwicklungen in Technik, Organisation und Arbeitsgestaltung durch Maßnahmen der Prävention“ konzentrieren. Forschungssupport und Praxisumsetzung von Forschungsergebnissen sollen im Verhältnis zu eigenen Forschungsbemühungen dominieren. Die

Beratung der Berufsgenossenschaften wird sich insbesondere auf die Gefährdungsbeurteilung und die Prävention arbeitsbedingter Gesundheitsgefahren erstercken. Für Forschung und Beratung steht ein interdisziplinäres Team der Fachgebiete Erziehungswissenschaft, Arbeitsmedizin, Natur- und Ingenieurswissenschaften, Psychologie und Sozialwissenschaften sowie Wirtschafts- und Rechtswissenschaften zu Verfügung.

Kooperation

Die Verhütung arbeitsbedingter Gesundheitsgefahren erfordert vielfältige institutionsübergreifende Kooperationsformen. Die Kooperation mit den staatlichen Arbeitsschutzbehörden, den Krankenkassen, dem Deutschen Institut für Normung und dem Deutschen Verkehrssicherheitsrat wurde weiter ausgebaut. Die Zusammenarbeit der im Arbeitsschutz tätigen Institutionen ist nach wie vor unverzichtbar. Sie dient u. a. dazu, die Erkenntnisse aus den Betrieben und der Überwachung sowie aus Forschung und Prüfung zusammenzuführen, damit sie für die Recht- und Regelsetzung des Staates und der Unfallversicherung sowie für die Normung nutzbar gemacht werden kann. Diesem Zweck dient auch eine enge Zusammenarbeit zwischen den Präventionsausschüssen der Berufsgenossenschaften und der Kommission Arbeitsschutz und Normung.

Für den Bereich der gewerblichen Berufsgenossenschaften zeigt sich z.B. bei der Zusammenarbeit mit den Krankenkassen ein sehr zufriedenstellendes Bild. Anfang 2000 wurden insgesamt 233 Einzelprojekte durchgeführt. Der weitaus größte Teil der Berufsgenossenschaften beabsichtigt die Zusammenarbeit zu intensivieren.

Im Zuge der Novellierung des § 20 SGB V durch die Gesundheitsreform 2000 wurde den Krankenkassen die Möglichkeit eingeräumt, neben der verpflichtenden Zusammenarbeit mit der Unfallversicherung bei der Verhütung arbeitsbedingter Gesundheitsgefahren auch Maßnahmen der betrieblichen Gesundheitsförderung, die den Arbeitsschutz ergänzen, durchzuführen. Die Verpflichtung des Unternehmers zur Durchführung von Maßnahmen ist ein wesentliches Unterscheidungskriterium zwischen Arbeitsschutz und betrieblicher Gesundheitsförderung. Die Aufgaben des Arbeitsschutzes sind im wesentlichen verpflichtend, diejenigen der betrieblichen Gesundheitsförderung sind es nicht. Die Spitzenverbände der Krankenkassen haben einen Handlungsleitfaden veröffentlicht und diesen u.a. auch mit dem Hauptverband der gewerblichen Berufsgenossenschaften abgestimmt. Für die betriebliche Gesundheitsförderung sieht er die Handlungsfelder arbeitsbedingte körperliche Belastungen, Betriebsverpflegung, Umgang mit Suchterkrankungen sowie psychosoziale Belastungen vor. Durch die jetzt vorhandenen gesetzlichen Grundlagen (Arbeitsschutzgesetz, SGB VII und SGB V) sind die Voraussetzungen für ein abgestimmtes Vorgehen bei der Realisierung der Ziele des Arbeitsschutzes und der Betrieblichen Gesundheitsförderung gegeben. Eine wichtige Scharnierfunktion kommt hier den Betriebs- und Werksärzten zu. Natürlich gibt es im Verhältnis beider Bereiche eine Reihe denkbarer Schnittmengen, auch werden sich Arbeitsschutz und betriebliche Gesundheitsförderung weiter entwickeln. Dies zu gestalten ist u. a. auch die Aufgabe der Selbstverwaltung der Berufsgenossenschaften. Insofern ist es denkbar, dass heutige Maßnahmen der betrieblichen Gesundheitsförderung möglicherweise in der Zukunft solche des Arbeitsschutzes sein können.

Erarbeitung praxisgerechter Vorschriften und Regeln

Im Interesse der Anwenderfreundlichkeit und Transparenz straffen die Berufsgenossenschaften ihre Unfallverhütungsvorschriften im Sinne einer Konzentrierung ohne Substanzverlust. Sie verknüpfen sie mit staatlichen Arbeitsschutzvorschriften, so dass es für die Betriebe keine Doppelregelungen gibt. Dabei werden branchenübergreifende staatliche Arbeitsvorschriften bei Bedarf durch Unfallverhütungsvorschriften branchenspezifisch ergänzt oder konkretisiert. Im Ergebnis werden die Betriebe durch ein umfangreiches berufsgenossenschaftliches Regelwerk unterstützt, das ihnen bei der Erfüllung ihrer Arbeitsschutzpflichten als Handlungshilfe dient. Berufsgenossenschaftliche Vorschriften und Regeln berücksichtigen heute alle arbeitsbedingten Gesundheitsgefahren und stellen damit ein wichtiges Präventionsinstrument bei der Realisierung des erweiterten Präventionsauftrags dar.

Fazit

Die Berufsgenossenschaften haben sich eine umfassende Zielsetzung in der Prävention zu eigen gemacht. Bei der Beratung und Überwachung der Betriebe werden, z.T. in Kooperation, neue Wege beschritten, die das Ziel verfolgen, alle arbeitsrelevanten Belastungen und Gefährdungen, die sich auf die Gesundheit der Beschäftigten auswirken können, in die Betrachtung einzubeziehen. Die Berufsgenossenschaften werden die Beratung der Verantwortlichen in den Betrieben mit allen geeigneten Mitteln weiter verfolgen, indem sie

- auf die jeweiligen Betriebsstrukturen ausgerichtete gefährdungsorientierte Präventionsprogramme durchführen, die sich auf Risiko- und Kostenschwerpunkte konzentrieren,
- dabei auch die arbeitsbedingten psychischen Fehlbelastungen berücksichtigen,
- auf Branchen und Betriebsarten ausgerichtete und auf einer systematischen Auswertung der Beurteilung der Arbeitsbedingungen basierende Strategien entwickeln,
- die Motivation von Unternehmen und Versicherten auch durch Präventionsanreize weiter verbessern,

- die Integration des Arbeitsschutzes in betriebliche Strukturen und Abläufe fördern,
- den Betrieben angepasste Beratungsstrategien anbieten,
- die sicherheitstechnische und betriebsärztlichen Betreuungsformen insbesondere für kleine und kleinste Betriebe weiter entwickeln.

Arbeits- und Wegeunfälle und Berufskrankheiten

H. Otten

Hauptverband der gewerblichen Berufsgenossenschaften (HVBG)
Referat Berufskrankheiten II und Zentrale Betreuungsstelle Wismut (ZeBWis)
Alte Heerstr. 111
53757 Sankt Augustin

Einleitung

Im Jahr 2000 starben in Deutschland 3.859 Menschen an den Folgen von Arbeits- oder Wegeunfällen sowie Berufskrankheiten (vgl. [1]). Arbeits- und Wegeunfälle sowie Berufskrankheiten (im folgenden BK) belasteten die Betriebe in Deutschland mit rund 18,93 Mrd. DM für Rehabilitation und Kompensation. Sie stellen somit allein schon aus ökonomischer Sicht ein wichtiges Thema für die Betriebe dar.

Begriffe und Definitionen

Was man unter Arbeitsunfall, Wegeunfall und Berufskrankheit versteht, ist im Sozialgesetzbuch Sieben (SGB VII) eindeutig definiert (vgl. [2]):

1. Ein Arbeitsunfall ist ein Unfall, den eine versicherte Person infolge der Ausübung einer versicherten Tätigkeit innerhalb und außerhalb der Arbeitsstätte erleidet (vgl. § 8 Abs. 1 Satz 1 SGB VII).
2. Als Wegeunfall wird jeder Unfall bezeichnet, den eine versicherte Person auf dem Weg zum oder vom Ort der versicherten Tätigkeit erleidet (vgl. § 8 Abs. 2 Nr. 1 SGB VII). Dabei handelt es sich schwerpunktmäßig um Straßenverkehrsunfälle, die mehr als die Hälfte aller Wegeunfälle stellen.
3. Berufskrankheiten sind Krankheiten, die die Bundesregierung in der sog. Berufskrankheiten- Verordnung (BKV) mit Zustimmung des Bundesrates als Berufskrankheiten bezeichnet und die Versicherte infolge der Ausübung einer versicherten Tätigkeit erleiden (vgl. § 9 Abs. 1 SGB VII und BKV). Krankheiten, die dort nicht genannt sind, können wie eine Berufskrankheit anerkannt werden, wenn neue medizinisch-wissenschaftliche Erkenntnisse eine Bezeichnung als Berufskrankheit begründen (vgl. § 9 Abs. 2 SGB VII).

Naturgemäß ist der Nachweis von Arbeits- und Wegeunfällen wesentlich leichter zu führen als das Vorliegen einer Berufskrankheit zu bestätigen. Dafür sind eine Reihe von Gründen maßgeblich: Bei einem Arbeitsunfall wird jeder

Gesundheitsschaden (oder der Tod) infolge eines von außen auf den Körper einwirkenden Ereignisses eingeschlossen. Berufskrankheiten dagegen können auf spezielle Krankheitsbilder beschränkt sein (z.B. durch Asbest verursachtes Mesotheliom, BK 4105) oder auch eine Fülle von Krankheitsbildern umfassen (z.B. Erkrankungen durch ionisierende Strahlen, BK 2402). Bei manchen muss die Einwirkung oberhalb einer Mindestgröße liegen (Lungenkrebs bei mindesten 25 Faserjahren, BK 4104), bei anderen reicht der medizinische Befund in Verbindung mit dem Nachweis einer Belastung (z.B. Silikose, BK 4101) aus. In fast allen Fällen können die als Berufskrankheiten bezeichneten Krankheiten aber auch schicksalhaft oder durch Umwelteinflüsse auftreten. Daher fällt der - gesetzlich geforderte - Nachweis der beruflichen Verursachung oft nicht leicht.

Vorkommen

Die Bundesregierung informiert jährlich über den Stand der Unfallverhütung sowie das Unfall- und Berufskrankheitengeschehen in der Bundesrepublik (vgl.[1]).

Im Jahr 2000 waren in Deutschland 38.532.000 Menschen erwerbstätig. Registriert wurden 1.513.723 meldepflichtige Arbeitsunfälle - 1.153 mit tödlichem Ausgang - und 235.117 meldepflichtige Wegeunfälle, darunter 820 mit tödlichem Verlauf. Damit war die Zahl der tödlichen Unfälle (Summe: 1.973) so niedrig wie nie zuvor seit Bestehen der Bundesrepublik (vgl. Tab. 16).

Definition: Meldepflichtige Arbeitsunfälle

Meldepflichtig sind Unfälle, wenn die versicherte Person durch den Unfall getötet oder so verletzt wird, dass sie mehr als 3 Tage arbeitsunfähig ist (§ 193 SGB VII).

Definition: Tödliche Unfälle

Ein Unfall mit Todesfolge wird registriert, wenn der Tod sofort oder innerhalb 30 Tagen nach dem Unfall eingetreten ist.

Anzeige auf Verdacht einer Berufskrankheit wurde 2000 in 81.542 Fällen erstattet. Als beruflich verursacht konnten 18.689 anerkannt werden. Im gleichen Jahr verstarben infolge einer Berufskrankheit 1.886 Menschen.

Tabelle 16 Tödliche Unfälle (Arbeits- und Wegeunfälle)

	1960	1970	1980	1990	2000
Arbeitsunfälle	4.893	4.262	2.597	1.558	1.153
Wegeunfälle	1.716	1.852	1.197	714	820
Insgesamt	6.609	6.114	3.794	2.272	1.973

Entwicklung

Die Zahl der meldepflichtigen Arbeitsunfälle ist seit den 60er Jahren mit gewissen Schwankungen immer weiter gesunken (vgl. Tab. 17). Dies gilt auch für die tödlichen Arbeitsunfälle, die von über 5.000 im Jahr 1960 auf 1.153 im Jahr 2000 sanken. Dies spiegelt die Erfolge in der Prävention in den Betrieben wieder.

Tabelle 17 meldepflichtige Arbeitsunfälle

	1960	1970	1980	1990	2000
meldepflichtige Arbeitsunfälle	2.711.078	2.391.757	1.917.21	1.672.480	1.513.723

Bei den meldepflichtigen Wegeunfällen ist eine so eindeutige Entwicklung nicht zu beschreiben, wobei allerdings die stark gestiegene Motorisierung und Mobilität beachtet werden muss. Die Zahl der Unfälle ging absolut zurück (vgl. Tab. 18), stieg aber nach der Wiedervereinigung deutlich an. Allerdings sank die Zahl der tödlichen Unfälle deutlich, so dass von weniger schweren Unfällen ausgegangen werden kann. Dies kann auch aus der Höhe von Entschädigungsleistungen abgeleitet werden.

Tabelle 18 Wegeunfälle

	1960	1970	1980	1990	2000
Wegeunfälle	283.605	255.580	195.595	187.835	235.117

Schwieriger ist die Entwicklung bei Berufskrankheiten zu beschreiben. Die Liste der Berufskrankheiten wird regelmäßig überprüft. Dabei können neue Krankheiten in die Liste aufgenommen oder vorhandene Berufskrankheitenziffern erweitert werden. Während die BK-Liste vom 28. April 1961 noch 47 Ziffern beinhaltet, umfasst die Liste vom 31. Oktober 1997 schon 67 Ziffern. Ebenso muss beachtet werden, dass es sich bei vielen Berufskrankheiten um so genannte Latenzschäden handelt, also um Erkrankungen, die erst viele Jahre nach der beruflichen Belastung deutlich werden. Gerade bei Krebserkrankungen können Jahrzehnte zwischen dem Umgang mit einem Stoff (z.B. Asbest) und ersten Erkrankungszeichen (z.B. Lungenkrebs) liegen. Die Erfolge der Prävention von Berufskrankheiten in den Betrieben lässt sich anhand von BK-Zahlen nur in zeitlichem Verzug, wenn überhaupt exakt beschreiben. Sie sind gleichwohl unbestritten (z.B. Asbestverbot in Deutschland seit 1993). Die Zahl der BK-Anzeigen stieg von ca. 30.000 am Beginn der 60er Jahre auf über 100.000 Anfang der 90er Jahre und sinkt seither langsam ab (Tab. 19).

Tabelle 19 angezeigte und anerkannte Berufskrankheiten

	1960	1970	1980	1990	2000
angezeigte	33.727	25.960	45.114	57.751	81.542
anerkannte			13.092	10.384	18.689

Die zahlenmäßig bedeutsamsten Berufskrankheiten sind - gemessen an den Anzeigen - schwere Hauterkrankungen (BK 5101), Lendenwirbelsäulen-Erkrankungen (BK 2108) und Lärmschwerhörigkeit (BK 2301) (vgl. Tab. 19). Bei den anerkannten Berufskrankheiten zeigt sich ein anderes Bild: durch Asbest verursachte Erkrankungen (BK 4103-05) folgen der Lärmschwerhörigkeit vor schweren Hauterkrankungen (vgl. Tab. 20).

Tabelle 20 Häufige Berufskrankheiten in 2000

Anzeigen	BK 5101:	schwere Hauterkrankungen	20.931
	BK 2108:	Lendenwirbelsäulen-Erkrankungen	13.022
	BK 2301:	Lärmschwerhörigkeit	12.728
Anerkennungen	BK 2301:	Lärmschwerhörigkeit	6.872
	BK 4103-05:	durch Asbest verursachte Erkrankungen	3.259
	BK 4101-02:	Quarzstaublungenerkrankung (Silikose)	1.654
	BK 5101:	schwere Hauterkrankungen [a)]	1.680

[a)] in weiteren 7.090 Fällen konnte die BK nicht anerkannt werden, weil besondere versicherungsrechtliche Voraussetzungen nicht gegeben waren; allerdings werden in solchen Fällen von der Berufsgenossenschaft individuelle präventive Maßnahmen und/oder Rehabilitationsmaßnahmen durchgeführt und finanziert.

Bei letzteren ist zu beachten, dass wegen der besonderen rechtlichen Voraussetzungen für eine Anerkennung (Aufgabe der schädigenden Tätigkeit) auch die Fälle mitbedacht werden müssen, für die die Unfallversicherungsträger Leistungen der individuellen Prävention und Rehabilitation (§ 3 der BKV) erbringen. Exakte Analysen enthält die von Hauptverband der gewerblichen Berufsgenossenschaften herausgegebene BK-Dokumentation [3].

Leistungen und Kosten

Die Leistungen der gesetzlichen Unfallversicherung umfassen Heilbehandlung, medizinische, berufliche und soziale Rehabilitation, Geldleistungen an Arbeitnehmer oder Hinterbliebene sowie Prävention. Bei Arbeits- und Wegeunfällen lagen die Ausgaben 2000 bei rund 16,07 Mrd. DM. Im Zusammenhang mit Berufskrankheiten wurden Leistungen in Höhe von 2,86 Mrd. DM erbracht. Die Gesamtausgaben der gesetzlichen Unfallversicherung betrugen 23,67 Mrd. DM. Nach einem kontinuierlichen Anstieg über mehr als 20 Jahre sind die Aufwendungen in den letzten 4 Jahren leicht rückläufig. Kosten, die in den Unternehmen für die Prävention, also die Verhütung von Arbeits- und

Wegeunfällen sowie Berufskrankheiten aufgewendet werden, sind darin nicht enthalten.

Maßnahmen

Durch das in Deutschland etablierte System der Gesetzlichen Unfallversicherung wird im Schadensfall schnellst- und bestmögliche Hilfe geleistet. Ein hoch differenziertes System von spezialisierten Ärzten (z.B. Durchgangsärzte) und Kliniken, von Rehabilitations- und Präventionsfachkräften („alles aus einer Hand" und „mit allen geeigneten Mitteln") stehen zur Verfügung. Die Präventionsaufgabe der Unfallversicherung ermöglicht es zugleich, dass aus den Erfahrungen der Schadensfälle geeignete Maßnahmen zur Schadensverhütung abgeleitet und realisiert werden können. Die Arbeit der Betriebe stellt aber den bedeutendsten Beitrag zum Schutz der Arbeitnehmer gegenüber gesundheitlichen Gefahren aus der Arbeit dar. Unfälle und Berufskrankheiten lassen sich in einem hohen Maße verhindern. Am Beispiel der Lärmschwerhörigkeit lässt sich dies verdeutlichen: sie ist die häufigste anerkannte BK, sie kann durch technische Maßnahmen und insbesondere durch persönlichen Gehörschutz zu nahezu 100% vermieden werden. Hier kommt den betrieblichen Fachleuten (Unternehmer, Sicherheitsfachkraft, Betriebsarzt) eine zentrale Rolle zu. Effektiver Gehörschutz ist nicht teuer, zum Tragen und richtigen Verwenden muss aber immer noch erheblich motiviert werden. Auch durch die Wahl der Arbeitsstoffe kann im Betrieb erheblich zur Reduzierung von Gesundheitsrisiken beigetragen werden: durch Reduzierung des Chrom-VI-Anteils im Zement wurde in der Bauwirtschaft das Problem der Hauterkrankungen bei Maurern erheblich reduziert. Zu den Maßnahmen, die sowohl im beruflichen wie im außerberuflichen Bereich Bedeutung haben, gehört das zunehmende Angebot von Fahrsicherheitstrainings in oder durch Unternehmen, durch die Arbeitnehmer in beruflichen wie außerberuflichen Risikosituationen bei Fahrtätigkeiten besser zu reagieren lernen.

Literatur

[1] Bundesministerium für Arbeit und Sozialordnung (2001) Sicherheit und Gesundheit bei der Arbeit 2000. Unfallverhütungsbericht Arbeit. Bonn.

[2] Siebtes Buch Sozialgesetzbuch (SGB VII) vom 7. August 1996 (BGBl I S. 1254)

[3] HVBG (2001) (Hrsg) BK-DOK'99: Dokumentation des Berufskrankheiten-Gechehens in Deutschland. Sankt Augustin

Partizipation

H. Weisbrod-Frey

Vereinte Dienstleistungsgewerkschaft (ver.di)
Bundesverwaltung, Abteilung Gesundheitspolitik
Potsdamer Platz 10
10785 Berlin

Aus dem Gesundheitsschutz als Instrument der Fürsorge des Arbeitgebers soll sich eine effiziente, systematische und breit getragene Gesundheitsförderung entwickeln, die die Motivation der Arbeitnehmerinnen und Arbeitnehmer stärkt, Arbeitszufriedenheit verbessert und damit auch die Produktivität steigert. Eine Reihe dieser Ansätze scheitern jedoch daran, dass der Aspekt der Partizipation nur unzureichend berücksichtigt wird. Dies gilt sowohl für Maßnahmen, die von der Arbeitgeberseite veranlasst wurden, als auch für die von Arbeitnehmern durchgesetzten.

Beim Scheitern spielt weniger eine Rolle, um welche Maßnahmen es sich im einzelnen handelt. Vielmehr sind es die Zielsetzungen des Arbeitgebers einerseits und der Arbeitnehmerinnen und Arbeitnehmer andererseits. In der Regel stehen auf der Arbeitgeberseite das Interesse an Personalentwicklung und effizienter Organisation, um die Produktivität zu erhöhen. Auf Arbeitnehmerinnen- und Arbeitnehmerseite gelten gute Arbeitsbedingungen und gerechte Verteilung der Arbeit als erstrebenswertes Ziel. Gemeinsam werden optimierte Betriebsabläufe und gute Zusammenarbeit angestrebt. Je nach Unternehmenskultur gibt es unterschiedlich große Schnittmengen. Aber nur im seltenen Idealfall stimmen die Zielvorstellungen weitgehend überein. Eine erfolgreiche betriebliche Gesundheitsförderung muss diese Interessengegensätze berücksichtigen und die gemeinsamen Zielsetzungen fördern. Hierzu bedarf es zwingend der Partizipation. Sowohl die einzelnen Beschäftigten als auch deren Vertretungen und die im Betrieb etablierte Gewerkschaft sind auf unterschiedlichen Ebenen zu beteiligen.

Beschäftigte werden sich nur in seltensten Fällen für eine betriebliche Gesundheitsförderung engagieren, wenn sie nicht bei der Erstellung der Ziele und der Entwicklung von Maßnahmen zu deren Umsetzung beteiligt waren. Arbeitgeber werden nicht über ihre Pflichten hinaus finanzielle Mittel, Zeit oder Personalressourcen für die Entwicklung eines betrieblichen Gesundheitsmanagements zur Verfügung stellen, von dessen Wirksamkeit sie nicht überzeugt sind. Betriebs- und Personalräte sowie Mitarbeitervertretungen werden kaum das sichere auf Mitbestimmung gebaute Terrain des „klassischen Arbeitsschutzes“ verlassen, wenn ihre Beteiligung an der betrieblichen Gesundheitsförderung nicht zumindest ebenso konkret und verbindlich festgelegt ist. Eine

Gewerkschaft wird erst einmal bestehende gesetzliche und tarifliche Rechte wahren und sich nicht mit noch so gut klingenden Absichtserklärungen zufrieden geben.

Schließlich sind erst in den letzten Jahren, zum Teil erst mit Einführung des Arbeitsschutzgesetzes (1996) deutliche Verbesserungen bei der Beteiligung der Arbeitnehmerinnen und Arbeitnehmer erreicht worden. Sie wurden teilweise gegen erhebliche Widerstände durchgesetzt und werden vor allem in kleinen und mittleren Betrieben aus ökonomischen Gründen immer wieder infrage gestellt. Die weitgefassten generalisierenden Formulierungen lassen bewusst Spielraum für die betriebliche Situation. Damit besteht bei der Umsetzung des Gesetzes ein volles Mitbestimmungsrecht der betrieblichen Interessenvertretung. (Kittner 2001).

Auf dem Feld betrieblicher Gesundheitsförderung besteht dagegen noch große Unsicherheit, inwieweit Arbeitnehmerinnen und Arbeitnehmer, deren Vertretungen und Gewerkschaften gestaltend zu beteiligen sind. Insofern ist es nicht verwunderlich, dass Konzepte ohne partizipativen Ansatz über kurz oder lang scheitern. Die vor Maßnahmebeginn herbeigeführte Verständigung über Ziele, Maßnahmen und weiteren Bedingungen für die Durchführung zwischen den Beteiligten bildet die Grundlage für eine auf Dauer angelegte Partizipation. Gewerkschaften kommt dabei die Aufgabe zu, Gestaltungsrechte vertraglich zu sichern und damit den Betriebsparteien das Zusammenwirken zu ermöglichen.

In einem über 2,5 Jahre laufenden Praxisprojekt „Effiziente Organisations- und Führungsformen - ein integratives Projekt der Gewerkschaft ÖTV“ (später verdi) wurde in vier Betrieben der Dienstleistungsbranche modellhaft zwischen 1999 und 2001 u. a. auch die Bedeutung der Partizipation erprobt und danach in die betriebliche Routine überführt. Die Begleitforschung wurde im Auftrag der Hans Böckler Stiftung durch die Universität Bielefeld durchgeführt. Durch das Projekt, das nicht nur auf die Dienstleistungsbranche übertragbare Erfahrungen gebracht hat, konnten Erkenntnisse zur Bedeutung der Partizipation gewonnen werden. Zu Beginn des Projektes stand zunächst die Offenlegung der unterschiedlichen Interessen. Auf der Arbeitgeberseite wurden dabei vor allem formuliert, dass:

- die Schwachstellen im Betrieb deutlich werden sollten,
- die Kosten gesenkt werden könnten,
- die Qualität der Arbeit sich steigern ließe und
- Wohlbefinden als Wettbewerbsfaktor genutzt werden könne.

Arbeitnehmerinnen und Arbeitnehmer wollten, dass:

- ihre Meinungen und Bedürfnisse erfragt werden,
- sie ihre Kompetenzen einbringen,
- ihren Handlungsspielraum erweitern
- und ihre Gesundheit schützen und fördern können.

Gemeinsame Interessen konnten formuliert werden hinsichtlich dem Bedarf an:

- klaren Verantwortungs- und übergreifenden Kooperationsstrukturen
- optimiertem Personaleinsatz
- partizipativem Führungsstil
- und gutem Betriebsklima

Die Bereitschaft zur Mitarbeit an dem Projekt hing insbesondere auf der Arbeitnehmerseite mit verbindlichen Vereinbarungen zusammen. Die Teilnahme an dem Projekt wurde vom Abschluss einer Kooperationsvereinbarung abhängig gemacht. Beteiligt waren daran neben den betrieblichen Akteuren (Betriebsrat, bzw. Personalrat und Arbeitgeber) auch ein weiterer außenstehender Akteur - in diesem Fall die zuständige Gewerkschaft. Durch diese Sicherheit konnte auf der Beschäftigtenseite die erforderliche Akzeptanz geschaffen und damit die positiven Wirkungen des Projekts verstärkt werden. Neben dieser Rahmenvereinbarung wurden Einzelheiten zum Interventionsbereich und der konkreten Ausgestaltung von Maßnahmen in einer Dienst oder Betriebsvereinbarung zwischen den Betriebsparteien geregelt.

In der Rahmenvereinbarung - einem dreiseitigen Kooperationsvertrag zwischen Arbeitgeber, Personal- oder Betriebsrat und Gewerkschaft - wurde in einer Präambel die aktive Gesundheitsförderung als ein wichtiger Beitrag zur Humanisierung der Arbeitswelt hervorgehoben: Gesundheit sei das höchste Gut des Menschen. Sie zu erhalten sei die Aufgabe präventiver Gesundheitsförderung. Wichtig sei es beim Thema Fehlzeitenreduzierung nicht länger die Kranken in den Mittelpunkt zu stellen. Stattdessen sollten die Arbeitsbedingungen, die Organisation der Betriebe und Verwaltungen und vor allem auch die Führungsstrukturen untersucht werden. Dabei sei eine kooperative und partizipative Mitarbeiterführung sowie eine Führungspraxis, die dem Wohlbefinden der Mitarbeiterinnen und Mitarbeiter hohen Stellenwert einräumt, anzustreben. Darauf aufbauend wurden folgende Ziele formuliert: Die Sicherheit und Gesundheit der Beschäftigten solle zum Nutzen des Betriebes, bzw. der Dienststelle und der Belegschaft verbessert werden. Insbesondere Maßnahmen, die auf die Veränderung gesundheitsschädlicher Arbeitsbedingungen und -abläufe und damit auf einen Abbau aller körperlichen, psychischen und sozialen Belastungen abzielen, sollten dazugehören. Durch Zusammenarbeit im Bereich des Arbeits- und Gesundheitsschutzes sollten präventive Maßnahmen im Betrieb installiert oder deren Effizienz erhöht werden.

Konkret wurde festgelegt, dass auf der betrieblichen Ebene über eine Betriebs- bzw. Dienstvereinbarung der Ablauf des Projektes verbindlich beschrieben wird. Des weiteren wurden die Kompetenzen eines betrieblichen Projektlenkungsausschuss dargelegt, in welchem die Beteiligten gleichberechtigt zusammenarbeiten und der den Zeitrahmen für den Prozess der betrieblichen Gesundheitsförderung erstellt. Dies sollte sich beziehen auf die:

- IST- Analyse
- Prioritätensetzung
- Zielsetzung/Strategie
- Umsetzung/Steuerung
- betriebliche Öffentlichkeitsarbeit und
- regelmäßige Ergebniskontrolle

Durch Zirkelarbeit in den Unternehmensbereichen sollten unter Beteiligung der Beschäftigten Erkenntnisse über Zusammenhänge von Arbeitsbedingungen, subjektiven Beschwerden und Erkrankungen gewonnen werden. Sie sollten Verbesserungsvorschläge zur Vermeidung bzw. Reduzierung arbeitsbedingter Gesundheitsgefahren erarbeiten. Festgelegt wurde auch, dass die Zirkelarbeit ebenso wie die des Projektlenkungsausschuss professionell zu moderieren ist. Schließlich enthält der Vertrag noch Bestimmungen zum Datenschutz und Grundsätze zur Kostentragung für die Gremienarbeit, Mitarbeiterbefragungen und Maßnahmendurchführung.

Dem Aspekt der Partizipation wurde also nicht nur auf der Ebene der gesetzlichen Arbeitnehmervertretung Rechnung getragen, sondern in einem sehr umfassenden Sinne, spürbar am einzelnen Arbeitsplatz. Im Ergebnis kann festgehalten werden, dass die genannten Vereinbarungen sich in allen Projektbetrieben positiv auf die Einführung von Maßnahmen zur betrieblichen Gesundheitsförderung ausgewirkt und zu einer breiten Akzeptanz in den betroffenen Abteilungen geführt haben.

Auch wenn diese Vereinbarungen im konkreten Projektverlauf kaum ins Bewusstsein traten, waren sie Ansporn sich gegenseitig als gleichberechtigte Partnerinnen und Partner zu akzeptieren. Der Zeitaufwand, der in die Entwicklung dieser Verträge investiert wurde, hat spätere Konflikte, die sich als hemmende Faktoren bei der Umsetzung von Maßnahmen auswirken konnten, vermieden. Inzwischen liegen aus dem genannten Modellprojekt Musterverträge vor, auf die bei Bedarf zurückgegriffen werden kann. Dadurch kann der Aufwand weiter reduziert werden. Gerade kleine und mittlere Betriebe können davon profitieren (Münch 1999).

Insgesamt bestätigt das genannte Projekt zahlreiche Einzelerfahrungen aus Betrieben verschiedener Branchen, dass Partizipation eine entscheidende Säule des betrieblichen Gesundheitsmanagements ist. Das gilt für die Aufbauphase genauso, wie in der betrieblichen Routine.

Literatur

Kittner M (2001) Arbeits- und Sozialordnung. Ausgewählte und eingeleitete Gesetzestexte. Bund-Verlag

Münch E (1999) Drehbuch für das Betriebliche Gesundheitsmanagement. In: Badura B, Ritter W, Scherf M (1999) Betriebliches Gesundheitsmanagement - ein Leitfaden für die Praxis. Edition Sigma, Berlin, S 132-135

Gefährdungsanalysen nach dem Arbeitsschutzgesetz

T. Hehlmann

AOK- Die Gesundheitskasse für Niedersachsen
Regionaldirektion Osterholz
Gesundheitszentrum
Marktplatz 8
27711 Osterholz-Scharmbeck

Nach Inkrafttreten des Arbeitsschutzgesetzes (ArbSchG § 5) im Jahr 1996 ist der Arbeitgeber verpflichtet, die Arbeitsbedingungen hinsichtlich einer möglichen Gefährdung der Beschäftigten zu beurteilen. Zusätzlich ist der Arbeitgeber nach § 6 des Arbeitsschutzgesetzes zur Dokumentation der Gefährdungsbeurteilung verpflichtet. § 3 des Arbeitsschutzgesetzes fordert den Arbeitgeber auf, Maßnahmen des Arbeits- und Gesundheitsschutzes zu treffen und diese Maßnahmen auf ihre Wirksamkeit hin zu überprüfen. Diese gesetzliche Vorgabe konkretisiert das bislang geltende Gesetz des § 45 der Allgemeinen Vorschriften VBG 1 (UVV).

Mit der Arbeitsschutz- Rahmenrichtlinie wurde eine geschlossene Konzeption für den betrieblichen Gesundheitsschutz geschaffen. Hier sind allgemeine Grundsätze festgelegt. Sie wird konkretisiert und ergänzt durch die Einzelrichtlinien.

Wiederholung der Analyse

Diese Gefährdungsanalysen mussten erstmalig bis zum 31.08.1997 erfolgen und sind immer dann neu aufzulegen, wenn:

- ein neuer Arbeitsplatz eingerichtet wird
- grundlegende Veränderungen des Arbeitsplatzes vorgenommen werden
- die Beschäftigten wechseln
- Beschwerden auftreten
- die getroffene Maßnahme auf ihre Wirksamkeit hin überprüft wird
- der Stand der Technik oder der Stand der arbeitswissenschaftlichen Erkenntnis sich verändert hat

Pflichten des Arbeitnehmers

Die Arbeitnehmer hingegen haben die Pflicht (§ 15-17 ArbSchG), den Arbeitgeber aktiv z.B. durch Meldung festgestellter Defekte an Schutzsystemen aber auch durch Vorschläge zum Gesundheitsschutz zu unterstützen.

Tabelle 21 Umsetzung der europäischen Arbeitsschutz-Richtlinien (Auszug) in Gesetze und Verordnungen des deutsche Arbeitsschutzrechts

Europäische Arbeitsschutz-Richtlinien nach Art. 118a	*EWG-Nr.*	*Deutsches Arbeitsschutzrecht*	*Gültig seit*
Arbeitsschutz-Rahmenrichtlinie	89/391/ EWG	Arbeitsschutzgesetz	1996
1. Arbeitsstätten	89/654/ EWG	Arbeitsstättenverordnung	1975/1996
4. Handhabung schwerer Lasten	90/269/ EWG	Lasthandhabungs-verordnung	1996
5. Arbeiten mit Bildschirmgeräten	90/270/ EWG	Bildschirmarbeits-verordnung	1996
6. Gefährdung durch Karzinogene	90/394/ EWG		
7. Gefährdung durch biologische Arbeitsstoffe	90/679/ EWG	Biostoffverordnung	1999
9. Sicherheits-/ Gesundheitsschutzkennzeichnung	92/58/ EWG		
10. Schutz von schwangeren Arbeitnehmerinnen	92/85/ EWG		
Europäische Arbeitsschutz-Richtlinien nach Art. 100a	*EWG-Nr.*	*Deutsches Arbeitsschutzrecht*	*Gültig seit*
Rahmenrichtlinie Gefährdung durch chemische, physikalische und biologische Arbeitsstoffe	80/1107/ EWG	Gefahrstoffverordnung	1993/1996/ 1999
Gefährdung durch Blei	82/605/EWG		
Gefährdung durch Asbest	83/477/EWG		
Gefährdung durch Lärm	86/188/EWG	Gerätesicherheitsgesetz, UVV Lärm	1980/ 1993
Maschinenrichtlinie	89/392/EWG	Gerätesicherheitsgesetz, Maschinenverordnung	1980/ 1993/ 1992
Elektromagnetische Verträglichkeit	89/336/EWG		

Gefahrenquellen

Das Arbeitsschutzgesetz verweist ganz allgemein auf mögliche Gefahrenquellen. Gefährdungen können sich ergeben aus:

- der Arbeitsstätte
- dem Arbeitsplatz
- physikalischen, chemischen und biologischen Einwirkungen
- Maschinen und Geräten

- Arbeitsstoffen
- dem Arbeitsablauf, Arbeitsverfahren
- der Arbeitszeit
- einer unzureichenden Qualifikation

Diese Gefahrenquellen werden zum Beispiel für Bildschirmarbeit in der Bildschirmarbeitsverordnung, für Arbeitsstätten in der Arbeitsstättenverordnung und für das Heben von schweren Lasten in der Lastenhandhabungsverordnung durch sogenannte Gestaltungsanforderungen konkretisiert.

Unterweisungspflicht

So wie zu den oben genannten Punkten die Gefährdungsanalyse regelmäßig wiederholt werden muss, hat der Arbeitgeber auch die Pflicht, die Arbeitnehmer zu den oben beschriebenen Zeitpunkten regelmäßig über Sicherheit und Gesundheitsschutz zu unterweisen (§ 12 ArbSchG).

Durchführung

Verantwortlich für die Durchführung ist der Arbeitgeber. Er wird dabei unterstützt durch die Fachkraft für Arbeitssicherheit (SiFa) und der Betriebsarzt sowie in begrenztem Umfang auch durch den Sicherheitsbeauftragten. Der Arbeitgeber kann die Gefährdungsanalyse auch von externen qualifizierten Fachkräften durchführen lassen. Unterstützung und Weiterbildungen erhalten die Fachkräfte für Arbeitssicherheit und die Betriebsärzte durch die zuständigen Berufsgenossenschaften und die zuständigen Aufsichtsbehörden. Beide Personengruppen müssen über ausreichende Fachkenntnisse der Gefahrenquellen in den zu analysierenden Arbeitsbereichen verfügen. Der Arbeitgeber kann sich für die Durchführung der Gefährdungsanalyse auch externer Fachkräfte mit nachgewiesenen Qualifikationen bedienen.

Methoden

Der Gesetzgeber schreibt keine speziellen Methoden oder Instrumente für die Gefährdungsanalyse vor. Die Gefährdungsanalyse wird in der Regel durch sogenannte Leitlinien (Checklisten) erfasst, die u.a. von der Bundesanstalt für Arbeitsschutz und Arbeitsmedizin (BAuA) aber auch von Berufsgenossenschaften und Unfallversicherungsträgern herausgegeben werden.

Liegen keine Leitlinien vor, so gilt als Mindestvoraussetzung die Einhaltung von Unfallverhütungsvorschriften (UVV), die Einhaltung von Normen (DIN EN ISO) und die Beachtung des gegenwärtigen Standes der Technik und des gegenwärtigen Standes der arbeitswissenschaftlichen und arbeitsmedizinischen Erkenntnis.

Literatur

Gesetzliche Unfallversicherung (1997) Beurteilung von Gefährdungen und Belastungen am Arbeitsplatz, GUV 50.11. München

Heilmann Aufhauser (1999) Arbeitsschutzgesetz. Kommentar. Nomos Verlagsanstalt, Baden-Baden

Kittner M, Pieper R (1999) Arbeitsschutzrecht. Kommentar für die Praxis zum Arbeitsschutzgesetz, Arbeitssicherheitsgesetz und zu anderen Arbeitsschutzvorschriften. Bund-Verlag, Köln

Bücker A et al. (1997) Lehrbuch zum betrieblichen Arbeits- und Gesundheitsschutzrecht. Ein Leitfaden für die Praxis nach Inkrafttreten des Arbeitsschutzgesetzes. Hans-Böckler-Stiftung, Düsseldorf

Gewerkschaften IG Metall (1997) (Hrsg) Das neue Arbeitsschutzgesetz. Gesetzestext, Kommentar, Arbeitshilfen. Union Druckerei, Frankfurt am Main

Wandel gestalten - gesünder arbeiten

Ein Konzept für einen zukunftsorientierten Arbeitsschutz am Beispiel NRW

G. Richenhagen u. E. Lehmann[1, 2]

[1] Ministerium für Arbeit und Soziales, Qualifikation und Technologie des Landes Nordrhein-Westfalen
Horionplatz 1
40213 Düsseldorf

[2] Landesanstalt für Arbeitsschutz NRW
Ulenbergstraße 127 - 131
40225 Düsseldorf

Einleitung

Zukunftsorientierte Arbeitsschutzpolitik umfasst ein erweitertes Grundverständnis von Arbeitsschutz. Ziel ist es, Beschäftigte nicht nur vor Unfällen, sondern auch vor sonstigen Gesundheitsgefahren bei der Arbeit zu schützen und die Arbeit menschengerecht zu gestalten. Arbeitsschutz bezieht sich auf den Menschen im Umfeld von Technik, Arbeitsstoffen, Arbeitsorganisation, Umgebungsbedingungen und sozialen Beziehungen. Alle arbeitsbedingten Belastungen - körperliche, psychische und soziale - müssen in die Gesamtbetrachtung einbezogen werden. Auch das Wohlbefinden der Beschäftigten ist Gegenstand des Arbeitsschutzes. Denn: Andauernde Störungen des Wohlbefindens sind der beste Nährboden für arbeitsbedingte Erkrankungen. Darüber hinaus verhindern sie die individuelle Wissensentfaltung, Leistungsfähigkeit, Kreativität und Qualität bei der Arbeit.

In der sicheren Gestaltung von Maschinen, Geräten und Anlagen verbinden sich Arbeitnehmerschutz und der Schutz der Öffentlichkeit. Arbeitsschutz wirkt sich damit auch auf den Schutz Dritter aus. Präventiver Arbeitsschutz schließt Maßnahmen der betrieblichen Gesundheitsförderung ein. In diesem Verständnis wird im Folgenden „Arbeitsschutz" als umfassender Begriff verwendet. Arbeitsschutz in einer dynamischen Arbeitswelt muss auch die Köpfe und Herzen der Beschäftigten erreichen. Nur wenn in den Betrieben stärker gelebt wird, dass die eigene Gesundheit zugleich eine Quelle hoher Lebensqualität und anspruchsvoller Arbeit ist, kann ihr Erhalt dauerhaft gesichert werden. Deshalb muss die aktive Beteiligung der Beschäftigten in Gesundheitsfragen gefördert werden.

Eine moderne Arbeitsschutzpolitik, wie NRW sie versteht, muss sich auf die Herausforderungen einstellen, die durch die Globalisierung, den demografischen Wandel, die Technologieentwicklung und die Entwicklung zur Dienstleistungs- und Wissensgesellschaft entstehen. Es gilt: geeignete Gestaltungspotenziale herausstellen und nutzen. Das Motto lautet: Wandel gestalten, gesünder arbeiten (1). Um dies zu erreichen, will NRW

- den Arbeitsschutz als integrierten Bestandteil betrieblicher Prozesse und der Unternehmensorganisation entwickeln helfen (Beispiel: das Programm Arbeitsschutzmanagement),
- auf die Umsetzung eines ganzheitlichen, präventiven Arbeitsschutzverständnisses hinwirken, das die gesundheitlichen Ressourcen der Beschäftigten und das Unternehmen selbst stärkt (z. B. durch Handlungskonzepte zu psychischen Belastungen, Stress und Mobbing),
- die Entwicklung zielgruppentauglicher Arbeitsschutzkonzepte fördern (Beispiel: das Programm Call Center) und
- auf Motivation der Arbeitsschutzakteure und auf Anreizsysteme zur Förderung wirksamer Arbeitsschutzkonzepte setzen (Beispiel: Gemeinschaftsinitiative „Gesünder Arbeiten“, www.gesuender-arbeiten.de).

Arbeitsschutzpolitik ist ein unverzichtbarer Beitrag zur Modernisierung der Unternehmen. Sie fördert Innovationen. Durch ihre Ausrichtung auf die Integration des Arbeitsschutzes in die betrieblichen Abläufe trägt sie zu einer Effektivitäts- und Effizienzsteigerung von Managementprozessen bei. Sie steigert den Imagegewinn der Unternehmen. Indem sie Anstöße zur Entwicklung von Technik und Organisation gibt, wird sie zum Motor neuer Unternehmensstrategien. Ihre Präventionsorientierung hilft Ausfallzeiten, Fehlzeiten und Entschädigungsleistungen zu reduzieren. Gesunde und motivierte Belegschaften, die nicht unangemessen belastet und beansprucht werden, stellen dauerhaft die Qualität von hochwertigen Produkten und Dienstleistungen sicher. So leistet Arbeitsschutz einen Beitrag zur Senkung der Lohnnebenkosten, zum wirtschaftlichen Unternehmenserfolg und reduziert die Ausgaben im Gesundheitswesen. Arbeitsschutz trägt damit auch zur Sicherung des Standorts NRW bei.

Neues Arbeitsschutzrecht - neue Möglichkeiten

Mit der Verabschiedung des Arbeitsschutzgesetzes und der gleichzeitigen Verabschiedung des Sozialgesetzbuchs VII (SGB VII) im Jahre 1996 wurde der Arbeitsschutz in der Bundesrepublik Deutschland auf eine neue rechtliche Basis gestellt (2, 3). Das Gesetz erfasst alle Betriebe und alle Beschäftigten. Jetzt ist der umfassende Schutz der Gesundheit gefordert. Arbeitsunfälle und arbeitsbedingte Gesundheitsgefahren sollen vermieden werden. Es gilt, Arbeit menschengerecht zu gestalten. Das Arbeitsschutzgesetz gibt dabei Ziele und prinzipielle Vorgehensweisen vor und räumt den Verantwortlichen einen breiten Spielraum ein, auf welchem Weg sie diese Ziele erreichen. Die Betriebe können so individuell auf ihre spezielle Situation zugeschnittene, praxisgerechte Lösungen realisieren.

Dieser Freiraum muss von den Unternehmen verantwortlich genutzt werden. Er stellt sie jedoch auch vor neue Herausforderungen. Betriebe müssen ihre Gefährdungen am Arbeitsplatz ermitteln und beurteilen, Arbeitsschutzmaßnahmen eigenverantwortlich festlegen. Das erweist sich oftmals als schwieriger als die Einhaltung eindeutiger, messbarer Normen. Deshalb ist der Dialog zwischen den Arbeitsschutzakteuren bei der Umsetzung des Gesetzes in die betriebliche Praxis von zentraler Bedeutung.

Aufgaben des Staates

Der Staat hat die Aufgabe, die Qualität des Arbeitsschutzsystems umfassend zu sichern. Dazu gestaltet er die Rahmenbedingungen und überprüft, inwieweit das betriebliche Arbeitsschutzsystem funktioniert. Werden die Beteiligten ihrer jeweiligen Verantwortung im System gerecht? Auch dieser Frage geht der Staat nach. Das Themenspektrum im staatlichen Arbeitsschutz ist breit gefächert. Es umfasst Fragen des betrieblichen Arbeitsschutzsystems, der Technikgestaltung und der Arbeitsverfahren, der chemischen, physikalischen und biologischen Belastungen und Beanspruchungen, der psychischen Belastungen, der Arbeitsgestaltung sowie des Schutzes besonderer Personengruppen.

Im Mittelpunkt des Arbeitsschutzes steht die Gesundheit des Beschäftigten an seinem Arbeitsplatz. Doch der Staat deckt weiter gehende Schutzaspekte ab. Beispielsweise dient die sichere technische Gestaltung von Geräten auch dem Verbraucherschutz. Hier übernimmt der Staat die Aufgabe eines Marktüberwachers. Im Bereich der Anlagensicherheit kommt die sichere technische Gestaltung und der sichere Betrieb der Anlagen nicht nur den dort Beschäftigten, sondern auch Dritten zu Gute. Durch die Regelungen des Strahlenschutzes werden nicht nur Beschäftigte sondern auch Patienten und die Umwelt geschützt.

In diesen Bereichen gestaltet der Staat die rechtlichen Rahmenbedingungen und sorgt dafür, dass alle Beteiligten ihre Verantwortung ernst nehmen und ihre Aufgabe erfüllen. In Ausschüssen, Gremien und Arbeitskreisen auf Landes- und auf Bundesebene wird die Gestaltung der Arbeitsschutzvorschriften fortentwickelt und den Erfordernissen der Praxis angepasst. Dabei setzt sich das Land NRW mit Nachdruck ein für die praxisorientierte und transparente Neuordnung des staatlichen Arbeitsschutzrechts, die konsequente Deregulierung des Arbeitsschutzrechts unter Wahrung der bestehenden Sicherheitsstandards sowie die engere Verzahnung mit dem autonomen Satzungsrecht der Unfallversicherungsträger.

Das Land NRW will erreichen, dass neue Ermessensspielräume im Arbeitsschutzrecht geschaffen werden, die eine stärkere Vorteilsorientierung bei der Überwachungstätigkeit ermöglichen. Um gerade kleinen und mittleren Unternehmen wirksame Arbeitsschutzlösungen anbieten zu können, fördert der Staat die Arbeitsschutzforschung. Der Staat motiviert die betrieblichen Arbeitsschutzakteure, Arbeitsschutz präventiv zu gestalten. Er informiert sie im Hinblick auf die Erfüllung ihrer Aufgabe, berät sie in Fragen des Arbeitsschutzes und überwacht die Umsetzung notwendiger Arbeitsschutzmaßnahmen.

Arbeitsschutz neu gestalten - eine Herausforderung

Das Arbeitsschutzsystem erfüllt seine Aufgabe optimal, wenn alle Beteiligten ihre Rolle ausfüllen und in enger Kooperation gemeinsam gestalten. Das ist eine große Herausforderung, die alle Akteure gemeinsam angehen. Dazu sind folgende Voraussetzungen notwendig:

- Zielgruppengerechte, praxistaugliche Konzepte sind zu entwickeln.
- In den Betrieben muss stärker verankert werden, dass der Schutz und die Gesundheitsförderung der Beschäftigten ein wichtiges und lohnendes Unternehmensziel ist, das gleichrangig neben anderen steht.
- Die Qualifikation der Arbeitsschutzakteure, insbesondere ihre Fähigkeit, die neuen Herausforderungen zu erkennen und mit angemessenen Konzepten darauf zu reagieren, muss weiter verbessert werden.
- Die systematische Organisation des Arbeitsschutzes im Betrieb, ein betriebliches Arbeitsschutzmanagement, muss insbesondere in kleinen und mittleren Unternehmen auf- und ausgebaut werden.
- Die Beschäftigten sollen verstärkt erfahren, welche Vorteile Arbeitsschutzmaßnahmen bringen und warum sie notwendig sind. So lässt sich ihre Motivation für den Arbeitsschutz weiter fördern und ausbauen.
- Die Vernetzung der Akteure im Arbeitsschutz muss intensiviert werden.
- Es gilt, die Handlungsstrategien der Aufsichtsdienste besser aufeinander abzustimmen mit dem Ziel, die Zusammenarbeit der Unfallversicherungsträger und der Staatlichen Arbeitsschutzverwaltung zu optimieren.
- Arbeitsschutzaspekte müssen stärker Bestandteil der Ausbildung werden.
- Ingenieurbüros, Architekten und andere Dienstleister, z. B. auch Unternehmensberater, müssen Arbeitsschutzaspekte stärker bei ihrer Tätigkeit berücksichtigen.
- Die Arbeitsschutzqualifikation der Führungskräfte muss verbessert werden. Nur so kann Handeln im Sinne eines optimalen Arbeitsschutzes stärker in allen betrieblichen Prozessen verankert werden.

Der staatliche Arbeitsschutz in NRW geht diese Herausforderungen konsequent an. Er versteht es als seine ständige Aufgabe, die Übersichtlichkeit und Praxistauglichkeit der Arbeitsschutzvorschriften zu verbessern. Den Akteuren werden zielgruppengerechte, praktische Lösungen an die Hand gegeben. Im Rahmen der Programmarbeit setzt der staatliche Arbeitsschutz gezielt auf Motivation, Information und Kooperation mit anderen Akteuren - und nutzt so Synergien zur Verbesserung von Sicherheit und Gesundheit der Beschäftigten. Er weitet seine Dienstleistungsangebote aus und verstärkt die Förderung der Arbeitsschutzforschung. Dem Staat kommt demnach die Aufgabe zu, die Qualität im Arbeitsschutzsystem zu sichern. Arbeitsbedingungen sind nicht schon dann „in Ordnung", nur weil keine Einwände von Seiten des Staates geltend gemacht werden. Dies widerspricht einem Staatsverständnis, das die Verantwortung für den Arbeitsschutz dem Arbeitgeber übertragen hat.

Schützen, wirken, gestalten - das Selbstverständnis der Arbeitsschutzverwaltung in NRW

Die staatliche Aufsicht nimmt in NRW die Arbeitsschutzverwaltung wahr. Es gehört zu ihrem Grundverständnis, sich für den Schutz der Beschäftigten und ihre Beteiligung bei der Gestaltung der Arbeitsbedingungen einzusetzen. Um der staatlichen Aufgabe als Qualitätssicherer im Arbeitsschutz nachzukommen, versteht sich die Arbeitsschutzverwaltung als

Vorausschauende Gestalterin des Arbeitsschutzes

Entwicklungen und Problemschwerpunkte im Arbeitsschutz und zukünftige Entwicklungen in der Arbeitswelt werden aufgegriffen und präventiv angegangen. Die Arbeitsschutzverwaltung initiiert, moderiert, steuert und bewertet die notwendigen Prozesse zur Umsetzung von präventiven Arbeitsschutzstrategien. Vorschriften für den Arbeitsschutz werden in Ausschüssen, Gremien und Arbeitskreisen fortentwickelt und unter den Erfordernissen der Praxis mitgestaltet.

Dienstleisterin

Die Arbeitsschutzverwaltung betrachtet Beschäftigte, Betriebe und Bürger als Kunden. Deren Sichtweise, Anforderungen und Erwartungen werden aktiv aufgenommen und in Handlungsschritte einbezogen. Firmengründer werden bei der Neugründung unterstützt und ggf. auf weitere Beratungsangebote hingewiesen. Durch Marktkontrollen schützt die Arbeitsschutzverwaltung Verbraucher, indem sie z. B. dem Missbrauch von Sicherheitszeichen entgegenwirkt.

Überwacherin

Die Arbeitsschutzverwaltung überprüft, ob das Arbeitsschutzsystem wirksam ist und die Beteiligten ihrer Verantwortung gerecht werden. Im Bedarfsfall, d. h. wenn anders ein rechtskonformer Zustand nicht herstellbar ist, fordert sie die Durchführung konkreter Arbeitsschutzmaßnahmen und sanktioniert gesetzwidriges Verhalten. Im Spannungsverhältnis zwischen Dienstleistung und

Überwachung muss die Arbeitsschutzverwaltung prüfen, mit welchen Mitteln sie Arbeitsschutz am besten im Betrieb vorantreiben kann.

Vor Ort wirksame Verwaltung

Die Arbeitsschutzverwaltung kann ihre Aufgaben nur erfüllen, wenn sie gezielt, geplant und koordiniert in den Betrieben vor Ort wirkt. Das setzt nicht voraus, immer vor Ort präsent zu sein. Informationsveranstaltungen durchführen bzw. solche Veranstaltungen unterstützen, Handlungshilfen erstellen und verbreiten gehört ebenso dazu wie die Betriebe vor Ort zu beraten und die Wirksamkeit der getroffenen Arbeitsschutzmaßnahmen zu überprüfen.

Eine lernende Organisation

Die Arbeitsschutzverwaltung überprüft durch regelmäßige Diskussionen kritisch ihre Aufgabenwahrnehmung und entwickelt diese kontinuierlich weiter. Diesen Prozess gestalten die Beschäftigten aktiv mit: ihre Kreativität, ihre Kenntnisse und Erfahrungen werden dafür intensiv genutzt. Die Arbeitsschutzverwaltung berücksichtigt sich verändernde Rahmenbedingungen bei den Rechtsvorschriften, in der Landesverwaltung und in der Arbeitswelt. Dieser Prozess wird durch Qualifizierungsmaßnahmen der Beschäftigten unterstützt.

Der Dreiklang der Aufgaben: informieren, beraten und überwachen

Eine Arbeitsschutzverwaltung, die die Selbstverantwortung der betrieblichen Akteure ernst nimmt, stellt Dienstleistungsangebote vor Überwachungsmaßnahmen. Auf der anderen Seite eröffnet ihr der Überwachungsauftrag Möglichkeiten, bei Verstößen gegen Arbeitsschutzvorschriften im Bedarfsfall mit Sanktionen einzugreifen und Fehlentwicklungen zu korrigieren. Staatliche Informations- und Beratungsangebote unterscheiden sich von anderen Angeboten durch ihre Neutralität und Objektivität und dadurch, dass der Staat neben seiner Dienstleistungs- auch seine Überwachungsfunktion wahrnimmt.

Informieren - Wissen zielgruppen- und situationsgerecht anbieten

Arbeitsschutz braucht eine zuverlässige und breite Basis an Informationen. In vielen Betrieben, insbesondere in Klein- und Mittelbetrieben, sind die erforderlichen Arbeitsschutzinformationen nicht verfügbar. Die Arbeitsschutzverwaltung nutzt alle geeigneten Medien, um individuell zugeschnittene, aktuelle Informationen anzubieten: für bestimmte Zielgruppen, über spezielle Themen oder für spezifische Branchen. Neben Faltblättern und Broschüren gewinnt das Bürgerportal Arbeitsschutz, das nordrhein-westfälische Internetangebot im „Europäischen Netz für Sicherheit und Gesundheit bei der Arbeit“ als Informationsmedium immer stärkere Bedeutung (www.arbeitsschutz.nrw.de).

Beraten - Fragen beantworten, kundenorientiert agieren

Alle Arbeitgeber haben ein Recht auf Beratung. Das legt der gesetzliche Beratungsauftrag nach § 21 Abs. 1 Arbeitsschutzgesetz fest (2). Dieser Auftrag wird im Grundsatz bereits mit einer Weitergabe grundlegender Informationen erfüllt. Die Beratung der Arbeitsschutzverwaltung ist kompetent, neutral und hat einen hohen Grad an Verbindlichkeit und Handlungssicherheit. Die Behörde leistet so „Hilfe zur Selbsthilfe“, motiviert die betrieblichen Akteure und unterstützt sie darin, ihre konkreten Konflikte und Probleme anzugehen.

Eine weiter gehende Beratung im Einzelfall kann nur durch Beratungsnetzwerke erreicht werden. Dazu hat NRW das „Kompetenznetz Arbeitsschutz“ (KomNet) initiiert, an dem die Arbeitsschutzverwaltung federführend mitwirkt (www.komnet.nrw.de). In KomNet werden die spezifischen Kapazitäten und Fähigkeiten von Staatlichem Arbeitsschutz und wichtigen Partnern wie Unfallversicherungsträgern, Gewerkschaften und Verbänden koordiniert. Zeitnah steht das Netzwerk für eine wirksame und kostenfreie Beratung aller am Arbeitsschutz Interessierten zur Verfügung. Diese Form der Beratung hat einen hohen Qualitätsanspruch, allerdings nicht den oben beschriebenen Anspruch auf Verbindlichkeit.

Überwachen - die Umsetzung von Arbeitsschutzmaßnahmen im Mittelpunkt

Die Arbeitsschutzbehörde überprüft, inwieweit das betriebliche Arbeitsschutzsystem funktioniert und die Beteiligten ihrer jeweiligen Verantwortung gerecht werden. Es geht darum, Schwachstellen und ihre Ursachen aufzuspüren, zu beseitigen und nachhaltige Veränderungen einzuleiten. Dabei setzt die Arbeitsschutzverwaltung verschiedene Elemente der Systemkontrolle ein. Stellt die Arbeitsschutzverwaltung Defizite fest, zeigt sie Ansätze zu Problemlösungen auf und wirkt auf die Beseitigung der Mängel hin. Im Bedarfsfall, d. h. wenn auf anderem Wege kein rechtskonformer Zustand erreichbar ist, fordert sie die Durchführung konkreter Arbeitsschutzmaßnahmen und sanktioniert Verstöße. Bei Verdacht auf Ordnungswidrigkeiten kann sie ein Bußgeldverfahren einleiten.

Die strategischen Grundsätze - konzentrieren, kooperieren, überzeugen

Bei der Gestaltung und Wahrnehmung ihres Informations-, Beratungs- und Überwachungsauftrags orientiert sich die Arbeitsschutzverwaltung an den folgenden strategischen Grundsätzen:

Schwerpunktorientierung

Um ihre Ressourcen auf die Bereiche größten Bedarfs zu lenken, konzentriert sich die Arbeitsschutzverwaltung auf Schwerpunkte. Neben Gefährdungs-,

Belastungs- und Beanspruchungsschwerpunkten sind hier auch die für ein funktionierendes betriebliches Arbeitsschutzsystem fundamentalen Strukturen von Bedeutung.

Kooperationsorientierung

Um den Wirkungsgrad ihrer Arbeit zu steigern und den Transfer von Arbeitsschutzwissen zu stärken, nutzt die Arbeitsschutzverwaltung Kooperationen mit anderen Beteiligten im Arbeitsschutz wo immer dies erforderlich, möglich und sinnvoll ist.

Ergebnisorientierung

Durch Nutzung von Projektmanagement- und Qualitätsmanagementmethoden, Teamarbeit, Maßnahmen des Controllings und dem organisierten Einsatz moderner Informations- und Kommunikationstechnik werden vorhandene Ressourcen und Potenziale optimal eingesetzt.

Sensibilisierung durch Überzeugen

Durch professionelle Presse- und Öffentlichkeitsarbeit informiert die Arbeitsschutzverwaltung über Erkenntnisse, Maßnahmen und Ziele. Sie leistet damit einen wichtigen Beitrag zur Stärkung des öffentlichen Bewusstseins über die Bedeutung des Arbeitsschutzes und ermöglicht den Transfer gewonnener Erkenntnisse.

Literatur

(1) Ministerium für Arbeit und Soziales, Qualifikation und Technologie des Landes NRW (2001) (Hrsg) Wandel gestalten - gesünder arbeiten. Konzept für einen zukunftsorientierten Arbeitsschutz. Düsseldorf
die Broschüre kann kostenlos angefordert werden bei: GWN GmbH, Schriftenversand, Am Krausenbaum 11, 41464 Neuss, Fax: 02131 74502132

(2) Gesetz über die Durchführung von Maßnahmen des Arbeitsschutzes zur Verbesserung der Sicherheit und des Gesundheitsschutzes der Beschäftigten bei der Arbeit, ArbSchG - Arbeitsschutzgesetz vom 07. August 1996, (BGBl I S. 1246) in der zur Zeit gültigen Fassung

(3) Siebtes Buch Sozialgesetzbuch (SGB VII) vom 07. August 1996 (BGBl I S.1254) in der zur Zeit gültigen Fassung

5 Autorenverzeichnis

Bernhard Badura
Universität Bielefeld, Fakultät für Gesundheitswissenschaften
School of Public Health
Postfach 10 01 31
33501 Bielefeld

Geboren 1943, Dr. rer. soc., Studium der Soziologie, Philosophie, Politikwissenschaften in Tübingen, Freiburg, Konstanz, Harvard/ Mass.; Professor der Fakultät für Gesundheitswissenschaften der Universität Bielefeld; Leiter der Arbeitsgruppe Sozialepidemiologie und Gesundheitssystemgestaltung; Vorsitzender der Deutschen Gesellschaft für Public Health. Arbeitsschwerpunkte: Sozialepidemiologie, Gesundheitsmanagement, Rehabilitationsforschung, Gesundheitspolitik.

Anette Baumeister
AOK für das Land Brandenburg
Betriebliches Gesundheitsmanagement
Potsdamer Straße 20
14513 Teltow

Geboren 1960, Studium der Psychologie in Düsseldorf und Berlin, Diplom-Psychologin, Forschungsassistentin am Max-Planck-Institiut für Bildungsforschung Berlin, Leiterin des Bereiches Betriebliches Gesundheitsmanagement bei der AOK für das Land Brandenburg, freie Trainerin und Unternehmensberaterin, Supervisorin

Fritz Bindzius
Hauptverband der gewerblichen Berufsgenossenschaften
Berufsgenossenschaftliche Zentrale für Sicherheit und Gesundheit (BGZ)
Alte Heerstraße 111
53754 Sankt Augustin

Geboren 1953, Dipl.-Psychologe, Studium der Sozialarbeit und Psychologie in Mönchengladbach und Düsseldorf; Leiter der Abteilung „Arbeitsbedingte Gesundheitsgefahren“; Arbeitsschwerpunkte: Arbeitsschutz, Verhütung arbeitsbedingter Gesundheitsgefahren, Zusammenarbeit von Unfallversicherung und Krankenkassen bei der Verhütung arbeitsbedingter Gesundheitsgefahren, arbeitsbedingte psychische Belastungen.

Henning Erfkamp

Universität Bielefeld, Fakultät für Gesundheitswissenschaften
School of Public Health
Postfach 10 01 31
33501 Bielefeld

Geboren 1966, Diplom Betriebswirt, nach einer kaufmännische Ausbildung, Studium der Betriebswirtschaft an der Fachhochschule Bielefeld, Berufstätigkeit als Controller im Gesundheitswesen, Studium der Gesundheitswissenschaft an der Universität Bielefeld, Mitarbeiter Forschungsprojekt „Biospsyhosoziale Kennzahlen".

Michael Finke

Zeisigweg 2
45731 Waltrop

Geboren 1968, Diplom-Soziologe, Studium der Soziologie an der Fakultät für Soziologie der Universität Bielefeld, Arbeitsschwerpunkte: Organisations- und Industriesoziologie, regionale Wirtschaftsstrukturen, Arbeitsbeziehungen, betriebliche Modernisierung. Zur Zeit beschäftigt in der Wirtschafts- und Beschäftigungsförderung der Stadt Dortmund in einem Projekt zur Förderung der arbeitsorientierten Modernisierung des Dortmunder Mittelstands.

Gesine Grande

Universität Bielefeld, Fakultät für Gesundheitswissenschaften
School of Public Health
Postfach 10 01 31
33501 Bielefeld

Geboren 1964, Diplompsychologin, approb. Psychotherapeutin; wissenschaftliche Assistentin in der Arbeitsgruppe Sozialepidemiologie und Gesundheitssystemgestaltung der Fakultät für Gesundheitswissenschaften; Arbeitsschwerpunkte: Sozialepidemiologie, Gesundheitspsychologie, Evaluationsforschung, Rehabilitation.

Thomas Hehlmann

AOK- Die Gesundheitskasse für Niedersachsen
Regionaldirektion Osterholz
Gesundheitszentrum
Marktplatz 8
27711 Osterholz-Scharmbeck

Geboren 1964, Studium der Theologie in Hamburg, der Sportwissenschaft und Pädagogik für das Lehramt in Bremen und zuletzt der Gesundheitswissenschaften an der Universität Bielefeld. Beschäftigt als Sportfachkraft im Gesundheitsservice der AOK Niedersachsen mit dem Arbeitsschwerpunkt Prävention von Herz-Kreislauferkrankungen, speziell Hypertonie und Sport.

Michael Kentner

IAS Institut für Arbeits- und Sozialhygiene Stiftung
Steinhäuserstr. 19
76135 Karlsruhe

Geboren 1949, Dr. med., Facharzt für Arbeitsmedizin - Sozialmedizin, Umweltmedizin; Industriekaufmann; apl. Prof. am Institut für Arbeits- und Sozialmedizin der Universität Heidelberg; Vorstand Medizin und Technik der IAS Stiftung, Karlsruhe, und Geschäftsführer Produkte der DB GesudheitsService GmbH, Berlin. Mitglied des Gesundheitsrates Südwest. Arbeitsschwerpunkt: Betriebliches Gesundheitsmanagement, Gesundheitssysteme, Gesundheitsökonomie, Bleitoxikologie.

Eleftheria Lehmann

Landesanstalt für Arbeitsschutz NRW
Ulenbergstraße 127
40225 Düsseldorf

Geboren 1947, Dr. rer. nat., Präsidentin der Landesanstalt für Arbeitsschutz NRW; Studium der Chemie in Gießen und Dortmund; wiss. Mitarbeiterin an der Universität Dortmund - Arbeitsgebiete Chemie der 6. und 7. Hauptgruppe; wiss. Mitarbeiterin bei der Bundesanstalt für Arbeitsschutz und Unfallforschung (BAU); Ernennung zur Direktorin und Professorin bei der BAU; Abteilungsleiterin Grundsatzfragen bei der BAU; Arbeitsschwerpunkte: Planung und Koordinierung der Forschung; Arbeitsschutzkonzepte, Gesundheitsförderung, Arbeitsorganisation, Arbeitszeit, sozialer Arbeitsschutz, Statistik, arbeitsmedizinische Fragen, ökonomische Fragen; Vertreterin des Präsidenten der BAU; Mitglied in nationalen und europäischen Expertengremien.

Anja Leppin

Universität Bielefeld, Fakultät für Gesundheitswissenschaften
School of Public Health
Postfach 10 01 31
33501 Bielefeld

PD Dr. phil, Dipl.-Psych, Dipl.-Pol. Wissenschaftliche Assistentin in der Arbeitsgruppe „Prävention und Gesundheitsförderung" an der Fakultät für Gesundheitswissenschaften der Universität Bielefeld. Arbeitsgebiete: Determinanten von Gesundheitserhalten, Stress und Stressbewältigung, personale und soziale Ressourcen, Krankheitsbewältigung, Evaluation von Gesundheitsförderungs- und Rehabilitationsmaßnahmen.

Brigitte Müler
*medi*CON*cept*
Organisationsentwicklung im Gesundheitswesen
Analyse, Beratung, Realisation
Heinrich-Janssen-Str. 22
42289 Wuppertal

Geboren 1956, M.A., Studium der Germanistik, Politik-/Sozialwissenschaften und Pädagogik an der A. L. Universität Freiburg und der RWTH Aachen. Seit Anfang der 90er-Jahre verschiedene Arbeiten im Bereich Gesundheitsförderung und Organisationsentwicklung, u.a. als Wissenschaftliche Mitarbeiterin an der Fakultät für Gesundheitswissenschaften der Universität Bielefeld. Seit 1996 selbständige Tätigkeit, Gründung von mediCONcept. Arbeitsschwerpunkte: Gesundheitsförderung, Organisations-Team- und Personalentwicklung, Qualitätsförderung, Projektmanagement, Kommunikation, Konfliktbearbeitung, Moderation, Coaching

Eckhard Münch
Friedrich-Ebert-Str. 134 a
42117 Wuppertal

Geboren 1958, Diplom-Sozialwissenschaftler, Ausbildung und Berufstätigkeit als Industriekaufmann, Studium der Sozialwissenschaften in Duisburg und Wuppertal. Von 1992 bis 1998 Wissenschaftlicher Angestellter an der Universität Bielefeld, Fakultät für Gesundheitswissenschaften. Seitdem projektbezogene Zusammenarbeit mit der Arbeitsgruppe von Prof. Dr. B. Badura. Arbeitsschwerpunkte: Betriebliches Gesundheitsmanagement, Evaluationsforschung und Gesunde Organisation. Seit 1995 freiberufliche Tätigkeit als Trainer und Berater im Bereich Personal- und Organisationsentwicklung; insbesondere: Organisationsdiagnose, Mitarbeiterbefragungen, Change Management, Projekt- und Prozessmanagement, Bereichs- und Teamentwicklung.

Alfred Oppolzer
Hamburger Universität für Wirtschaft und Politik (HWP)
Rentzelstraße 7
20146 Hamburg

Geboren 1946, Dr. phil. habil., M.A., Studium der Soziologie, Psychologie, Politologie; Promotion in Industriesoziologie, Habilitation für Arbeitswissenschaft. Professor im Fachgebiet Soziologie der HWP; Arbeitsschwerpunkte: Arbeits- und Gesundheitswissenschaften, Arbeitsschutz und Gesundheitsförderung, Arbeits- und Organisationssoziologie.

Heinz Otten
Hauptverband der gewerblichen Berufsgenossenschaften (HVBG)
Referat Berufskrankheiten II und Zentrale Betreuungsstelle Wismut (ZeBWis)
Alte Heerstr. 111
53757 Sankt Augustin

Geboren 1952, Dr. rer. nat., Studium der Psychologie in Bonn und Trier, wissenschaftliche Tätigkeiten an der Universität Bonn (Psychologie und Medizinische Universitätsklinik) und beim (ehemaligen) Bundesgesundheitsamt Berlin, seit 1991 beim HVBG, Referatsleiter, Arbeitsschwerpunkte: arbeitsmedizinische Vorsorge, Früherkennung von Krebserkrankungen, Surveillance-Systeme.

Holger Pfaff
Universität zu Köln, Abt. Medizinische Soziologie der Medizinischen Fakultät
Joseph- Stelzmann-Str. 9
50924 Köln

Geboren 1956, Dr. phil., Studium der Verwaltungs- und Sozialwissenschaften in Erlangen, Konstanz, Ann Arbor Michigan, Professor für Medizinische Soziologie in der Abteilung Medizinische Soziologie des Instituts für Arbeits- und Sozialmedizin, Sprecher des Zentrums für Versorgungsforschung, Köln (ZVFK) der Medizinischen Fakultät; stellvertretender Vorsitzender der Deutschen Gesellschaft für Medizinische Soziologie; Arbeitsschwerpunkte: Arbeit und Gesundheit, Betriebliches Gesundheitsmanagement, Sozialepidemiologie, Krankenhausforschung, Versorgungsforschung.

Frank Pühlhofer
Universität zu Köln, Institut für Arbeits- und Sozialmedizin
Medizinische Soziologie
Joseph-Stelzmann-Str. 9
50924 Köln

Geboren 1971, Studium der Sozialwissenschaften an der Friedrich-Alexander-Universität Erlangen-Nürnberg Arbeitsschwerpunkt: Wirtschafts- u. Organisationssoziologie, Empirische Sozialforschung.

Gottfried Richenhagen
Ministerium für Arbeit und Soziales, Qualifikation und Technologie des Landes Nordrhein-Westfalen
Horionplatz 1
40213 Düsseldorf

Geboren 1954, Studium der Mathematik, Informatik und Didaktik in Bonn und Bielefeld. Seit 1999 Referatsleiter „Arbeitsorganisation und Grundsatzfragen“ im Ministerium für Arbeit und Soziales, Qualifikation und Technologie NRW. Autor zahlreicher Publikationen zum Themenfeld Gesundheit bei der Arbeit.

Gregor Richter
Universität der Bundeswehr München
Institut für Soziologie und Gesellschaftspolitik
85577 Neubiberg

Geboren 1969, Dipl.-Soz., Studium der Soziologie, Volkwirtschaftslehre und Statistik an der Ludwig-Maximilians-Universität München, seit 1997 Wissenschaftlicher Mitarbeiter am Lehrgebiet "Sozialpolitik & Organisation Sozialer Dienstleistungen" an der Universität der Bundeswehr München; Arbeitsschwerpunkte: Management- und Entwicklungsfragen in der Sozialwirtschaft, Dritte-Sektor-Organisationen im europäischen Integrationsprozess, Organisationssoziologie.

Bettina Schmidt
Bundeszentrale für gesundheitliche Aufklärung
Ostmerheimer Str. 220
51109 Köln

Geboren 1967, Dr. Public Health, Dipl. Soz.-Wiss., MPH, derzeit tätig als Referentin in der Bundeszentrale für gesundheitliche Aufklärung in der Abteilung „Prävention von Krankheiten und Missbrauchsverhalten/Sucht'" im Referat „Primärprävention von Sucht illegaler Drogen". Zur zeit beurlaubt als wissenschaftliche Assistentin an der Universität Bielefeld, Fakultät für Gesundheitswissenschaften, Arbeitsgruppe „Prävention und Gesundheitsförderung", Arbeitsschwerpunkte: Gesundheitsförderung und Prävention, Suchtforschung zu legalen und illegalen Drogen, Gesundheits- und Drogenpolitik.

Peter-Ernst Schnabel
Universität Bielefeld, Fakultät für Gesundheitswissenschaften
School of Public Health
Postfach 10 01 31
33501 Bielefeld

Geboren 1943, Dr. phil, Studium der Soziologie, Psychologie, Politikwissenschaft und Philosophie in Hamburg und Berlin, Professor an der Fakultät für Gesundheitswissenschaften der Universität Bielefeld, Mitarbeiter der Arbeitsgruppe Prävention und Gesundheitsförderung, Fakultätsbeauftragter für Lehre, Geschäftsführer der Kontaktstelle für Wissenschaft und Praxis, Arbeitsschwerpunkte: Theorie der Gesundheitswissenschaften, Modelle der Krankheits- und Gesundheitsentstehung, Sozialisationsforschung, konzeptionelle und strategische Fragen der Gesundheitsförderung

Thomas Schott

Universität Bielefeld, Fakultät für Gesundheitswissenschaften
School of Public Health
Postfach 10 01 31
33501 Bielefeld

Geboren 1949, Dr. Public Health., Studium der Soziologie, Wirtschaftswissenschaften, Politikwissenschaften in Karlsruhe und Konstanz, Wiss. Angestellter an der Fakultät für Gesundheitswissenschaften der Universität Bielefeld; Leiter des Arbeitsfeldes Rehabilitation; stellvertretender Sprecher des Nordrhein-Westfälischen Forschungsverbunds Rehabilitationswissenschaften. Arbeitsschwerpunkte: Sozialepidemiologie, Versorgungsforschung, Evaluationsforschung, Rehabilitation.

Wolfgang Slesina

Sektion Medizinische Soziologie
Medizinische Fakultät
Martin-Luther-Universität Halle-Wittenberg
Postfach 302
06097 Halle (S)

Geboren 1943, Dr. rer. soc., Studium der Soziologie, Psychologie und Politischen Wissenschaft in Berlin; Promotion Univ. Bielefeld; Habilitation Univ. Düsseldorf; Lehrstuhl für Medizinische Soziologie an der Universität Halle-Wittenberg; Sprecher des Forschungsverbunds Rehabilitationswissenschaften Sachsen-Anhalt/Mecklenburg-Vorpommern. Arbeitsschwerpunkte: Rehabilitationsforschung, Arbeit und Gesundheit, Gesundheitsförderung, Selbsthilfegruppen.

Ulla Vogt

Universität Bielefeld, Fakultät für Gesundheitswissenschaften
School of Public Health
Postfach 10 01 31
33501 Bielefeld

Geboren 1963, Studium der Soziologie an der Universität Bielefeld, von 1996 bis 2002 wissenschaftliche Mitarbeiterin an der Fakultät für Gesundheitswissenschaften der Universität Bielefeld in den Forschungsprojekten „Gesundheitsförderung im Krankenhaus - Gesundheitszirkel mit Ärzten und ihre Evaluation" und „Gesundheitsprojekt Betriebe Bethel". Arbeitsschwerpunkte: Betriebliche Gesundheitsförderung, freiberufliche Trainerin für Betriebliches Gesundheitsmanagement.

Uta Walter

Universität Bielefeld, Fakultät für Gesundheitswissenschaften
School of Public Health
Postfach 10 01 31
33501 Bielefeld

Geboren 1962, Diplom- Biologin; Studium der Biologie in Bielefeld; von 1990 bis 1999 Tätigkeit im Bereich Umweltanalytik und -gutachten (Institut für Umwelt-Analyse GmbH); von 1997 bis 1999 berufsbegleitendes Studium der Gesundheitswissenschaften in Bielefeld; seit 1999 Wissenschaftliche Angestellte an der Fakultät für Gesundheitswissenschaften, Arbeitsgruppe Bernhard Badura. Arbeitsschwerpunkte: Betriebliches Gesundheitsmanagement, Evaluationsforschung, Gesunde Organisation.

Herbert Weisbrod-Frey

Vereinte Dienstleistungsgewerkschaft (ver.di), Bundesverwaltung,
Abteilung Gesundheitspolitik
Potsdamer Platz 10
10785 Berlin

Geboren 1950, Lehrer für Pflegeberufe, seit 1987 Gewerkschaftssekretär in Heidelberg und ab 1989 Leiter der Abteilung Gesundheitswesen bei der ÖTV Baden-Württemberg,1999 Referatsleiter Gesundheitspolitik und Arbeitsschutz bei der ÖTV Hauptverwaltung und anschließend Bereichsleiter Gesundheitspolitik in der ver.di Bundesverwaltung. Von 1999 bis 2002 Leiter des Gewerkschaftsprojekts „Effiziente Organisations- und Führungsformen zur betrieblichen Gesundheitsförderung.“

Ute Westerhoff

BKK Bundesverband
Abteilung Gesundheit
Kronprinzenstr. 6
45128 Essen

Geboren 1958; Lehramtsstudium Sportwissenschaft und Anglistik Sek.II/I in Bonn, Leitung des Sportunterrichts für Auszubildende bei der Firma Henkel, Düsseldorf sowie Durchführung von Maßnahmen zur Gesundheitsförderung im Unternehmen; Tätigkeit als Referentin beim BKK Bundesverband im Bereich betrieblicher Gesundheitsförderung; Arbeitsschwerpunkte: Psychische Belastungen, Stressmanagement, Gesundheitsgerechte Mitarbeiterführung, Koordinierung des Netzwerks „Unternehmen für Gesundheit“, Führungskräftetrainings.

Erika Zoike

BKK Bundesverband
Betriebliche Gesundheitsförderung
Kronprinzenstr. 6
45128 Essen

Geboren 1951; Diplom-Sozialwissenschaftlerin, Referatsleiterin für Gesundheitsforschung und Statistik Forschungsprojekte zu arbeits(mit)bedingten Gesundheitsgefahren, Gesundheitsberichterstattung, branchenbezogene Krankheitsartenstatistik, Frauengesundheit.

6 Anhang

Fragebogen zum Betrieblichen Gesundheitsmanagement

Projekt: „Gesundheitszirkel als Beteiligungs- und Gestaltungsmodell“

Wissenschaftliche Leitung der Fragebogenaktion:
Herr Prof. Dr. Peter Mustermann
Frau Dipl. soz. Erika Musterfrau
Frau Dipl. soz. Heide Beispiel
Universität Musterstadt

Zum Anlass des Fragebogens:

Ihr Krankenhaus ist nicht nur eine Einrichtung, in der geboren, gepflegt und gestorben wird - es ist auch Ihr Arbeitsplatz und somit ein Stück Ihrer Lebensumwelt. Mit mehr als einer Million Mitarbeiterinnen und Mitarbeitern gehört der Krankenhaussektor in der Bundesrepublik zu einem der bedeutendsten Beschäftigungsbereiche.

Die Projektgruppe „Betriebliches Gesundheitsmanagement“ arbeitet seit Dezember 2003 in Ihrem Krankenhaus. Das Ziel ist es, mehr über Ihre Arbeitssituation, Ihre Arbeitsorganisation und Ihre Arbeitszufriedenheit zu erfahren. In Gesundheitszirkeln werden Sie dann die Möglichkeit haben, gemeinsam Verbesserung für einzelne Problemfelder zu erarbeiten.

Für die Arbeit in den Gesundheitszirkeln ist eine ausreichende und gesicherte Informationsbasis über Ihr Krankenhaus insgesamt, sowie speziell über die Arbeitssituation in der Pflege notwendig. Diese Informationsbasis sollen die Ergebnisse der Ihnen vorliegenden Befragung liefern.

Zur Auswertung des Fragebogens:

Ausgewertet wird dieser Fragebogen durch die oben genannten Mitarbeiter der Fakultät der Universität Musterstadt. In den Gesundheitszirkeln sollen anschließend vor allem Vorschläge zur Verbesserung der sozialen und arbeitsorganisatorischen Aspekte der Zusammenarbeit innerhalb der eigenen sowie die Zusammenarbeit mit anderen Berufsgruppen verbessert werden. Dieser Fragebogen gibt Ihnen zunächst Gelegenheit, Ihre Arbeitssituation zu bewerten. Ihre Anregungen zu Verbesserungen werden in jedem Fall bei der Themenauswahl in den Gesundheitszirkeln berücksichtigt. Außerdem informieren wir Sie schriftlich bzw. im Rahmen einer Veranstaltung über die Befragungsergebnisse.

Unsere Bitte an Sie:

Bitte füllen Sie den Fragebogen vollständig aus, auch wenn Ihnen einzelne Fragen als umständlich oder überflüssig erscheinen. Teilen Sie uns Ihre Kritik und Ihre Anmerkungen am Ende des Fragebogens mit. Geben Sie den Fragebogen bitte bis spätestens 22. Dezember 2002 in dem beigefügten, adressierten Umschlag verschlossen über Ihre Hauspost oder direkt an uns zurück.

Zum Datenschutz:

Ihre Angaben werden streng vertraulich und entsprechend den gesetzlichen Bestimmungen zum Datenschutz behandelt. Die Fragebögen gehen den oben genannten Mitarbeitern der Universität Musterstadt in ungeöffneten Umschlägen zu. Die Daten werden von uns

- in anonymisierter Form gespeichert,
- für Gruppen zusammengefasst und
- per EDV ausgewertet und dargestellt.

Wir möchten nicht versäumen, Sie darauf hinzuweisen, dass es sich bei der Fragebogenaktion nicht um eine Befragung Ihres Arbeitgebers handelt, sondern dieser Fragebogen von den obengenannten wissenschaftlichen Mitarbeitern der Universität Musterstadt erarbeitet wurde und auch ausgewertet wird. Wir versichern Ihnen, dass weder einzelne Datensätze noch Informationen irgendwelcher Art von uns an Ihren Arbeitgeber weitergegeben werden.

Für den Fall, dass Sie Fragen zu dem Projekt allgemein oder zum Ausfüllen des Fragebogens haben sollten, rufen sie uns einfach an oder schicken uns eine Mail an die untenstehende Adresse.

- Tel.: Prof. Dr. Peter Mustermann 01234 - 5678910 (Peter.Mustermann@uni-musterstadt.de)
- Tel.: Dipl. soz. Erika Musterfrau 01234 - 5678911 (Erika.Musterfrau@uni-musterstadt.de)
- Tel.: Dipl. soz. Heide Beispiel 01234 - 5678912 (Heide.Beispiel@uni-musterstadt.de)

Für Ihre Unterstützung und Ihre Mitarbeit bedanken wir uns schon jetzt recht herzlich.

Hinweise zum Ausfüllen des Fragebogens

- beantworten Sie die Fragen bitte in der Reihenfolge ihrer Nummerierung
- geschätzte Angaben sind besser als keine Antworten
- beantworten Sie die Fragen bitte vollständig

- Bitte kreuzen Sie in jeder Zeile nur ein Kästchen an

Beantworten Sie Fragen ohne vorgegebene Antwortmuster bitte frei nach Ihren Vorstellungen.

Zur besseren Lesbarkeit haben wir im Fragebogen vorwiegend die männliche Sprachform verwendet. Gemeint sind jedoch immer sowohl Männer wie auch Frauen in Ihrem Unternehmen. Wir bitten um Ihr Verständnis.

Folgende Themen werden mit diesem Fragebogen erfasst:

Frage B1:	„Belastungen und Belastungserleben im Arbeitsalltag“
Frage C1:	„Handlungsspielraum“
Frage C2:	„Häufigkeit kognitiver Anforderungen bei der Arbeit“
Frage C3:	„Qualifikationsanforderungen“ (hier: Anforderungsprofil hinsichtlich Über-/Unterforderung)
Frage C4:	„Soziale Unterstützung durch Kollegen“
Frage C6:	„Informationsfluss/ Orientierung“
Frage C8:	„Transparenz am Arbeitsplatz“
Frage C9:	„Belastungshäufigkeit und -intensität“ (Arbeitsablauf, Arbeitsorganisation, Beeinträchtigung im Privatleben, Patienten-/ Angehörigenverhalten, Zusammenarbeit, strukturelle Bedingungen)
Frage C10:	„Belastungen und Belastungserleben im Arbeitsalltag“
Frage E1:	„Institutionelle Verbundenheit“
Frage E4:	„Teamzusammenhalt“
Frage F1:	„Subjektives psychosoziales Wohlbefinden"
Frage F2:	„Körperliche Beschwerden“: (Freiburger Beschwerden-Inventar, Kurzfassung)
Frage F3:	“Burnout”(Maslach-Burnout-Inventory).
Frage G1:	„Führungsverhalten“

Fragen zur Arbeitszeit

A 1	In welchem Schichtsystem arbeiten Sie üblicherweise?	
		bitte nur eine Antwort ankreuzen
1.	Nur Tagesdienst	☐
2.	Nur Frühdienst	☐
3.	Nur Spätdienst	☐
4.	Nur Nachtwache	☐
5.	Dreischichtsystem	☐
6.	Anderes Arbeitszeitsystem:	

A 2	Wenn Sie im Wechseldienst arbeiten, wie oft wechseln Sie die Schicht im Monat ?	
		bitte nur eine Antwort ankreuzen
1.	Trifft auf meinen Arbeitsplatz nicht zu	☐
2.	Wechsel 7-tägig bis 14-tägig	☐
3.	Wechsel einmal pro Woche	☐
4.	Wechsel mehr als einmal pro Woche	☐
5.	Täglicher Wechsel	☐

A 3	Können Sie auf die Dienstplangestaltung Einfluss nehmen?	
		bitte nur eine Antwort ankreuzen
1.	regelmäßig	☐
2.	eher selten	☐
3.	nie	☐

A 4	Welche der folgenden Möglichkeiten zum Tausch von Schichten haben Sie in der Regel?	
		bitte nur eine Antwort ankreuzen
1.	Trifft auf meinen Arbeitsplatz nicht zu	☐
2.	Keine Tauschmöglichkeit	☐
3.	Nur in Ausnahmesituationen	☐
4.	Auf schriftlichen Antrag	☐
5.	Nach Rückfrage und Genehmigung durch Vorgesetzte	☐
6.	In Absprache mit Kollegen	☐

A 5	**Wie oft im Monat haben Sie durchschnittlich das gesamte Wochenende dienstfrei?** Erklärung: Als gesamtes Wochenende gilt die ununterbrochene, dienstfreie Zeit von Freitag (Dienstschluss vor 24 Uhr) bis Montag (Dienstanfang nach 5 Uhr)	
		bitte nur eine Antwort ankreuzen
1.	So gut wie jedes Wochenende	☐
2.	Dreimal in vier Wochen	☐
3.	Zweimal in vier Wochen	☐
4.	Einmal in vier Wochen	☐
5.	So gut wie kein Wochenende	☐

A 6	**Wie viel bezahlte und unbezahlte Überstunden leisten Sie durchschnittlich im Monat?**	
		Bitte geben Sie die Anzahl der Stunden an
1.	Bezahlte Überstunden	Stunden
2.	Unbezahlte Überstunden (nicht in Freizeit ausgleichbar)	Stunden
3.	Ausgleichbare Überstunden	Stunden

A 7	**Wann leisten Sie in der Regel Überstunden?**						
		Trifft nicht zu	sehr oft	oft	manch-mal	selten	nie
1.	An Wochentagen	☐	☐	☐	☐	☐	☐
2.	Am Wochenende	☐	☐	☐	☐	☐	☐
3.	Am Abend bis 22 Uhr	☐	☐	☐	☐	☐	☐
4.	In der Nacht von 22 bis 6 Uhr	☐	☐	☐	☐	☐	☐

A 8	**Im folgenden finden Sie einige allgemeine Aussagen dazu, warum Überstunden anfallen. Sagen Sie uns bitte, inwieweit diese Ihrer Ansicht nach zutreffen**				
		Trifft zu	Trifft eher zu	Trifft eher nicht zu	Trifft nicht zu
1.	Bei uns fallen häufig Kollegen aus	□	□	□	□
2.	Angeordnete Überstunden sind eigentlich nicht immer notwendig	□	□	□	□
3.	Andere Berufsgruppen nehmen in ihrer Arbeitsorganisation zu wenig Rücksicht auf unsere Arbeitszeiten	□	□	□	□
4.	Innerhalb der Berufsgruppen wird zuwenig Rücksicht auf Arbeitszeiten genommen	□	□	□	□
5.	Während der normalen Arbeitszeit kommt man häufig nicht dazu, bestimmte Tätigkeiten ungestört zu erledigen	□	□	□	□

A 9	**Wie viel bezahlte und unbezahlte Überstunden leisten Sie durchschnittlich im Monat?**	
		Bitte tragen Sie die Anzahl der Dienste ein
1.	Anzahl der Bereitschaftsdienste	
2.	Anzahl der Rufbereitschaftsdienste	

Fragen zum Arbeitsumfeld

B 1 Inwieweit treffen die folgenden aufgelisteten Probleme auf Sie zu und belasten Sie?

		Trifft nicht zu	Trifft zu und belastet mich: kaum	etwas	mäßig	eher stark	stark
1.	Meine Arbeit ist durch beengte Verhältnisse in den Krankenzimmern geprägt.	☐	☐	☐	☐	☐	☐
2.	Wir haben für Schwerkranke und schwierige Patienten nicht genug Einzelzimmer	☐	☐	☐	☐	☐	☐
3.	Mir fehlt ein ruhiger Raum, in dem wir Kollegen ungestört miteinander sprechen können	☐	☐	☐	☐	☐	☐
4.	Unsere Arbeit ist dadurch beeinträchtigt, dass die Patienten keinen Aufenthaltsraum haben	☐	☐	☐	☐	☐	☐

B 2	**Wie zufrieden sind Sie mit den folgenden Bedingungen in Ihrem Arbeitsumfeld und an Ihrem persönlichen Arbeitsplatz?**				
		sehr zufrieden	eher zufrieden	eher unzufrieden	ganz und gar unzufrieden
1.	Mit der natürlichen und/oder künstlichen Beleuchtung an Ihrem Arbeitsplatz?	☐	☐	☐	☐
2.	Mit den raumklimatischen Bedingungen am Arbeitsplatz (Zugluft, Temperatur, Staub)?	☐	☐	☐	☐
3.	Mit der Gestaltung der Möbel am Arbeitsplatz?	☐	☐	☐	☐
4.	Mit Maßnahmen der Schalldämmung in Ihrem Arbeitsbereich? (Lärmbelastung)	☐	☐	☐	☐
5.	Mit den räumlichen Bedingungen am Arbeitsplatz?	☐	☐	☐	☐
6.	Mit den krankenhausinternen Kommunikationssystemen (Telefon, Rufgeräte)?	☐	☐	☐	☐
7.	Mit dem Orientierungssystem (Wegweisung)?	☐	☐	☐	☐
8.	Mit den krankenhausinternen Transportsystemen?	☐	☐	☐	☐
9.	Mit der Materialbeschaffenheit hinsichtlich Reinigung und Desinfektion in Ihrem Arbeitsbereich?	☐	☐	☐	☐

B 3	**Wie hoch schätzen Sie Ihre persönliche Gesundheitsgefährdung am Arbeitsplatz durch die folgenden Faktoren ein?**				
		sehr gering	eher gering	eher hoch	sehr hoch
1.	Durch allergene Stoffe	☐	☐	☐	☐
2.	Durch kanzerogene Stoffe	☐	☐	☐	☐
3.	Durch gen- und fruchtschädigende Substanzen	☐	☐	☐	☐
4.	Durch Kontakt mit infektiösem Material	☐	☐	☐	☐
5.	Durch rauchende Kollegen/Vorgesetzte	☐	☐	☐	☐
6.	Durch rauchende Patienten	☐	☐	☐	☐

Fragen zur Arbeitstätigkeit

C 1 Bei den folgenden Fragen zu bestimmten Merkmalen Ihrer beruflichen Tätigkeit geben Sie bitte an, in welchem Ausmaß diese Merkmale auf Sie zutreffen

		in hohem Maße 7	6	5	4	3	2	überhaupt nicht 1
1.	Haben Sie Einfluss darauf, welche Arbeit Ihnen zugeteilt wird?	☐	☐	☐	☐	☐	☐	☐
2.	Können Sie die Reihenfolge der Arbeitsschritte selbst festlegen?	☐	☐	☐	☐	☐	☐	☐
3.	Bietet Ihre Arbeit Ihnen die Möglichkeit zu eigenen Entscheidungen?	☐	☐	☐	☐	☐	☐	☐
4.	Können Sie selber bestimmen, auf welche Art und Weise Sie Ihre Arbeit erledigen?	☐	☐	☐	☐	☐	☐	☐
5.	Können Sie Ihre Arbeit selbständig planen und einteilen	☐	☐	☐	☐	☐	☐	☐

C 2 Wie zufrieden sind Sie mit den folgenden Bedingungen in Ihrem Arbeitsumfeld und an Ihrem persönlichen Arbeitsplatz?

		sehr häufig	häufig	selten	so gut wie nie
1.	Müssen Sie bei Ihrer Tätigkeit Informationen und Werte im Kopf behalten, die man sich schwer merken kann?	☐	☐	☐	☐
2.	Wie häufig stehen Sie unter Zeitdruck?	☐	☐	☐	☐
3.	Wie häufig müssen Sie sich bei Ihrer Tätigkeit stark konzentrieren?	☐	☐	☐	☐
4.	Verlangt Ihre Tätigkeit schnelle Reaktionen?	☐	☐	☐	☐
5.	Wie oft kommt es vor, dass Sie sich längere Zeit konzentrieren müssen, ohne dass etwas passiert, und dann müssen Sie schnell reagieren?	☐	☐	☐	☐
6.	Wie oft kommt es vor, dass Sie eine begonnene Arbeit unterbrechen müssen, weil Sie z.B. aktuell bei einer anderen Tätigkeit benötigt werden?	☐	☐	☐	☐

C 3	**Einige weitere Fragen zu den Anforderungen bei Ihrer Arbeit. In welchem Maße ....**							
		in hohem Maße						über haupt nicht
		7	6	5	4	3	2	1
1.	Können Sie bei Ihrer jetzigen Arbeit Ihr Wissen und Können voll einsetzen?	☐	☐	☐	☐	☐	☐	☐
2.	Inwieweit erhalten Sie spezielle Aufgaben, die ungewöhnlich und besonders schwierig sind.?	☐	☐	☐	☐	☐	☐	☐
3.	Wenn Sie Ihre Tätigkeit insgesamt betrachten - werden von Ihnen hohe Qualifikationen verlangt?	☐	☐	☐	☐	☐	☐	☐
4.	Müssen Sie bei Ihrer Arbeit viel Neues dazulernen (z.B. neue Verfahren und Techniken)	☐	☐	☐	☐	☐	☐	☐

C 4	**Wenn Sie an die gegenseitige Unterstützung bei der Arbeit denken, wie sind Ihre Erfahrungen?**				
		sehr häufig	häufig	selten	so gut wie nie
1.	Können andere Ihnen bei Ihrer Arbeitsaufgabe helfen?	☐	☐	☐	☐
2.	Wird Ihnen geholfen, wenn Sie Probleme mit der Arbeit haben?	☐	☐	☐	☐
3.	Können Sie Anteile Ihrer Arbeit an andere Personen delegieren?	☐	☐	☐	☐

C 5 Wie häufig nehmen Sie an folgenden Aktivitäten teil?

		wird nicht angeboten	sehr häufig	häufig	selten	so gutwie nie
1.	Supervision	☐	☐	☐	☐	☐
2.	Team-/ Gruppen-/ Abteilungsbesprechungen	☐	☐	☐	☐	☐
3.	Externe Fortbildung	☐	☐	☐	☐	☐
4.	Krankenhausinterne Fortbildung	☐	☐	☐	☐	☐
5.	Treffen meiner Pflegegruppe/ Abteilung, außerhalb der Dienstzeit	☐	☐	☐	☐	☐
6.	Treffen meiner Berufsgruppe, außerhalb der Dienstzeit	☐	☐	☐	☐	☐

C 6 Bei meiner Arbeit ...

		sehr häufig	häufig	selten	so gutwie nie
1.	fehlen mir, um sie gut zu machen, ausreichende Informationen	☐	☐	☐	☐
2.	werde ich durch unklare Zuständigkeiten behindert	☐	☐	☐	☐
3.	wollen mehrere Leute gleichzeitig etwas von mir	☐	☐	☐	☐
4.	müsste ich mich zerreißen, wollte ich es allen recht machen	☐	☐	☐	☐
5.	erhalte ich von Vorgesetzten widersprüchliche Anweisungen	☐	☐	☐	☐

C 7	Bei meiner Arbeit ist mir persönlich wichtig ...				
		sehr häufig	häufig	selten	so gut wie nie
1.	die reibungslose Zusammenarbeit mit den Kollegen/ im Team	☐	☐	☐	☐
2.	den Patienten geholfen zu haben	☐	☐	☐	☐
3.	die Anerkennung meiner Tätigkeit in der Öffentlichkeit	☐	☐	☐	☐
4.	das Gefühl, auch mal schwierige Situationen zu beherrschen	☐	☐	☐	☐
5.	ein innerer Stolz	☐	☐	☐	☐
6.	das Gefühl, im eigenen Arbeitsbereich ein Experte zu sein	☐	☐	☐	☐
7.	eine positive Rückmeldung durch die Arbeitskollegen	☐	☐	☐	☐
8.	eine positive Rückmeldung durch meine Vorgesetzten	☐	☐	☐	☐
9.	eine positive Rückmeldung durch das ärztliche Personal	☐	☐	☐	☐
10.	eine positive Rückmeldung durch andere Berufsgruppen	☐	☐	☐	☐
11.	eine positive Rückmeldung durch die Patienten	☐	☐	☐	☐

C 8	Bei meiner Arbeitsaufgabe ...				
		sehr häufig	häufig	selten	so gutwie nie
1.	übersieht man recht gut, wie die Ergebnisse sind	☐	☐	☐	☐
2.	weiß man genau, was man eigentlich tut	☐	☐	☐	☐
3.	weiß man genau, was die anderen Mitarbeiter und Kollegen tun	☐	☐	☐	☐
4.	ist man gut darüber informiert, was in anderen Abteilungen/ Pflegegruppe getan wird	☐	☐	☐	☐

C 9 Sie finden im folgenden eine Liste mit Belastungssituationen, die in Ihrem Stationsalltag vorkommen könnten.

Bitte entscheiden Sie für jede Situation, ob sie auf Sie zutrifft oder nicht. Wenn ja, kreuzen Sie an, wie stark Sie sich dadurch belastet fühlen. Wenn nein, machen sie ein Kreuz bei „trifft nicht zu".

			trifft zu und belastet mich ...				
		trifft nicht zu	kaum 1	2	3	4	sehr stark 5
1.	Mit manchen Patienten ist die sprachliche Verständigung schwierig	☐	☐	☐	☐	☐	☐
2.	Ich habe mit Patienten zu tun, die völlig verschlossen sind	☐	☐	☐	☐	☐	☐
3.	Manche Patienten klammern sich sehr stark an mich an	☐	☐	☐	☐	☐	☐
4.	Es kommt vor, dass Patienten mit vor-wurfsvoll gegenüber-treten, weil die Therapie keinen rechten Erfolg zeigt	☐	☐	☐	☐	☐	☐
5.	Ich muss zuweilen mit Patienten zurechtkommen, die aggressiv sind	☐	☐	☐	☐	☐	☐
6.	Es gibt Patienten, die alles überprüfen möchten, was ich tue	☐	☐	☐	☐	☐	☐
7.	Ich habe mit Patienten zu tun, die von sich aus zu wenig zur Behandlung beitragen	☐	☐	☐	☐	☐	☐
8.	Manche Angehörige trauen es uns einfach nicht zu, den Patienten optimal zu versorgen	☐	☐	☐	☐	☐	☐
9.	Es kommt vor, dass unsere Arbeit durch zu häufige Besuche von Angehörigen behindert wird	☐	☐	☐	☐	☐	☐

C 9 Fortsetzung

	trifft nicht zu	trifft zu und belastet mich ... kaum 1	2	3	4	sehr stark 5
10. Ich sehe zuweilen, dass Kollegen wenig einfühlsam mit schwerkranken Patienten umgehen	☐	☐	☐	☐	☐	☐
11. Im Kreise meiner Kollegen ist es nicht üblich, über persönliche Gefühle zu sprechen	☐	☐	☐	☐	☐	☐
12. Ich habe wenig Freiraum, eigenverantwortliche Entscheidungen zu treffen	☐	☐	☐	☐	☐	☐
13. Manche Patienten erfahren zu wenig Unterstützung von ihren Angehörigen	☐	☐	☐	☐	☐	☐
14. Ich habe zuweilen mit Patienten zu tun, die mich an mir nahestehende Personen erinnern	☐	☐	☐	☐	☐	☐
15. Ich verbringe zuviel Zeit mit Büroarbeiten	☐	☐	☐	☐	☐	☐
16. Ich fühle mich zuweilen unterfordert durch Tätigkeiten, die nicht meiner Ausbildung entsprechen	☐	☐	☐	☐	☐	☐
17. Ich habe zuwenig Zeit, auf die persönlichen Probleme einzelner Patienten einzugehen.	☐	☐	☐	☐	☐	☐
18. Es kommt immer wieder vor, dass ich aus dem Gespräch mit einem Patienten herausgerissen werde	☐	☐	☐	☐	☐	☐
19. Bei uns klingelt zu oft das Telefon	☐	☐	☐	☐	☐	☐
20. Meine Vorschläge zur Pflege einzelner Patienten werden zuwenig berücksichtigt	☐	☐	☐	☐	☐	☐
21. Aus meiner Sicht kümmern sich einige Mitglieder anderer Berufsgruppen zuwenig um die Patienten	☐	☐	☐	☐	☐	☐

C 9 Fortsetzung

	trifft nicht zu	trifft zu und belastet mich ... kaum 1	2	3	4	sehr stark 5
22. Manchmal kritisieren mich Mitglieder anderer Berufsgruppen in Gegenwart eines Patienten	☐	☐	☐	☐	☐	☐
23. Ich muss immer wieder Tätigkeiten übernehmen, bei denen ich mich frage, ob sie eigentlich in meinen Zuständigkeitsbereich fallen	☐	☐	☐	☐	☐	☐
24. Meine Arbeit ist körperlich anstrengend	☐	☐	☐	☐	☐	☐
25. Bei manchen Patienten erscheint mir der Einsatz bestimmter diagnostischer Maßnahmen nicht sinnvoll	☐	☐	☐	☐	☐	☐

C 10 Inwieweit treffen die im folgenden aufgelisteten Probleme auf Sie zu und belasten Sie?

	trifft nicht zu	trifft zu und belastet mich ... kaum 1	2	3	4	sehr stark 5
1. Der Kontakt zu meinen Freunden und Bekannten leidet immer wieder unter meinen unregelmäßigen Dienstzeiten.	☐	☐	☐	☐	☐	☐
2. Zeitweilig bin ich in meine Arbeit so ein-gespannt, dass ich mich meiner Familie/ meinen Freunden nicht genug widmen kann	☐	☐	☐	☐	☐	☐
3. Manche Krise mit meiner Familie/ meinen Freunden ist auf meine Arbeitssituation zurückzuführen	☐	☐	☐	☐	☐	☐

Fragen zum Technikeinsatz

D 1	**In welchem Umfang können Sie die Ausstattung Ihres Arbeitsplatzes mitbestimmen, wenn es um die Anschaffung von Arbeitsmitteln, wie Kleinmaterial usw. geht?**	
		bitte nur eine Antwort ankreuzen
1.	Trifft für meinen Arbeitsplatz nicht zu	☐
2.	Ich kann allein oder mit anderen Kollegen selbst bestimmen	☐
3.	Ich kann Vorschläge machen und mitbestimmen	☐
4.	Ich werde informiert, aber kann nicht mitbestimmen	☐
5.	Ich werde vor vollendete Tatsachen gestellt	☐

Fragen zur Arbeitssituation

E 1	**Bei den folgenden Fragen zu Ihrer Arbeitssituation geben Sie bitte an, in wieweit diese auf Sie zutreffen.In welchem Maße....**							
		in hohem Maße 7	6	5	4	3	2	überhaupt nicht 1
1.	fühlen Sie sich dem Krankenhaus verbunden?	☐	☐	☐	☐	☐	☐	☐
2.	kommt Ihre Stelle und die damit verbundenen Aufgaben Ihrem professionellen Selbstverständnis entgegen?	☐	☐	☐	☐	☐	☐	☐
3.	sind Sie über alles, was in Ihrer Abteilung vorgeht , informiert?	☐	☐	☐	☐	☐	☐	☐
4.	spielt Verantwortungsbewusstsein und Pflichtgefühl gegenüber dem Krankenhaus bei der Aufgabenerfüllung eine Rolle?	☐	☐	☐	☐	☐	☐	☐
5.	sind Sie bereit, sich für Ihr Krankenhaus einzusetzen?	☐	☐	☐	☐	☐	☐	☐
6.	sind Sie mit Ihrem Aufgabengebiet zufrieden?	☐	☐	☐	☐	☐	☐	☐

E 2	**Wie beurteilen Sie den Umgangston an Ihrem Arbeitsplatz?**			
sehr gut	gut	normal	weniger gut	schlecht
☐	☐	☐	☐	☐

E 3	**Wie häufig sind Sie in Ihrem Arbeitsbereich von Spannungen zwischen den Berufsgruppen betroffen ?**		
sehr häufig	häufig	selten	so gut wie nie
☐	☐	☐	☐

Wenn Sie nicht von Spannungen am Arbeitsplatz betroffen sind, gehen Sie bitte über zu Frage E 4

E 3a	**Wenn Sie von Spannungen am Arbeitsplatz betroffen sind, wie häufig zeigen sich diese**				
		sehr häufig	häufig	selten	so gut wie nie
1.	innerhalb der eigenen Gruppe	☐	☐	☐	☐
2.	zwischen der eigenen Gruppe und dem Laborpersonal	☐	☐	☐	☐
3.	zwischen der eigenen Gruppe und dem ärztlichem Personal	☐	☐	☐	☐
4.	zwischen der eigenen Gruppe und dem Pflegedienst	☐	☐	☐	☐
5.	zwischen der eigenen Gruppe und der Verwaltung	☐	☐	☐	☐
6.	zwischen der eigenen Gruppe und dem Wirtschaftsdienst	☐	☐	☐	☐
7.	zwischen der eigenen Gruppe und dem Technischen Dienst	☐	☐	☐	☐
8.	zwischen Pflegegruppen und den Funktionsdiensten	☐	☐	☐	☐

E 4	**Nun einige Fragen zu den Kollegen an Ihrem unmittelbaren Arbeitsplatz. Wie stark stimmen Sie folgenden Aussagen zu?**				
		stimme voll und ganz zu	stimme eher zu	stimme eher nicht zu	stimme überhaupt nicht zu
1.	wir halten gut zusammen	☐	☐	☐	☐
2.	bei uns steht keiner außerhalb	☐	☐	☐	☐
3.	wenn ich könnte, würde ich meinen Arbeitsplatz wechseln, um mit angenehmeren Leuten zusammenzuarbeiten	☐	☐	☐	☐
4.	ich würde manchen Leuten, mit denen ich zusammenarbeiten muss, lieber aus dem Weg gehen	☐	☐	☐	☐
5.	wir gehen durch dick und dünn	☐	☐	☐	☐

E 5 **Wenn Sie an alles denken, was für Ihre Arbeit eine Rolle spielt, (z.B. Tätigkeit, die Arbeitsbedingungen, die Kollegen, die Arbeitszeit usw.) wie zufrieden sind Sie dann insgesamt mit Ihrer Arbeit?**

Kreuzen Sie bitte das Kästchen unter dem zutreffenden Gesicht an

sehr unzufrieden						sehr zufrieden
☹			😐			☺
☐	☐	☐	☐	☐	☐	☐

Fragen zu Verbesserungen am Arbeitsplatz

E 6 **Welche Maßnahmen oder Veränderungen könnten Ihrer Ansicht nach die Situation an Ihrem Arbeitsplatz verbessern?**

____

____

____

____

____

____

____

____

Fragen zum Befinden

F 1	**Wie war die Stimmung in den letzten Wochen und wie häufig traf folgendes auf Sie zu?**	sehr häufig	häufig	wenige häufig	so gut wie nie
1.	Habe mich gefreut, weil mir etwas ganz besonders gut gelungen ist	☐	☐	☐	☐
2.	Hatte das Gefühl, dass mir alles gelingt	☐	☐	☐	☐
3.	Habe mich gefreut, weil meine Leistung anerkannt wurde	☐	☐	☐	☐
4.	Fühlte mich richtig wohl und voller Lebensfreude	☐	☐	☐	☐
5.	Habe mich gelangweilt	☐	☐	☐	☐
6.	Fühlte mich niedergeschlagen und sehr unglücklich	☐	☐	☐	☐
7.	War rastlos und unruhig	☐	☐	☐	☐
8.	Fühle mich sehr einsam und fern von anderen Menschen	☐	☐	☐	☐
9.	War beunruhigt, weil mich jemand kritisiert hat	☐	☐	☐	☐

F 2 Im folgenden finden Sie eine Reihe von Fragen nach verschiedenen körperlichen Beschwerden. Geben Sie bitte an, wie Sie sich - auch außerhalb der Arbeit - im letzten halben Jahr gefühlt haben.

		Nie oder fast nie	Alle paar Monate	Alle paar Wochen	Alle paar Tage	Fast immer
1.	Ermüden Sie schnell?	☐	☐	☐	☐	☐
2.	Haben Sie Kopfschmerzen?	☐	☐	☐	☐	☐
3.	Spüren Sie es am ganzen Körper, wenn Sie sich über etwas aufregen?	☐	☐	☐	☐	☐
4.	Spüren Sie bei geringer Anstrengung Kopfschmerzen?	☐	☐	☐	☐	☐
5.	Bekommen Sie bei geringer körperlicher Anstrengung Atemnot?	☐	☐	☐	☐	☐
6.	Haben Sie einen empfindlichem Magen?	☐	☐	☐	☐	☐
7.	Haben Sie Völlegefühl?	☐	☐	☐	☐	☐
8.	Verspüren Sie Schwindelgefühle?	☐	☐	☐	☐	☐
9.	Haben Sie Rückenschmerzen?	☐	☐	☐	☐	☐
10.	Sind Sie nervös?	☐	☐	☐	☐	☐
11.	Haben Sie plötzlich Schweißausbrüche?	☐	☐	☐	☐	☐
12.	Haben Sie Schmerzen in der Herzgegend?	☐	☐	☐	☐	☐
13.	Haben Sie Nackenschmerzen?	☐	☐	☐	☐	☐
14.	Spüren Sie, dass Ihr ganzer Körper sich verkrampft?	☐	☐	☐	☐	☐
15.	Haben Sie Sodbrennen?	☐	☐	☐	☐	☐
16.	Haben Sie Konzentrationsstörungen?	☐	☐	☐	☐	☐
17.	Haben Sie Schlafstörungen (Einschlaf-, Durchschlafstörungen)	☐	☐	☐	☐	☐
18.	Ist Ihnen übel?	☐	☐	☐	☐	☐
19.	Fühlen Sie sich den ganzen Tag über müde und zerschlagen?	☐	☐	☐	☐	☐
20.	Haben Sie Hautprobleme (z.B. Allergien)?	☐	☐	☐	☐	☐

F 3 Als nächstes finden Sie Aussagen über arbeitsbezogene Gefühle und Gedanken. Wie oft erleben Sie die folgenden Gefühle und Gedanken?

		nie	mehrmals im Jahr	Einmal im Monat	mehrmals im Monat	Einmal pro Woche	mehrmals pro Woche	täglich
1.	Durch meine Arbeit fühle ich mich gefühlsmäßig am Ende	☐	☐	☐	☐	☐	☐	☐
2.	Am Ende des Arbeitstages fühle ich mich erledigt	☐	☐	☐	☐	☐	☐	☐
3.	Ich fühle mich schon müde, wenn ich morgens aufstehe und wieder einen Arbeitstag vor mir habe.	☐	☐	☐	☐	☐	☐	☐
4.	Es gelingt mir gut, mich in meine Patienten hineinzuversetzen	☐	☐	☐	☐	☐	☐	☐
5.	Ich glaube, ich behandle die Patienten z.T. ziemlich unpersönlich	☐	☐	☐	☐	☐	☐	☐
6.	Den ganzen Tag mit Leuten zu arbeiten, ist wirklich eine Strapaze für mich	☐	☐	☐	☐	☐	☐	☐
7.	Mit Problemen meiner Patienten kann ich sehr gut umgehen	☐	☐	☐	☐	☐	☐	☐
8.	Durch meine Arbeit fühle ich mich ausgelaugt	☐	☐	☐	☐	☐	☐	☐
9.	Ich glaube, dass ich das Leben anderer Leute durch meine Arbeit positiv beeinflusse	☐	☐	☐	☐	☐	☐	☐
10.	Seit ich diese Arbeit mache, bin ich gleichgültiger gegenüber Menschen geworden	☐	☐	☐	☐	☐	☐	☐
11.	Ich fürchte, dass diese Arbeit mich emotional verhärtet	☐	☐	☐	☐	☐	☐	☐

F 3 Fortsetzung

		nie	mehr mals im Jahr	Einmal im Monat	mehr mals im Monat	Einmal pro Woche	mehr-mals pro Woche	täglich
12.	Ich fühle mich voller Tatkraft	☐	☐	☐	☐	☐	☐	☐
13.	Ich glaube, ich arbeite zu hart	☐	☐	☐	☐	☐	☐	☐
14.	Bei manchen Patienten interessiert es mich eigentlich nicht wirklich, was mit ihnen wird.	☐	☐	☐	☐	☐	☐	☐
15.	Mit Menschen in direkter Auseinandersetzung arbeiten zu müssen, belastet mich sehr	☐	☐	☐	☐	☐	☐	☐
16.	Es fällt mir leicht, eine entspannte Atmosphäre mit meinen Patienten herzustellen	☐	☐	☐	☐	☐	☐	☐
17.	Ich fühle mich angeregt, wenn ich intensiv mit meinen Patienten gearbeitet habe	☐	☐	☐	☐	☐	☐	☐
18.	Ich habe viele wertvolle Dinge in meiner derzeitigen Arbeit erreicht	☐	☐	☐	☐	☐	☐	☐
19.	Ich glaube, ich bin mit meinem Latein am Ende	☐	☐	☐	☐	☐	☐	☐
20.	In der Arbeit gehe ich mit emotionalen Problemen sehr ruhig und ausgeglichen um	☐	☐	☐	☐	☐	☐	☐
21.	Ich habe den Eindruck, Patienten geben mir die Schuld für ihre eigenen Probleme	☐	☐	☐	☐	☐	☐	☐
22.	Ich fühle mich meinen Patienten in vieler Hinsicht ähnlich	☐	☐	☐	☐	☐	☐	☐
23.	Von den Problemen meiner Patienten bin ich persönlich berührt	☐	☐	☐	☐	☐	☐	☐
24.	Ich fühle mich unbehaglich bei dem Gedanken daran, wie ich einige Patienten behandelt habe	☐	☐	☐	☐	☐	☐	☐

Fragen zur Führung

G 1 Nachfolgend finden Sie einige Aussagen zum Führungsverhalten Ihrer Vorgesetzten.

Unterscheiden Sie dabei bitte zwischen den Ebenen von Vorgesetzten in Ihrer Berufsgruppe: dem direkten Vorgesetzten (Stationsleitung, Oberarzt, Funktionsbereichsleitung)und dem nächsthöheren Vorgesetzten (Pflegedienstleitung, Chefarzt). Sagen Sie uns bitte, in wieweit folgende Aussagen für die jeweiligen Vorgesetzten zutreffen

		Stimme voll und ganz zu	stimme eher zu	stimme eher nicht zu	stimme überhaupt nicht zu
1.	Ich fühle mich persönlich anerkannt				
	direkter Vorgesetzter	☐	☐	☐	☐
	nächsthöherer Vorgesetzter	☐	☐	☐	☐
2.	meine fachliche Leistung wird anerkannt				
	direkter Vorgesetzter	☐	☐	☐	☐
	nächsthöherer Vorgesetzter	☐	☐	☐	☐
3.	Er bzw. Sie ist meist für mich ansprechbar				
	direkter Vorgesetzter	☐	☐	☐	☐
	nächsthöherer Vorgesetzter	☐	☐	☐	☐
4.	Ich erhalte alle für meine Arbeit notwendigen Informationen				
	direkter Vorgesetzter	☐	☐	☐	☐
	nächsthöherer Vorgesetzter	☐	☐	☐	☐
5.	Er bzw. Sie beteiligt mich an Entscheidungen, die mich betreffen				
	direkter Vorgesetzter	☐	☐	☐	☐
	nächsthöherer Vorgesetzter	☐	☐	☐	☐
6.	Er bzw. Sie fördert/ unterstützt meine fachliche Weiterentwicklung				
	direkter Vorgesetzter	☐	☐	☐	☐
	nächsthöherer Vorgesetzter	☐	☐	☐	☐
7.	Probleme/ Konflikte werden bei uns offen und ehrlich ausgetragen				
	direkter Vorgesetzter	☐	☐	☐	☐
	nächsthöherer Vorgesetzter	☐	☐	☐	☐

G 1	Fortsetzung				
		Stimme voll und ganz zu	stimme eher zu	stimme eher nicht zu	stimme überhaupt nicht zu
8.	Er bzw. Sie stellt die Beseitigung von Fehlerquellen in den Mittelpunkt und nicht die Suche nach Schuldigen				
	direkter Vorgesetzter	☐	☐	☐	☐
	nächsthöherer Vorgesetzter	☐	☐	☐	☐
9.	Er bzw. Sie fordert und fördert Eigenverantwortlichkeit und schafft dazu die entsprechenden Rahmenbedingungen				
	direkter Vorgesetzter	☐	☐	☐	☐
	nächsthöherer Vorgesetzter	☐	☐	☐	☐
10.	Er bzw. Sie behandelt alle Kollegen gleichwertig				
	direkter Vorgesetzter	☐	☐	☐	☐
	nächsthöherer Vorgesetzter	☐	☐	☐	☐
11.	Er bzw. Sie pflegt einen offenen und freundlichen Umgangston				
	direkter Vorgesetzter	☐	☐	☐	☐
	nächsthöherer Vorgesetzter	☐	☐	☐	☐
12.	Er bzw. Sie äußert Kritik in konstruktiver Form				
	direkter Vorgesetzter	☐	☐	☐	☐
	nächsthöherer Vorgesetzter	☐	☐	☐	☐
13.	Er bzw. Sie äußert auch unangenehme Dinge so, das sich damit umgehen kann				
	direkter Vorgesetzter	☐	☐	☐	☐
	nächsthöherer Vorgesetzter	☐	☐	☐	☐
14.	Manchmal droht er bzw. sie mir oder mach mir Angst				
	direkter Vorgesetzter	☐	☐	☐	☐
	nächsthöherer Vorgesetzter	☐	☐	☐	☐
15.	Er bzw. Sie gibt mir den Freiraum, den ich für meine Arbeit brauche				
	direkter Vorgesetzter	☐	☐	☐	☐
	nächsthöherer Vorgesetzter	☐	☐	☐	☐

G 1 Fortsetzung

		Stimme voll und ganz zu	stimme eher zu	stimme eher nicht zu	stimme überhaupt nicht zu
16.	Er bzw. Sie vertritt mich loyal - nach innen und außen				
	direkter Vorgesetzter	☐	☐	☐	☐
	nächsthöherer Vorgesetzter	☐	☐	☐	☐
17.	Er bzw. Sie informiert über Gesamtentwicklungen und -zusammenhänge des Unternehmens verständlich und motivierend				
	direkter Vorgesetzter	☐	☐	☐	☐
	nächsthöherer Vorgesetzter	☐	☐	☐	☐
18.	Er bzw. Sie vermittelt Informationen rechtzeitig und verständlich				
	direkter Vorgesetzter	☐	☐	☐	☐
	nächsthöherer Vorgesetzter	☐	☐	☐	☐
19.	Er bzw. Sie regt Neues an, stellt Bestehendes in Frage ist innovativ				
	direkter Vorgesetzter	☐	☐	☐	☐
	nächsthöherer Vorgesetzter	☐	☐	☐	☐
20.	Er bzw. Sie steht für eigene Fehler ein, nimmt Kritik an und lernt daraus				
	direkter Vorgesetzter	☐	☐	☐	☐
	nächsthöherer Vorgesetzter	☐	☐	☐	☐
21.	Er bzw. Sie lebt glaubhaft vor, was er oder sie von mir verlangt				
	direkter Vorgesetzter	☐	☐	☐	☐
	nächsthöherer Vorgesetzter	☐	☐	☐	☐

Allgemeine Angabe

H 1	In welchem Arbeitsbereich sind Sie tätig?	
		bitte nur eine Antwort ankreuzen
1.	Ärztlicher Dienst	☐
2.	Pflegedienst	☐
3.	Funktionsdienst	☐
4.	Sonstige	☐

H 2	Welche Stellung haben Sie in Ihrer Einrichtung?	
		bitte nur eine Antwort ankreuzen
1.	Leitungsaufgaben (Personalverantwortung)	☐
2.	Fachpersonal	☐
3.	Sonstiges	☐

H 3	Welcher Altersgruppe gehören Sie an?	
		bitte nur eine Antwort ankreuzen
1.	18 bis 30 Jahre	☐
2.	31 bis 50 Jahre	☐
3.	über 51 Jahre	☐

Muster-Betriebsvereinbarung für den öffentlichen Dienst

Präambel

Zwischen der Geschäftsleitung und dem Betriebsrat des Unternehmens, wird vereinbart, im Interesse der Mitarbeiterinnen und des Gesamtverbandes, betriebliche Gesundheitsförderung im Hause umfassend einzuführen und dauerhaft zu gestalten. Geschäftsleitung, Betriebsrat und die Leitung des Unternehmens wollen mit dieser Vereinbarung gesundheitsgerechte Arbeitsbedingungen schaffen, die die Gesundheit der Mitarbeiterinnen fördern und damit auch ihre Arbeitszufriedenheit verbessern. Es wird davon ausgegangen, dass hiermit auch eine Verbesserung der Informations- und Kommunikationsstrukturen verbunden ist. Im Sinne der Definition der Weltgesundheitsorganisation (WHO) bedeutet Gesundheit soziales, psychisches und körperliches Wohlbefinden. Gesunde, qualifizierte und motivierte Mitarbeiterinnen sind damit ein Schlüssel zum Unternehmenserfolg.

Geschäftsleitung, Betriebsrat und die Leitung Hauses, sowie die Mitarbeiterinnen haben das gemeinsame Ziel, betrieblichen Ursachen von Gesundheitsstörungen nachzugehen, Lösungen zu entwickeln und diese umzusetzen. Angestrebt ist dabei eine kooperative und partizipative Mitarbeiterinnen-Führung, sowie eine Führungspraxis, die dem Wohlbefinden der Mitarbeiterinnen einen hohen Stellenwert einräumt. Die Maßnahmen zur betrieblichen Gesundheitsförderung richten sich grundsätzlich nach den Bestimmungen des Gesetzes über die Durchführung von Maßnahmen des Arbeitsschutzes zur Verbesserung der Sicherheit und des Gesundheitsschutzes der Mitarbeiterinnen bei der Arbeit (Arbeitsschutzgesetz).

Damit sollen Arbeitsunfälle, arbeitsbedingte Erkrankungen und Gesundheitsgefährdungen an den Quellen bekämpft werden. Im besonderen verpflichten sich Geschäftsleitung, Betriebsrat und die Leitung des Hauses, die im Kooperationsvertrag und Leitfaden zum Projekt „Effiziente Organisations- und Führungsformen" vereinbarten Verfahren und Ziele umzusetzen. Personelle Veränderungen, die sich aus oder wegen der betrieblichen Gesundheitsförderung ergeben, werden zwischen Geschäftsleitung und Betriebsrat im Rahmen der tariflichen und gesetzlichen Mitbestimmung geregelt. Es werden keine Arbeitsplätze abgebaut, die sich im Rahmen der Gesundheitsförderung durch höhere Gesundheitsquoten ergeben.

§ I Betrieblicher Projektlenkungsausschuss (im folgenden: betr. PLA) zur Gesundheitsförderung

Um die Gesundheitsförderung im Hause (im folgenden auch „Interventionsbereich" genannt) aktiv zu gestalten, wird ein betr. PLA gebildet. Ihm gehören an: Der Fachbereichsleiter „Pflegen, Beraten und Betreuen", die Leitung des Hauses, ein Mitglied des Betriebsrats, je zwei Mitarbeiterinnen aus dem

Pflegebereich und dem Bereich Hauswirtschaft/ Reinigung, die Personalleitung, ein Vertreter der Gewerkschaft ÖTV Hamburg, der betriebsärztliche Dienst (Betriebsarzt), der Sicherheitsbeauftragte des Seniorenzentrums, ein Vertreter der BGW (Berufsgenossenschaft Gesundheit und Wohlfahrtspflege), ein Vertreter einer örtlichen Krankenkasse (bei der die meisten Mitarbeiterinnen aus dem Interventionsbereich versichert sind)

Für alle Mitglieder des betr. PLA sollen (möglichst namentlich) jeweils Vertreterinnen benannt. Der betriebliche PLA wird von einer externen Moderation begleitet. Im Bedarfsfall können weitere Gäste bzw. Sachverständige zu den Sitzungen des betr. PLA eingeladen werden. Der betr. PLA tagt mindestens viermal im Jahr.

§ 2 Zielsetzung

Der betr. Projektlenkungsausschuss „Gesundheitsförderung" fördert alle Maßnahmen, die der Gesundheit der Mitarbeiterinnen dienen. Hierzu gehören insbesondere Maßnahmen, die auf die Veränderung gesundheitsschädlicher Arbeitsbedingungen und - Abläufe und damit auf einen Abbau aller körperlichen, psychischen und sozialen Belastungen abzielen. Dieses geschieht unter Berücksichtigung der neuesten arbeitswissenschaftlichen Erkenntnisse. Der betr. PLA koordiniert alle Aktivitäten der betrieblichen Gesundheitsförderung gemäß den in dieser Betriebsvereinbarung (insbesondere in § 3) vereinbarten Aufgabenstellungen im Interventionsbereich. Dieser Ausschuss bildet den organisatorischen Rahmen für eine gleichberechtigte und für die Dauer des Projekts angelegte Zusammenarbeit aller Beteiligten.

§ 3 Aufgaben

Der Ausschuss hat u.a. folgende Aufgaben:

1. Zusammenführung aller für den betrieblichen Gesundheitsbericht relevanten Informationen. Wesentliche Aufgabe des Projektlenkungsausschusses ist die Prozessgestaltung und -Steuerung. Der Projektlenkungsausschuss erstellt ein Zeitraster für den Prozess der betrieblichen Gesundheitsförderung. Der PLA entscheidet über: Ist-Analyse (was und wie wird analysiert?), Prioritätensetzung, die interne Zielsetzung im PLA, verbunden mit Empfehlungen an die Geschäftsleitung über einzuleitende Maßnahmen, Interne Öffentlichkeitsarbeit des PLA / außerdem kann der PLA Empfehlungen zur betrieblichen Öffentlichkeitsarbeit abgeben. Der PLA gibt Emp4fehlungen über das Was und Wie bei der Umsetzung/ Steuerung von Maßnahmen und regelmäßigen Ergebniskontrolle.
2. Begleitung der Arbeit der Zirkel und Umsetzung der Ergebnisse.

§ 4 Betrieblicher Gesundheitsbericht

Der Gesundheitsbericht wird mit Projektbeginn jährlich mit aktuellen Daten für den Interventionsbereich erstellt. Er ist eine Bestandsaufnahme der Belastungs-, Gefährdungs- und Gesundheitssituation der Mitarbeiterinnen des Interventionsbereiches. Personenbezogene Informationen und Daten müssen unter datenschutzrechtlichen Vorschriften erhoben, zusammengeführt und ausgewertet werden. Personenbezug der Daten, die im Gesundheitsbericht verwertet werden, ist auszuschließen. Bei Weiterleitung des Gesundheitsberichtes an die Mitglieder des betr. Projektlenkungsausschuss ist durch die Geschäftsleitung und den Betriebsrat sicherzustellen, dass die Vorschriften des BDSG (Bundesdatenschutzgesetz) eingehalten werden. Den Mitarbeiterinnen ist der Gesundheitsbericht jederzeit zugänglich zu machen.

§ 5 Betriebliche Fragebogenaktion zur Gesundheitsforderung

Betriebliche Fragebogenaktionen zur Gesundheitsförderung sind für die Erstellung eines Gesundheitsberichtes und für die Arbeit der Zirkel und des betr. PLA grundsätzlich von Nutzen. Sie erfassen die Gesundheitsbeschwerden und Belastungen der Mitarbeiterinnen bzw. die persönliche Bewertung der eigenen Befindlichkeit. Durch die Befragungen sollen in der Arbeit begründete Gesundheitsgefahren aufgedeckt und Veränderungen im Interventionsbereich angestoßen und umgesetzt werden. Angestrebt wird eine spätere Umsetzung der Erkenntnisse aus dem Gesundheitsprojekt auch in den anderen Fachbereichen des Unternehmens, soweit diese übertragbar sind. Die Planung, die Art der Durchführung und Auswertung einer Befragung ist nur mit Zustimmung des Betriebsrats entsprechend der Mitbestimmung gemäß § 94 BetrVG möglich. Ein Personenbezug darf nicht erkennbar sein.

§ 6 Zirkel zur Gesundheitsförderung

Im Rahmen der Gesundheitsförderung werden Zirkel eingerichtet. Ihre Aufgabe ist es, gesundheitsschädigende und beeinträchtigende Arbeitsbedingungen aufzudecken und Verbesserungsvorschläge im Sinne der WHO Gesundheitsdefinition/ Ottawa Charta zu entwickeln und dem betr. PLA Lösungsvorschläge vorzulegen.

§ 6.1. Organisation

Die Zusammenkunft der Zirkel findet möglichst regelmäßig alle zwei Wochen statt. Bei Bedarf kann auch häufiger getagt werden. Hierbei ist auf die betrieblichen Abläufe, insbesondere die Sicherstellung des Pflegeauftrages, Rücksicht zu nehmen. Die Sitzungen finden während der Arbeitszeit statt (die Zirkelarbeit wird als Arbeitszeit gewertet). Der zeitliche Rahmen für eine Sitzung soll 1,5 bis 2 Stunden nicht übersteigen; hiervon kann im begründeten Fall abgewichen werden. Die Sitzungen der Zirkel werden in der Regel von der PDL oder dessen Vertreterin moderiert. Für die Sitzung stellt der Arbeitgeber im erforderlichen Umfang Räume und sachliche Mittel (z.B. Metaplan) zur Verfügung. Die Mitglieder des Zirkel entscheiden, ob Protokolle geführt werden oder auf welchem anderen Weg die Arbeit dokumentiert wird.

§ 6.2. Zusammensetzung

Ein Zirkel sollte aus bis zu 7 Personen bestehen. Bei der Zusammensetzung der Teilnehmerinnen der Zirkel ist darauf zu achten, dass die verschiedenen Arbeitsbereiche und Berufsgruppen nach Möglichkeit ausgewogen im Zirkel vertreten sind. Die Teilnahme ist freiwillig. Der Arbeitgeber stellt sicher, dass die einzelnen Mitglieder des Zirkels kontinuierlich und regelmäßig an den Sitzungen teilnehmen können. Die Teilnehmerinnen der Zirkel können nach Absprache mit der Leitung des Hauses Gäste (z.B. Sachverständige) in den Zirkel einladen. Sind die Gäste Mitarbeiterinnen des Unternehmens, sind auch sie unter Fortzahlung der Bezüge von der Arbeit freizustellen.

§ 7 Umsetzung

Alle Vorschläge des Zirkels „Gesundheitsförderung" sind durch den betr. PLA zu prüfen und bei Befürwortung durch diesen analog des § 3 dieser Betriebsvereinbarung der Geschäftsleitung zu empfehlen bzw. zur Entscheidung vorzulegen. Die Geschäftsleitung bringt für Umsetzungsmaßnahmen einen Budgetansatz in den Wirtschaftsplan des Interventionsbereiches ein. Maßnahmen mit geringen finanziellen und organisatorischen Auswirkungen werden von der Leitung des Hauses im Rahmen dieses Budgetansatzes (ggf. nach Rücksprache mit der Geschäftsleitung) umgesetzt.

Verzögerungen von Maßnahmen und Ablehnung von Vorschlägen sind zu begründen und den Mitarbeiterinnen mitzuteilen. Die Dispositionsfreiheit der Geschäftsleitung und das Mitbestimmungsrecht des Betriebsrates wird bei der Umsetzung der Ergebnisse nicht beeinträchtigt. Alle Maßnahmen, die dem Arbeits- und Gesundheitsschutz bzw. der Gesundheitsförderung dienen, werden während der Arbeitszeit durchgerührt. Werden sie aus zwingenden Gründen außerhalb der regelmäßigen Arbeitszeit durchgeführt, werden sie mit entsprechenden tariflichen Zuschlägen vergütet oder durch Freizeit abgegolten.

Alle Vorschläge und durchgeführten Maßnahmen werden dokumentiert, im Interventionsbereich veröffentlicht und ergänzen den jährlichen Gesundheitsbericht. Erachten die Teilnehmerinnen der Zirkel es als notwendig, können sie den betr. PLA über Zwischenergebnisse informieren und die Umsetzung von Teilergebnissen beim betr. PLA beantragen. Der Zirkel wählt aus seiner Mitte ein Mitglied, das während der Umsetzungsphase in dem zuständigen Arbeitsbereich die Maßnahmen aus den Ergebnissen des Zirkels überprüft und begleitet. Außerdem informieren die Mitglieder der Zirkel ihre Kolleginnen aus ihren jeweiligen Arbeitsbereichen. Die Teilnahme an den Zirkeln wird vom PLA ausdrücklich erwünscht und begrüßt. Den Mitgliedern der Zirkel und des betr. PLA erwächst aus ihrer Teilnahme und ihrem Engagement keinerlei Nachteil in ihrer Arbeitssituation.

§ 8 Rechte des Betriebsrats

Der Betriebsrat wird von der Geschäftsleitung von allen Maßnahmen der Gesundheitsförderung rechtzeitig und umfassend im Planungsstadium informiert. Er hat das Recht, sich an allen Planungen zur betrieblichen Gesundheitsförderung zu beteiligen und sich mit den zuständigen Personen zu beraten.

§ 9 Streitfälle

1. Im Falle von Meinungsverschiedenheiten zwischen den Vertragsparteien über die Anwendung und Durchführung dieser Betriebsvereinbarung entscheidet auf Antrag einer Seite die Einigungsstelle. Der Spruch der Einigungsstelle ersetzt die Einigung zwischen Arbeitgeber und Betriebsrat.
2. Vor Anrufung der Einigungsstelle ist eine Arbeiterwohlfahrt interne Schlichtungsstelle einzuschalten, bei der eine einvernehmliche Lösung der Meinungsverschiedenheiten anzustreben ist. Diese Schlichtungsstelle setzt sich zusammen aus zwei Vertreterinnen des Betriebsrat und eine(r) Vertreterin der Gewerkschaft ÖTV einerseits und aus drei Vertreterinnen des Unternehmens anderseits.

§ 10 Inkrafttreten

1. Diese Betriebsvereinbarung tritt am Tage ihrer Unterzeichnung in Kraft und wirkt bis zum Ende des im Kooperationsvertrages definierten Zeitraumes für die Dauer des Projektes. Sie kann schriftlich mit einer Frist von drei Monaten zum Quartalsende gekündigt werden.
2. Da die betriebliche Gesundheitsförderung ein fortlaufender Prozess ist, setzen sich Geschäftsleitung und Betriebsrat regelmäßig (mindestens einmal halbjährlich) zusammen, um Veränderungsnotwendigkeiten der Betriebsvereinbarung zur „Betrieblichen Gesundheitsförderung" zielgerichtet zu beraten und die Betriebsvereinbarung im gegenseitigen Einvernehmen entsprechend den Ergebnissen zu modifizieren.
3. Bei Übertragung des Projekts auf andere Fachbereiche/ Einrichtungen des Unternehmens bzw. Weiterrührung des Projekts im aktuellen Interventionsbereich ist diese Betriebsvereinbarung ebenfalls zu modifizieren.
4. Änderungen oder Ergänzungen bedürfen zu ihrer Wirksamkeit der Schriftform. Mündliche Nebenabreden zu dieser Vereinbarung bestehen nicht.

§ 11 Schlussbestimmungen

Etwa ungültige Bestimmungen dieser Betriebsvereinbarung berühren nicht die Rechtswirksamkeit der Vereinbarung im Ganzen. Sollten Bestimmungen dieser Betriebsvereinbarung unwirksam sein bzw. werden oder sollten sich in dieser Vereinbarung inhaltliche Lücken herausstellen, so wird infolgedessen die Gültigkeit der übrigen Bestimmungen nicht berührt. Anstelle der unwirksamen Bestimmungen oder zur Ausfüllung einer Lücke ist eine angemessene

Regelung zu vereinbaren, die, soweit rechtlich und tariflich zulässig, dem am nächsten kommt, was die Betriebsparteien gewollt haben oder nach dem Sinn und Zweck der Vereinbarung gewollt haben würden, sofern sie diesen Punkt bedacht hätten.

Anlagen:

WHO Definition - Ottawa Charta

Geschäftsordnung des Projektlenkungsausschusses

Soweit in dieser Geschäftsordnung die weibliche oder männliche Form gewählt wurde, gilt diese für beide gleichermaßen.

Präambel

Das Ziel betrieblicher Gesundheitsförderung ist die Entwicklung betrieblicher Strukturen und Prozesse, die eine gesundheitsfördernde Gestaltung von Arbeit und Organisation ermöglichen. Die Kernprozesse der betrieblichen Gesundheitsförderung bestehen in der betrieblichen Diagnose, in der systematischen Planung und Vorbereitung einzelner Projekte, in der systematischen Steuerung ihrer Realisierung und in der regelmäßigen Evaluation der erzielten Ergebnisse. Der Projektlenkungsausschuss (PLA) gestaltet, koordiniert und steuert diese Prozesse. Der Projektlenkungsausschuss wird durch eine externe Moderatorin begleitet.

1. Zusammensetzung des PLA

Dem betrieblichen Projektlenkungsausschuss gehören an:

- Projektleitung
- Stv. Projektleitung/ Personalabteilung
- Fachbereichsleitung/ stv. Geschäftsführung
- ein Mitglied des Betriebsrates
- drei Vertreterinnen aus dem Interventionsbereich (die Einrichtung, in der das Projekt aktuell durchgeführt wird)
- Sicherheitsbeauftragter
- Betriebsarzt
- Vertreter der Gewerkschaft
- Vertreter der Krankenkassen

Alle PLA Mitglieder sollen (möglichst namentlich) eine(n) Vertreterin für den PLA benennen. Bei Bedarf können weitere Gäste und/oder Sachverständige zu den Sitzungen eingeladen werden.

2. Entscheidungsfindung

Der PLA entscheidet im Rahmen seiner Aufgaben nach 3. dieser Geschäftsordnung. Die Entscheidungsfindung im PLA erfolgt im Grundsatz nach dem Konsensprinzip. Kann eine Einigung nicht erzielt werden, wird sie mit Hilfe der externen Moderation nach 4. dieser Geschäftsordnung angestrebt. Der externen Moderation sind Art und Hintergrund des Konflikts zu schildern und ggf. entsprechende Informationen/ Materialien zur Verfügung zu stellen. Einvernehmlich beschlossene Maßnahmen werden von der Geschäftsleitung bzw. den betroffenen Verantwortungsträgern auf der Grundlage der erreichten

Ergebnisse umgesetzt. Die Dispositionsfreiheit der Geschäftsführung und das Mitbestimmungsrecht des Betriebsrats bleiben hiervon unberührt. Die Mitglieder des PLA sind zur Vertraulichkeit über die ihnen zur Kenntnis kommenden Informationen verpflichtet.

3. Aufgaben des PLA

Wesentliche Aufgabe des Projektlenkungsausschusses ist die Prozessgestaltung und - Steuerung. Der Projektlenkungsausschuss erstellt ein Zeitraster für den Prozess der betrieblichen Gesundheitsförderung. Der PLA entscheidet über:

- Ist-Analyse (was wird wie und von wem analysiert ?)
- Prioritätensetzung
- die interne Zielsetzung im PLA, verbunden mit Empfehlungen an die Geschäftsführung über mögliche einzuleitende Maßnahmen.
- Interne Öffentlichkeitsarbeit des PLA / außerdem kann der PLA Empfehlungen zur betrieblichen Öffentlichkeitsarbeit abgeben. Der PLA gibt Empfehlungen über das Was und Wie bei der
- Umsetzung/ Steuerung
- regelmäßige Ergebniskontrolle

Er bildet damit den organisatorischen Rahmen für eine gleichberechtigte und auf Dauer des Projektes angelegte Zusammenarbeit aller Beteiligten.

4. Rolle der externen Moderation

Die externe Moderation erfolgt im Auftrag der Geschäftsführung und ist im Einvernehmen mit der Projektleitung ausgewählt. Sie hat eine neutrale Rolle im Lenkungsausschuss, um durch einen strukturierten Moderationsprozess die Bereitschaft zur Diskussion, Verständigung und Kooperation bei allen beteiligten Akteuren zu schaffen. In Konfliktfällen nach 2. dieser Geschäftsordnung wirkt sie im Rahmen ihrer Möglichkeiten auf eine einvernehmliche Verständigung der PLA- Mitglieder hin. Die externe Moderation ist neben der Projektleitung im Modellbetrieb die zentrale Schnittstelle zur wissenschaftlichen Begleitforschung.

5. Koordination des PLA

Die Terminkoordination und die Abstimmung mit dem PLA und der wissenschaftlichen Begleitforschung (Universität Musterstadt) erfolgt durch die Projektleitung in Zusammenarbeit mit der externen Moderation. Der Projektlenkungsausschuss tritt mindestens 4 mal im Jahr zusammen. Die Sitzungen des PLA finden nach Absprache auch statt, wenn absehbar weder Mitglied noch Vertreterin teilnehmen können.

6. Einrichtung von Zirkeln

Der PLA kann zur Erarbeitung konkreter Aufträge Zirkel einrichten. Die Weiterführung und Einrichtung von Zirkeln orientiert sich an der bisherigen Praxis der arbeitenden Zirkel. Der Projektlenkungsausschuss diskutiert und entscheidet, welche Zirkel eingerichtet werden und was an inhaltlicher Zirkelarbeit geleistet werden soll. Als Entscheidungsgrundlage sollen u.a. Vorschläge der Mitarbeiterinnen aus dem Interventionsbereich, die Ist-Analyse und der vorhandene Problemrahmen dienen. Der Projektlenkungsausschuss entscheidet über Zusammensetzung der Zirkel in Bezug auf die beteiligten Berufsgruppen. Ein Zirkel sollte aus bis zu 7 Personen bestehen. Die Ausfall bei mehr als 7 Interessierten erfolgt in Abstimmung mit den Mitarbeiterinnen durch den Projektlenkungsausschuss; in Einzelfällen kann ein Zirkel auch aus mehr als 8 Personen bestellen. Die Entscheidung trifft der Lenkungsausschuss.

7. Information des PLA

Über die Ergebnisse der Zirkelarbeit wird der PLA durch zwei Vertreterinnen des Zirkels informiert. Die Diskussion der Präsentation erfolgt in Anwesenheit dieser Vertreterinnen. Die Vertreterinnen sichern auch den Informationsrückfluss in die jeweiligen Zirkel. In Abstimmung mit dem PLA können auch mehrere Vertreterinnen des Zirkels an der Präsentation teilnehmen. Die Präsentationen umfassen Arbeitsergebnisse und erarbeitete Lösungsvorschläge. Die PLA Mitglieder haben auf Antrag die Gelegenheit, sich auf eine Zirkelsitzung zu begeben. Für die Präsentation ist eine kurzgefasste Inhaltsübersicht vom Zirkel zu erarbeiten, diese wird an die Projektleitung weitergeleitet und mit der Tagesordnung für die nächstfolgende PLA - Sitzung verschickt.

8. Stellungnahmen

Die Arbeitsergebnisse und Vorschläge der Zirkel werden im Projektlenkungsausschuss diskutiert und dieser erarbeitet eine schriftliche Stellungnahme. Diese Stellungnahme wird den Vertretern des Zirkels vorgestellt und erläutert. Bei Nichtrealisierung von Maßnahmen ist den Mitarbeiterinnen des Interventionsbereiches bzw. den Mitgliedern des Zirkels die Entscheidung transparent darzustellen.

9. Maßnahmenkontrolle

Der PLA wird regelmäßig über den Vollzug der verabschiedeten bzw. der empfohlenen Maßnahmen durch die Projektleiterin informiert.

10. Dokumentation

Eine Projektdokumentation ist zu erstellen. Dokumentiert werden im einzelnen PLA- Ergebnisse und Zirkelergebnisse ebenso wie die Maßnahmenumsetzung und -kontrolle. Über jede Sitzung des PLA wird ein Protokoll geführt (Ergebnisprotokoll: d.h. es werden die erzielten Beschlüsse sowie eine Kurzbeschreibung des Diskussionsanlasses, -verlaufs dokumentiert, der zum Ergebnis geführt hat). Dieses Protokoll wird von einem Mitglied aus dem gebildeten Pool geschrieben, diese verständigen sich vor der jeweiligen Sitzung, wer das nächste Protokoll schreibt. Dieses Protokoll wird rechtzeitig (ca. 2 Wochen) vor der nächsten PLA Sitzung an alle Mitglieder versandt. Anlagen, die zur Nacharbeitung der letzten bzw. Vorbereitung zur nächsten Sitzung dienen, werden dem Protokoll beigefügt. Das vom PLA verabschiedete Protokoll wird durch die Projektleiterin unaufgefordert der wissenschaftlichen Begleitung und dem überörtlichen PLA zur Verfügung gestellt. Der Datenschutz-, und Vertraulichkeitsaspekt ist zu berücksichtigen.

11. Öffentlichkeitsarbeit des PLA

Der PLA informiert alle Mitarbeiterinnen und Mitarbeiter über die laufenden Projektaktivitäten und nutzt dabei neue und bewährte Methoden des Informationsflusses.

12. Aufgabe der Projektleiterin

Die Projektleiterin führt die „Geschäfte" des PLA in enger Zusammenarbeit mit der externen Moderation. Die Projektleitung leitet und lenkt die PLA Sitzungen, führt die Beschlussfassung durch.

13. Inkrafttreten

Die Geschäftsordnung tritt nach Kenntnisnahme und Beschlussfassung durch den PLA mit dem Tag des Beschlusses in Kraft. Veränderungsanträge zur Geschäftsordnung sind vor der nächsten Sitzung schriftlich an die Projektleitung zu richten und beim nächsten PLA abzustimmen.

Musterbeispiel für einen Projektauftrag

Projektauftrag:	Implementierung eines Betrieblichen Gesundheitsmanagements
Projektbeteiligte:	werden noch bekannt gegeben
Zielsetzung:	Gesundheitsförderung als kontinuierliches und verbindliches Führungsinstrument
Aufgabenstellung:	1. Gesundheitsförderung ins Leitbild und in der balanced scorecard aufnehmen 2. Gründung eines Arbeitskreises Gesundheit als Steuerungsgremium 3. Maßnahmenplanung unternehmens-/ bereichsbezogen 4. Festschreibung der Maßnahmen in den Bereichs-balanced scorecards 5. Vernetzung der Maßnahmen mit Maßnahmen der Personalentwicklung, Qualifizierung, Fort- und Weiterbildungsangebote 6. Bestehende Betriebsvereinbarungen fortschreiben 7. Erstellung eines regelmäßigen Gesundheitsberichtes unter Einbeziehung der Krankenkassen und Berufsgenossenschaften mit dem Ziel, Maßnahmen zur betrieblichen Gesundheitsförderung zu entwickeln
Zu erarbeitende Ergebnisse:	• Entwicklung eines Gesundheitsbewusstseins bei Führungskräften und Mitarbeitern • Senkung von Kosten durch Reduzierung von Fehlzeiten • Management chronischer Erkrankungen und Wiedereingliederung von Langzeitkranken
Budget:	Klärung der Einzelheiten mit der zuständigen Unternehmenseinheit
Rahmenbedingungen:	Die Führungskräfte müssen ein glaubwürdiges dauerhaftes Interesse an den Zielen, Instrumenten und Ergebnissen des Betrieblichen Gesundheitsmanagements entwickeln. Die Aufgaben und Stellenbeschreibungen sind anzupassen
Termin:	Aufstellung einer Zeitschiene nach Zustimmung durch den Vorstand
Auftraggeber	*Projektleiter*

Mustervertrag für eine externe Beratung

Vertrag zum Modellprojekt „Betriebliche Gesundheitsförderung im Unternehmen Musterbau“

zwischen

- dem Unternehmen Musterbau
  - Auftraggeber

und

- Frau Erika Mustermann, Musterstraße 1, 10000 Musterstadt
  - Auftragnehmerin

wird folgende Zusammenarbeit vereinbart:

I. Ziele der Zusammenarbeit:

1. Das Unternehmen Musterbau beauftragt Frau Mustermann mit der „externen Prozessbegleitung" (s. Anlage 1) des Modellprojektes „Betriebliche Gesundheitsförderung im Unternehmen Musterbau".
2. Die Prozessbegleitung dient der Professionalisierung interdisziplinärer und interhierarchischer Zusammenarbeit. Die gewählte Methode ist mit der Projektphilosophie kongruent und stärkt die inneren Ressourcen der Interventionsbereiche des Unternehmens im Sinne der aufgestellten Ziele.
3. Frau Mustermann unterstützt die betriebliche Projektleitung bei ihrer Aufgabe, die Ergebnisse des Projektlenkungsausschusses so zu präzisieren, dass aus ihnen konkrete Maßnahmen abgeleitet werden können und die Zielbeschreibung so eindeutig ist, dass sie als Maßstab für die Überprüfung und Beurteilung der Ergebnisse dienen kann.
4. Frau Mustermann bereitet in Abstimmung mit der betrieblichen Projektleitung die Sitzungen des betrieblichen Projektlenkungsausschusses (PLA) vor und moderiert sie. Teil der Prozessbegleitung ist die Reflexion und Weiterentwicklung der Sozialen Kompetenz der Projektleitung und -lenkung.
5. Frau Mustermann unterstützt die betriebliche Projektleitung bei der Präzisierung der Prozessbeschreibung für die Interventionsbereiche des Unternehmens.

II. Verantwortung in der Zusammenarbeit:

1. Die inhaltliche Verantwortung für das Modellprojekt liegt beim Auftraggeber. In seinem Auftrag handelt die Projektlenkung und im Tagesgeschäft die Projektleitung.
2. Die Verantwortung für die Prozesssteuerung während der Einheiten der Zusammenarbeit liegt bei Frau Mustermann. Das operative betriebliche Projektmanagement obliegt der betrieblichen Projektleitung.

III. Umfang, Honorarvereinbarung und Zahlungsweise:

1. Der Umfang der Zusammenarbeit und die zu erbringenden Leistungen sollten nicht in einem Querverweis geregelt werden, sondern in der Anlage Nr. X geregelt werden.
2. Dem Auftraggeber wird für die erbrachten Leistungen ein Honorar von .... € pro Tag (zzgl. 16 % MwSt.) berechnet. Trainingsmaßnahmen werden gesondert vereinbart.
3. Reise- und Übernachtungskosten werden zusätzlich in Rechnung gestellt.
4. Der Auftraggeber erhält nach jedem Termin eine Rechnung über die erbrachten Leistungen der Frau Mustermann. Als Zahlungsziel werden 14 Tage nach Rechnungseingang vereinbart.

IV. Vertragsdauer:

1. Dieser Vertrag tritt rückwirkend zum .... in Kraft.
2. Der Vertrag kann während der vereinbarten Laufzeit von beiden Seiten jeweils zum 31.07. eines laufenden Jahres gekündigt werden, andernfalls verlängert er sich automatisch um ein weiteres Jahr. Die Möglichkeit einer außerordentlichen Kündigung aus wichtigem Grund bleibt hiervon unberührt.
3. Jede Kündigung erfolgt in schriftlicher Form.

V. Terminabsagen durch den Auftraggeber/ Stornoregelungen:

1. Der Auftraggeber verpflichtet sich, Frau Mustermann unverzüglich zu informieren, wenn langfristig vereinbarte Termine nicht eingehalten werden können.
2. Für diesen Fall gelten folgende Stornoregelungen:
   a. Absagen weniger als zwei volle Tage vor dem vereinbarten Termin: 100 % des vereinbarten Honorars
   b. Absagetermin weniger als eine Woche vor dem vereinbarten Termin: 80 % des vereinbarten Honorars
   c. Absagetermin weniger als einen Monat vor dem vereinbarten Termin: 50 % des vereinbarten Honorars.

VI. Verhinderungs-/ Vertretungsregelung Frau Mustermann

1. Frau Mustermann verpflichtet sich, den Auftraggeber (betriebliche Projektleitung) unverzüglich zu informieren, wenn langfristig vereinbarte Termine nicht eingehalten werden können.
2. Bei der Entwicklung und Durchführung der vereinbarten Maßnahmen verpflichtet sich Frau Mustermann von Anfang kompetente Vertretungsmöglichkeiten (Redundanzen) vorzusehen.
3. Das Unternehmen Musterbau erhält bei der Auswahl der Vertretung ein Einspruchsrecht. Alle Vertretungsfragen werden zwischen den beiden Vertragsparteien einvernehmlich geregelt.

4. Frau Mustermann entstehen nach Ausschöpfung aller vereinbarter Vertretungsregelungen im Verhinderungsfall keine Stornogebühren oder Kosten für Hotelübernachtung und Tagungsräume.
5. Frau Mustermann entstehen für die internen Vertretungsregelungen der Frau Mustermann über den vereinbarten Umfang hinaus keine zusätzlichen Kosten.

VII. Verschwiegenheit und Weitergabe von Informationen:

1. Die Vertragspartner vereinbaren Verschwiegenheit über alle Geschäftsvorgänge, die im Rahmen der vertraglichen Zusammenarbeit bekannt werden.
2. Die Partner respektieren ihre gegenseitigen Interessen und Geschäftsziele.
3. Die Partner informieren sich in regelmäßigen Abständen über wichtige Neuerungen im eigenen Arbeits- und Organisationsbereich.
4. Frau Mustermann ist berechtigt, in Abstimmung mit der betrieblichen Projektleitung, die wissenschaftliche Begleitforschung über einzelne Projektabschnitte zu informieren.

VIII. Eigentumsrechte:

1. Die Vertragspartner verpflichten sich, alle ihnen zur Verfügung gestellten Unterlagen ordnungsgemäß aufzubewahren. Sie tragen Sorge dafür, dass Dritte nicht ohne Einwilligung beider Vertragspartner Einsicht nehme können.
2. Eine Rückgabeverpflichtung von Arbeitsunterlagen nach Beendigung des Vertragsverhältnisses besteht nicht.

IX. Sonstiges

1. Sonstige Vereinbarungen bestehen nicht
2. Abweichende Vereinbarungen zu diesem Rahmenvertrag bedürfen der Schriftform und werden als Anlage Bestandteil dieses Vertrages.
3. Im übrigen gelten die gesetzlichen Bestimmungen.
4. Der Gerichtsstand ist die Stadt Musterstadt.

Datum ***Unterschrift***

Anlagen

Anlage 1 zum Vertrag „Betriebliche Gesundheitsförderung im Unternehmen Musterbau"

Maßnahmen der Organisationsentwicklung, Externe Prozessberatung/-begleitung

Modell 1: Experten-Modell Beratung als Beschaffung von Information/ Professionalität

Modell 2: Arzt-Patienten-Modell

Modell 3: Der Kunde hat das Problem und behält die volle Verantwortung während dem ganzen Beratungsprozess. Der Berater hilft dem Kunden, die prozesshaften Ereignisse wahrzunehmen, lösungsorientiert zu interpretieren und angemessen zu reagieren (handeln). Der Kunde ist stark involviert (betroffen). Der Berater leistet Hilfe zur Selbsthilfe. Er vermeidet es, vom Kunden in eines der beiden anderen Modelle gebracht zu werden.

Annahmen/ Vorsausetzungen

a) Der Kunde spürt Wunsch nach Veränderung (Problembewusstsein) hat aber noch keine zum Problem passenden Lösung(en).
b) Der Kunde ist sich noch nicht (völlig) klar, wer ihm bei der Umsetzung passender Lösungen Unterstützung leisten kann
c) Die Problembeschaffenheit legt nahe, dass der Kunde nicht nur Diagnosehilfen braucht, sondern durch eine aktive Prozessbeteiligung (Mitgestaltung) von der Diagnose profitiert (Ressourcenstärkung).
d) Der Kunde hat „konstruktive" Absichten und Wertorientierungen, die der Berater teilen kann. Er ist in der Lage eine professionelle „Helfer"- Beziehung für sich zu nutzen.
e) Der Kunde ist letztlich der einzige, der wirklich weiß, welche Intervention jetzt dran ist. Er kontrolliert die Lage.
f) Der Kunde verfügt über interne Ressourcen, Organisationsprobleme auf Dauer selbst zu lösen.

Anlage 2 zum Vertrag „Betriebliche Gesundheitsförderung im Unternehmen Musterbau"

Umfang der Zusammenarbeit und die zu erbringenden Leistungen:

Moderation und Vorbereitung der Sitzungen des betrieblichen Projektlenkungsausschusses im Hause des Unternehmens Musterbau an ca. 6 bis 8 Terminen jährlich.

1. Moderatorinnentreffen

in 2003: 26./27.04.2003 und 09 04.08.2003

in 2004: 19.01.2004, 22.03.2004, 23.08.2004 und 06.12.2004

2. ein jährlicher 3-tägiger Workshop vom 16.-19.05.2003

3. Die Termine für das Folgejahr werden jeweils im August festgelegt.

Eckpunkte einer Muster-Betriebsvereinbarung der IG-Metall

Diese Musterbetriebsvereinbarung ist dem IG Metall- Handbuch zur Gesundheitsförderung im Betrieb entnommen. Literatur: IG Metall (2001): Gesundheit schützen und fördern. Eine Handlungshilfe für die betriebliche Gesundheitspolitik, Frankfurt: Union Druckerei, S. 75-77.

Präambel

Zwischen der Geschäftsleitung und dem Betriebsrat der Firma ……..... wird vereinbart im Interesse der Beschäftigten und des Unternehmens betriebliche Gesundheitsförderung umfassend einzurühren und dauerhaft zu gestalten. Alle Maßnahmen zur betrieblichen Gesundheitsförderung richten sich nach den Bestimmun- gen des Gesetzes über die Durchführung von Maßnahmen des Arbeitsschutzes zur Verbesserung der Sicherheit und des Gesundheitsschutzes der Beschäftigten bei der Arbeit (Arbeitsschutzgesetz-ArbSchG). Damit sollen Arbeitsunfälle, arbeitsbedingte Erkrankungen und Gesundheitsgefährdungen an der Quelle bekämpft werden. Von besonderer Bedeutung ist dabei die Einbeziehung der Beschäftigten als Experten ihrer Arbeitsbedingungen.

§ I Geltungsbereich

Diese Vereinbarung gilt für Planung, Einführung und Auswertung von allen Maßnahmen der betrieblichen Gesundheitsförderung, sie gilt für alle Beschäftigten.

§ 2 Arbeitskreis Gesundheit

2.1 Zielsetzung

Es wird ein Arbeitskreis Gesundheit eingerichtet. Der Arbeitskreis Gesundheit fördert alle Maßnahmen, die der Gesundheit der Beschäftig- ten dienen. Hierzu gehören insbesondere Maßnahmen, die auf den Abbau gesundheitsschädlicher Arbeitsbedingungen und -ablaufe und damit auch auf einen Abbau aller körperlichen, psychischen und sozialen Belastungen abzielen. Der Arbeitskreis plant, steuert und koordiniert alle Aktivitäten der betrieblichen Gesundheitsförderung. Dieser Kreis bildet den organisatorischen Rah- men für eine gleichberechtigte und auf Dauer angelegte Zusammenarbeit aller Beteiligten.

2.2 Aufgaben

Der Arbeitskreis hat u.a. folgende Aufgaben:

- Zusammenführung aller für den betrieblichen Gesundheitsbericht relevanten Informationen. Zu denken ist an:

  - o Gefährdungs- Belastungsanalysen und Dokumentationen
  - o andere arbeitsmedizinische und sicherheitstechnische Erhebungen
  - o Arbeitsunfähigkeitsanalysen der Krankenkassen
  - o Unfallbücher usw.
  - o Belegschaftsbefragung
  - o Informationen und Vorschläge aus Gesundheitszirkel
  - o regionale Daten über Krankheitsentwicklungen in der Branche usw.,
- Auswertung und Interpretation des betrieblichen Gesundheitsberichtes,
- Ermittlung und Bewertung von Gesundheitsrisiken in Abteilungen usw.,
- Einrichtung, Beratung von Gesundheitszirkeln und organisatorische Umsetzung der Vorschläge,
- Erstellung eines betrieblichen Programms zur betrieblichen Gesundheitsförderung,
- regelmäßige Auswertung der Erkenntnisse.

2.3 Zusammensetzung

Zu den Beteiligten gehören insbesondere Geschäftsleitung, Betriebsrat, Betriebsarzt, Fachkraft für Arbeitssicherheit, Vertreter der Schwerbehinderten, Sicherheitsbeauftragte und Beschäftigte aus der Abteilung. Der Arbeitskreis kann weitere sachverständige Arbeitnehmer hinzuziehen (z.B. Jugendvertreter. Frauenbeauftragte, Suchtbeauftragte, Vertreter der Krankenkassen und des betrieblichen Sozialbereichs, IG Metall, Technologieberatungsstelle. Berufsgenossenschaften, Arbeitsschutzämter. Hinweis: Die Größe des Arbeitskreises sollte so gewählt werden, dass er noch arbeitsfähig ist, d.h. die Zusammensetzung des Personenkreises muss sinnvoll sein.

§ 3 Betrieblicher Gesundheitsbericht

Der betriebliche Gesundheitsbericht ist die jährliche Bestandsaufnahme der Belastungs-, Gefährdungs- und Gesundheitssituation des Betriebes. Personenbezogene Informationen und Daten müssen unter datenschutzrechtlichen Vorschriften erhoben, zusammengeführt und ausgewertet werden. Ein Personenbezug der Daten, die im Gesundheitsbericht verwendet werden, darf nicht möglich sein. Hinweis: Es ist vorher zu prüfen, welche Datenquellen zur Verfügung stehen bzw. welche sinnvoll genutzt werden können. Z.B. muss geprüft werden, ob die Voraussetzungen für den Gesundheitsbericht der Krankenkasse gegeben sind. Gleiches gilt auch für die Belegschaftsbefragung.

§ 4 Belegschaftsbefragung

4.1 Grundsatz

Betriebliche Belegschaftsbefragungen können für die Erstellung eines Gesundheitsberichtes, für die Arbeit der Gesundheitszirkel und des Arbeitskreises Gesundheit grundsätzlich von Nutzen sein. Sie erfassen Belastungen und

Gesundheitsbeschwerden der Beschäftigten. Damit sollen in der Arbeit begründete Gesundheitsgefahren aufgedeckt und Verbesserungen angeregt werden.

4.2 Mitwirkungen des Betriebsrates

Die Planung, Durchführung und Auswertung einer Befragung ist nur mit Zustimmung des Betriebsrates möglich. Auswertungen müssen anonymisiert werden, um einen Rückschluss auf einzelne Personen auszuschließen. Im übrigen gelten die Bestimmungen des Bundesdatenschutzgesetzes.

Hinweis:

Zu klären ist, wer die Befragung durchführt: die Krankenkasse, ein unabhängiges Institut usw. Eine Belegschaftsbefragung kann auch vom Betriebsrat durchgeführt werden, unabhängig von einer Betriebsvereinbarung. Auf alle Fälle sollte der Betriebsrat bereits bei der Erstellung des Fragebogens aktiv mitwirken, um problematische Fragen für die Belegschaft zu vermeiden. Bei Unklarheiten kann die IGM- Verwaltungsstelle um Hilfestellung gebeten werden.

§ 5 Gesundheitszirkel

5.1 Grundsatz

Auf Antrag des Arbeitskreises Gesundheit werden Gesundheitszirkel eingerichtet. Ihre Aufgabe ist es, gesundheitsschädigende Arbeitsbedingungen aufzudecken und Verbesserungsvorschläge zur menschengerechten Gestaltung der Arbeit zu entwickeln und dem Arbeitskreis Gesundheit entsprechende Vorschläge vorzulegen.

5.2 Zusammensetzung

Entsprechend der organisatorischen Einheiten wird je ein Vertreter in die Gesundheitszirkel entsandt. Die organisatorischen Einheiten werden übereinstimmend von Arbeitgebern und Betriebsrat festgelegt.

Hinweis:

Es gibt unterschiedliche Varianten der Gesundheitszirkel. Bei der Zusammensetzung spielt immer die betriebliche Situation eine Rolle und welche Ziele man mit den Gesundheitszirkeln verbindet. Beschäftigte haben oft Hemmungen, wenn zu viele Fachleute in der Runde reden. Auch sind Hemmschwellen bei der Anwesenheit von Vorgesetzten zu erwarten, wenn gerade sie zur Belastung der Arbeitssituation beitragen. Betriebsräte und Vertrauensleute sollten auf alle Fälle die Gesundheitszirkel begleiten und sollten als Ansprechpartner bei Konfliktfällen zur Verfügung stehen.

5.3 Organisation

Die Zusammenkunft der Gesundheitszirkel findet regelmäßig mindestens einmal monatlich statt. Bei dringendem Bedarf kann davon auf Antrag des Betriebsrates, der Beschäftigten oder des Arbeitgebers abgewichen werden. Die Sitzungen finden während der Arbeitszeit statt und werden von den dafür entsprechend qualifizierten Moderatoren geleitet. Für die Sitzungen stellt der Arbeitgeber in erforderlichem Umfang Räume und sachliche Mittel zur Verfügung.

§ 6 Zusätzliche Maßnahmen

In Verbindung mit dem Arbeitskreis, auf Anregung der Krankenkasse oder der Berufsgenossenschaften können weitere Maßnahmen zum Abbau von Gefährdungen und Belastungen durchgeführt werden. Dazu gehören z.B. Kurse zur Vermeidung von Muskel- und Skeletterkrankungen.

§ 7 Durchführung von Maßnahmen

Die vom Arbeitskreis Gesundheit beschlossenen Maßnahmen werden umgehend vom Arbeitgeber durchgeführt. Die Mitbestimmungsrechte des Betriebsrates bleiben davon unberührt. Maßnahmen mit geringen finanziellen und organisatorischen Auswirkungen werden von den Vorgesetzten sofort umgesetzt. Alle Maßnahmen, die dem Arbeits- und Gesundheitsschutz bzw. der Gesundheitsförderung dienen, werden während der Arbeitszeit durchgeführt. Werden sie aus zwingenden Gründen außerhalb der regelmäßigen Arbeitszeit durchgeführt, werden Sie mit entsprechenden Zuschlägen vergütet oder durch Freizeit abgegolten. Von der Umsetzung/ Durchführung der Vorschläge kann in begründeten Ausnahmefällen mit Zustimmung des Betriebsrates abgewichen werden. Alle Vorschläge und durchgeführten Maßnahmen werden dokumentiert und ergänzen den jährlichen Gesundheitsbericht.

Hinweis:

Da es sich um Verbesserungsvorschläge handelt, die dem Betrieb Kosten einsparen, sollte auch überlegt werden, Vorschläge aus den Gesundheitszirkeln zu vergüten. Um keine Neidsituationen aufkommen zu lassen zwischen den Teilnehmern des Gesundheitszirkels und den Kollegen sollte das Geld allen Beschäftigten aus dem betroffenen Bereich zur Verfügung gestellt werden. Diese können dann selbst über dessen Verwendung entscheiden.

§ 8 Rechte des Betriebsrates

Der Betriebsrat wird von der Geschäftsleitung von allen Maßnahmen der Gesundheitsförderung umfassend im Planungsstadium informiert. Alle schriftliche Unterlagen werden ihm zur Verfügung gestellt. Er hat das Recht, sich an allen Planungen zur betrieblichen Gesundheitsförderung zu beteiligen und mit den zuständigen Personen sich zu beraten. Er kann zu Fragen der Gesundheitsförderung eine unabhängige Arbeitsgruppe einrichten. Die Beschäftigten sind für ihre Arbeit in der Gesundheitsgruppe freizustellen. Der Betriebsrat hat das Recht, in Abstimmung mit der Geschäftsleitung Sachverständige auf dem Gebiet der Gesundheitsförderung hinzuzuziehen.

§ 9 Streitfälle

Kommt eine Einigung über Regelungen aus dieser Betriebsvereinbarung nicht zustande, so entscheidet die paritätische Kommission. Sie besteht aus sechs Personen, die je zur Hälfte vom Arbeitgeber und Betriebsrat benannt wird. Erfolgt auch hier keine Einigung, so entscheidet die Einigungsstelle gemäß § 76 Abs. 5 BetrVG verbindlich.

§ 10 Inkrafttreten, Kündigung, Nachwirkung

Die Betriebsvereinbarung tritt mit ihrer Unterzeichnung in Kraft und kann schriftlich mit einer Frist von drei Monaten zum Quartalsende, erstmals zum ………….. gekündigt werden. Sie wirkt nach bis sie durch eine neue Betriebsvereinbarung ersetzt wird.

Ort, Datum, Unterschrift

Muster-Betriebsvereinbarung eines Automobilherstellers

Präambel

Das Werk ... macht einen neuen Start in Sachen Gesundheit. Wohlbefinden und Gesundheit der Mitarbeiterinnen und Mitarbeiter sollen einen höheren Stellenwert erhalten, und der dazu neu auszurichtende Arbeitskreis Gesundheit (AKG) zum Initiator eines kontinuierlich betriebenen Gesundheitsmanagements werden. Der AKG wird paritätisch besetzt und geführt und muss sich gleichermaßen das Vertrauen von Beschäftigten, Werksleitung und Betriebsrat erwerben.

Der Arbeitskreis Gesundheit soll selbständig Empfehlungen erarbeiten und Beschlüsse fassen in Sachen Gesundheit und Wohlbefinden der Beschäftigten sowie Werksleitung und Betriebsrat zu diesem Thema beratend unterstützen. Seine Arbeit soll sich an folgenden Prinzipien orientieren:

- Mitarbeiterorientierung: Alle ergriffenen Maßnahmen sollen in erster Linie dem Wohlbefinden und der Gesundheit der Beschäftigten dienen als wesentlicher Voraussetzung von Qualität und Effizienz.
- Nachhaltigkeit: Zentrales Anliegen sollte die Erzielung von Nachhaltigkeit sein. Dafür müssen strukturelle Voraussetzungen zur Durchführung der erforderlichen Kernprozesse (Diagnostik, Planung, Intervention, Evaluation) getroffen werden in Richtung eines lernenden Systems.
- Professionalität: Wirksamkeit und Effizienz einzelner Projekte und Maßnahmen erfordern eine kontinuierliche betriebspolitische Unterstützung und insbesondere Professionalität, d.h. die genannten Kernprozesse müssen wissensbasiert und bedarfs- und sachgerecht von dafür entsprechend qualifizierten Expertinnen und Experten durchgeführt werden.

§ 1 Arbeitskreis Gesundheit (im Folgenden: AKG)

Zentrales Gremium zur Vorbereitung, Entscheidung und Bewertung gesundheitlicher Aktivitäten im Werk ist der AKG. Er wird paritätisch besetzt und geführt.

Ihm gehören an:

- Betriebsratsvorsitzender
- Personalleiter
- 4 weitere Vertreter der Werksleitung
- 4 weitere Vertreter des Betriebsrates einschließlich der Schwerbehindertenvertretung
- sowie: (mit beratender Stimme) betriebliche Gesundheitsexperten; bei Bedarf: externe Experten/ Berater.

Geleitet werden die Sitzungen des AKG jährlich alternierend vom Betriebsratsvorsitzenden und vom Personalleiter. Der AKG entscheidet mit einfacher Mehrheit; wobei der Einigungswille des Gremiums grundsätzlich unterstellt wird. Der AKG tagt (mindestens) einmal monatlich.

§ 2 Unabhängigkeit und Professionalität

Der AKG ist für den Erfolg seiner Arbeit auf hohe Glaubwürdigkeit und Akzeptanz bei den Beschäftigten, der Werksleitung und dem Betriebsrat angewiesen. Glaubwürdigkeit und Akzeptanz hängen insbesondere ab:

- von der erkennbaren Unabhängigkeit seiner Entscheidungen
- von der Professionalität seines Vorgehens.

§ 3 Zielsetzung

Der AKG dient der Vorbereitung, Entscheidung und Implementierung gesundheitlicher Maßnahmen. Er unterrichtet sich laufend über den Gesundheitszustand der Beschäftigten und erkennt rechtzeitig sich abzeichnende Risiken. Er initiiert Maßnahmen und Projekte und kontrolliert ihre Durchführung und Ergebnisse.

§ 4 Aufgaben

Der AKG fasst Beschlüsse im Rahmen seiner Geschäftsordnung und seines Budgets. Er berät die Werksleitung und den Betriebsrat in gesundheitlichen Belangen der Beschäftigten. Zu seinen Aufgaben gehören im Einzelnen:

- Berichterstattung über den gesundheitlichen Zustand der Beschäftigten (jährlich)
- Festlegung von Handlungsbedarf und Prioritäten
- Festlegung jährlicher Schwerpunktthemen
- Vorbereitung, Beschluss und Kontrolle bedarfsgerechter Projekte und Maßnahmen unter Beachtung der Vorrangigkeit vorausschauender frühzeitiger Problemerkennung und Vorbeugung
- Gewährleistung einer kontinuierlichen Qualifizierung der im Werk mit dem Thema Gesundheit befassten Personen.

§ 5 Gesundheitsplan

Wichtigstes Instrument des AKG ist der Gesundheitsplan. Er wird jährlich erstellt, veröffentlicht und informiert über:

- den Gesundheitszustand der Belegschaft
- sich abzeichnenden Handlungsbedarf
- Handlungsschwerpunkte
- Laufende Projekte/Maßnahmen und ihre Ergebnisse
- den Qualifizierungsbedarf.

§ 6 Betriebsdiagnose

Zur Vorbereitung und Durchführung seiner Arbeit ist der AKG auf die Mitarbeit aller Beschäftigten angewiesen. Das gilt bereits für die zuverlässige und bedarfsgerechte Erfassung gesundheitlicher Trends, Probleme und Risikobereiche im Werk, d.h. für die Bereitstellung dafür erforderlicher Informationen und Daten. Unabdingbare Voraussetzung dafür sind die Analyse von Routinedaten und die regelmäßige Beteiligung der Beschäftigten mit Hilfe einer schriftlichen Befragung. Die Entwicklung eines entsprechenden Befragungsmoduls gehört zu einer der ersten Aufgaben des AKG.

§ 7 Planung, Durchführung und begleitende Bewertung (Evaluation)

Der AKG ist ferner dafür verantwortlich, dass alle ergriffenen Maßnahmen und Projekte professionell vorbereitet, durchgeführt und auch evaluiert werden. Nur so ist gewährleistet, dass ein nachhaltig wirksames betriebliches Gesundheitsmanagement im Sinne eines effizient lernenden Systems entsteht.

§ 8 Budget

Für die Absicherung seiner laufenden Tätigkeiten verfügt der AKG über jährlich ... Euro.

§ 9 Externe Beratung

Zur Sicherung der hohen Qualität und Professionalität seiner Arbeit lässt sich der AKG im ersten Jahr seiner neu aufgenommenen Arbeit extern beraten. Zum Auftakt dient ein extern vorbereiteter und geleiteter Workshop über mindestens zwei Tage.

§ 10 Schlussbestimmung

Diese Betriebsvereinbarung tritt mit .... in Kraft und kann mit einer dreimonatigen Kündigungsfrist erstmalig zum .... gekündigt werden.

Ort, Datum

Betriebsrat

Internetadressen

Im folgenden sind einige Internetadressen aufgeführt, bei denen Sie Informationen zu Themen des Betrieblichen Gesundheitsmanagements erhalten können. Die Liste erhebt keinen Anspruch auf Vollständigkeit. Internetadressen können sich im Laufe der Zeit ändern und nicht alle Organisationen sorgen für die Übernahme alter Adressen, um sie automatisch weiterzuleiten. Daher beziehen sich diese Adressen auf den Stand Mai 2002.

AOK- Die Gesundheitskasse
http://www.aok.de/

AOK-Bundesverband
http://212.227.33.34/bundesverband/

Arbeitsgemeinschaft der Wissenschaftlichen Medizinischen Fachgesellschaften
http://www.awmf-leitlinien.de/

Arbeitskreis "Gesundheit im Betrieb" am Rationalisierungs- und Innovationszentrum der Deutschen Wirtschaft
http://www.sozialnetz-hessen.de

Arbeitsschutz- online, Das Bürgerportal Arbeitsschutz NRW
http://195.145.160.230/

Arbeitsschutzbehörden der Länder
http://bb.osha.de/lasi/bundland.htm

BAR - Bundesarbeitsgemeinschaft für Rehabilitation Frankfurt-Main
http://www.bar-frankfurt.de/

Berufsgenossenschaft für Gesundheitsdienst und Wohlfahrtspflege
http://www.bgw-online.de/

BKK- Bundesverband
http://www.bkk.de/index.php3

Bundesanstalt für Arbeitsschutz und Arbeitsmedizin (BAuA)
http://www.baua.de/

Bundesarbeitsgemeinschaft für Sicherheit und Gesundheit bei der Arbeit (Basi) e.V.
http://www.basi.de/

Bundesärztekammer
http://www.baek.de/

Bundesinstitut für Berufsbildung, Forschung und Entwicklung, Dienstleistung und Beratung auf dem Gebiet der beruflichen Bildung
http://www.bibb.de/

Bundesinstitut für Bevölkerungsforschung beim Statistischen Bundesamt
http://www.bib-demographie.de/

Bundesministerium für Arbeit und Sozialordnung
http://www.bma.bund.de/

Bundesministerium für Arbeit und Sozialordnung: Übersicht über Gesetze zur sozialen Sicherheit
http://www.bma.de/download/gesetze_web/gesetze.htm

Bundesministerium für Bildung und Forschung
http://www.bmbf.de/

Bundesministerium für Gesundheit
http://www.bmgesundheit.de/

Bundesministerium für Umwelt, Natur und Reaktorsicherheit
http://www.bmu.de/fset1024.php

Bundesverband der Unfallkassen
http://www.unfallkassen.de/index2.html

Bundesvereinigung für Gesundheit e.V.
http://www.bvgesundheit.de/

Bundeszentrale für gesundheitliche Aufklärung
http://www.bzga.de/entry.php3?id=home

Das AuGe - Bremer Netzwerk Arbeit und Gesundheit
http://www.auge-netzwerk.de/auge_home.phtml

Der Sachverständigenrat für die Konzertierte Aktion im Gesundheitswesen
http://www.svr-gesundheit.de/

Deutsche Angestellten Krakenkasse
http://www.dak.de/

Deutsche Arbeitsgemeinschaft für Psychosoziale Onkologie
http://www.dapo-ev.de/

Deutsche Diabetes-Gesellschaft
http://www.deutsche-diabetes-gesellschaft.de/index.htm

Deutsche Gesellschaft für Arbeitsmedizin und Umweltmedizin e. V. (DGAUM)
http://www-dgaum.med.uni-rostock.de/leitlinien/leitlin1.htm

Deutsche Gesellschaft für Kardiologie
http://www.dgkardio.de/

Deutsche Gesellschaft für Public Health e.V.
http://www.tu-berlin.de/bzph/dgph/

Deutsche Gesellschaft für Sozialmedizin und Prävention e. V.
http://www.med.uni-magdeburg.de/fme/institute/ism/dgsmp/index.htm

Deutsche Gesellschaft für Sportmedizin und Prävention e.V. Berlin
http://www.dgsp.de/

Deutsche Hochdruckliga
http://www.paritaet.org/rr-liga/

Deutscher Gewerkschaftsbund
http://www.dgb.de/

Deutscher Koordinierungsstelle für Gesundheitswissenschaften
http://www.medsoz.uni-freiburg.de/dkgw/welcome.htm

Deutscher Verband für Gesundheitswissenschaften
http://www.dvge.de/

deutsches hygiene-museum
http://www.dhmd.de/Pages/mainfra.htm

Deutsches Institut für Medizinische Dokumentation und Information
http://www.dimdi.de/

Deutsches Krebsforschungszentrum
http://www.dkfz-heidelberg.de/

Die Barmer
http://www.barmer.de/

Die Deutsche Gesellschaft für Prävention und Rehabilitation von Herz-Kreislauferkrankungen e.V.
http://www.dgpr.de/

Die gewerblichen Berufsgenossenschaften
http://www.hvbg.de/

ergo-online
http://141.90.2.11/ergo-online/ergo_frame1.htm

EU-Maßnahmen im Bereich der öffentlichen Gesundheit
http://www.europa.eu.int/comm/health/index_de.html

EUR-Lex Das Portal zum Recht der Europäischen Union
http://europa.eu.int/eur-lex/de/index.html

Europäische Agentur für Sicherheit und Gesundheitsschutz am Arbeitsplatz
http://de.osha.eu.int/legislation/

European Agency for Safety and Health at Work, Bilbao
http://www.europe.osha.eu.int

European Foundation for improvement of living and working conditions
http://www.eurofound.ie/

European Trade Union Technical Bureau for Health and Safety
http://www.etuc.org/tutb/uk/

Gesundheitsberichterstattung des Bundes
http://www.gbe-bund.de/

Gmünder Ersatzkasse
http://www.gek.de/default.asp

Health Promoting Hospitals
http://www.univie.ac.at/hph/

IAS Institut für Arbeits- und Hygiene Stiftung:
http://www.ias-stiftung.de/index.cfm

Industriegewerkschaft- Metall
http://www.ig-metall.de/

Innungs- Krankenkasse
http://www.ikk.de/ikk/

Institut für Arbeitsmarkt- und Berufsforschung
http://www.iab.de/iab/default.htm

Institut für Betriebliche Gesundheitsförderung BGF GmbH
http://www.aok-bgf.de/

International Labour Organization (ILO)
http://www.www.ilo.org

Kompetenznetz Arbeitsschutz NRW
http://212.185.100.10/komnet/index.html

Patienten-Informationsdienst der Ärztlichen Zentralstelle Qualitätssicherung (ÄZQ)
http://www.patienten-information.de/

Prävention online - Der unabhängige Marktplatz für Arbeitsschutz, Gesundheitsschutz, Umweltschutz und Qualität
http://www.praevention.de/pol/start_frames.html

Redmark
http://www.redmark.de/redmark/laws.jsp?UID=245

Robert Koch-Institut
http://www.rki.de/

Sozialforschungsstelle Dortmund
http://www.sfs-dortmund.de

Statistisches Bundesamt
http://www.destatis.de/

Statuskonferenz Psychokardiologie
http://cardio.arago.de/

Techniker Kranknekasse
http://www.tk-online.de/info/tk/pck_web_gen.show_site

UCL Department of Epidemiology & Public Health
http://www.ucl.ac.uk/epidemiology/index.html

Umwelt-online: Die Informationsplattform im Umweltschutz der UWS Umweltmanagement GmbH
http://www.umwelt-online.de/

Verband Deutscher Rentenversicherungsträger
http://www.vdr.de/

Verein für Arbeitsschutz und Gesundheit durch systemische Mobbingberatung und Mediation e.V.
http://www.mobbing-net.de

Vereinigte Dienstleistungsgewekschaft
http://www.verdi.de/vd_internet

WIdO Wissenschaftliches Institut der AOK
http://www.wido.de/index.html

World Health Organization Regional Office for Europe
http://www.who.dk/docpub/documents/hltprom.htm

Druck: Strauss GmbH, Mörlenbach
Verarbeitung: Schäffer, Grünstadt